HISTOIRE DES RÈGNES

DE CHARLES VII

ET

DE LOUIS XI

8° La¹⁵ 4   [Double de la Salle v.239]

TYPOGRAPHIE DE CH. LAHURE
Imprimeur du Sénat et de la Cour de Cassation
rue de Vaugirard, 9

HISTOIRE DES RÈGNES
DE CHARLES VII
ET
DE LOUIS XI

PAR THOMAS BASIN
ÉVÊQUE DE LISIEUX

JUSQU'ICI ATTRIBUÉE A AMELGARD

RENDUE A SON VÉRITABLE AUTEUR
ET PUBLIÉE POUR LA PREMIÈRE FOIS AVEC LES AUTRES OUVRAGES HISTORIQUES
DU MÊME ÉCRIVAIN

POUR LA SOCIÉTÉ DE L'HISTOIRE DE FRANCE

PAR J. QUICHERAT

—

TOME PREMIER

A PARIS
CHEZ JULES RENOUARD ET Cⁱᵉ
LIBRAIRES DE LA SOCIÉTÉ DE L'HISTOIRE DE FRANCE
RUE DE TOURNON, N° 6

M. DCCC. LV

EXTRAIT DU RÈGLEMENT.

Art. 14. Le Conseil désigne les ouvrages à publier, et choisit les personnes les plus capables d'en préparer et d'en suivre la publication.

Il nomme, pour chaque ouvrage à publier, un Commissaire responsable, chargé d'en surveiller l'exécution.

Le nom de l'Éditeur sera placé à la tête de chaque volume.

Aucun volume ne pourra paraître sous le nom de la Société sans l'autorisation du Conseil, et s'il n'est accompagné d'une déclaration du Commissaire responsable, portant que le travail lui a paru mériter d'être publié.

---

*Le Commissaire responsable soussigné déclare que l'Édition de l'*Histoire des règnes de Charles VII et de Louis XI, *de* Thomas Basin, *préparée par* M. J. Quicherat, *lui a paru digne d'être publiée par la* Société de l'Histoire de France.

Fait à Paris, le 20 juillet 1855.

Signé BELLAGUET.

Certifié,

Le Secrétaire de la Société de l'Histoire de France,

J. DESNOYERS.

PRÉFACE.

Outre l'Histoire des règnes de Charles VII et de Louis XI, on trouvera dans cette édition :

L'Apologie de l'auteur, qui est le récit des persécutions qu'il éprouva de la part de Louis XI;

Le *Breviloquium*, qui est l'abrégé de sa vie;

Des extraits pris dans ses autres ouvrages et qui ont paru offrir quelque intérêt historique;

En dernier lieu, ce qui a pu être recueilli de documents sur sa personne ou sur ses affaires.

Pour l'éclaircissement de tout cela, j'ai résumé dans des notices à part l'historique et la bibliographie de chaque ouvrage; j'ai répandu sous tous les textes des annotations qui ont pour objet d'en dissiper les obscurités, de relever les inexactitudes de l'auteur, de suppléer les dates dont il y a chez lui une absence presque complète; j'ai rédigé en français des sommaires analytiques des deux histoires, où je crois pouvoir garantir qu'il ne manque aucun des faits ni même aucun des noms propres introduits dans le récit; enfin j'ai mis en tête du présent volume une vie de Thomas Basin qui est comme la clef de ses travaux littéraires, parce que j'ai eu soin de m'arrêter sur chacun d'eux à la date où il les a entrepris, et que je me suis efforcé de faire voir jusqu'à quel point les diverses préoccupations de son esprit y ont marqué. Ce dernier travail n'est pas entièrement nouveau. Il parut il y a douze ans dans un Recueil scientifique; mais je l'ai corrigé dans des endroits, augmenté dans d'autres, accommodé pour la place qu'il occupe ici.

Peut-être les érudits qui poussent le respect des textes jusqu'au scrupule, me feront-ils un reproche d'avoir soumis le latin de mon auteur à l'orthographe actuellement acceptée; peut-être les latinistes m'en feront-ils un autre de n'avoir pas corrigé des leçons qui sont des fautes évidentes. Pour ma justification, je répondrai aux uns que la barbare orthographe du xv® siècle ne me paraît plus offrir aucun intérêt, ni par conséquent mériter d'être conservée; je dirai aux autres qu'ayant affaire à la fois à de mauvais textes et à un auteur peu correct, pour ne pas faire celui-ci meilleur grammairien qu'il n'était, je me suis interdit de proposer aucune correction ailleurs que là où le sens l'exigeait absolument.

VIE DE THOMAS BASIN.

Thomas Basin naquit en 1412, dans une famille riche et considérée de Caudebec. Son père était bourgeois de cette ville, homme paisible et tout occupé du bonheur des siens. Comme il y avait déjà plusieurs héritiers dans la maison lorsque ce nouveau fils vint au monde, on le destina à la profession d'avocat, qui était alors des plus lucratives en Normandie. Mais, dans les circonstances où l'on se trouvait, faire des projets pour l'avenir était bien la chose la plus incertaine. Toute la noblesse de France était sous les armes, partagée entre les deux factions d'Orléans et de Bourgogne, et, pour le malheur des Normands, le roi d'Angleterre épiait l'occasion d'intervenir dans ces furieux débats. En 1415, Henri de Lancastre s'étant emparé d'Harfleur, la perte de cette ville entraîna la ruine entière du pays de Caux, non pas seulement à cause des courses de l'étranger sur la campagne, mais parce qu'il vint en garnison dans toutes les places environnantes des corps français, sinistres défenseurs qui équivalaient à des ennemis. Là où résidaient les gens d'armes, il fallait vivre à leur discrétion ou s'expatrier. Ce fut le parti auquel se résigna le père de Basin, exposé à d'intolérables outrages dans sa ville de Caudebec. Un jour il assembla les siens et leur signifia l'ordre du départ. Les effets les plus précieux furent enlevés; l'argent, les papiers, les meubles jetés à la hâte sur quelques voitures, et le triste convoi s'achemina vers Rouen [1].

La ville de Rouen était alors encombrée de fugitifs. Ils arrivaient de tous les côtés de la haute Normandie, ceux des villes avec leur ménage, ceux des campagnes avec leurs bestiaux. Une si grande affluence amena la famine et la contagion. La famille Basin dut émigrer encore. Elle se rendit à Vernon, puis revint à Rouen dès que l'état sanitaire de cette ville se fut amélioré. Puis arriva 1417, nouvelle année de désastres : des émeutes, des massacres dans la ville, et, par-dessus tant de maux, la nouvelle que l'ennemi se disposait à venir achever sa conquête. Le pays de Caux, disait-on, serait envahi d'abord, la capitale de la province assiégée incontinent; et, sur la foi de ce bruit, la multitude se répandait déjà sur la rive gauche de la Seine, courant chercher un refuge vers Caen, vers Saint-Lô, vers Évreux. Mais la rumeur populaire était fausse. Au lieu de s'aventurer sur un littoral où l'on faisait bonne garde, Henri V avait appareillé pour l'embouchure de la Toucque, et il prit terre dans le diocèse de Lisieux où personne n'attendait sa venue. Grande fut la terreur des fugitifs que ce plan de campagne mettait en présence de l'ennemi dont ils avaient cru s'éloigner.

---

1. Thomas Basin, *Breviloquium peregrinationis*, etc., ci-après, au tome III.

Les Basin, arrivés depuis peu à Falaise, aimèrent mieux se remettre aux champs qu'attendre dans cette place le sort des vaincus. Ils continuèrent à fuir devant eux, et, marchant la nuit et le jour, ils atteignirent Saint-James de Beuvron, la dernière ville du duché sur la la frontière de Bretagne; puis, la frontière ayant été envahie à son tour, ils se jetèrent dans Rennes; et comme à Rennes encore leur repos était troublé par des alertes continuelles, ils gagnèrent Nantes et s'y fixèrent pour un temps. Là, du moins, ils purent dormir tranquilles en attendant des jours meilleurs. Enfin le traité de Troyes leur promit chez eux la paix qu'ils étaient allés chercher si loin. Après cinq ans d'absence, ils rentrèrent en 1420 dans Caudebec, ville désormais anglaise.

Telles sont les tribulations au milieu desquelles se passa l'enfance de Thomas Basin. Il en garda ce profond souvenir que laissent les impressions du premier âge, et, sur le déclin de sa vie, il les consignait avec tout l'effroi du moment dans un écrit qu'il intitula son *Pèlerinage*[1]. Ces courses, ces alarmes, et le désœuvrement inséparable d'une vie errante, loin de retarder le développement de son intelligence, avaient au contraire porté son jeune esprit à la réflexion et déterminé en lui une passion précoce pour les études et pour la science, ces biens que n'atteignent ni la fureur de l'ennemi, ni le malheur des temps. L'aptitude qu'il montrait fut mise à l'épreuve aussitôt après le retour de sa famille à Caudebec. Son père voulut surveiller lui-même ses premiers progrès; puis, lorsqu'il eut

---

1. *Breviloquium peregrinationis*, etc.

atteint sa douzième année, on l'envoya étudier à l'Université de Paris, sous un pédagogue, comme faisaient les jeunes gens de riche famille. Là, sous l'empire de l'émulation qui animait tout un peuple de professeurs et d'écoliers, le jeune Basin redoubla d'efforts. En moins de cinq ans il acheva ses études de grammaire et de philosophie et fut en mesure de se présenter à l'examen de la Faculté des Arts, lorsque les statuts ne lui permettaient pas encore d'aspirer aux grades. Mais à un sujet brillant le tribunal académique pouvait accorder dispense d'âge. Basin fut jugé digne de cette faveur; il obtint le bonnet de maître ès arts à dix-sept ans.

L'Université de Paris, si renommée pour l'enseignement de la philosophie, de la théologie et du droit canon, n'avait pas encore admis au nombre de ses exercices l'étude du droit civil[1]. Les jeunes avocats laïques ne pouvaient donc trouver dans son sein l'instruction convenable à leur état. Il leur fallait aller chercher leurs grades ou à l'étranger, ou dans quelqu'une des écoles du Midi. Pour Basin, qui était sujet du roi d'Angleterre, il ne pouvait être question ni de Poitiers, ni de Toulouse, ni d'aucune des villes alors soumises à Charles VII : ses parents lui désignèrent un lieu moins célèbre, mais situé en pays ami, Louvain, où le duc de Brabant avait récemment ouvert un asile à l'étude des lettres sacrées et de la jurisprudence. Le jeune aspirant se rendit à Louvain. Il s'y était déjà fait remarquer par ses progrès, lorsqu'il reçut l'avis d'une nouvelle détermination de sa famille, qui lui enjoi-

---

1. Cela n'eut lieu que sous Louis XIV.

gnait de partir aussitôt pour Pavie, soit qu'on eût fait valoir auprès de son père la supériorité des légistes italiens, soit que l'influent bourgeois de Caudebec eût obtenu pour son fils la vacance d'une bourse au collége de Pavie, dont la provision appartenait au chapitre de Rouen[1]. Quelques mois de travail mirent Thomas Basin en état de se présenter devant les professeurs de Pavie. Reçu par eux licencié en droit civil, il s'en tint là pour le moment, et s'empressa de rapporter son diplôme à Caudebec[2].

Il ne dit pas quelle fut la cause de son prompt retour d'Italie. Je suppose que, se sentant peu d'inclination pour l'état auquel on le destinait, il venait demander à son père la permission de suivre une carrière plus conforme à ses goûts, plus favorable à son impatience de réussir. Il avait atteint sa vingt-troisième année; il commençait à entrevoir l'avenir, le brillant avenir dont on se berce à cet âge de la vie. Allait-il s'attacher pour toujours au barreau d'un tribunal de province? Un champ bien plus vaste s'ouvrait devant lui pour y pratiquer la science du droit qu'il aimait : c'était celui de l'Église, où l'on s'avançait du même pas aux premiers grades judiciaires et à tous les genres d'autorité. Tel avocat d'église était devenu évêque, c'est-à-dire, avait trouvé au bout de ses plaidoiries la fortune, la noblesse, l'influence politique, enfin cette domination spirituelle qui, au moyen âge, n'avait pas de bornes. Par-dessus tant d'avantages, le tonsuré pouvait encore

---

1. Le cardinal Branda da Castiglione, qui avait été évêque de Lisieux, fit cette fondation en 1430. *Hist. de l'église cathédrale de Rouen*, in-4°, 1686.

2. *Breviloquium peregrinationis*, etc.

prétendre à la gloire des lettres, à celle de la chaire. Qui pourrait dire où s'arrêtaient les espérances d'un jeune homme plein d'imagination et transporté par ses premiers succès? Ses souvenirs les plus éloignés lui rappelaient la vogue du dominicain Vincent Ferrier, qu'il avait entendu prêcher à Rennes pendant l'émigration de sa famille [1]. A Paris encore, il avait vu un mendiant, un moine sans instruction et presque sans aveu, traîner trente mille personnes à son auditoire, et se faire attendre des nuits entières par les populations avides de recueillir sa parole [2]. Avec un zèle égal et un esprit mieux cultivé, que ne ferait-il pas, lui dont la langue était abondante et facile? Tels furent, si je ne me trompe, les motifs qui déterminèrent Thomas Basin à se mettre dans le clergé. Il a beau n'en rien dire, il se trahit par le vif amour de célébrité qui perce dans tous ses écrits, malgré les humbles formules que lui dictait le respect humain.

Fixé désormais sur le choix d'un état, il repartit plein d'allégresse pour Louvain, où l'attendait la licence en droit canon [3]. Le premier usage qu'il fit de ce nouveau grade, fut de l'aller montrer en cour apostolique. Au moment où le clergé de France entrait en lutte avec le pape et lui déniait le droit de choisir les hommes de mérite dans l'Église [4], il était quelque peu habile de courir ainsi lui faire hommage d'un talent

---

1. Thomas Basin, *Epistola ad Davidem episcopum Trajectensem*. Voy. ci-après les Notices du III° volume.
2. Id., *ibid.* et le *Journal d'un bourgeois de Paris*, à l'an 1429.
3. *Fasti academici studii Lovaniensis*, edente *Valerio Andrea Desselio*. Louvain, 1650, in-4°, p. 165.
4. C'était le temps où s'élaborait la pragmatique sanction.

qui naissait. Les caresses d'Eugène IV accueillirent un si gracieux procédé. Thomas Basin fut introduit dans la société des cardinaux. Que l'on juge de sa joie et de son bonheur! Ces princes de l'Église, qui lui représentaient dans leur perfection tous les genres de mérite, tous les talents, objets de son culte; ces hommes, dont les uns étaient l'éloquence même, les autres la science du droit personnifiées, qui tous joignaient à l'élégance exquise des mœurs la passion des arts et des lettres, il vécut avec eux, il goûta leur conversation, il reçut leurs conseils et leurs applaudissements. Partagé entre ce commerce enchanteur et l'étude non moins attrayante de la littérature, il laissait passer les jours sans les compter. Des nouvelles affligeantes le rappelèrent tout d'un coup à la réalité qu'il oubliait. Il dut sur-le-champ se remettre en chemin pour la France[1].

Un triste spectacle l'attendait au retour. La Normandie était plongée de nouveau dans le trouble et la consternation. D'un côté, les Français débordant la frontière, appelant à la révolte les paysans dégoûtés de la domination anglaise, faisant proie de tout et dévastant la terre qu'ils ne pouvaient emporter; d'autre part, un gouvernement ombrageux et sans force, réduit par la nécessité aux expédients les plus cruels, et tombé si bas, qu'il abandonnait la conservation des villes à des chefs de bandits, dans l'espoir de contenir par l'épouvante les populations incertaines. Les habitants du pays de Caux, foulés à la fois par l'ennemi et par leurs maîtres, avaient pris une seconde fois le

---

[1]. *Breviloquium peregrinationis*, etc.

parti désespéré de la fuite[1]. Thomas Basin trouva sa famille à Rouen. Sa douleur fut grande lorsque ses frères lui apprirent les pertes immenses qu'ils avaient faites, lorsqu'il vit son vieux père exposé à toutes les privations, à toutes les souffrances de l'exil; et pourtant les chagrins du foyer n'étaient rien auprès de l'affliction dont la ville tout entière offrait le tableau. Les vivres n'arrivaient pas en assez grande abondance pour alimenter tant de bouches; les hospices manquaient de pain et de lits. On voyait des bandes d'affamés parcourir les rues, implorant par leurs cris la commisération publique, jusqu'à ce qu'ils tombassent d'inanition sur le pavé. Le cœur de Basin était brisé à la vue de tant de maux devant lesquels il sentait sa charité impuissante. Souvent il se dérobait pour pleurer, et ses nuits se passaient dans l'angoisse et dans l'insomnie. Sa santé s'altéra. Son père, alarmé, voulut qu'il retournât en Italie. Il obéit quoiqu'à regret, et s'éloigna des siens, emportant avec lui le germe d'une maladie qui faillit le mettre au tombeau[2].

Dans ce temps de désordre où la France, d'un bout à l'autre, était livrée aux gens de guerre, il n'était pas possible de se rendre en Italie par les chemins accoutumés. Une seule route un peu sûre conduisait aux Alpes : c'était le Rhin. Afin de gagner ce fleuve, Thomas Basin s'embarqua sur une caraque qui faisait voile pour la Hollande; mais, arrivé dans la Manche, le navire fut poursuivi par des corsaires. Il se jeta

---

1. Thomas Basin, *Historia Caroli VII*, lib. III, cap. v; *Breviloquium peregrinationis*.
2. *Breviloquium*.

dans la Tamise, remonta jusqu'à Londres. Là notre voyageur fut saisi d'une fièvre si violente, qu'il fut forcé de quitter le bord. Il se fit transporter dans un hôtel, prit le lit, et y resta deux grands mois. Le mal était des plus graves ; mais, grâce à la vigueur de son tempérament, Basin sortit, la vie sauve, de cette nouvelle épreuve. La santé lui revint ; il put achever son voyage sans autre accident.

Comme il descendait les Alpes, toute l'Italie septentrionale était en émoi. Les Grecs étaient sur le point de débarquer à Ferrare, pour la célébration d'un concile œcuménique où, disait-on, les deux Églises allaient enfin se réunir. La solennité qui se préparait était des plus rares, car depuis près de deux siècles l'Église d'Orient n'avait plus voulu envoyer de représentants aux conciles tenus par les papes. Les fêtes, la pompe, le tumulte inséparable de ces grandes réunions, promettaient à un convalescent une source féconde de distractions. Thomas Basin se rendit à Ferrare, puis à Florence, lorsque les ravages de la peste eurent contraint l'assemblée de se réfugier dans cette dernière ville. Assidu aux séances du concile, il fut témoin de l'issue que l'affaire de la réunion eut, à la grande confusion des fidèles. On sait que les Grecs s'enfuirent le 4 septembre 1439. Vers le même temps, le cardinal archevêque d'Otrante ayant été chargé d'une légation en Hongrie, Thomas Basin fut de l'ambassade, et, grâce à cette occasion, il visita, aux frais de l'Église, Bude, Vicegrad, Strigonie, enfin toutes les grandes villes d'un empire dont l'aspect, les mœurs et les institutions étaient autant de sujets d'étonnement pour un esprit porté à la réflexion. Au bout de huit mois il revint à Florence, où son assiduité auprès du pontife lui valut enfin ce qu'il attendait depuis tant d'années : un canonicat à la cathédrale de Rouen, accompagné de quelques autres bénéfices de moindre valeur. Satisfait du lot qui lui était échu, il s'en retourna dans sa chère Normandie qu'il ne devait plus quitter de longtemps.

Si tant d'allées et de venues n'avaient eu pour effet que de lui procurer une prébende, elles seraient une circonstance peu importante et même peu curieuse de sa vie. Assez d'autres s'acheminaient au delà des monts pour leur avancement. Mais il eut sur ceux-là l'avantage de s'amender en respirant un autre air. C'était le temps où s'élaborait la renaissance des lettres, provoquée surtout par les enthousiastes prédications du Pogge. Il fréquenta le Pogge et les disciples du Pogge[1], et, par-dessous la rouille scolastique de son esprit, il fut pénétré de plus d'une étincelle de renaissance. Les auteurs de l'antiquité l'échauffèrent d'un feu qu'on ne ressentait encore ni à Paris ni à Louvain. A ce latin aride et plat, le même pour tout le monde et pour tous les usages, qui avait prévalu depuis le triomphe des docteurs angéliques et séraphiques, il préféra le latin de Cicéron et de Salluste, fit en sorte de l'imiter et réussit, quoique avec des restes d'une barbarie incurable, à écrire comme personne n'écrivait alors dans son pays. Là était le germe d'une grande réputation qui l'attendait parmi ses compatriotes.

1. Thomas Basin, *Libellus continens errores et blasphemias Pauli de Middelburgo*, lib. II, cap. vi.

Depuis six mois il jouissait à Rouen de son canonicat; tranquille dans son intérieur, grâce à ce que la guerre s'était éloignée des marches de la Normandie; attendant la fortune et peut-être faisant quelques pas au-devant d'elle, car le proverbe était déjà vulgaire, « Ayde toy, Dieu te aydera[1]. » L'administration anglaise s'occupait alors de monter sur un pied respectable les écoles récemment instituées à Caen. Paris lui avait échappé : elle tenait fort à ce que la jeunesse normande pût acquérir l'instruction ailleurs que dans l'Université de Paris, cette fille du roi de France, comme on disait alors, qui affichait un amour furieux pour son père naturel, depuis qu'elle s'était réconciliée avec lui. On fonda à Caen des chaires de toutes sortes. Thomas Basin fut désigné au Grand Conseil comme l'homme le plus capable de remplir celle de droit canon : il l'obtint. Sans doute son enseignement fut couronné d'un grand succès; car il lui suffit de se montrer dans ses fonctions de professeur, pour attirer aussitôt sur lui tous les regards, toutes les marques de distinction. Coup sur coup il fut nommé chanoine de Bayeux, promoteur pour le maintien des priviléges de l'Université, vicaire général de son évêque. Puis il fit son entrée dans la politique. Lorsque le duc d'York eut vu le roi d'Angleterre épouser, en 1445, la propre nièce de Charles VII, lui, qui formait déjà ses projets contre la maison de Lancastre, ne voulut pas qu'elle eût toute seule l'avantage d'une si haute alliance, et il songea à obtenir la main

[1]. C'est par ce mot que Jeanne d'Arc excusait devant ses juges la possibilité de son évasion. Voy. les *Procès de condamnation et de réhabilitation de Jeanne la Pucelle*, t. I, p. 164.

d'une fille de France pour son fils aîné. Plusieurs ambassades eurent lieu à ce sujet, dans l'une desquelles Thomas Basin porta la parole[1]. Le mariage n'eut pas lieu; mais notre orateur avait fait son devoir et acquis un nouveau relief. Enfin le siége de Lisieux étant venu à vaquer, il y fut présenté par les suffrages unanimes du chapitre, et institué par bulle du 11 octobre 1447, la première année du pontificat de Nicolas V, la vingt-sixième du règne de Henri VI en France et en Angleterre.

De tout temps le Lieuvin a été renommé pour sa richesse. Au xve siècle aussi bien qu'aujourd'hui les pâturages de ce pays, engraissés par l'humidité du climat, nourrissaient de nombreux bestiaux et procuraient le bien-être aux habitants, propriétaires ou fermiers du sol. De la prospérité des diocésains s'accroissait l'aisance du pasteur : la dîme entrait dans ses greniers, dans son trésor, de toutes parts et à tous les titres ; il percevait comme usufruitier de l'Église, il percevait comme seigneur temporel de la cité ; car il était évêque et comte de Lisieux, ayant sa cour laïque et partageant la garde des clefs de la ville[2] avec les échevins et le capitaine. Ses droits spirituels et utiles s'étendaient même au delà des limites de son diocèse : il possédait des enclaves dans l'évêché de Bayeux et jusque dans Rouen, sous la crosse du métropolitain[3]. Tous ces avantages élevaient si haut dans

---

1. Voir les pièces justificatives du IIIe volume.
2. *Recueil des ordonnances des rois de France*, t. XIV, p. 59.
3. Toute la baronnie de Nonant, dans l'évêché de Bayeux, relevait de l'évêque de Lisieux. *Gall. christ.*, t. XI, p. 762. — La paroisse de Saint-Cande le Vieux, à Rouen, était également sou-

l'opinion le siége épiscopal de Lisieux, que les princes de Lancastre l'avaient jugé digne d'être offert à Pierre Cauchon comme prix du sang de Jeanne d'Arc. Parvenir à une si belle condition à l'âge de trente-cinq ans, c'était n'avoir perdu ni son temps, ni sa peine; les rêves de l'étudiant en droit s'étaient accomplis. Il trônait dans l'Église, au tribunal suprême de Normandie, aux États de la province, au Conseil royal; sa réputation s'étendait au loin, et l'éclat de son nom rejaillissant sur sa famille entière, il voyait ses parents, devenus gentilshommes, acquérir des fiefs nobles aux environs de Lisieux, de Rouen, de Caudebec[1]. Ce qui lui fait plus d'honneur, c'est que la source de son élévation était dans l'estime universelle qu'il avait inspirée de lui.

Thomas Basin était ambitieux, mais il avait l'âme trop honnête pour que ce penchant devînt chez lui une passion déréglée. En aspirant aux premiers honneurs de l'Église, il n'avait pas été séduit par l'exemple de ces prélats mondains qui s'éloignaient du service de Dieu à mesure qu'ils accumulaient les bénéfices, et qu'on voyait passer le temps de leur

---

mise à l'évêque de Lisieux, qui, à raison de cette enclave, devait un repas ou *past* une fois donné à l'archevêque et au chapitre de Rouen. Thomas Basin donna son past le 24 novembre 1451. *Hist. de l'église cathédrale de Rouen*, in-4°, 1686.

1. Le 15 mars 1461, Michel Basin, écuyer, reconnaît tenir du roi, dans la vicomté de Caudebec, un fief de haubert entier, « dont le chief est assis en la paroisse de Lanquetot. » *Cabinet généalogique* de la Bibliothèque impér. — Dans la réforme de la noblesse, exécutée en 1464 par Raimond de Montfaut, *Louis Basin* est reconnu parmi les nobles de la sergenterie de Lisieux. *Ibid.*

épiscopat au milieu des princes, tandis que dans leur diocèse ils n'étaient connus que de nom. Sensible aux avantages temporels de la grandeur, il avait su également en calculer les devoirs, et d'avance il s'était promis de les accomplir tous. Jamais sa vie ne fut plus laborieuse que pendant le temps qu'il gouverna son troupeau. Le peu de monuments qui restent de son administration le font voir occupé sans cesse du maintien de la discipline, corrigeant les mœurs, poursuivant l'erreur en matière de foi jusqu'au terrible abandon des coupables à la justice du bras séculier [1]. Nous pouvons juger surtout de la peine qu'il se donna pour restaurer les droits temporels de son église, les uns abolis dans le désordre des guerres [2], les autres battus en brèche par une classe remuante qui s'était ameutée contre l'épiscopat normand. C'est de lui que nous tenons ce fait. Il raconte que les avocats, infiniment nombreux dans la province, avaient formé une coalition dont le mot d'ordre était : « Tout au roi, rien à l'Église. » Le roi s'étant mis naturellement du côté de ceux qui défendaient sa prérogative, les prélats étaient exposés à des vexations sans nombre [3]. Même les anciennes franchises du pays étaient devenues contre eux des instruments de servitude. A la faveur de la Charte aux Normands, qu'il appelle « la Chartre aux Normands [4], » le plus petit compagnon portant robe et barrette, se mêlait d'appeler comme d'abus et faisait vider sa poursuite par

1. *Gallia christiana*, t. XI, col. 795.
2. Voir les pièces justificatives du IIIe volume.
3. *Apologia*, lib. II, cap. VI, VII, IX.
4. « Cartam..... veracius carcerem Normannorum. »

les prévôts et baillis sans recours possible à une juridiction supérieure. Trois démissions éclatantes[1] avaient déjà prouvé la difficulté de la position lorsque Thomas Basin y arriva; mais, loin de se rebuter par la défaite des autres, il entra en lutte avec tout ce qu'il avait de constance et de souplesse. Pour combattre à armes égales, il prit à sa solde une brigade de procureurs et d'avocats; et quoique ces perfides mercenaires se tournassent contre lui toutes les fois qu'ils ne craignaient pas d'être aperçus, il put néanmoins se maintenir et se faire respecter[2]. On verra tout à l'heure, par l'omnipotence qui lui fut déférée dans une occasion difficile, quel empire il avait gagné sur les esprits en moins de deux ans.

Au commencement du mois de mai 1449, le duc de Somerset, lieutenant général du roi d'Angleterre en Normandie, manda à Rouen les évêques de la province pour les entretenir d'une très-mauvaise affaire où le gouvernement anglais s'était engagé en autorisant une entreprise de bandits contre la Bretagne. Le 13 au matin, comme Thomas Basin se rendait au conseil, en compagnie de ses confrères de Bayeux et d'Avranches, ils furent frappés de l'aspect que présentait la ville; un trouble inexprimable régnait dans les rues; on s'abordait, on s'interrogeait : qu'y avait-il? Les discours les plus étranges circulaient : des cavaliers haletants, tout poudreux, venaient d'arriver

---

1. Celles de Pandolfo Malatesta, évêque de Coutances en 1424; de Philibert de Montjeu, son successeur en 1439; et enfin de Martial Formier, évêque d'Évreux en 1439.
2. *Apologia*, lib. II, cap. VI, VII, IX.

par la route d'en bas, et on avait fermé la ville derrière eux, et ils s'étaient précipités dans le château; donc les Français approchaient; l'ennemi était aux portes. La vérité était qu'au point du jour, Robert de Flocques et d'autres capitaines de Charles VII avaient pénétré par surprise dans la citadelle de Pont-de-l'Arche, qu'ils avaient gagné la ville, qu'ils en avaient chassé la garnison; Pont-de-l'Arche à quatre lieues de Rouen, la clef de la capitale, la porte de la basse Normandie. Les trois prélats se hâtèrent de gagner le château; ils y entrèrent au milieu de la plus grande confusion. Le duc de Somerset, à peine vêtu, l'œil ardent, le visage altéré, courait comme un homme en démence par les salles, par les cours, par les escaliers. Il criait qu'on rassemblât tous les bateaux du port, qu'on fît partir tous les corps de la garnison; et il accablait de reproches les chevaliers trop lents à prendre leurs armes, et il leur désignait la Seine, le chemin de Pont-de-l'Arche. Il ne savait encore que la moitié de l'événement. Lorsque de nouveaux courriers lui eurent apporté la nouvelle que tout était perdu, il se laissa tomber dans un morne désespoir. Un grand orgueil dans une âme commune ne sait pas résister au choc imprévu de l'adversité. Thomas Basin vit avec pitié la faiblesse de ce seigneur naguère si impérieux; il s'approcha de lui, versa sur ses blessures le baume de sa parole douce et pénétrante, enfin le consola le mieux qu'il put, lui rappelant sa vie passée, flattant les absurdes espérances que la persuation commençait à faire renaître dans son cœur. Pour lui, il sentit bien que le vent allait tourner; aussitôt qu'il put le faire, il reprit le chemin de sa ville, décidé à y attendre la suite des événements[1].

La surprise de Pont-de-l'Arche fut la première étincelle d'un incendie dans lequel fondit en quelques mois la puissance des Anglais sur le continent. Ceux-ci crurent, dans le premier moment, qu'ils en seraient quittes pour une alerte, comme en 1437, comme en 1440; mais cette fois Charles VII avait substitué la discipline à l'insubordination; ses compagnies régulières, ses francs archers, les corps auxiliaires de la noblesse picarde et bretonne, tous s'avancèrent avec une entente et dans un ordre admirables. L'armée, s'étant concentrée autour de Pont-Audemer, enleva cette place, puis se mit en marche sur Lisieux. Le samedi 16 août, elle parut sur les hauteurs de Fauquernon qui dominent la ville dans la direction du levant[2].

Lisieux n'avait alors pour défense que de chétives murailles, sans boulevards, presque sans fossés. Une centaine de piétons anglais formaient sa garnison[3]. Si peu de ressources joint à de vieilles rancunes qui existaient entre les soldats et le peuple, rendait toute résistance impossible. Cependant on redoutait si fort les vengeances du gouvernement anglais, que personne n'osait parler de se rendre. Dans l'anxiété que fit naître cette situation, tous les yeux se tournèrent du côté de l'évêque. Les habitants, accoutumés à se

---

1. *Historia Caroli VII*, lib. IV, cap. xiv.
2. Lettre de Guillaume Cousinot au comte de Foix, écrite de Louviers, le 25 septembre 1449, dans le *Thesaurus anecdot.*, t. I, col. 1817.
3. *Historia Caroli VII*, lib. IV, cap. xvii.

reposer sur sa prudence, le supplièrent cette fois encore d'agir pour eux suivant sa bonne inspiration. Quant aux Anglais domiciliés dans la ville, ils étaient venus les premiers lui apporter leur adhésion à tout ce qu'il ferait pour leur salut et pour le sien. Si donc il y eut jamais dictature légitime, ce fut celle dont Thomas Basin se vit investi en ce jour, puisqu'il devint l'arbitre suprême des destinées de la ville par l'accord inopiné de tous les partis.

Un tel honneur ne fut pas sans lui causer quelques alarmes. Il songea qu'il avait près de la ville un château formidable, où, dit-il, sans autre assistance que celle de ses chapelains, il eût défié les efforts de l'armée française[1]; il songea aussi que son devoir de pasteur le retenait à Lisieux. Entre la fidélité qu'il avait jurée au roi d'Angleterre, et l'appui qu'il devait à son troupeau, lequel choisir?

Thomas Basin n'aimait pas les Anglais. Il leur attribuait avec raison les maux de son pays; il n'avait pas pu leur pardonner ceux de sa famille. Suffolk, Somerset, Talbot, tous ces magnifiques lords, lorsqu'il les connut, augmentèrent encore sa répugnance pour des maîtres mal notés dans son esprit[2]. Cette aversion perce à chaque page de son Histoire de Charles VII : je n'en veux pour exemple qu'une anecdote qu'il y a mise, et dont il est vraisemblablement le personnage principal, quoiqu'il ne se nomme pas[3]. A un dîner de fonctionnaires anglais, dit-il, on parlait des rava-

---

1. *Historia Caroli*, *ibid*.
2. Voir ce qu'il dit de Somerset et de Talbot, *Hist. Caroli VII*, lib. IV, cap. xi, et lib. V, cap. vii.
3. *Hist. Caroli VII*, lib. II, cap. vi.

ges exercés par les compagnies franches, et chacun discourant sur ce texte, se lamentait et proposait son remède au mal. « Un prêtre normand, » qui était du festin, écoutait et ne disait mot. Interrogé à son tour, il s'excuse; cependant on insiste, et l'humble ecclésiastique finit par dire, sauf correction, qu'à son avis l'ordre renaîtrait le jour où tous les Anglais jusqu'au dernier seraient partis de France. Que cette parole soit de Basin ou d'un autre, il suffit qu'il en ait conservé la mémoire pour qu'on sache quelle fut de tout temps son opinion à l'égard des conquérants de la Normandie. Il est donc bien probable qu'en 1449 la domination française lui souriait assez, et qu'en présence de l'armée ennemie, il fut moins embarrassé du parti qu'il devait prendre, que de la manière dont il devait agir. En effet, il était le premier évêque normand qui fût mis en demeure de se déclarer; sa conduite devait avoir un grand retentissement et produire un effet décisif sur le clergé de la province. Aussi, pour se tirer honorablement de ce pas, eut-il besoin du secours de toute sa prudence, qui était grande.

Ayant fait demander une entrevue aux capitaines français, il se rendit auprès d'eux avec une partie de ses chanoines, et commença par leur adresser une harangue dans laquelle il essayait à tout hasard de les éconduire poliment, leur exposant que sa ville était le patrimoine de Jésus-Christ et de saint Pierre, asile de piété et de paix, peuplée de bonnes gens qui désiraient très-fort le bien du roi de France; partant qu'il valait mieux, pour de valeureux chevaliers, chercher un objet plus digne de leurs prouesses, et, par exemple, se porter contre les places disposées à la résistance. Dans la compagnie se trouvaient les hommes les plus habiles, Dunois, le sénéchal de Poitou, Pierre de Brézé, les deux maréchaux de France, des maîtres des requêtes, enfin la fleur du conseil de Charles VII. Tous ces seigneurs, non moins avisés que l'évêque, lui répondirent que, des places rebelles au roi ils sauraient faire leur devoir; que pour l'heure ils étaient venus prendre Lisieux, et que si Lisieux ne se rendait incontinent, ils allaient faire donner l'assaut. Thomas Basin n'insista pas davantage; il mit ses efforts à se faire accorder quelques heures de répit, et retourna dans sa ville, où il convoqua aussitôt le clergé, les bourgeois et les nobles. Sans doute il ne voulait rien autre chose que se mettre à couvert derrière une délibération solennelle. Aussi, dès que l'assemblée, instruite de la résolution des Français, eut décidé d'une voix unanime qu'il fallait se rendre, et qu'à l'évêque appartenait le soin d'arrêter les bases de la convention, Basin, aussi expéditif que joyeux, écrivit son projet, le porta au quartier général, et le fit adopter des capitaines sans aucun changement[1]. On peut voir dans le *Recueil des ordonnances*[2] ce traité plein de douceur et de ménagements, qui montre à la fois l'esprit conciliant du prélat et l'humanité des vainqueurs. On y réserve les droits de l'Église et ceux de la ville; on y stipule pour les Anglais la faculté de se faire sujets du roi de France ou de s'en retourner sous sauf-conduit auprès

---

1. *Hist. Caroli VII*, lib. IV, cap. XVII.
2. T. XIV, p. 59.

de leurs compatriotes. En France, il fut parlé de cette capitulation comme de l'un des événements les plus heureux de la guerre[1], et la rédaction en fut trouvée si sage qu'elle servit de modèle à tous les traités passés depuis avec les autres cités normandes.

L'entrée des Français à Lisieux eut lieu le lendemain 17 août[2]. L'évêque y parut en triomphateur, conduisant l'armée à sa cathédrale au milieu d'un concert de bénédictions. Le peuple lui attribuait son salut; les capitaines lui savaient gré de ce qu'il eût si doucement réduit en leur pouvoir une ville importante. Telle était l'opinion que ces derniers avaient conçue de lui, que le jour même ils l'appelèrent dans leur conseil. Ils avaient à statuer sur certaines lettres clandestines envoyées de Caen et de Falaise par des notables qui promettaient de faire capituler ces villes à la première apparition des Français. De telles offres plaisaient au plus grand nombre. Thomas Basin, au contraire, fut d'avis qu'il fallait y regarder de plus près avant d'agir sur la foi de propositions, sincères sans doute, mais peut-être inconsidérées. Il objecta la force des garnisons logées dans les villes de la basse Normandie, fit prévoir l'impuissance du peuple en présence de tant de soldats, et dépeignit le danger qu'il y aurait dans le moment à ce que la guerre se

---

1. « Et ceulx de la ditte cité de Lisieux.... se rendirent sans coup férir, par le moyen de l'evesque du lieu, lequel doubtoit que la ville ne fust prinse d'assault et pillée; pourquoy il fist la composicion et s'i gouverna grandement et honorablement. » *Le recouvrement de la Normandie par le hérault Berri*. Manuscrit de la Biblioth. impér., n° 9669. 2. 2.
2. *Chronique de Mathieu d'Escoussy*, chap. xxxiv.

prolongeât sur ces parages lointains. Selon lui, la prudence exigeait qu'on prît la lisière du pays avant d'en attaquer le cœur. En s'assurant d'abord de Mantes, de Gournai, de Gisors, de Vernon et de Rouen, l'armée ne s'exposerait pas à manquer de vivres, communiquerait incessamment avec le centre du royaume, s'avancerait toujours plus forte et plus assurée du succès. Caen, Falaise et les places environnantes, attaquées en dernier lieu, ne pourraient impunément retenir les vainqueurs sous leurs murs. L'assemblée tout entière reconnut la sagesse de ces conseils, et aussitôt le plan de campagne proposé par Thomas Basin fut envoyé à la sanction du roi qui le ratifia [1].

Charles VII, alors à Vendôme, s'approchait du théâtre de la guerre par la route du Perche. L'évêque de Lisieux, parti à sa rencontre, le rejoignit à Verneuil, où il lui prêta serment de fidélité [2]. Il fut accueilli avec cette affabilité que le roi témoignait aux hommes de mérite. On le pourvut d'une charge de conseiller, aux appointements de mille livres [3], et dès les premiers jours il fit l'essai de son crédit en demandant et impétrant la grâce d'un fameux clerc normand, docteur en droit et en décret, chanoine de Coutances, d'Avranches et du Mans, qui avait soutenu le parti des Anglais avec une passion exagé-

---

1. *Historia Caroli VII*, lib. IV, cap. xviii.
2. Le 28 août 1449. *Gallia christiana*, t. XI, col. 795.
3. Quittance du 24 mai 1450. Par d'autres quittances du 8 septembre 1452 et du 28 juillet 1453, il paraît que sa pension comme conseiller fut réduite à six cents livres. Voir les preuves du III° volume.

rée[1]. De cette manière, servant Charles VII et servi de lui, il s'attacha étroitement à sa personne, et l'accompagna pendant tout le reste de son voyage, à Évreux, à Louviers, à Pont-de-l'Arche. Puis une insurrection populaire ayant ouvert les portes de Rouen aux Français, comme le roi différait d'entrer dans cette ville jusqu'à ce qu'elle eût été purgée de la garnison ennemie, Thomas Basin y fut envoyé d'avance avec les seigneurs de Torcy et d'Orval, afin de surveiller les Anglais dans les bastilles où ils s'étaient réfugiés, et de tout disposer pour la prochaine arrivée des vainqueurs[2]. Le jour du triomphe, il était, en habits pontificaux, à la porte Beauvaisine[3], où il complimenta le roi et lui présenta tous les évêques de la province, ses amis, que son exemple avait ramenés au parti de leur légitime souverain.

La révolution qui venait de s'opérer ne changea rien à sa vie passée. Dès que la paix l'eut rendu libre de choisir entre les travaux du Grand Conseil ou les pieux devoirs de son ministère, il retourna sans hésiter au milieu de son troupeau, se promettant bien de ne le quitter que lorsque ses services seraient indispensables au roi. Ce fut là, pendant les heures de repos que lui laissaient les soins de son administration, dans ce loisir littéraire si plein de charmes pour lui, comme il l'avoue lui-même[4], qu'il composa, peu

---

1. Le 21 septembre 1449, à Louviers. *Archives de l'Empire*, K, reg. 179, pièce 377, *Abolitio pro Mgo. Radulpho* Le Jolivet.
2. *Historia Caroli VII*, lib. IV, cap. xx.
3. *Chronique de Jean Chartier*, éd. Godefroi, p. 183.
4. *Libellus de optimo genere forenses lites audiendi.* Voy. ci-après, au tome III.

de temps après l'expulsion des Anglais, deux écrits de jurisprudence que je ne saurais m'abstenir de mentionner à cet endroit de sa vie.

Maître de Rouen, Charles VII avait résolu de relever enfin la mémoire de Jeanne d'Arc de la flétrissure que lui avaient infligée les Anglais. Pour cela, il était nécessaire d'infirmer la sentence de condamnation : chose difficile, parce qu'en matière d'hérésie, les jugements n'admettaient point d'appel, et qu'il fallait une bulle du pape, usant de son autorité apostolique, pour saisir une seconde fois l'Église d'une affaire déjà décidée par l'Église. Arriver à obtenir cette bulle fut le but constant de quatre années de correspondances, de consultations et d'ambassades. D'abord, la prévarication des juges fut constatée par une enquête; ensuite, on fit passer à Rome cette enquête jointe aux pièces de la procédure, afin d'avoir sur l'ensemble l'opinion des avocats consistoriaux; enfin, pour achever d'éclaircir les points laissés dans le doute par les jurisconsultes italiens, on eut recours aux lumières des plus fameux docteurs qui fussent alors dans le royaume. Toutes ces démarches devaient précéder la demande en révision. Thomas Basin fut l'un des savants consultés, et pour obéir à la volonté du roi, il composa un volumineux mémoire qu'on jugea digne de figurer parmi les pièces de la réhabilitation[1]. Dans un pareil travail, il n'y a rien à chercher pour l'art. C'est la forme des mémoires à consulter, avec tout l'appareil de divisions, de distinctions, de citations

---

1. *Procès de condamnation et de réhabilitation de Jeanne d'Arc, dite la Pucelle*, t. III, p. 209.

que comportait l'ancienne controverse. La nullité du procès de Rouen y est établie d'abord, non pas d'après le procès lui-même, mais d'après des extraits qu'on avait communiqués à l'auteur. Il démontre ensuite que rien ne justifiait l'imputation d'hérésie portée contre l'accusée ; qu'au contraire les paroles sorties de sa bouche militaient plutôt pour la pureté de sa foi et la réalité de ses apparitions. Ses conclusions sont donc des plus favorables à la poursuite d'une nouvelle instance. Lorsqu'il eut plus tard à s'expliquer en historien sur le même sujet, il ne crut pas pouvoir mieux faire que de renvoyer à ce mémoire, après en avoir indiqué la substance, et en y ajoutant des considérations théologiques pour montrer que la fin de Jeanne n'était pas incompatible avec l'hypothèse d'une mission divine [1].

Le mémoire justificatif de la Pucelle n'est pas daté. A en juger par la place qu'il occupe parmi les écritures du procès, il fut des premiers remis entre les mains des enquêteurs, par conséquent achevé au plus tard en 1453. A quelque temps de là, Thomas Basin fut encore officiellement consulté, non plus comme canoniste, mais à titre de praticien consommé dans l'expérience des tribunaux civils. Une commission royale l'évoqua à Paris, « pour y aviser aux procès, » dit-il, de concert avec le grand sénéchal de Normandie, Pierre de Brézé. L'échiquier de Rouen étant alors comme anéanti sous la masse des procès, il s'agissait, selon toute apparence, de trouver à ce tribunal quelque moyen d'action plus efficace, plus propre à

1. *Historia Caroli VII*, lib. II, cap. XVI.

le tirer d'embarras qu'aucun de ceux qu'il possédait. Dans les discussions qui eurent lieu à ce sujet, l'évêque de Lisieux démontra facilement que la source du mal était dans le vice de la procédure; que tant qu'on s'en tiendrait au style usité, on n'aboutirait qu'à des expédients d'effet nul. Là-dessus, donnant carrière à ses idées, il proposa un plan de réforme qui n'était rien de moins qu'une révolution dans le droit. Telle était la nature de ses conclusions qu'elles ne purent être déférées au Conseil royal; mais le grand sénéchal, frappé de leur singularité, voulut les examiner plus à loisir, et en se séparant de son collègue, il le pria de les lui exposer sous forme de mémoire. Telle est l'origine du traité de Thomas Basin sur la réforme de la procédure, ouvrage qu'il commença au mois de janvier 1455 et qu'il publia dans l'année [1].

Composé pour un homme plus exercé au maniement des affaires qu'aux subtilités de la jurisprudence cet écrit n'est plus, comme celui qui le précède, imprégné de la rouille du palais. Les faits y sont exprimés d'une manière simple, claire, quelquefois même agréable. L'auteur montre d'abord combien les intérêts privés ont à souffrir de la longueur interminable des procès déférés au parlement de Paris. Ces lenteurs, il les attribue à la multitude des formalités dilatoires autorisées par l'ancien style, aux incertitudes d'un tribunal composé de trop de juges, au verbiage des avocats. Ensuite abordant le sujet plus spécial de la discussion, il déroule les abus autrement

---

[1]. *Libellus editus a Thoma episcopo Lexoviensi de optimo ordine forenses lites audiendi et definiendi.* Voy. ci-après, t. III.

intolérables qui entravaient l'exercice de la justice suprême en Normandie. Il dépeint l'échiquier de Rouen avec ses cent quatre-vingts assesseurs, avec son parquet garni d'une légion d'avocats qui tous avaient voix consultative dans le jugement, avec ses audiences remplies de clameurs, d'hésitations, de contestations incessantes; et cela dans une cour qui ne siégeait qu'une fois par an, pendant l'espace de six semaines, dans la province de France qui abondait le plus en procès. Aussi, sur des centaines de plaideurs qui se présentaient à l'échiquier de Normandie, bien peu voyaient leur cause appelée. Les autres, remis aux assises suivantes, maudissaient les empêchements de la coutume à l'égard d'un déni de justice. A cet inique état de choses, Thomas Basin oppose le tableau de ce qui se passait à Rome. Là, où les appels arrivaient de tous les points de l'Europe, douze ou quinze personnes suffisaient pour vider toutes les causes; mais aussi pas de lenteurs, pas de plaidoiries, pas de délais inutiles. Les plaideurs ayant remis au chancelier apostolique leur requête avec les pièces à l'appui, celui-ci répartissait les dossiers entre les juges ou auditeurs du tribunal, appelé la Rote. Les auditeurs étaient au nombre de douze ou de quinze au plus; ils siégeaient de deux jours l'un; l'autre ils tenaient conclave, c'est-à-dire que, réunis dans un même local, ils se communiquaient les affaires dont ils étaient chargés chacun pour leur part, se consultaient et s'éclairaient mutuellement. Rien de plus majestueux que leurs audiences. Appelés par le son de la cloche, ils entraient tous ensemble dans une salle où étaient disposées, à des distances convenables, autant d'estrades qu'il y avait de juges ; c'est là qu'ils prenaient place, ayant chacun à leurs pieds quatre tachygraphes, et ressemblant à autant d'oracles environnés de leurs muets interprètes. Les parties comparaissaient sans autre assistance que celle de leur procureur. Celui-ci présentait les moyens de son client, rédigés par écrit et parafés, tout prêts à passer aux mains de l'un des greffiers qui les transcrivait séance tenante, et les soumettait au juge. Le procureur n'avait-il rien à produire, il disait d'un mot que sa partie s'en référait, soit aux pièces, soit aux exceptions de droit. Quant aux avocats, ils étaient très-peu nombreux à la Rote, et leur fonction se bornait à rédiger les requêtes, mémoires, libelles, enfin tous les instruments écrits de la défense. Si quelquefois ils étaient admis à plaider, c'était dans les cas très-difficiles et seulement au conclave des auditeurs, qui alors était ouvert au public. De cette façon, rien ne se perdait, ni temps, ni paroles ; les arrêts ne se faisaient point attendre, et la cour romaine jugeait plus de causes en un jour que le parlement de Paris en un mois.

Émerveillé de ces résultats, l'évêque de Lisieux voulait qu'on introduisît en France le mode de procédure auquel ils étaient dus ; qu'on adoptât le style de la Rote, comme avaient fait le roi d'Aragon et le duc de Milan. Assurément il avait trop d'esprit et d'expérience pour se faire illusion sur la possibilité d'un pareil projet. Lui-même il en montre le côté le plus vulnérable, lorsqu'au moment de conclure il s'écrie : « Mais faites donc que les Français se passent de la pompe du discours[1] ! » Là, en effet, résidait la

---

1. « Sed difficile atque durum erit valde nostrates a placita-
« tionis verbalis pompa divellere. »

difficulté. Sans contredit la justice muette du tribunal romain eût froissé nos pères, comme elle nous froisserait nous-mêmes. L'esprit libéral de la nation française a besoin de communications, de discussions publiques qu'au fond il n'a pas tort de prendre pour des garanties; lui interdire la défense parlée, ce serait lui ôter toute foi en l'équité des jugements. Et puis quelle réforme radicale ne présupposait pas celle de la procédure ainsi conçue! Pour appliquer avec fruit au parlement ou à l'échiquier le style de la Rote, il fallait discipliner les juridictions inférieures comme l'étaient les tribunaux d'Église dont la Rote recevait les appels; il fallait réduire les coutumes locales à l'unité de droit : œuvre immense que les siècles pouvaient seuls accomplir, et que le gouvernement de Charles VII n'avait garde d'entreprendre. C'est pourquoi la proposition de Thomas Basin, au lieu d'être prise au sérieux, doit être considérée plutôt comme une utopie où se montre son aversion pour certains abus, mais en même temps son impuissance à les réprimer, parce qu'il ne savait imaginer à la place que des théories impraticables.

Jusqu'à l'âge de quarante-deux ans il avait eu le bonheur de toujours réussir aux applaudissements de tous, et sa modération à jouir de ce bonheur était si grande, que désormais il pouvait se croire maître de sa fortune. Mais même pour le sage la grandeur a ses déboires. Sans le vouloir, il se trouva impliqué dans de funestes dissentiments. Impatienté des retards qui reculaient l'époque de son règne dans un lointain avenir, celui qui fut depuis Louis XI travaillait sourdement à faire tomber le pouvoir des mains de son père. Comme il ne pouvait venir à ses fins avec le Dauphiné qu'on lui avait donné pour apanage, il convoita la Normandie, province autrement riche en ressources, et il résolut de se la faire adjuger par le vœu du peuple. A cet effet il députa de secrets émissaires, chargés de prodiguer les promesses et les mensonges, pour amener les hommes influents du pays à soutenir aux États une motion dont il avait lui-même dicté les termes : savoir que la Normandie étant la plus précieuse annexe du royaume, il importait qu'elle fût gardée par un homme sûr ; qu'en conséquence il plût au roi d'y créer une lieutenance générale pour l'héritier de la couronne. Ces points étaient longuement développés dans des instructions écrites, que l'évêque de Lisieux reçut pour sa part, en même temps qu'une lettre signée du dauphin. A un homme si renommé par sa prudence, on n'avait pas craint de livrer des témoignages écrits. Par cette marque d'abandon, par la promesse d'un gros traitement, par la perspective du plus brillant avenir, on avait cru le gagner. Thomas Basin refusa [1].

Il avait fait son devoir : il eut le malheur de ne pouvoir pas garder pour lui le secret de sa conduite. Le roi, qui se tenait en éveil, fut informé des intrigues de son fils; et comme il avait tout appris, même les noms des personnes qu'on avait pratiquées, son mécontentement retomba sur celles-ci, sans distinction des innocents ni des coupables. Thomas Basin faiblit à l'idée d'une disgrâce qu'il n'avait pas méritée. Sa fidélité avait besoin de preuves ; il n'en vit pas de

---

[1]. *Apologia*, lib. I, cap. I.

plus fortes à donner que de remettre au roi les lettres et instructions envoyées à son adresse : confidence qui eut l'effet d'une dénonciation publique, car le roi la révéla dans le conseil, et le dauphin en fut des premiers instruit par les espions qu'il entretenait autour de son père[1]. Cette affaire paraît avoir vivement alarmé Thomas Basin, dans la prévision des vengeances qu'elle pouvait un jour appeler sur sa tête. A la vérité Charles VII n'était pas encore vieux, et l'on pouvait croire qu'il régnerait assez longtemps pour pacifier sa maison comme il avait pacifié la France. Vain espoir! Le fils rebelle s'enfuit à l'étranger pour s'interdire la possibilité d'une réconciliation, et le roi, frappé avant l'âge, mourut de ses soupçons et de ses chagrins au moment même où ses parents, ses conseillers, ses amis, ligués ensemble, le poussaient à exclure du trône son héritier par droit de naissance.

Nul mieux que Thomas Basin n'a dépeint l'effet produit par la mort de Charles VII, la stupéfaction passagère des courtisans qui n'avaient pas prévu cette brusque interruption de leurs cabales, puis leur promptitude à changer de livrée, leur départ précipité pour la frontière, où ils couraient acheter la faveur du nouveau roi par les protestations d'un dévouement inaltérable[2]. L'indignation avec laquelle l'historien flétrit ces honteuses métamorphoses, atteste la pureté des motifs qui le conduisirent lui-même au-devant de Louis XI. Il se rendit à Reims, la contenance assurée et le cœur plein de désintéressement, décidé, selon

---

1. *Apologia*, lib. I, cap. 1.
2. *Hist. Ludovici XI*, lib. I, cap. 1.

l'accueil qui lui serait fait, à subir son châtiment sans se plaindre, ou bien à élever la voix en faveur de son pays. Soit dissimulation, soit caprice, le roi le reçut comme un ami, le maintint dans sa charge de conseiller[1], et l'invita même à prendre part aux cérémonies de son sacre. En ce temps, l'onction d'un roi était comptée parmi les mystères de la religion, et les prélats qui contribuaient à l'opérer acquéraient sur le prince une sorte de paternité spirituelle. Appelé sans s'y attendre à une si haute faveur, l'évêque de Lisieux s'en réjouit comme d'une voie plus facile que lui ouvrait le ciel pour faire entrer ses conseils charitables dans le cœur du souverain. Le lendemain du sacre, il alla trouver Louis XI au monastère de Saint-Thierry, et là, en présence d'une nombreuse cour, il lui fit une harangue, dans laquelle il dépeignait la misère du peuple, et disait toutes les espérances que les gens de bien avaient fondées sur le nouveau règne[2]. Le roi semblait ravi; il trépignait, il accablait de remerciments et d'éloges l'orateur qui avait si bien deviné le fond de sa pensée; puis, alléguant avec une modestie câline sa propre inexpérience, il le supplia de réfléchir encore sur cette matière importante, de façon à pouvoir indiquer le remède après avoir signalé le mal. Et le prélat, qui prit au sérieux ces flatteuses paroles, s'empressa de partir pour Paris, où, en attendant la solennelle entrée du roi, il écrivit un mémoire sur l'objet proposé[3].

Cet ouvrage de Thomas Basin ne se retrouve plus;

---

1. Voir les pièces justificatives du IIIe volume.
2. *Hist. Lud. XI*, lib. I, cap. IV; *Apologia*, lib. I, c. II.
3. *Apologia*, lib. I, cap. II.

mais, d'après ce qu'il en dit lui-même, on voit que son projet de réforme reposait sur la réduction de l'armée et sur celle des pensions[1]. L'entretien d'une armée permanente et le trafic des consciences étaient les deux moyens qui avaient fait la force du feu roi, et bien que son successeur les eût inventés, s'il ne les avait pas trouvés tout établis, cependant les arguments du publiciste contre des charges si onéreuses à l'État, ne laissèrent pas que de lui être d'une grande utilité. Il les apprit par cœur, et se mit à en remplir tous ses discours de réception. Aux importuns qui venaient lui énumérer leurs services, il répondait par des regrets fondés sur la doctrine de M. de Lisieux; aux députés des villes, monotones interprètes du même vœu, celui de la diminution des impôts, il promettait d'abolir la taille des gens d'armes, conformément à l'opinion de M. de Lisieux. Et toujours il avait à la bouche la leçon de M. de Lisieux; et cependant le trésor et le domaine étaient déjà au pillage entre ses favoris, et déjà la France était couverte de commissaires qui voyageaient pour compléter l'effectif des compagnies, ou pour emprunter sur les taxes; de sorte que les honnêtes inspirations de Thomas Basin eurent pour unique effet de couvrir un système oppressif, médité longtemps à l'avance, et mis, dès le premier jour, en voie d'exécution.

Pareille déception lui arriva encore trois ans après, lorsqu'à la mort du pape Pie II, Louis XI feignit de vouloir faire revivre la Pragmatique sanction. A son avénement, le roi avait sacrifié cette constitution,

---

[1]. *Apologia*, lib. I, cap. III et IV.

s'imaginant qu'il en retiendrait par ses artifices ce qu'elle offrait d'avantageux à la couronne. Mais il ne réussit pas à duper le subtil Pie II, et lorsqu'il se vit débarrassé de ce gênant adversaire, pour n'avoir pas a subir de la part d'un autre une semblable défaite, il résolut de se rétracter hautement. Ce n'est pas que l'état républicain, que la Pragmatique consacrait dans l'Église, fût de son goût; mais il la trouvait bonne en ce qu'elle ôtait au pape la collation des bénéfices; et, comme il l'avait abolie naguère pour s'en réserver quelque chose, il parlait de la remettre en vigueur pour la violer dans la plupart de ses dispositions. Dans ce dessein, il fit encore parler l'évêque de Lisieux, qui était devenu l'un des chauds partisans des libertés gallicanes, depuis qu'il s'était rallié à Charles VII. Thomas Basin se laissa prendre au piége. Il posa, discuta, résolut la question au profit du roi[1], sans arrière-pensée, il faut le dire; car, ce qu'il voulait, c'était la dignité de l'Église; ce qui l'intéressait le plus, c'était le sort de ces pauvres lettrés qui s'exténuaient dans l'étude sans jamais parvenir aux bénéfices devenus le prix de l'intrigue ou l'objet de la simonie[2]. L'écrit dans lequel il a déposé ces considérations, est l'un des meilleurs qui soient sortis de sa plume; il est en français,

1. *Advis de monseigneur de Lysieux au roi*, imprimé à la suite du *Liber pœnitentialis* de Théodore de Cantorbéry. Paris, 1677, in-4°.

2. « Celuy qui deust garder principalement et deffendre les décrés des saints Pères et les faire à chacun garder, et estre à tout le monde example de justice et équité et raison, par l'importunité des gens ambitieux et convoiteux, a voulu, soubs couleur de plénitude de puissance, à soy attraire et exercer toutes les opéracions et offices des prélas, en faisant loys et constitucions

et conçu avec beaucoup de lucidité et de vigueur. On n'y trouverait rien à redire, si la passion n'eût suggéré au prélat certain raisonnement qu'un esprit droit ne saurait admettre. Subtilisant sur les termes de l'obédience rendue par Louis XI à son avénement, il déclare que cette pièce n'engageait le roi qu'envers la personne de Pie II, et que, ce pontife mort, elle ne tirait plus à conséquence[1]. Cette mauvaise pensée fut la seule dont s'accommoda Louis XI, la seule qu'il eût mise à effet, si les événements le lui eussent permis. Peut-être il l'avait conçue depuis longtemps : ce fut une bonne fortune pour lui qu'un de ses conseillers l'eût écrite, habile qu'il était à faire valoir les erreurs des gens de bien, à en garder pour lui l'avantage, et à rejeter sur eux la responsabilité.

Voilà comment Thomas Basin s'instruisit par sa propre expérience; et ces leçons lui profitèrent d'autant mieux qu'il ne se sentait nulle inclination pour la personne de Louis XI. Dès la première entrevue, il avait été choqué de ses manières. Le sans gêne affecté du nouveau roi, et ses plaisanteries sur toutes choses, lui avaient semblé d'un bouffon plutôt que d'un grand

---

et plusieurs choses particulières sans nécessité, » etc., etc. Pour le tiers des bénéfices que la Pragmatique réservait aux gradués, il propose, comme mesure d'exécution, de leur assurer toutes les vacances survenues pendant une époque de l'année que déterminerait le roi. *Ibid.*, l. c., p. 510.

1. « *Item* semble que de ce ne vous doibt aulcunement dissuader ne détraire la forme de l'obédience faite par vous à nostre saint Père pape Pius défunct en termes généraulx, parce que ladicte obéissance fust par vous faitte audit Pius personnellement; ainsi puisque Dieu l'a pris de ce monde, ladicte obéissance ne vous lie en rien vers son successeur. » *Ibid.*, l. c., p. 509.

prince. A Paris, il versa des larmes, lorsqu'il vit les destitutions pleuvoir sur les serviteurs de Charles VII, les offices envahis par des hommes sans nom, tous les princes du sang traités comme suspects, le duc de Bourgogne honoré publiquement et joué sous main par celui dont il avait été le bienfaiteur[1]. Puis se succédèrent tant d'autres mesures étranges pour le siècle, et qui ne soulevèrent que des blasphèmes, parce qu'elles blessaient toutes les opinions reçues, tous les droits établis. Parmi ces nouveautés, il en est deux surtout que l'évêque de Lisieux eut à cœur : l'interdiction de la chasse à tous les sujets du royaume, « et nommément aux prélats d'église[2]; » l'injonction faite aux cathédrales, paroisses et communautés religieuses, de produire le dénombrement de tous leurs biens, quelles qu'en fussent la nature et la provenance. Le temps n'était pas encore venu où ceux qui souffraient de pareilles atteintes pussent s'y résigner en considération du bien qu'elles devaient produire. Attaqué dans ses prérogatives, Thomas Basin se persuada que décidément la France allait à sa perte, et dès lors il se trouva prêt à accueillir tous les moyens de résistance essayés contre un gouvernement odieux. La conspiration pour le *Bien public* s'étant formée sur ces entrefaites, il y donna les mains.

Louis XI n'oubliait rien, pour son supplice autant que pour le malheur de ceux qui avaient affaire à lui; car sa mémoire ne lui servait le plus souvent qu'à alimenter ses soupçons. Lorsqu'il vit se tourner contre

---

1. *Hist. Lud. XI*, lib. I, cap. II, III, VI, VII.
2. « Atque etiam nominatim ecclesiarum prælatis. » *Hist. Lud. XI*, lib. I, cap. XXI.

lui, en même temps et de toutes parts, les nobles, le clergé, les villes, il se souvint que l'évêque de Lisieux l'avait déjà trahi une fois, et rapprochant de la révolte qui éclatait le projet de réforme dont il s'était moqué en 1461, il dit avec beaucoup d'aigreur, qu'en lui conseillant la réduction de la gendarmerie, on avait cherché à préparer de loin sa défaite et la victoire des confédérés[1]. Cette accusation était absurde, mais pleine de menaces pour l'avenir.

Comme c'est ici l'événement le plus grave de la vie de Basin, que sa fortune y succomba pour ne se relever jamais, qu'un si grand revers lui fut infligé autant par la force des circonstances que par l'effet de sa volonté, il sera nécessaire, pour mieux faire comprendre sa conduite, de mêler plus d'une fois l'histoire générale à sa biographie.

On a coutume de regarder le traité de Conflans comme la conséquence de la bataille de Montlhéry; mais la bataille eut lieu le 16 juillet, le traité fut conclu le 5 octobre, et Louis XI n'était pas homme à payer si cher, à deux mois et demi d'intervalle, les fautes ou le malheur d'une seule journée. Bien loin de s'endormir le lendemain de sa défaite, il déploya au contraire une activité et une adresse admirables. Rallier ses troupes fugitives, pourvoir à la sûreté de la capitale, courir sur la Normandie qui n'avait pas encore bougé, y réprimer par sa présence la sédition prête à éclore, entraîner les nobles de cette province à la défense de Paris : tout cela fut pour lui l'affaire

---

1. « Palam e stomacho evomuit quod non bene neque fideliter sibi consilium olim dederamus quod numerum militiæ suæ moderari et diminuere vellet. » *Apol.*, lib. I, cap. v.

de quelques semaines. A la fin du mois d'août il était revenu pour tenir tête à ses ennemis, aussi fort qu'eux et ayant sur eux l'avantage de la position. Il savait le moyen de les retenir dans leurs retranchements jusqu'aux approches de l'hiver. Avec le secours de la saison rigoureuse, il les eût dispersés sans peine et à peu de frais. Mais ce plan si bien conçu manqua par l'effet d'un complot qu'il n'avait pas pu prévoir.

Il avait confié la garde du château de Rouen à Mme de Brézé, dont le mari avait été tué à la journée de Montlhéry, en conduisant la première charge des Français. Des hommes qui méditaient l'affranchissement de la Normandie, résolurent d'exploiter la douleur de cette dame au profit de leur entreprise. Ils lui persuadèrent que M. de Brézé était mort de la main de ses propres soldats, et en imputant au roi ce lâche assassinat, ils allumèrent dans le cœur de la veuve un désir immodéré de vengeance[1]. Pendant ce temps les confédérés, prévenus par eux, s'emparaient de Pontoise par trahison. La Normandie ouverte aux armées de la ligue, le duc de Bourbon se mit aussitôt en campagne. Il prit Gisors ; puis, arrivant un soir sous les murs de Rouen, il trouva les portes du château ouvertes pour lui et pour les siens. Il n'eut d'autre peine que celle d'entrer. Le frère du roi, au nom duquel il se présentait, fut reconnu duc de Normandie dans la capitale de la province, et il le fut les jours suivants à Harfleur, à Dieppe, à Honfleur, partout.

---

1. Thomas Basin est le seul historien qui rapporte ce fait. *Hist. Lud. XI*, lib. II, cap. vii.

La moindre imputation que l'on puisse faire à l'évêque de Lisieux, c'est d'avoir été dans la confidence de cette intrigue si bien menée. Le but de l'entreprise était son vœu le plus ardent; ceux qui entouraient Mme de Brézé, et Mme de Brézé elle-même, étaient ses amis : comment lui eût-on caché des projets dont l'exécution exigeait son assentiment et son concours? Vainement sa conduite apparente semblerait écarter de lui tout soupçon de complicité. Son action manifeste à la fin de la révolte l'accuse bien plus que ne le justifie sa réserve au commencement. Pour rien au monde il n'eût voulu compromettre sa dignité dans les chances d'une conspiration; mais le succès une fois obtenu, il avait toutes les raisons de se déclarer dans le même sens. Par là s'explique le rôle qu'il joua dans cette affaire.

Avant d'agir ouvertement, il attendit que le roi eût exprimé son opinion sur le fait accompli, que des lettres de la cour l'eussent autorisé à croire que Louis XI approuvait tout ce qui se faisait au nom de son frère. D'un autre côté, il avait à Rouen un agent sûr dans la personne de son frère aîné, Michel Basin, lequel était accouru des premiers au-devant des confédérés, et leur avait procuré la soumission de Caudebec[1]. Ce zélé partisan, admis dans la privauté des plus éminents personnages, pouvait surveiller de près la marche des événements et envoyer à Lisieux des informations certaines. Lorsque les choses furent assez avancées, il écrivit à son frère qu'il était temps

---

1. Voir l'abolition de Michel Basin parmi les pièces justificatives du tome III.

de paraître. Alors Thomas Basin n'hésita plus. Il rendit sa ville aux Bretons envoyés par le frère du roi, de même qu'en 1449 il l'avait remise aux capitaines de Charles VII; et cette fois encore la conséquence de son action fut d'entraîner un grand nombre de villes incertaines.

Autant Louis XI s'était montré d'abord ingénieux à éloigner le terme des négociations, autant il fut impatient de conclure lorsqu'il sut la perte de Rouen. La nouvelle lui en arriva le 29 septembre; le 1er octobre, tous les articles du traité définitif étaient arrêtés. Il affecta de s'avouer vaincu, approuva tout, consentit à tout, enfin se dépouilla de la meilleure grâce, un jour à Conflans, un autre jour à Saint-Maur. Dans cette distribution du pouvoir royal, Thomas Basin eut sa part. Il fut nommé l'un des trente-six commissaires qui, d'après l'article 12 du traité de Saint-Maur, devaient travailler à la réforme du gouvernement[1]. Peut-être les princes avaient-ils stipulé pour lui cette satisfaction peu coûteuse; peut-être le roi la lui avait-il accordée de son chef, comme une marque de déférence au moyen de laquelle il espérait le ramener plus tard.

Cependant le duc de Bourbon achevait la soumission des cités normandes; et, comme il arrive aux absents, on l'avait à peu près oublié. Lorsqu'il vit quelle mince portion lui était échue par le traité de

---

[1] « Ensuivent les trente-six personnes ordonnées pour la cause dessusdite de la réformacion de l'Estat : messeigneurs du Mans, de Paris, *de Lisieux*, de Rheims, de Langres, d'Orléans, » etc., etc. Lenglet Dufresnoy, *Preuves à Philippe de Commines*, t. II, p. 519.

Saint-Maur, il se repentit de ce qu'il avait fait, et, maudissant l'ingratitude de ses amis, il alla trouver le roi qui lui promit meilleure justice, à condition qu'il recommencerait la conquête de la Normandie pour le compte de la couronne. Cet échec ne fut pas le seul qui endommagea l'autorité naissante du duc de Normandie. Tandis qu'il suivait le chemin de sa capitale, sous la sauvegarde du duc de Bretagne, il vit le zèle de son protecteur se refroidir tout d'un coup. L'or répandu par Louis XI dans le conseil des deux princes, avait produit cette mésintelligence que des rumeurs sinistres devaient faire aboutir à une rupture. On disait à Rouen que le duc de Bretagne venait pour faire main-basse sur tous les offices, qu'il gouvernait le frère du roi à sa fantaisie, qu'aucun des Normands en place ne serait maintenu ; et ces inquiétudes, semées par les agents du roi, troublèrent l'esprit des Rouennais au point qu'ils envoyèrent une ambassade pour faire la leçon au prince accusé. Si bien déguisées que fussent les remontrances, elles choquèrent le Breton ; l'ambassade rentra peu satisfaite ; les alarmistes s'agitèrent ; il fut question que les jours du duc de Normandie étaient en péril ; enfin, les corporations prirent les armes et sortirent de nuit à la rencontre de leur jeune seigneur, qu'elles enlevèrent à la face de ses alliés ébahis. Après cet affront, le duc de Bretagne alla dévorer son dépit à Caen, où Louis XI vint bientôt le rejoindre et le consoler[1].

L'entrée du duc de Normandie dans sa capitale eut quelque chose de funèbre : il était vêtu de noir, en-

---

1. *Hist. Lud. XI*, lib. II, cap. ix, x et xi.

vironné de flambeaux ; un peuple consterné l'accompagnait. C'était le soir du 9 décembre 1465 ; ses amis se hâtèrent de tout préparer pour qu'il pût recevoir sa consécration dès le lendemain[1]. Parmi ces fidèles serviteurs, Thomas Basin n'était pas le moins empressé. Il avait reconnu l'ouvrage de Louis XI dans ce trouble inopiné qui agitait tant de personnes à la fois, et il jugeait à propos d'en amortir l'effet par l'impression toujours rassurante d'une cérémonie religieuse. Ce fut lui qui, devant le grand autel de la cathédrale, passa publiquement l'anneau d'or au doigt du prince[2], lui qui, aux acclamations de la multitude, consomma, comme on disait alors, « le mariage du duc avec sa duché : » formalité naïve, empruntée à un autre âge, et qui cette fois ne devait aboutir qu'à procurer au roi de cruelles insomnies. Louis XI, qui se disposait à spolier son frère de gaieté de cœur, perdit de son assurance une fois que le prince fut nanti du symbole de l'investiture; et si les scrupules qu'il éprouva n'eurent pas la force de lui faire changer ses desseins, du moins ils furent assez tenaces pour le poursuivre même après le recouvrement de la Normandie et l'approbation solennelle donnée à cette violence par les États généraux. Aussi, lorsqu'en 1469 il se réconcilia encore une fois avec ce frère si cruellement abusé par lui, son premier soin fut de redemander le fatal anneau, qu'il reçut avec une joie puérile, qu'il fit porter à Rouen pour y être brisé sur l'enclume, en présence des notables de

1. *Hist. Lud. XI*, lib. II, cap. xi.
2. *Regesta capitul. Ecclesiæ Rothomagensis*, parmi les pièces justificatives du IIIe volume.

la province[1]. Tant d'inquiétude pour un emblème inanimé donne la mesure du ressentiment encouru par celui qui s'était fait de sa pleine volonté le ministre de la consécration.

Thomas Basin était entré définitivement dans la voie de sa perte. Plus la défection de la Normandie avait été funeste au roi, plus la disgrâce de ceux qui y avaient adhéré était certaine ; et dans la ferveur de son zèle, l'évêque de Lisieux ne songeait plus qu'à défendre, envers et contre tous, ce qu'il croyait être le gage de l'indépendance de son pays. Louis XI était à Chartres, où il rassemblait une armée pour mettre à bas cette même indépendance si chère aux Normands ; cependant il dissimulait encore. Sous prétexte qu'il désirait seulement obtenir quelques explications, il décida son frère à recevoir une ambassade dont le duc de Bourbon serait le chef. Louviers fut désigné pour le lieu de l'entrevue, et le duc de Normandie s'enhardit à partir pour cette ville avec tous ses conseillers. Au jour convenu, les envoyés du roi firent défaut. Le lendemain, personne encore ; enfin, le troisième jour il arriva, au lieu d'ambassadeurs, des courriers qui annoncèrent que le duc de Bourbon, abusant indignement de son sauf-conduit, venait d'occuper la ville d'Évreux au nom du roi. La ruine du prince était plus avancée que ne l'indiquait cette triste nouvelle, puisqu'alors il y eut dans son conseil des traîtres qui essayèrent de donner le change sur la conduite du duc de Bourbon. Thomas Basin ferma la bouche à ces prétendus incrédules, en mettant sous

---

1. A. Floquet, *Hist. du parlement de Normandie*, t. I, p. 255.

les yeux de l'assemblée des rapports qui dévoilaient le but véritable des négociations entamées, et qui certifiaient l'approche de plusieurs compagnies envoyées pour prendre au corps le duc de Normandie. Sur cette révélation inattendue, tous montèrent à cheval et s'enfuirent au galop jusqu'à Pont-de-l'Arche[1].

Ce coup manqué, le roi leva le masque; ses troupes entrèrent par le Perche; en un clin d'œil il parut à Séez, à Exmes, à Carentan, à Caen, ne rencontrant sur son passage que des villes subjuguées par la terreur. La détresse du duc de Normandie était affreuse : il n'avait pas d'armée, presque plus de sujets, et chaque jour la défection diminuait le cercle de ses familiers. Dans cette extrémité, il songea aux princes de Bourgogne, les seuls dont son frère ne lui eût pas enlevé l'affection; mais il était déjà difficile de correspondre avec eux, à cause de la distance et des postes nombreux qui gardaient toutes les issues de la Normandie. Le dévouement de Thomas Basin ne s'effraya pas des obstacles; au plus fort de l'hiver, il partit pour cette mission avec deux chevaliers encore fidèles, Cardin des Essarts et Brunet de Longchamp[2].

Comme, d'après leurs instructions, ils devaient s'adresser d'abord au comte de Charolais, ils prirent le chemin de Saint-Tron où ce prince avait été appelé par les troubles du pays de Liége. Le moment était bien mal choisi pour venir lui parler d'affaires. A l'heure même où se présentèrent les ambassadeurs,

---

1. *Apologia*, lib. I, cap. vi. — *Hist. Lud. XI*, lib. II, cap. xiii.
2. *Apologia*, lib. I, cap. vii.

l'armée bourguignonne s'ébranlait pour marcher sur Dinant; le comte, revêtu de ses armes, posait le pied sur l'étrier. Toutefois, il les reçut avec une affabilité extrême, leur témoigna sa douleur de ne pouvoir se rendre sur-le-champ à leurs supplications, et les renvoya auprès de son père qui séjournait alors à Bruxelles[1].

L'accueil que Thomas Basin et ses collègues reçurent à Bruxelles fut encore plus gracieux, et, si l'on peut dire, encore plus stérile. Ils trouvèrent dans le duc de Bourgogne un homme plein de bienveillance, mais dont l'âge avait presque éteint les facultés. A peine purent-ils lui faire comprendre la situation de leur maître. Le vieillard s'épuisait en courtoisie auprès de gens qui lui apportaient à résoudre une question de vie ou de mort. Il laissa trois semaines s'écouler en préliminaires, et après un si long retard, que résolut-il? l'envoi de sire d'Humbercourt comme médiateur entre les ducs de Normandie, de Bourbon et de Bretagne[2]. Mais négocier n'était plus de saison, tant l'événement marchait vite à sa fin. Avant que l'envoyé eût atteint sa destination, on apprit que le frère du roi, ne pouvant plus tenir, s'était sauvé dans les États du duc de Bretagne, qu'on avait réconcilié trop tard avec lui; que Louis XI, maître absolu en Normandie, poursuivait à outrance les fauteurs du parti vaincu[3]. A l'appui de ces funestes nouvelles, Thomas Basin reçut de France quelques ballots de

---

1. *Apologia*, ibid.
2. *Lettre du duc de Bourgogne au duc de Berri*, en date du 22 janvier 1466, parmi les pièces justificatives du IIIe volume.
3. *Apologia*, lib. I, cap. VIII. *Hist. Lud. XI*, lib. II, cap. XIV.

livres et d'effets, seuls débris que des amis fidèles fussent parvenus à sauver du pillage de son palais livré, par ordre du roi, à la fureur des soldats. Il sut en même temps que le temporel de son église avait été mis sous le séquestre et donné à régir au cadet d'Albret [1].

Calculant, d'après ces rigueurs, le péril auquel eût été exposée sa personne, l'évêque de Lisieux remercia la Providence qui l'avait conduit comme par miracle en lieu de sûreté, et en attendant des jours plus sereins, il résolut de se tenir dans les États du duc de Bourgogne. Ce fut à Louvain, son vieux Louvain, comme il l'appelle [2], qu'il se rendit pour y passer le temps d'un exil dont il ne pouvait pas prévoir la durée. Ainsi, de cette ligue du Bien public qui avait procuré la fortune de tant de gens, il sortait dépouillé, poursuivi comme un criminel, relégué peut-être pour toujours loin de son église, loin de son pays. Mais comme l'ambition ne l'avait pas poussé en avant, il n'envia pas les bénéfices réalisés par le plus grand nombre sur l'avortement de la commune entreprise. Son unique regret fut qu'une pareille cause eût été vaincue : pour lui qui avait sauvé du naufrage sa conscience et sa liberté, il ne se repentit point de l'avoir servie même au prix de tout le reste. Il avait une si ferme conviction de son bon droit, que ni le temps ni de nouveaux malheurs ne purent parvenir à l'ébranler. Dix ans après, il s'écriait encore avec une chaleur toute juvénile : « Si, par amour de la justice

---

1. *Apologia*, lib. I, cap. ix.
2. « Nostrum antiquum Lovanium » *Breviloquium peregr.*

et en exécration de la tyrannie, j'ai mis tout mon zèle au service d'un parti qui semblait vouloir relever l'État inclinant vers sa ruine, je puis dire que j'ai eu pour coopérateurs dans cette sainte entreprise la grande majorité des gens de bien; et la haine des méchants qui m'a poursuivi depuis lors fait ma plus grande consolation dans le Seigneur, car j'attends de lui la récompense qu'il a promise à ceux qui auront été persécutés pour la justice[1]. » De même, dans son Histoire de Louis XI, tout en déplorant les résultats de l'entreprise, il ne manque pas d'en glorifier le dessein. « On a, dit-il, mis en question le droit des confédérés dans cette prise d'armes contre leur souverain. Comment donc! s'il prenait fantaisie au patron d'un équipage de gouverner contre un écueil, ne serait-ce pas le devoir des gens du bord, fussent-ils mercenaires ou serfs, de lui adresser des remontrances; et, si leurs avis étaient méprisés, ne pourraient-ils sans crime résister à une volonté absurde, ôter le commandement à ce capitaine insensé ou pervers, l'enchaîner au besoin, et même, pour le salut commun, procéder contre lui avec encore plus de rigueur[2]? » Une telle exaltation de sentiments lui faisait prendre en patience le plus cruel des supplices, celui d'être séparé du troupeau auquel il avait consacré ses soins et sa vie.

Il trouva une autre compensation à son infortune dans les égards de toute sorte qui lui furent prodigués à Louvain. Les docteurs de l'Université, les prélats

1. *Apologia*, lib. II, cap. III.
2. *Hist. Lud. XI*, lib. II, cap. III.

du diocèse avaient presque tous fait leurs études avec lui. Fiers de posséder au milieu d'eux un condisciple devenu si marquant, ils s'empressèrent autour de sa personne. Les colléges, les églises, les monastères se disputaient l'honneur de ses visites[1]; c'était à qui le recevrait avec le plus de magnificence. De son côté, la cour de Bourgogne ne négligeait aucune occasion de lui prouver quel cas elle faisait de lui. On lit dans les Annales de Liége, qu'elle lui déféra l'honneur de consacrer Louis de Bourbon. Ce Louis de Bourbon était un tout jeune homme, pourvu depuis dix ans de l'évêché de Liége, mais qui, peu pressé d'entrer en charge, passait son bel âge à faire des armes et à courir les fêtes. Il s'excusait de ces licences en alléguant qu'il n'avait pas encore reçu la tonsure. Lorsque les Liégeois se révoltèrent, pendant la guerre du Bien public, un de leurs prétextes ayant été l'indignité de leur évêque, le duc de Bourgogne voulut que le prince régularisât sur-le-champ sa position. On lui conféra donc les premiers ordres le 28 février 1466; en mars on le fit diacre, en juin prêtre; le 13 juillet il reçut l'onction des mains de l'évêque de Lisieux. La cérémonie eut lieu dans la petite ville de Huy, parce qu'alors Liége était à la discrétion du comte de Nassau et qu'il n'était pas permis seulement d'y prononcer les noms de Bourbon ou de Bourgogne[2].

Comme l'aversion des Liégeois pour leur évêque et seigneur était en partie l'ouvrage de Louis XI, celui-ci

---

1. *Fasti academici studii Lovaniensis*, l. c.
2. *Adriani de Veteri-Busco Historia rerum Leodiensium*; ap. Martène, *Amplissima collectio*, t. IV, col. 1292.

n'apprit pas avec plaisir une consécration qui le privait d'un de ses moyens les plus efficaces pour agir sur le peuple rebelle. Son dépit fut encore plus vif de ce que Thomas Basin s'était fait, dans cette circonstance, l'instrument de la cour de Bourgogne. Depuis longtemps il se repentait d'avoir, par trop de violence, interdit le royaume à un homme dont le crédit auprès de ses rivaux pouvait tourner à son préjudice. L'édit d'abolition qu'il avait promulgué après le recouvrement de la Normandie, ni le pardon généreusement accordé à Michel Basin, n'ayant pu décider le prélat fugitif à revenir, il avait mis en jeu tous les moyens indirects pour le rassurer et lui faire accroire que le meilleur accueil l'attendait en France. Mais quoi qu'il fît dire ou écrire, le prudent Basin demeurait sourd à toutes les avances. Louis XI, aux expédients, imagina de renouveler l'amnistie et d'y spécifier cette fois, avec la plus grande clarté d'expressions, toutes les garanties qu'il offrait aux émigrés retardataires, principalement leur réintégration pleine et entière dans les biens, honneurs et faveurs dont ils avaient joui par le passé. Il fit même ajouter à cette rédaction nouvelle une clause à part, destinée à rappeler nommément l'évêque et ses deux collègues d'ambassade, « lesquels commenceraient par se rendre auprès du roi, » y était-il dit, « parce que le roi avait un besoin extrême de leurs services[1]. » C'était se rendre suspect à force de vouloir paraître sincère. L'acte envoyé à Rouen dans cette forme, y fut l'objet d'une censure générale ; les officiers de l'enregistre-

---

1. *Apologia*, lib. I, cap. VIII.

ment, aussi bien que les amis des parties intéressées, trouvèrent la clause plus menaçante que rassurante; mais, remontrances faites au roi, on obtint la suppression du malencontreux article ; et l'amnistie fut enregistrée, publiée à son de trompe dans le royaume, connue de ceux qu'elle concernait par des ampliations qu'on leur expédia. Thomas Basin ne se rendit pas encore. Avant de se mettre en route, il était bien aise de savoir s'il avait un chez-lui, et se proposait en conséquence d'éprouver par un chargé d'affaires jusqu'à quel point s'accompliraient les promesses de l'ordonnance royale. Ses amis, à qui il fit part de cette résolution, l'en détournèrent en lui écrivant que ses biens étaient libres (ce qui n'était pas), et en le conjurant de venir au plus tôt réparer les afflictions de son église (ce dont ils n'auraient pas dû lui garantir la possibilité)[1]. A ce coup, il céda; non pas que le téméraire empressement des siens eût vaincu sa défiance, mais pour ne pas paraître sacrifier ses devoirs à des terreurs chimériques.

Il n'eut qu'à poser le pied en France pour reconnaître combien ses craintes étaient fondées. Dès qu'il eut passé la frontière, il se vit épié, circonvenu, traité comme un suspect. Il voulait se rendre dans son diocèse : il reçut de Rouen l'ordre de passer outre pour aller à Orléans où l'attendait le roi. Encore lui traçait-on son itinéraire. Défense de passer par les grandes villes et par les routes battues; on lui indiquait les chemins des bois, les sentiers de traverse. Il réclama contre ces prescriptions tyranniques, écrivit

---

1. *Apologia*, lib. I, cap. IX.

à Rouen, allégua des affaires du plus grand intérêt qui l'appelaient immédiatement dans cette ville. Après bien des correspondances, bien des suppliqués, bien des démarches faites par sa famille, les autorités locales prirent enfin sur elles de lui accorder quelques heures de séjour à Rouen, à condition qu'il y entrerait après le coucher du soleil et qu'il en sortirait avant l'aurore. N'ayant force contre la nécessité, il fit l'excursion nocturne que voulaient bien lui permettre d'insolents subalternes et partit aussitôt après pour Orléans [1].

Louis XI n'avait tant pressé le retour de Thomas Basin que pour l'empêcher d'être utile au duc de Bourgogne. Pour lui, il ne voulait en aucune manière de ses services. Ne le craignant plus au dehors, instruit par l'expérience que ses diocésains pouvaient se passer de lui, il se proposait de lui faire expier enfin, par une persécution perfidement combinée, l'audace qu'il avait eue de vouloir d'une façon quand le roi voulait de l'autre. Les tracasseries suscitées au prélat depuis sa rentrée dans le royaume furent le prélude de ce nouveau système, plus propre que la violence à briser le ressort d'une âme résignée. A Orléans, lorsqu'il eut été admis à l'audience du roi, celui-ci parut, le toisa d'un regard, le salua froidement et sortit par une autre porte [2]. Voilà pour quelle entrevue un homme de ce rang et de ce mérite avait été appelé de plus de cent lieues, obsédé d'invitations et de promesses, forcé de se soustraire aux embrasse-

---

1. *Apologia*, lib. I, cap. ix.
2. *Ibid.*, cap. x.

ments de sa famille. Le lendemain et les jours suivants, Louis XI fut inabordable. Par le soin qu'il mit à éviter son sujet trop obéissant, il lui fit comprendre qu'il n'avait pas d'autre parole à espérer de lui.

Cette affectation de dédain et de silence jeta l'évêque de Lisieux dans une horrible perplexité. Que lui voulait-on? Si l'on refusait de l'entendre, pourquoi l'avait-on fait venir? Enfin, obtiendrait-il sa réintégration, ou bien devait-il encore se regarder comme proscrit? Les courtisans auxquels il s'adressait ne savaient que répondre ou refusaient de le servir. En désespoir de cause, il résolut d'employer le favori du jour, celui par qui tout se faisait et pour qui mille indignités étaient commises, Jean Balue. Il aborda, les mains pleines d'or[1], ce fripon sans dignité, et le pria d'implorer pour lui le bénéfice de l'amnistie générale, représentant que, loin de s'imposer à la clémence du roi, il avait été au contraire sollicité par elle; qu'il n'en abuserait pas; que son unique désir était de retourner dans son église et de s'y consacrer sans partage aux devoirs de sa profession. Mais, pour répondre de sa bonne volonté, quel médiateur il avait choisi! Balue n'était pas encore cardinal. Il ne possédait alors que trois abbayes et un évêché, celui d'Évreux, qu'il trouvait de bien petit rapport et qu'il aspirait à échanger contre le diocèse autrement productif de Thomas Basin. Au lieu de parler pour un homme qui gênait sa cupidité, il concerta avec le roi les moyens de se débarrasser de lui[2].

---

1. *Apologia*, lib. I, cap. xvi.
2. *Ibid.*, cap. x.

La réponse qu'il apporta fut accablante. Le temporel de Thomas Basin lui était rendu; mais on ne lui permettait pas d'aller substituer de nouveaux administrateurs à ceux qui avaient dilapidé ses revenus pendant le séquestre; son retour en Normandie était ajourné indéfiniment; le roi ordonnait qu'il se rendît à Perpignan pour y diriger, avec le titre de chancelier, le tribunal suprême institué récemment en Roussillon; après cela on lui défendait d'invoquer désormais l'acte d'abolition, et on le menaçait des plus grands malheurs s'il n'obéissait pas[1]. Quoique des conditions si formelles laissassent peu d'espoir au suppliant, cependant il tenta une seconde démarche pour tâcher d'amener le roi à un tempérament contre lequel il ne s'était pas prononcé. Il lui fit dire que, puisque sa province natale lui était interdite, il était content d'aller vivre entre les montagnes, dans quelque église retirée de l'Auvergne ou du Dauphiné, partout où l'on voudrait, pourvu que ce ne fût pas sur une terre étrangère. Comme à cette nouvelle demande Louis XI resta inflexible, ou du moins comme Balue le fit tel, la chancellerie de Roussillon fut acceptée par Thomas Basin, sous la réserve que des appointements raisonnables seraient attachés à cet office. Le roi fit répondre qu'il l'entendait ainsi et qu'il y aviserait. Toutefois, il ne se pressa pas d'agir, et sa mauvaise volonté, prévue par le postulant, eut pour ce dernier l'avantage de faire naître encore un délai. Un jour ou l'autre, il espérait fléchir son persécuteur par le spectacle de sa résignation, ou bien trouver

---

1. *Apologia*, lib. I, cap. x.

une voix qui plaiderait en sa faveur. Dans cette imagination, il voyagea avec la cour d'Orléans à Bourges. Assidu aux séances du grand conseil, il s'efforçait de se faire remarquer du roi. De temps en temps même, en homme modeste et discret, il prenait la parole, sous prétexte d'avancer la décision dont, à l'en croire, le retardement était le seul motif qui l'empêchât de partir. Mais toutes les fois qu'il avait achevé sa requête, ou bien Louis XI entamait un discours qui n'y avait nul rapport, ou bien il tournait la tête d'un autre côté, et alors tout le monde se taisait, tant la disgrâce était visible, même aux yeux des personnes les mieux disposées pour Basin. Trois mois se passèrent ainsi, sans que la question des appointements eût été résolue[1].

Sur ces entrefaites, la cour se déplaça encore pour venir à Tours. L'évêque de Lisieux l'y suivit; et sa première visite, en arrivant dans cette ville, fut pour le chancelier de France, Guillaume Jouvenel des Ursins, dont il avait depuis longtemps éprouvé l'amitié. Lorsque ce digne magistrat l'aperçut, ses yeux se remplirent de larmes; il n'eut pas la force de prononcer une seule parole; muet devant le prélat, il lui donna à lire une lettre qu'il venait de recevoir. C'était une missive du roi, par laquelle incriminant son chancelier de ce qu'il avait laissé venir à Tours l'évêque de Lisieux, il lui enjoignait sur sa tête d'expédier sur-le-champ cet opiniâtre retardataire[2]. Pour ne pas compromettre plus longtemps ses amis, Basin prit une prompte ré-

---

1. *Apologia*, lib. I, cap. xi.
2. *Ibid.*

solution. Ses bagages étaient encore sur le dos des mules; à l'instant même il se mit en route pour Perpignan.

Les Catalans ont appelé le Roussillon « le cimetière des Français, » et Louis XI savait la vérité de cet adage par le nombre d'hommes que lui avaient coûté la conquête et la conservation de cette province. En y faisant aller sa victime, peut-être croyait-il l'envoyer à une mort certaine. Si telle fut sa pensée, l'événement n'y répondit pas. Le robuste Normand supporta, sans éprouver de fièvre, un été qui fit mourir à Perpignan plus de quinze cents personnes. A la vérité, il y contracta une maladie d'entrailles; mais il ne souffrit pas de cette affection jusqu'à être obligé d'interrompre ses travaux [1]. Une douleur plus insupportable pour lui, c'était de voir arriver sans cesse des mandements royaux délivrés à la requête des hommes les plus méprisables, tantôt pour entraver, tantôt pour violer la justice [2]. Comme si les devoirs de sa charge n'étaient point assez pénibles, il lui fallait encore se mettre à la torture pour tâcher de se soustraire à ces iniques prescriptions; heureux lorsqu'après des efforts infinis il n'était pas contraint de déplorer son impuissance. Cependant, il avait cette consolation que sa droiture n'était ignorée de personne, et que, quoi qu'il fît pour obéir à un maître exigeant, le reste de sa conduite le justifierait toujours. Jaloux de donner l'exemple du désintéressement dans un pays où l'on n'avait guère vu jusque-là que des Français concussionnaires, il avait

---

1. *Apologia*, lib. I, cap. XII.
2. *Ibid.*, lib. II, cap. V.

poussé le scrupule jusqu'à s'interdire les bénéfices du sceau, établis alors dans la plupart des chancelleries. Les Catalans étaient émerveillés de voir un fonctionnaire qui les administrât sans être rétribué et qui ne se créât pas de compensations aux émoluments qu'on lui refusait. Ils auraient bien voulu le retenir au milieu d'eux. L'évêque d'Elne étant venu à mourir, ils pressèrent le chancelier de postuler sa succession qui, pour le temporel, rendait autant que l'église de Lisieux. Les grands du pays se faisaient fort d'obtenir le consentement du roi [1]. Mais Basin refusa. Pour lui le Roussillon n'était pas la France, et d'ailleurs, il se berçait alors d'un bien plus doux espoir. Depuis quelque temps il négociait sa rentrée en grâce par l'entremise de l'évêque d'Avranches, confesseur de Louis XI. Ces démarches n'avaient pas été inutiles; il le savait; déjà même on lui avait fait entrevoir la possibilité d'un prochain rappel. Effectivement, dans les premiers jours de février 1468, il reçut, l'une sur l'autre, trois lettres de son protecteur qui lui annonçait, au nom du roi, que la mémoire du passé était abolie, qu'il était libre de se présenter à la cour [2].

Dans la joie que cette nouvelle lui causa, il oublia sa prudence habituelle et se montra détestable courtisan. Au lieu de saisir l'occasion au passage, il voulut afficher son zèle et ajouter à ses services en terminant des travaux qu'il avait commencés. Partir à la belle saison lui parut assez tôt; mais était-il certain que le changement opéré dans l'esprit du roi durerait jus-

---

1. *Apologia*, lib. I, cap. XII.
2. *Ibid.*, cap. XIII.

que-là? Pour n'avoir pas fait cette simple réflexion, il perdit tout et se perdit lui-même. Au temps de Pâques, comme il se disposait à se mettre en chemin, le jour de son départ fixé, ses effets déjà expédiés à Lyon, il reçut par un exprès des dépêches qui l'accréditaient comme envoyé extraordinaire auprès du duc de Calabre, alors occupé à faire la conquête de l'Aragon. Le futile objet de cette ambassade trahissait le dessein dans lequel elle avait été résolue : c'était un nouveau prétexte pour éloigner l'évêque de Lisieux. Il l'accepta toutefois comme une dernière épreuve à laquelle le roi soumettait son dévouement. En accomplissant le voyage de Barcelone, à travers un pays infesté de partisans, dévasté par la guerre au point qu'il n'y trouvait pas de quoi se nourrir, privations et périls, il supportait tout avec la constance de celui qui croit toucher au terme de ses maux. Vaine attente! En entrant à Perpignan, la première chose qu'il apprit fut que son rappel était révoqué, et qu'il en aurait bientôt la notification officielle par un courrier qu'on savait être en route. Alors son désespoir n'eut plus de bornes. Il dit lui-même que si l'on mourait de douleur, il aurait expiré la nuit qui suivit cette triste nouvelle[1]. Incapable de résolution, ne pouvant ni se croire mal informé, ni concevoir le nouveau caprice de Louis XI, il alla le lendemain consulter le vice-roi de Roussillon, qui l'engagea à se conduire comme s'il n'était prévenu de rien, et à se rendre hardiment auprès du roi. Ce conseil d'un homme qu'il estimait lui parut bon à suivre. Il partit[2].

1. *Apologia*, lib. I, cap. xiv.
2. *Ibid.*, cap. xv.

La seule route fréquentée qui servit alors aux communications entre le Roussillon et la France était celle du Languedoc, par Beaucaire et par Lyon. Thomas Basin la trouva pleine de gentilshommes qui allaient guerroyer en Espagne. Comme la plupart de ces voyageurs possédaient de fraîche date les nouvelles de la cour, il obtint d'eux les renseignements les plus positifs à l'appui de ce qu'il savait déjà. L'homme du roi approchait à grandes journées, ayant pouvoir d'arrêter le chancelier de Roussillon s'il le trouvait sur son passage, et de le faire rétrograder de gré ou de force. Ce pauvre chancelier avait écrit tant de fois qu'il mourrait si on le laissait à Perpignan, qu'on voulait éprouver la véracité de sa prédiction ; cependant on ne serait pas sans le faire sortir quelquefois de cette ville qui lui déplaisait tant ; on parlait déjà d'une seconde ambassade en Catalogne ; et d'autres missions du même genre lui seraient confiées jusqu'à ce qu'on n'entendît plus parler de lui. Alors il fut révélé au prélat à l'instigation de qui il essuyait cette seconde disgrâce. Balue s'était retiré de la cabale ; mais au favori gorgé maintenant d'honneurs et de richesses, avaient succédé d'autres individus non moins faméliques et bien plus redoutables, parce que leur seule ressource était de vivre sur l'évêché de Lisieux. Il suffit à Basin d'entendre nommer ces nouveaux persécuteurs pour qu'il redoutât à l'égal de la mort la rencontre de l'émissaire envoyé après lui. Arrivé à Valence, il prit des chevaux et se mit à fuir bride abattue à travers le Dauphiné, tant qu'il gagna Chambéry, puis Genève, la terre de Savoie [1].

1. *Apologia*, lib. I, cap. xvi.

Pendant ce temps, l'agent de Louis XI descendait le Rhône et traversait le Languedoc, sans se douter que sa proie lui échappait. Il ne fut instruit de ce contre-temps qu'à Béziers. Retournant à Lyon, il accueillit dans cette ville un faux renseignement qui lui fit prendre la direction de Bourges. Mais c'était l'archevêque de Bourges, et non pas l'évêque de Lisieux qu'on avait vu traverser ces parages. Convaincu de son erreur, il dut revenir encore une fois sur ses pas et attendre à Lyon que des bruits plus certains le missent sur la trace du fugitif[1].

Yolande de France, qui gouvernait alors la Savoie, affectait de recevoir dans ses États les réfugiés de tous les pays, pour faire sentir aux princes ses voisins quelle indépendance elle entendait garder au milieu de leurs querelles. Ses attentions redoublèrent à l'égard d'un infortuné tel que Thomas Basin. Dès qu'il parut à Genève, elle lui ouvrit son palais et voulut qu'il prît place au sein de sa famille. Ce fut dans cet asile d'une inviolable hospitalité qu'il reçut la visite de l'homme qui l'avait si longtemps poursuivi sans l'atteindre. Désarmé de ses pouvoirs, l'agent responsable venait exécuter enfin sa commission, moins pour la satisfaction du roi que pour sa propre décharge. La lettre dont il était porteur était d'une brièveté et d'une violence à faire frémir. En la lisant, l'évêque de Lisieux se sentit moins que jamais l'envie de retourner à Perpignan, et, dans la fermeté de sa résolution, il fit répondre au roi que, ne pouvant condescendre à sa volonté sur ce point, il se résignait

---

1. *Apologia*, lib. I, cap. XVII.

plutôt à vivre en exil aussi loin et pour autant d'années qu'il plairait à Sa Majesté de le lui prescrire [1].

Ce refus servit à merveille les projets de ses ennemis. Ils le représentèrent comme un séditieux que le besoin de conspirer faisait sortir du royaume, désespéré qu'il était de n'avoir pu porter le désordre en Normandie. Le hasard ayant voulu que, dans le même temps, les frères du duc de Savoie s'engageassent au service de Charles le Téméraire, les accusations dirigées contre le fugitif prirent par là une apparence de vérité qui servit à confondre ses plus constants défenseurs. Il ne fut plus permis d'attribuer à d'autre cause qu'à ses manœuvres la défection des princes savoisiens, et le roi, armé de ce grief, sévit avec plus de rigueur que jamais. Non-seulement il reprit en sa main l'évêché de Lisieux, mais le nom de Basin fut flétri publiquement comme s'il avait subi une condamnation infamante. Deux de ses frères, coupables d'avoir administré son patrimoine, furent arrêtés, chargés de chaînes, et conduits à Tours pour y subir une détention rigoureuse [2].

Instruit du prétexte qu'on donnait à ces violences, l'évêque de Lisieux résolut de faire taire la calomnie en renonçant de lui-même aux consolations qu'il avait trouvées dans la maison de Savoie. Comme les pays de langue allemande étaient moins suspects à la cour de France, il se transporta de Genève à Bâle, et son premier soin, en arrivant dans cette ville, fut de prévenir le roi de son déplacement, par une lettre qu'il

---

1. *Apologia*, lib. I, cap. xvii.
2. *Ibid.*, cap. xviii.

fit munir de l'attestation et du sceau de la commune[1]. Là il travailla de tout son pouvoir à se faire oublier. Les relations que son rang lui permettait de contracter, il les évita. Presque toujours il était absent de la ville, occupé à parcourir les bords du Rhin, séjournant dans les villages et dans les châteaux retirés. Mais ces précautions n'adoucirent pas le sort de ses frères; et au lieu de désarmer ses persécuteurs, elles favorisèrent le plus audacieux des projets que leur haine ait formés contre lui. Avant de faire connaître cette nouvelle perfidie, un mot sur ceux dont elle fut l'ouvrage.

La terre du Mont de la Vigne près Lisieux était alors le patrimoine d'un chevalier de mauvaise réputation, appelé Guillaume de Mannoury[2]. N'ayant qu'une modique fortune à partager entre une famille nombreuse, cet homme avait instruit ses fils dans l'art de s'enrichir aux dépens d'autrui, et, grâce à une éducation détestable, il avait perverti encore leur mauvais naturel au point de les rendre pires qu'il n'était lui-même. Il parvint à en faire entrer deux dans les Gens d'armes du Corps; un troisième fut destiné à la cléricature. Rien ne recommandait ce dernier qu'une sauvage humeur dont les écarts approchaient de la folie. Thomas Basin lui conféra les ordres pour son propre malheur. Quant à Robert et Jean, les deux qui avaient obtenu du service à la cour, ils étaient de ces plaisants dont Louis XI faisait ses délices : débauchés,

[1]. *Apologia*, lib. I, cap. xviii.
[2]. La Chesnaye des Bois, *Dictionnaire de la Noblesse*, article Mannoury. Thomas Basin s'est constamment abstenu de nommer par leur nom ces cruels ennemis.

mal vus de tout le monde, mais toujours prêts à se tirer de peine par quelque repartie bouffonne. Leur talent à faire rire les mit en haute faveur. Robert, pour sa part, acquit un tel ascendant, que les plus grands seigneurs tremblaient devant lui. Dans l'étonnement que causait son crédit illimité, on alla jusqu'à dire qu'il avait ensorcelé le roi [1]. Devenu capitaine de Lisieux, après la guerre du Bien public, l'autorité absolue qu'il exerça dans cette ville le mit en goût de perpétuer un état de choses dont s'accommodait si bien sa vie désordonnée. Il résolut, pour cela, de mettre sur la tête de son frère la mitre de Thomas Basin; et comme avant tout il fallait que le bénéfice devînt vacant de façon ou d'autre, il déclara une guerre à mort au titulaire qui le gênait. Lorsqu'il apprit que Basin allait revenir de Perpignan, il se rendit en hâte auprès du roi pour le détourner de cet acte de clémence. Ce fut lui qui donna l'idée de l'ambassade à Barcelone, lui qui imagina les prétendues conspirations du prélat à la cour de Savoie, lui qui fit effectuer à son profit la seconde saisie du temporel de Lisieux [2]. La retraite de son ennemi au delà du Rhin lui parut être une occasion admirable pour tenter le dernier effort. Profitant de ce qu'on ne parlait plus de lui, il fit courir le bruit de sa mort et produisit de faux témoins à l'appui de ce mensonge. Alors lui et les siens de se mettre en campagne pour appuyer la candidature de leur frère. Le roi leur donne des lettres de recommandation pour le chapitre de Lisieux et pour la cour apostolique; ils

---

1. *Apologia*, lib. I, cap. XVI.
2. *Ibid*, acte du 1ᵉʳ oct. 1469, parmi les pièces du t. III.

intriguent en Normandie, ils envoient à Rome, enfin ils importunent si fort le pape et les cardinaux, ils dépensent si généreusement l'argent de l'évêché, qu'ils obtiennent de Paul II une bulle de grâce expectative[1]. Le Saint-Père pouvait aller jusque-là sans se compromettre; car tant que le décès du bénéficiaire occupant n'était pas mieux constaté, à quoi servait la grâce expectative? C'est ce que n'avait pas prévu la brutale ambition des Mannoury.

Comme ils en étaient à ce point, faisant grand bruit de leur succès, arriva auprès de Louis XI un secrétaire du duc de Bourgogne, chargé par son maître de présenter une requête respectueuse en faveur de Thomas Basin. Ce dernier était alors à Gand, ayant jugé convenable de reparaître en Flandre pour démentir les faux bruits qu'on avait répandus sur son compte. Affligé de l'audace de ses ennemis, plus affligé encore des déprédations qu'ils commettaient dans son diocèse, il avait voulu essayer une nouvelle démarche auprès du roi, et les complaisances qu'on avait pour Charles le Téméraire depuis le traité de Péronne semblaient cette fois promettre au suppliant une réponse plus favorable. Il n'en fut rien. Louis XI se montra maussade et dur, comme un homme qu'on détrompe d'une erreur agréable : il refusa de s'engager à quoi que ce fût[2]. Quant aux Mannoury, le dépit qu'ils éprouvèrent changea leur haine en une sorte de fureur. Ils se voyaient pris dans leur propre piège, forcés de subir la risée publique; impossible à eux de revenir, difficile

---

1. *Apologia*, lib. I, cap. XIX.
2. *Ibid.*

d'aller plus loin. Robert, pour son compte, était dans une telle exaspération qu'il ne savait plus que faire; de guerre lasse il se résignait à lâcher l'entreprise, lorsque les événements et son père vinrent à son secours. La conspiration Balue ayant été découverte au mois de mars 1469, Guillaume de Mannoury écrivit bien vite au capitaine de Lisieux d'y impliquer Thomas Basin. L'invention lui semblait si heureuse, qu'il revint plusieurs fois à la charge, accablant son fils de lettres furibondes, lui reprochant son inertie et sa maladresse dans une telle circonstance; qu'il laissait la colère du roi s'endormir, qu'il perdait la partie de gaieté de cœur; qu'un peu plus, et l'évêché leur appartenait; qu'à sa place il aurait déjà fait passer l'évêque non pour l'affidé, mais pour l'auteur du complot[1]. Cette calomnie tourna plus au détriment de la victime, qu'au profit des inventeurs. Le duc de Bourgogne ayant adressé de nouvelles instances pour la réintégration de Thomas Basin, le roi ne dissimula plus sa colère; il déclara qu'il ne pardonnerait jamais à un rebelle qui avait conspiré sa mort[2].

L'amertume d'un si long déni de justice fut compensée dans le cœur du patient par les châtiments qui tombèrent, presque sans intervalle, sur les principaux artisans de l'iniquité. Balue venait d'être renversé. Quelques mois après, Robert de Mannoury, voyageant avec le roi, fut attaqué à Niort d'un accès de fièvre

---

1. Thomas Basin ajoute : « Plures tales illius ad suum filium « nequissimi patris nostri germani legerunt epistolas, quas ad eos « unus ejusdem impii satellitis servitor clam, quotiens potuisset, inspiciendas deferebat. » *Apologia*, lib. I, cap. xx. »

2. *Apologia*, lib. I, cap. xx.

chaude, dans lequel il expira, la bouche écumante et proférant les plus horribles blasphèmes. Avec lui finit la prospérité des siens. A Lisieux, dans une rixe de cabaret, le plus jeune de tous fut tué d'un coup de poignard. Ses parents, arrivés trop tard pour lui prêter main-forte, le vengèrent en massacrant sur la place le fils de son meurtrier; mais il se trouva que ce dernier vivait sous la sauvegarde du roi. Pour avoir violé publiquement une garantie sacrée, Guillaume de Mannoury fut poursuivi en justice [1]; son fils Jean se vit enlever l'administration temporelle du diocèse qui lui avait été dévolue à la mort de Robert [2]; quant à celui qui avait brigué l'épiscopat, privé de ses appuis, tombé dans la misère et l'abrutissement, interdit, excommunié, il devint pour tout le monde un objet de mépris et de pitié [3]. Peut-être est-ce à lui que s'applique l'assertion de Guillaume Héda, que « l'un des compétiteurs de l'évêque de Lisieux se donna la mort en se jetant dans un puits [4]. »

1. *Apologia*, lib. I, cap. XXI.
2. Jean de Mannoury resta cependant attaché à la personne du roi, et conserva le grade de capitaine général des francs archers du bailliage de Rouen, qu'il avait auparavant. L'administration qu'on lui enlevait fut même compensée par autre chose, si toutefois il faut prendre à la lettre l'acte dans lequel est annoncée sa destitution (2 mars 1470). Voy. les pièces du IIIe volume.
3. *Apologia*, lib. I, cap. XIX.
4. « Uti affirmant etiam testes hujus rei superstites, ex tribus « pseudo-episcopis, unus sibi mortem conscivit, dejiciens se in « puteum; alter similiter dedecorose finivit vitam; tertius etiam « subitaneo periit. » *Hist. episc. Traject.*, éd. 1642, p. 305. Les auteurs du *Gallia christiana* ont attribué à tort ce passage de l'historien hollandais aux trois successeurs de Thomas Basin. Il concerne évidemment les persécuteurs de l'évêque : le cadet d'Albret, Robert de Mannoury, et probablement le frère de ce dernier.

Robert de Mannoury avait cessé de vivre dans le temps même où Louis XI se réconciliait avec son frère, et cette double circonstance fit concevoir de grandes espérances aux amis de Thomas Basin; car ayant la certitude que le prince, devenu duc de Guienne, se souviendrait du prélat qu'il avait entraîné dans son infortune, ils ne craignaient plus de voir son intercession entravée par des menées hostiles. Effectivement de nouvelles négociations furent entamées; mais prières et suppliques, rien ne servit. On eût dit que le capitaine de Lisieux était encore là, tant le roi demeura insensible. Un jour cependant le duc aborda son frère, tenant dans ses mains les traités qu'ils avaient échangés entre eux deux. Il lui mit sous les yeux la promesse récemment donnée par lui, sous sa parole royale, de pardonner à tous les adhérents du ci-devant duc de Normandie; il lui fit voir son sceau et sa signature apposés au bas de cet acte solennel; ensuite il parla des vertus de Basin, de son utilité dans le royaume, de l'invraisemblance des complots qu'on lui imputait. Louis XI, ne sachant que dire, répondit en propres termes : « Puisque cet homme, pour lequel vous me suppliez si fort, est de tel mérite que vous dites, je veux bien qu'il ait l'expectative du premier évêché qui vaquera en Guienne ou dans les pays environnants, et que cet évêché produise autant ou même plus que le sien; mais qu'il réside à Lisieux, je ne le souffrirai jamais[1]. » Ce n'était pas là son dernier mot, car un an après, le seigneur de Châtillon-Laval ayant pris sur lui de con-

---

1. *Apologia*, lib. I, cap. xx.

clure cette interminable affaire, tout ce qu'il put obtenir pour Thomas Basin fut un sauf-conduit qui lui permettait de venir à Orléans, et de tenir les arrêts dans la ville, en attendant le bon plaisir du roi[1]. Cette grâce dérisoire s'accordait mieux avec un propos qu'on avait entendu tenir à Louis XI, savoir que s'il tenait l'évêque de Lisieux entre ses mains, il ferait de lui tel exemple que tout le monde en frémirait[2].

Le fait est qu'il était excédé, s'aigrissant contre Basin à mesure qu'on intercédait pour lui, furieux de ne pouvoir le dépouiller de ce bénéfice qui l'attachait à la France par des liens indissolubles. Vainement il fatigua la cour de Rome de ses plaintes et de ses dénonciations : ni Paul II, ni Sixte IV ne voulurent donner les mains à une déchéance dont les motifs n'étaient pas plus apparents[3]. Il fallut donc revenir au dessein primitif, celui d'exténuer la force du patient, et d'arracher enfin de lui son abdication. L'évêque de Lisieux vivait à l'étranger, grâce à ce que des marchands de son pays, en se rendant aux foires d'Anvers, lui apportaient l'argent du revenu spirituel de son église. Cet acte de complaisance fut converti en crime par mandement du roi, et une minutieuse enquête ayant fait découvrir les personnes qui s'y étaient prêtées, on les incarcéra d'abord, pour les déférer ensuite au jugement d'une commission. Les commissaires avaient ordre de ne rien précipiter. Ils permirent aux prévenus de se racheter de la prison, puis ils les surveillèrent eux-mêmes à domicile, ne les

---

1. *Apologia*, lib. I, cap. XXII.
2. *Ibid.*, cap. XXI.
3. *Ibid.*, cap. XXIII.

perdant jamais de vue et les tenant dans une terreur continuelle, à leur parler sans cesse de « lèse-majesté » et de « confiscation. » Pendant ce temps, les frères de Thomas Basin, élargis en 1469, après dix-huit mois de détention, étaient une seconde fois enlevés à leur famille et dirigés, sous bonne escorte, au Châtelet de Paris. On les fit comparaître devant le juge criminel, dans la chambre de la question, et là, en présence du chevalet, on les adjura de dire la vérité. Ensuite ils furent interrogés séparément : A combien s'élevait le casuel de la cathédrale de Lisieux depuis huit ans? Quelles sommes avaient-ils prélevées sur ce revenu pour l'usage de leur frère? Quelles leur restaient en dépôt? Après qu'ils eurent consigné au trésor environ quatre mille florins dont ils s'étaient avoués détenteurs, le juge prononça la sentence et les déclara confisqués de corps et de biens, s'en remettant pour l'exécution à la clémence du roi. C'est là que Louis XI les attendait; car sa grâce n'était qu'à un prix : la renonciation de l'évêque de Lisieux [1].

Depuis trois ans, Thomas Basin vivait retiré à Trèves. Sa surprise fut grande de voir un jour ses frères entrer chez lui. Chose plus étonnante encore, ils venaient avec la permission et sous la sauvegarde du roi. Mais lorsqu'il leur eut demandé le motif de cette visite, il vit bien à leurs sanglots qu'ils étaient porteurs d'un sinistre message. En effet, d'une voix entrecoupée de larmes, ils commencèrent par lui dérouler tout au long les peines que leur piété frater-

---

1. *Apologia*, cap. XXIX.

nelle avait attirées sur eux, celles dont avait été payée l'obligeance de leurs amis, leur situation présente, l'infortune où seraient plongées tant de familles, s'il ne se résignait pas à désarmer le roi par un dernier acte de condescendance. Cette renonciation qu'ils venaient lui demander, ils lui firent voir que d'elle seule dépendait, non-seulement leur salut, mais celui de son Église et le sien propre. Quel espoir lui laissaient huit ans passés dans une vaine attente? Plus le temps s'éloignait, plus la persécution devenait rigoureuse. Le patrimoine de l'évêché tombait en proie à une succession d'administrateurs avides, renouvelés sans cesse et rendus plus âpres par le peu de temps qu'ils restaient en place. Ces fermes, ces forêts, autrefois si sagement régies, semblaient avoir subi les ravages d'une armée. Bien plus, l'indiscipline se glissait dans le troupeau en l'absence du pasteur. Toute relation étant interrompue entre eux, que serait-ce? Que deviendrait-il lui-même? Car maintenant qu'on encourait la prison perpétuelle pour entretenir correspondance avec lui, il ne recevrait plus de France ni lettres ni argent[1].

Vaincu par ces remontrances, il partit à Rome pour y déposer sa renonciation entre les mains de Sixte IV. En vain le pape le conjura de patienter encore, d'accepter une charge à la cour pontificale en attendant l'issue de nouvelles négociations, d'espérer au moins son transfèrement à quelque autre évêché de France; Basin était trop résolu au sacrifice pour le différer davantage. Le 26 mai 1474, il reçut, en échange de

---

1. *Apologia*, lib. I, cap. xxx.

la dignité qu'il déposait, le titre d'archevêque de Césarée en Palestine, avec l'assignation d'un revenu sur l'Église de Lisieux : seuls témoignages de la munificence pontificale qu'il jugeât convenable de remporter dans sa solitude de Trèves[1]. Quant à Louis XI, la joie qu'il eut de cette conclusion fut si grande, qu'il voulut faire aussi une faveur au démissionnaire. Il lui rendit en écus les florins qu'il avait saisis sur ses frères ; mais, pour l'édification de la postérité, il fit déguiser sur les registres des comptes l'origine de la dette acquittée par son ordre. Le payeur du trésor allégua un besoin d'État, un emprunt auquel le ci-devant évêque de Lisieux aurait contribué ou fait contribuer par ses régisseurs[2].

Aussi longtemps que dura entre la France et la Bourgogne la cruelle guerre commencée par la prise d'Amiens (1471), terminée par les conventions de Solèvre (1475), Thomas Basin ne bougea pas de Trèves, sinon pour faire son voyage à Rome[3]. Au milieu de cette bonne population allemande, jusqu'alors étrangère aux querelles dont il était victime, mais qui commençait à pencher pour Louis XI à cause des menaces de Charles le Téméraire contre l'Empire, il jugea prudent de n'afficher aucune opinion et d'évi-

---

1. *Apologia*, lib. I, cap. xxx. — « Servato modico censu pro alimentatione, » dit Guillaume Heda, l. c. Cependant on voit par un acte rapporté dans le *Gallia christiana* (t. XI, *Instr.*, col. 215) que cette pension était de huit cent soixante-seize livres ; ce qui ferait bien dix-huit mille francs de notre monnaie.

2. Voir la décharge en date du 24 juin 1474, qui se rapportait au registre des recettes et dépenses du trésorier chargé de faire le payement, pièces justificatives du t. III.

3. *Breviloq. peregrinat.*

ter la fréquentation des nobles[1]. Il n'eut de commerce qu'avec les lettrés, parmi lesquels il retrouvait encore d'anciens condisciples; il n'usa de ce qui lui restait de crédit que pour décider l'archevêque de Trèves à doter sa ville d'une université : création depuis longtemps en projet et dont la bulle avait même été rendue par le pape Nicolas V. L'archevêque, livré à la politique et aux plaisirs dans son château de Coblentz, laissa les magistrats de Trèves et Thomas Basin terminer une affaire qu'il ne voulait pas mettre au nombre de ses soucis. « L'évêque et comte de Lisieux » (c'était avant son abdication) eut l'honneur d'officier pontificalement pour l'inauguration des nouvelles écoles[2].

Ayant ainsi placé son esprit dans un milieu de consolation et de paix, il résolut de se livrer entièrement à la culture des lettres. Il atteignait la soixantaine, mais ses facultés n'avaient pas faibli, et de plus il pouvait se croire consommé au métier d'auteur, car depuis ses voyages d'Italie, il n'avait pas cessé de s'y exercer : l'enseignement, la controverse, les affaires lui en avaient fourni journellement l'occasion[3]. Il se mit donc à écrire, et avec une surprenante assiduité. Ses principaux titres littéraires datent de son séjour

1. *Historia Ludovici XI*, lib. IV, cap. IX.
2. Christ. Brower, *Antiquitatum et Annalium Trevirensium libri XXV*; t. II, p. 299. C'est sans doute par une erreur dérivée de ce témoignage que les auteurs du *Gallia christiana* ont attribué à Thomas Basin la fondation du collége d'Anvers (t. XI, col. 797).
3. Il reste des chartes dont le latin atteste qu'étant à Lisieux il mettait la main aux actes un peu solennels de sa chancellerie. Voir principalement celle du 1er août 1448, parmi les pièces justificatives du IIIe volume.

à Trèves. Il composa son Apologie ; il commença et conduisit jusqu'où le permettaient les événements, l'Histoire des règnes de Charles VII et de Louis XI, deux ouvrages dont il convient de parler avec quelque étendue dans une notice qui en précède la première édition. L'Histoire surtout mérite qu'on y insiste à cause de l'époque qu'elle embrasse, et de l'esprit où elle a été conçue, et du caractère que Thomas Basin lui a donné en s'abstenant à dessein d'y mettre son nom.

La préface nous instruit du point de vue auquel l'auteur considérait l'histoire. Il voulait qu'elle fût une école. C'est pour encourager à l'imitation des bons exemples et pour détourner de celle des mauvais, qu'il entreprit de raconter les choses advenues de son temps[1]. Belle conception, devant laquelle il échoua faute de moyens pour l'exécuter. L'aptitude qu'il avait le moins était celle d'un historien à la manière antique.

D'abord le style lui manquait. Si la belle période latine l'avait frappé, c'était plus par son apparence extérieure que par l'art de son enchaînement. Mal instruit à coordonner ses idées, trop appliqué à écourter le fait pour donner de l'ampleur à la considération, incertain dans son expression au point de ne jamais laisser tomber le mot décisif sans l'accompagner d'un ou de plusieurs équivalents, il s'était fait une manière de phrase pénible, obscure par la recherche de la clarté, également vicieuse par sa concision et par son abondance, surtout impropre au récit.

---

1. *Præfatio in libros historiarum*, etc. Ci-après, p. 1.

Il n'avait pas non plus la préparation nécessaire. De notes, il est évident qu'il n'en avait jamais pris en vue d'un si grand travail. Son commencement portait sur un temps où ses yeux n'étaient pas allés plus loin que l'horizon des écoles. Pour le remplir il fut obligé de mettre à contribution les chroniques déjà faites[1] : mauvais matériaux qu'il arrangea d'après un procédé plus mauvais encore, celui qui consiste à refaire le témoignage des autres avec des lambeaux de souvenir et une impression qui n'est plus l'impression du moment. Était-il mieux informé sur l'époque où il avait approché du gouvernement? Sa coopération n'avait pas été assez active pour cela. Il avait réuni beaucoup de papiers, mais sur ses propres affaires plutôt que sur celles de l'État[2]. Il n'avait vu les choses que de loin en loin, jusqu'au moment où il ne les vit plus du tout, et où il lui fallut s'instruire par les propos d'ennemis déclarés par les relations du jour qui circulaient dans les lieux où se passa d'abord son exil[3]. Le moyen de se reconnaître avec cela dans le conflit d'une dizaine de gouvernements qui n'avaient pas d'autre politique que l'intrigue?

Mais ce qui lui fit surtout défaut, c'est la profondeur de l'esprit par laquelle on pénètre ce qui se dérobe aux yeux du vulgaire, c'est le don d'une conscience

---

1. L'emploi de Jean Jouvenel des Ursins et de Monstrelet me paraît incontestable d'après plusieurs ressemblances que j'ai signalées dans mes notes à l'*Histoire de Charles VII*.

2. *Apologia*, lib. II, cap. XII.

3. Ce dernier point est hors de doute pour son récit de l'entrevue de Péronne, pour les difficultés survenues avec l'Angleterre en 1470, pour les querelles de Charles le Téméraire avec le Bâtard de Bourgogne Baudoin.

libre qui permet de juger, comme si l'on n'y était pas, les situations dont on a le plus à souffrir.

Thomas Basin était un homme droit, sincère, intelligent ; mais il avait l'imagination trop montée pour voir toujours d'une manière lucide, l'âme trop facile à émouvoir pour n'être pas souvent injuste. Des intérêts de position, des préjugés de caste se joignant à ce double penchant de la nature, il lui était impossible d'apprécier sainement son époque. Cela se voit dès la première partie de son livre par la prédilection qu'il laisse percer pour la personne et pour le gouvernement des ducs de Bourgogne. Les choses ne sont pas les mêmes pour lui selon qu'elles se passent en France ou en Belgique. Il condamne avec une sévérité inexorable les tendances despotiques de Charles VII ; mais il applaudit lorsque Philippe le Bon mutile la constitution de Gand. Autant les extorsions de l'un le révoltent, autant celles de l'autre lui paraissent légitimes[1], et ainsi du reste : il flétrit dans le roi de France ce qu'il approuve ou tait dans son heureux rival. Et pourtant il avait de l'estime pour Charles VII. Qu'on se figure d'après cela sa partialité lorsqu'il arrive au règne de celui qu'il avait tant de raisons de haïr ! On l'a appelé « le contempteur de Louis XI[2] ; » c'est « le détracteur » qu'il fallait dire. Il l'immole sans miséricorde à tous ceux qui se sont élevés contre lui. Il s'efforce à tout propos de démontrer qu'il n'a eu que des torts. Rien ne trouve grâce devant lui, pas même les incontestables qualités qu'ont avouées des ennemis

1. Voy. ci-après, p. 280 et 281.
2. Robert Gaguin, *Historia Francorum*, lib. X, cap. VIII, *ad ann.* 1465.

de ce roi. Il lui refuse l'esprit, le talent de convaincre, celui de discerner les hommes. Mieux que cela, il lui reproche de grasseyer; il le voue au ridicule, parce que, vieux et paralytique, il laissait paraître des contorsions aux yeux de ceux qui l'abordaient. Enfin il le compare à tous les tyrans de l'antiquité, trouve qu'il n'y a pas un de ces monstres aux vices duquel n'ait été alliée quelque vertu, mais déclare qu'on chercherait vainement un atome de bien dans la perversité de Louis XI[1]. C'est là de l'inimitié personnelle, la marque d'un esprit qui ne se possède pas.

Qu'on retourne après cela aux promesses du début, qu'on écoute l'auteur disant qu'il veut faire de l'histoire « un miroir de moralité, » s'enorgueillissant d'une entreprise où l'ont engagé « son amour du juste et le courage qu'il s'est senti de dire la vérité là où d'autres ne la diraient pas : » on croira, parce qu'il était trop honnête pour mentir, que sa conscience le lui disait ainsi; mais on croira aussi que sa passion trompa sa conscience. Un projet comme le sien, formé au plus fort de la persécution dirigée contre lui, exécuté avec tant de colère et tant de haine, ne peut pas être pris pour autre chose que pour une vengeance. Il voulut stigmatiser Louis XI, le représenter dauphin criminel avant de le peindre roi exécrable, lui opposer son père : et c'est pour cela qu'il conçut ensemble l'histoire des deux règnes; et il prit le premier aussi loin qu'il lui fut possible, à l'origine même des guerres civiles, pour qu'on vît moins le but où il

---

1. *Historia Ludovici XI*, lib. VII, cap. xii-xvii.

s'acheminait; et comme après cette précaution il pouvait craindre encore que la notoriété de ses intérêts ne rendit suspecte la rigueur de ses jugements, il mit son livre sous le voile de l'anonyme.

Ce n'est pas être injuste que de supposer cela. Renoncer à la réputation par pure modestie n'était pas dans son caractère. Je n'en veux pour preuve que les compensations au moyen desquelles il s'efforça de racheter son sacrifice. Il taisait le nom de l'écrivain; mais il fit sonner bien haut celui de l'homme public. Les chapitres ne lui coûtèrent pas lorsqu'il eut à dire les louanges de ce bon évêque de Lisieux, « si instruit dans les lettres sacrées et profanes, encore plus considéré à cause de sa prudence, de son jugement, de sa charité envers Dieu et le prochain; l'un des fameux prélats qui fussent alors en France[1]. » De cette façon, reprenant en une monnaie différente la gloire qu'il ne s'était pas donnée d'abord, il se prépara une flatteuse immortalité et se mit à couvert du reproche d'avoir déchiré un homme qui lui avait fait du mal.

Il réussit, quoique sans obtenir la publicité qu'il avait attendue des âges suivants; du moins le coup qu'il avait préparé dans l'ombre atteignit cruellement celui à qui il était destiné. Il ne servit de rien à Louis XI d'avoir été jugé par un historien immortel, aussi juste critique que penseur profond. Philippe de Commines, cent fois réimprimé, lu et admiré par toutes les générations, demeura sans poids dès que le souffle de Thomas Basin, recueilli dans les *Annales de Flandres* de Jacques Meyer, eut donné de la consis-

---

[1]. *Historia Caroli*, lib. IV, cap. XVII.

tance à un amas de fictions qu'avaient forgées les fils des ennemis de Louis XI. On réfléchit que Commines, qui avait trahi son premier maître, avait bien pu trahir la vérité; on ne réfléchit pas que Jacques Meyer, historien dévoué à la maison d'Autriche, était autrement suspect, lui et ses autorités avec lui. On mit à profit les préceptes qui sont dans Commines; on usa de ses jugements avec la prévention dont avait imbu les esprits l'autre opinion devenue l'opinion publique en France; et qui voulut faire autrement fut taxé de paradoxe. Puis, ce même livre, déjà si fatal à la mémoire de Louis XI par le crédit que Meyer lui avait donné, eut la singulière fortune de recommencer le mal en tombant aux mains d'une autre génération d'historiens sous le faux nom d'Amelgard[1] : de sorte que ce qui n'était que le témoignage d'un seul homme, put être pris pour un concert de malédictions auquel tous les cœurs désintéressés du xve siècle s'étaient accordés. Enfin il n'est pas jusqu'au demi-jour où l'on a tenu jusqu'à présent ce texte toujours cité et jamais publié, qui n'ait contribué à son effet; car, tandis que pour une cause ou pour une autre (probablement par crainte de blesser les susceptibilités monarchiques), on s'est borné à en extraire des passages, on a laissé ignorer la violence de l'ensemble, à laquelle chacun eût aussitôt reconnu un pamphlet.

Je n'ai pas l'art de m'abuser sur les défauts de ceux à qui je m'attache; mais je n'ai pas non plus celui de m'attacher à ceux chez qui je ne reconnais aucun mé-

---

1. Voir ci-après la Notice sur l'*Histoire de Charles VII et de Louis XI*, § 1.

rite. Si j'ai entrepris de mettre au jour Thomas Basin, c'est parce que j'ai vu en lui un auteur utile pour l'histoire, bien qu'il ne soit ni un conteur agréable, ni un témoin auquel on doive s'abandonner. Il y a chez lui une partie anecdotique qui a sa valeur, surtout pour connaître l'état de la Normandie au xv° siècle; il y a, à côté de vues très-fausses, des remarques propres à guider le jugement dans des situations que nous ne sommes plus à même d'apprécier; il y a surtout des sentiments qui font de lui un homme à part dans son siècle.

Personne, à ma connaissance, n'a eu un attachement, je ne dis pas si prononcé, mais si raisonné pour le régime du moyen âge. Lorsque ceux de nos anciens auteurs qui ont exprimé des opinions en matière de gouvernement, les ont déduites bien moins de l'expérience et d'une tradition formée, que de leur propre spéculation ou de leur entraînement vers des tendances qui étaient des nouveautés pour leur temps; lorsque les grands personnages qui ont été chez nous les champions de la féodalité, témoignent par leur conduite d'une absence complète de vues et de règles, notre évêque eut une foi politique; et il se l'était faite en s'instruisant du passé, en s'y attachant comme à l'ancre de salut, en vouant sa haine à quiconque tenterait d'y porter la main. Que cette foi n'ait pas été complétement désintéressée chez lui, cela est vraisemblable. Il était devenu un grand seigneur dans un temps où l'anarchie avait livré plus que jamais les faibles à la merci des puissants; malgré les tracasseries des avocats, il avait régné plusieurs années dans son diocèse, et facilement il s'était persuadé l'excellence d'un pareil régime. Mais pour avoir résisté, comme il fit, à la diminution de son autorité, pour n'en avoir pas vendu les pièces argent comptant, comme firent d'autres que les faveurs et les pensions séduisirent, il faut qu'une voix intérieure l'ait soutenu.

En effet, un sentiment profond, vivace, indestructible, respire dans tous ses écrits. Il l'appelait « l'amour de la liberté. » Il l'avait mis au nombre de ses vertus, d'autant plus fier de l'avouer qu'il avait cru en voir la glorification dans les beaux livres de l'antiquité[1]. Qu'on ne se laisse pas tromper à l'équivoque; il n'eut en aucune manière le goût de la république, mais seulement l'attachement passionné du barbare à l'indépendance individuelle et à la propriété. La liberté était pour lui l'inviolabilité du droit acquis: justice ou abus, tout ce que le temps avait consacré en fait d'attributions, il en regardait le maintien comme nécessaire à l'existence de la société, et vouloir amoindrir la prérogative ou augmenter les obligations de chacun, était à ses yeux le plus grand des crimes. De là ses sorties contre les armées régulières, contre les taxes, contre les gens de loi, contre les ultramontains[2], instruments ou ministres de la violation des droits acquis soit dans l'État, soit dans l'Église; de là son système monarchique dans lequel le souverain peut être justement déposé, s'il n'a pas respecté les mêmes droits: doctrine formidable pour Louis XI, et

---

1. Voir principalement le vi[e] chapitre de l'*Histoire de Charles VII*, ci-après, p. 178.
2. *Historia Caroli*, lib. IV, cap. v et vi; lib. V, cap. iv, xxiv et xxvi; *Hist. Ludovici*, lib. I, cap. ix et x; lib. V, cap. xiv; *Apologia*, lib. II, cap. vi, vii, ix.

qui explique l'âpreté de ses poursuites contre l'homme qui possédait le talent de l'exprimer ; car si Thomas Basin eût fait école dans l'aristocratie française, si la conviction se fût alliée à l'intérêt qui put ourdir, mais qui aussi laissa rompre tant de trames, la victoire ne serait certainement pas demeurée au roi.

La pitié est un autre trait par lequel se distingue l'Histoire de Charles VII et de Louis XI. L'auteur s'attendrit au souvenir des maux qu'il retrace. On voit que le déplorable état de la France pendant l'occupation anglaise l'avait frappé dans un endroit plus noble que ces chroniqueurs dont le ton est le même pour dire les massacres d'hommes ou la cherté du pain. Plusieurs fois il en recommence le tableau, et si ses peintures manquent de variété, au moins témoignent-elles qu'à la vue du sang et des ruines il avait éprouvé de ces angoisses dont ncœ.nubien fait garde toujours la trace.

De l'âme et des principes, voilà ce qu'il y a de remarquable dans le grand ouvrage de Thomas Basin, ce qui en fait un livre à conserver, ce qui en aurait fait sans doute un livre d'un ordre plus élevé, sans l'excessive préoccupation de l'auteur à l'égard de lui-même.

Sa grande sensibilité pour ce qui le concernait fut cause qu'après avoir écrit les années de Louis XI pendant lesquelles il avait le plus souffert, il interrompit son Histoire pour se mettre à rédiger les Mémoires de sa persécution. Il entreprit cela, dit-il, à la prière d'un ami qui voulait connaître la cause de sa constance dans une si grande adversité. Il ajoute que le sentiment des convenances et la crainte d'augmenter le péril de sa situation le retinrent quelque temps; mais qu'il se détermina à l'idée des mauvaises suppositions qu'on pourrait faire ne sachant pas pourquoi il avait déserté son église[1]. Il commença donc l'écrit demandé, et l'année suivante, devenu moins circonspect parce qu'il avait abdiqué dans l'intervalle, il l'acheva, le signa, et le publia à Trèves, sous le titre d'*Apologie*.

Un livre comme celui-là était ce qui convenait le mieux à son talent. Aussi les défauts qui déparent son Histoire, y sont-ils moins sensibles. On regrette en le lisant que Thomas Basin n'ait pas mis dans cette forme tout ce qu'il avait à nous apprendre sur son siècle. Sa réputation y eût gagné et son témoignage n'aurait été un sujet d'erreur pour personne. L'Apologie est la source où j'ai pris presque tous les éléments de sa biographie depuis l'avénement de Louis XI. A part des interprétations exagérées et sans doute aussi quelques réticences, elle me fait l'effet d'un livre sincère. Comme je n'ai point eu de documents pour le contrôler, j'ai mieux aimé tout accueillir que de m'exposer à atténuer des plaintes qui ont pu être justes.

En répandant cet écrit dans le public, il avait brûlé ses vaisseaux. Retourner en France lui était interdit, au moins tant que vivrait Louis XI. Aussi lorsque la paix publiée en 1475 lui permit de quitter l'Allemagne, ce fut pour se rendre encore une fois à Louvain. Son séjour n'y fut pas aussi long qu'il l'avait espéré. Le duc de Bourgogne mourut; les Français

---

1. *Apologia*, Præfatio.

entamèrent la Flandre, et comme le Brabant lui-même était menacé, l'archevêque de Césarée se hâta d'en sortir.

Il avait en Hollande un ami dévoué dans la personne du prince David, bâtard de Philippe le Bon, évêque et seigneur d'Utrecht. Si éloignée de son pays que fût cette ville, il y porta ses pas; car eût-il dû se reléguer aux confins de l'Europe, son âge lui commandait de trouver avant tout un asile de paix [1]. David l'accueillit comme un frère, et l'associa à son administration en le créant son coadjuteur [2]; mais il ne fut pas le maître d'épargner à cette existence si agitée une dernière tribulation. Des haines longtemps comprimées se réveillèrent en Hollande après la chute de la maison de Bourgogne. Utrecht tomba au pouvoir d'une faction encouragée par le roi de France. Forcé de fuir, l'évêque se retira dans son château de Wyck, avec ses amis et ses officiers; puis un triomphe éphémère l'ayant ramené dans la ville pour y être fait prisonnier, Thomas Basin, épargné par les vainqueurs [3], mais craignant pour la suite, s'exila volontairement et se fit transporter à Bréda. Là il résida près d'un an. Rentré à Utrecht au commencement de l'année 1484, lorsque David avait ressaisi son autorité, que Louis XI était mort, que la paix semblait affermie pour longtemps dans l'Europe occidentale, il se fit bâtir une maison commode et agréable pour y passer le reste de ses jours [4]. Comme, pendant le cours de sa vie, il avait

1. *Breviloq. Peregr.*, manuscrit 5970 A, fol. 62.
2. *Gallia christiana*, t. XI, col. 796.
3. *Hist. Lud. XI*, lib. VII, cap. VI.
4. *Breviloquium*, l. c.

émigré quinze fois pour son salut, il lui fut permis de croire que là s'arrêterait enfin la rigueur de son sort. Guillaume Héda, prévôt d'Arnheim, qui l'avait connu à la cour de David, rapporte que Charles VIII lui ayant fait proposer de revenir en France, il refusa cette offre, dans la crainte de s'attirer de nouvelles disgrâces [1].

Ses dernières années furent dignes de sa vie laborieuse. Aussitôt après son retour à Utrecht, il reprit son Histoire, à laquelle il n'avait presque rien ajouté depuis qu'il avait quitté Trèves [2]. Il mit en œuvre ce qu'il avait de documents pour les dernières années de Charles le Téméraire, mais bien changé d'opinion à l'égard de ce prince. Il avait rencontré tant de témoins de ses rapines et de ses violences, il était surtout si révolté de l'avoir vu donner les mains au supplice du connétable de Saint-Pol, qu'il ne crut pas pouvoir le laisser sur le piédestal où il l'avait élevé dix ans auparavant. Il fit ce pénible sacrifice, et trouva moyen de s'en venger encore sur Louis XI en lui imputant d'avoir gâté son héros par son mauvais exemple [3]. Manquant de matériaux pour la suite, parce qu'il n'avait plus reçu que de sèches nouvelles sur les affaires de France depuis sa retraite en Hollande, il prit tout ce qui lui tomba sous la main pour remplir la fin de son livre : les événements du pays de Liége, ceux d'Angleterre, ceux d'Utrecht, qu'il put au moins raconter *de visu*, et pour lesquels il est estimé depuis longtemps

---

1. *Historia episc. Traject.*, l. c.
2. Voir ci-après la Notice sur l'*Histoire de Charles VII et de Louis XI*, § 2.
3. *Historia Ludovici*, lib. V. cap. x:v.

comme un auteur du plus grand prix[1]. C'était perdre de vue son sujet. Il le sentit, mais crut qu'on l'en excuserait parce que le doigt de Louis XI s'était montré dans tous ces troubles extérieurs qui servirent sa politique.

Je n'ai plus qu'à faire connaître le sujet de quelques écrits qui suivirent l'achèvement de son Histoire.

En 1486, un chartreux de Ruremonde s'était mis en tête de prouver que l'Antéchrist était né depuis l'an 1472, qu'il se manifesterait en 1503, et que la terre en serait prévenue par trois comètes qui seraient comme les trois assignations de l'humanité au tribunal du juge suprême. Le pauvre visionnaire composa sur ce thème un petit livre qu'il présenta à l'approbation de l'évêque d'Utrecht. Thomas Basin, appelé comme censeur, trouva ces rêveries blâmables de la part d'un religieux, dangereuses pour l'esprit des fidèles, par conséquent indignes de voir le jour. Les motifs de sa condamnation sont exposés dans une épître en latin qu'il adressa à David de Bourgogne, le 26 avril 1486[2].

Deux ans après, au mois de mai 1488, il publia un autre opuscule désigné par l'un de ces titres interminables qui étaient dans le goût du temps, et dont voici la traduction : *Bref discours du pèlerinage et des quarante-deux stations qu'a faits dans le désert du monde, Thomas, d'abord évêque de Lisieux, ensuite archevêque de Césarée en Palestine, lequel a suivi pendant soixante-seize ans le chemin de la foi, se dirigeant vers l'espérance et la vraie terre de promission.* Cela dit assez quel est le sujet du livre et le plan que

---

1. Ant. Mathæus, *Analecta veteris ævi*, t. II, Dedicatio s. v. d. Heinrico Bleisweyk.
2. Voir la Notice de cet ouvrage dans le t. III.

l'auteur a suivi. Comparant les continuels déplacements de sa vie à la marche des Israélites dans le désert, il expose sa biographie tout entière sous la forme d'une pieuse allégorie.

Lorsqu'il approchait de sa quatre-vingtième année et du tombeau[1], il fit encore un livre « Contre les erreurs et les blasphèmes de Paul de Middelbourg. » Ce Paul était un jeune et fougueux lauréat, que de brillants succès remportés en Italie faisaient prétendre à la science universelle et à l'admiration de tous les hommes. Il devint par la suite évêque de Fossombrone; mais alors il n'était encore que médecin du duc d'Urbin. Étant venu visiter la Zélande, sa patrie, il publia un traité du comput pascal, dans lequel il n'épargnait ni l'école ni ses concitoyens. Entre autres propositions malsonnantes, il y soutenait que les premiers chrétiens avaient célébré la fête de Pâques le jour même de la pleine lune de mars; que la Vulgate n'était pas de saint Jérôme; que la Zélande était un pays de béliers et de calfats[2]; qu'au dehors de l'Italie on n'entendait rien à l'astronomie ni à aucun genre de science ou de littérature. On conçoit que le clergé des Pays-Bas se soit ému d'un pareil livre. L'université de Louvain argumenta; Thomas Basin censura le docteur imprudent, sans scandale toutefois et seulement dans le privé de la correspondance; mais ses lettres

---

1. « Nos qui.... in sacerdotem et pontificem, antequam in hanc « lucem editus esses, consecrati fuimus, et, gratias Deo, usque « prope octogesimum ætatis annum pervenimus. » *Præfatio ad Paulum.* Ci-après, au t. III.

2. « Non hominum sed vervecum et cerdonum patria, » etc. *L. cit.* lib. I, cap. XIII.

lui attirèrent des injures publiques; force lui fut de se défendre publiquement.

Il faut lire le traité contre Paul pour concevoir jusqu'à quel point le vieil archevêque de Césarée avait conservé la vigueur de son esprit. La controverse l'échauffe encore comme au beau temps de ses triomphes universitaires, et aucun de ses moyens ne lui fait défaut. Son érudition, sa dialectique, poussées avec une ardeur toute juvénile, frappent juste et à coups redoublés. Mais pour dire si son triomphe fut complet, il serait nécessaire de connaître la contre-partie[1]. Il y avait au fond du débat une question de calcul pour laquelle il n'était guère compétent, et l'on sait que Paul releva plus tard ses objections contre le terme de Pâques avec assez de succès pour entraîner l'approbation d'un concile[2].

Thomas Basin mourut le 3 décembre 1491, laissant à ses compatriotes des marques nombreuses de sa bienfaisance, et dans la mémoire de ses hôtes un souvenir qui devait se perpétuer. On l'inhuma dans l'église de Saint-Jean d'Utrecht, au milieu du chœur. Son image avait été gravée sur une plaque de cuivre qui recouvrait son tombeau; elle fut détruite par les Calvinistes[3]. Un autre monument de sa ressemblance

---

1. Quoique cet ouvrage ait été imprimé (c'est Thomas Basin lui-même qui nous l'apprend), il m'a été impossible de me le procurer.

2. *Compendium correctionis calendarii pro recta Pasche celebratione*, in-4°. Rome, 1513, avec un bref de Léon X en tête pour mettre à l'étude le projet de réforme approuvé par le concile de Latran.

3. *Gallia christiana*, t. XI, col. 797, et les pièces justificatives de notre IIIe volume.

qu'il avait fait peindre sur un vitrail de l'église de Caudebec[1], ne s'est pas mieux conservé. Il ne nous reste donc rien pour nous représenter sa figure ; mais son portrait moral, nous l'avons à presque toutes les pages de ses livres où il se montre comme un homme honorable et bien doué, pourvu de ce qu'il fallait pour réussir dans le monde et aussi pour y échouer, ayant des vues sans grande portée, de la constance sans force, de l'originalité sans puissance : littérateur avancé qui n'accéléra pas le mouvement de la renaissance, politique arriéré qui ne retarda pas la ruine du moyen âge ; malheureux d'être né en France avec son tempérament et la tournure de son esprit. Il fut anéanti en face de Louis XI ; il aurait peut-être fait la plus grande figure devant les tyrans de l'Angleterre. Ses écrits historiques le placent derrière Philippe de Commines et derrière Georges Chastelain, à un rang que personne ne lui dispute quand il parle de lui-même, et, dans les autres parties, au-dessus des chroniqueurs par le sentiment, au-dessous d'eux pour la sûreté de l'information.

1. *Histoire de la cathédrale de Rouen*, imprimée en 1688.

NOTICE

SUR L'HISTOIRE DES RÈGNES

DE CHARLES VII ET DE LOUIS XI.

I.

Recherche du véritable auteur.

Comme cet ouvrage a passé longtemps pour être d'Amelgard, il importe avant tout de faire voir qu'il est réellement de Thomas Basin.

Amelgard n'est pas un personnage dont le nom coure depuis longtemps, ni dont l'existence soit attestée par beaucoup de témoignages. La notice qui lui est consacrée dans la *Bibliotheca Belgica* de Foppens (1739), est la plus ancienne dont il ait été l'objet[1]. Or pour écrire cette notice, Foppens n'eut pas d'autres matériaux qu'une courte annotation consignée dans l'*Amplissima collectio* de dom Martène. Dom Martène à son tour, avait puisé ses renseignements dans un manuscrit du roi, qui est celui-là même d'après lequel a été faite la présente édition. D'où il suit qu'en prenant la question à

---

1. T. I, p. 48.

son origine, le manuscrit apparaît comme le seul titre sur lequel repose la célébrité d'Amelgard; et comme aucune autorité nouvelle n'a été alléguée depuis, comme tous les articles bibliographiques ou biographiques écrits postérieurement à dom Martène ou à Foppens, ont été pris soit dans la *Bibliotheca Belgica*, soit dans l'*Amplissima collectio*, soit dans le manuscrit auquel renvoient ces deux ouvrages, l'existence d'Amelgard comme auteur de l'histoire en question continue à dépendre entièrement de ce que dit le manuscrit.

Eh bien, ce n'est pas le manuscrit qui a dit qu'Amelgard fût l'auteur de cette histoire : c'est quelqu'un qui a fait parler le manuscrit. Le manuscrit était la copie d'un ouvrage sans nom d'auteur; l'anonyme n'a cessé plus tard que parce qu'une personne, dont rien ne garantit l'autorité, s'avisa d'ajouter au titre qu'il fallait voir là un écrit d'Amelgard, prêtre liégeois[1].

On conçoit que si un nom d'auteur, introduit de la sorte, mérite d'être adopté, ce n'est qu'après examen. Il faut que le personnage proposé réponde aux données du texte quant à l'inconnu qui, lui, n'a pas jugé à propos de se nommer. Or voici deux de ces données qu'on peut recueillir en lisant l'Histoire de Charles VII et de Louis XI.

L'auteur était un des canonistes qui furent consultés pour la réhabilitation de Jeanne d'Arc. Il dit même avoir écrit sur ce sujet, à la demande du roi, un mémoire auquel il renvoie le lecteur[2]. Quand les autres mémoires

---

1. Voir ci-après, p. CIV.
2. « Poterat processus hujusmodi ex multis capitibus argui vitiosus....
« quemadmodum ex libello quem desuper, ab eodem Carolo expetito a
« nobis consilio, edidimus, si ei ad cujus venerit manus, eum legere
« vacaverit, latius poterit apparere. » *Hist. Caroli*, lib. I, cap. XVI.

du même genre, signés et attestés par ceux dont ils étaient l'ouvrage, ont été soigneusement insérés dans l'instrument du procès, n'est-il pas singulier que celui d'Amelgard fasse défaut?

L'auteur était un homme particulièrement hostile aux Liégeois. Il ne parle pas d'eux qu'il ne les taxe de brutalité, de sottise, de perfidie, et cela sans excepter personne [1]. Une pareille prévention peut-elle être attribuée à un Liégeois?

Rien que d'après ces indices, le nom d'Amelgard apparaîtrait comme une conjecture peu probable. Il y a d'autres raisons qui convertissent l'improbable en impossible.

L'interpolation au titre du manuscrit est d'une écriture qui décèle le déclin du XVIe siècle. Au milieu même de ce siècle, en 1552, mourut Jacques Meyer, l'auteur des Annales de Flandres. Il mourut ne s'étant fait connaître du public que par les quatorze premiers livres de son ouvrage, imprimés de son vivant; mais il avait préparé trois autres livres que son neveu Antoine Meyer put ajouter dans une seconde édition [2]. Or l'Histoire de Charles VII et de Louis XI est la principale source d'où a été tirée la continuation des Annales de Flandres. A

---

[1] « Stulti quidem et temerarii valde.... qui olim Eburones appellati sunt. — Dicti stolidissimi Eburones. » *Hist. Ludovici*, lib. II, cap. VIII et IX.

[2] Une erreur de mémoire m'a fait attribuer ci-après (p. 15, note) à Antoine Meyer lui-même la continuation de l'ouvrage de son oncle. Antoine Meyer a déclaré que sa part dans la continuation des Annales de Flandres fut seulement celle d'un respectueux éditeur : « Posteriorem hanc partem quam nunc cum priore, ab autore recognitam, in publicum damus, manu sua ordine scriptam concinnarat, totam de integro castigaturus... Resecuimus digressiones quasdam quæ parum ad historiam pertinere videbantur... Dictionem minus ornatam (ut quidam arbitrantur) quam in superiore parte, refingere aut interpolare nolui. » *Præfatio Annal. Fland.*, éd. de 1561.

tout propos Meyer en rapporte des passages, même des chapitres entiers, et toujours en accompagnant ses emprunts des plus grands éloges pour l'auteur.

Mais quel était cet auteur? Meyer l'ignora longtemps. La première fois qu'il le cite, c'est à l'occasion du siége de Soissons par les Armagnacs, en 1414, et, dans son incertitude, voici comment il procède : « Sur la prise de cette ville, » dit-il d'abord, « je rapporterai textuellement les paroles d'un historien latin qui vivait sous Charles VII; » puis il copie le chapitre v du Ier livre d'Amelgard, et après cette longue citation, il ajoute : « Tel est le récit de cet écrivain qui pour moi est anonyme, attendu que le manuscrit que j'ai vu de son ouvrage ne portait pas de nom. Tout ce que j'en sais, c'est qu'il dit avoir été dans la familiarité de Charles VII[1]. » Tant que Meyer en est à ces époques, il ne se montre pas mieux informé : notre historien est toujours pour lui *l'inconnu, l'anonyme, le contemporain de Charles VII, celui dont on n'a pu encore découvrir le nom.* Mais arrivé à l'an 1467, comme s'il avait pénétré le mystère, il attribue tout à coup à son auteur favori la qualité d'évêque de Luxeuil, où il n'y eut jamais d'évêque[2]. Puis, un peu plus loin, l'évêque de Luxeuil devient celui de Lisieux : puis Meyer hasarde un nom propre : « Voici, dit-il à l'année 1471, en quels termes parle de la trêve d'Amiens, mon évêque, qui s'appelait Antoine, si je ne me trompe. » Enfin, par une dernière variation, il se corrige encore et prononce un nom dont il est sûr désormais, puisqu'il ne s'en départit plus jusqu'à la fin de son

---

1. *Annales Flandriæ*, lib. XV.
2. « Sed loquatur episcopus Luxoviensis. » *Id.*, lib. XVII. Les éditions postérieures ont aggravé la faute en mettant *Lovaniensis* au lieu de *Luxoviensis* : ce qui eût été inexplicable de la part de Meyer.

livre. Ce nom est celui de l'évêque de Lisieux THOMAS BASIN[1].

Ainsi, à Bruges où vivait Meyer, on pouvait parvenir, au milieu du XVIe siècle, à savoir que l'auteur anonyme de l'Histoire de Charles VII et de Louis XI était Thomas Basin. Cent ans plus tard, les éléments de la même opinion existaient encore à Utrecht, qui est le lieu même où mourut Thomas Basin. Un érudit de cette ville, Gisbert Lap van Waveren copia en 1640 un fragment manuscrit de l'Histoire sans nom d'auteur, au sujet duquel ne tarda pas à être faite une enquête, car en 1642 Gisbert Lap ayant prêté sa copie à Arnold Buchelius pour annoter l'Histoire des Évêques d'Utrecht de Guillaume Héda[2], Buchelius mit hardiment sous le nom de Thomas Basin les passages qu'il avait tirés de cette copie[3]. Est-ce à dire que Buchelius aurait reconnu Thomas Basin par la conformité de son manuscrit avec les citations de Meyer? Cela est impossible. Nous savons en quoi consistait le fragment copié par Gisbert Lap; il a été ultérieurement imprimé par Antoine Matthæus; il porte sur une époque dont Meyer n'a rien cité. Buchelius n'a pu s'instruire que par la tradition ou par des documents qu'on possédait encore à Utrecht en 1642.

Donc, avant et après l'hypothèse hasardée au profit du Liégeois Amelgard, une autre attribution fut trouvée, et la même en deux endroits différents, et par de tels

---

1. « Hic noster Thomas, Lexoviorum episcopus, qui tunc vixit... Hæc « Thomas Basinus. » *Id. ibid., ad calcem.*

2. Ant. Matthæus, *Analecta Veteris ævi*, t. II, præf.

3. « Basinus, olim Lexoviensis in Gallia episcopus, cujus fragmentum « historicum manuscriptum mihi a M. Gisberto Lappio a Waveren Ic. « communicatum fuit. » *Willelmi Hedæ Historia episcoporum Trajectensium*, p. 310, note 1 (Ultrajecti, 1642, in-fol.).

auteurs que la découverte offre toute garantie d'avoir été précédée d'une recherche bien faite.

Après cela, il ne reste plus qu'à faire subir à Thomas Basin l'épreuve dont Amelgard se tire si peu à son avantage. Qu'on le mette en face des deux témoignages qui ont été produits ci-dessus. Tous les deux lui conviennent parfaitement. Consulté pour la réhabilitation de la Pucelle, il a écrit un mémoire qui figure parmi les pièces du procès[1]. Associé un moment à la mauvaise fortune de Louis de Bourbon, évêque de Liége[2], il a dû trouver insupportable la turbulence des Liégeois.

Mais là ne se borne pas la conformité. Tous les autres indices fournis par l'Histoire de Charles VII et de Louis XI s'appliquent à sa personne avec la même exactitude.

L'auteur de l'Histoire vivait à Trèves en 1473, à Utrecht en 1481[3]; Thomas Basin aux mêmes dates habitait Trèves et Utrecht[4].

L'auteur de l'Histoire approcha Charles VII d'assez près pour avoir avec lui plusieurs entretiens familiers[5]; Thomas Basin fit partie du conseil de Charles VII[6].

L'auteur de l'Histoire, décrivant l'état pitoyable où la guerre avec les Anglais avait réduit la France, déclare avoir vu de ses yeux la désolation du Drouais, de la

---

1. *Procès de condamnation et de réhabilitation de Jeanne d'Arc*, t. III, p. 309.
2. *Historia rerum Leodiensium* dans Martène, *Ampliss. collectio*, t. IV, col. 1292.
3. « Eramus tunc in civitate Treverensi. » *Hist. Lud.*, lib. IV, cap. ix. « Non arbitramur silentio prætereundum tristem et infaustum eventum « tumultuosæ seditionis quæ ea tempestate contigit in civitate Trajec- « tensi, quam tunc ipsi incolebamus. » *Ibid.*, lib. VI, cap. xx.
4. *Breviloquium peregrinationis*.
5. Ci-après, p. 3.
6. Pièces justificatives du IIIe volume.

Beauce, du pays Chartrain, du Perche et du Maine[1]: n'est-ce pas là l'itinéraire de l'évêque de Lisieux se rendant pour le service du roi, à Chartres et à Bourges où nous savons qu'il fut plusieurs fois appelé[2]?

L'auteur de l'Histoire poursuit Louis XI d'une haine outrée. Thomas Basin fut l'adversaire et la victime de la politique de ce roi[3].

L'instruction toute particulière dont l'auteur de l'Histoire fait preuve lorsqu'il parle de la Normandie[4], ne décèle-t-elle pas encore Thomas Basin, Normand de naissance, évêque de Lisieux, attaché par sa dignité aux assemblées où se traitaient toutes les affaires de la province?

Enfin, entre les écrits dont Thomas Basin est l'auteur avéré et l'Histoire de Charles VII et de Louis XI, il y a identité de tout, de sentiments, d'opinions, de pensées, de style[5].

Il ne faut pas multiplier les arguments au delà du nécessaire. Ce qui précède démontre surabondamment qu'Amelgard doit être dépossédé à tout jamais de l'œuvre qu'il a usurpée si mal à propos. Si son nom subsiste encore, ce sera comme un exemple des erreurs étonnantes qui peuvent s'introduire lorsqu'on s'en rapporte

---

1. Ci-après, p. 45.
2. *Breviloquium peregrinationis.*
3. Ci-dessus, p. xxxviij et suiv.
4. Ci-après, p. 28, 32, 103, 149, 201, etc., etc.
5. Voici un exemple frappant de cette conformité, à propos d'un fait relaté dans l'*Histoire de Charles VII* (l. III, c. v) et sur lequel l'auteur revient dans son *Breviloquium.* « Cædebatur enim et gravissime affligeba-
« tur tota regio simul tribus illis virgis seu flagellis divinæ justitiæ, guerra,
« fame et peste, quæ tunc illic atrocissime sæviebant. » *Hist.* « Cum illic
« menses circiter quatuor stetissemus videremusque miserandas patriæ
« clades, quæ tribus divinæ justitiæ flagellis, bello scilicet, fame ac peste,
« mirum in modum lamentabiliter atterebatur atque affligebatur. »
Breviloquium.

aveuglément au titre des ouvrages et qu'on opère sur les textes sans les rapprocher. Parce que dom Martène ne recourut ni à Meyer ni à Matthæus, la fausse réputation d'Amelgard fut fondée sur un titre déjà reconnu pour appartenir à un autre[1]; et comme le témoignage de Meyer et de Matthæus continua de faire autorité après dom Martène[2], en même temps que l'illusion de celui-ci eut ses adeptes, des bibliographes professèrent Thomas Basin et d'autres Amelgard, sans que ceux qui se trompaient ni ceux qui tenaient la vérité se rencontrassent une seule fois et missent par leur accord un terme à l'erreur. Il n'y eut de conciliation que par le fait de quelques-uns, qui admirent deux Histoires de Charles VII et de Louis XI, l'une par Amelgard, l'autre par Thomas Basin[3].

Dans notre siècle, M. de Barante a le premier donné l'éveil. Une note introduite dans la cinquième édition de l'*Histoire des ducs de Bourgogne*, fait voir qu'en 1837, l'illustre académicien avait reconnu la conformité des citations de Meyer avec le manuscrit d'Amelgard, et qu'il attribuait à Thomas Basin une part considérable dans l'œuvre de cet Amelgard[4]. De mon côté, par mes

---

1. Vossius, *de Historicis latinis*, p. 611 ; Scriverius, *Comites Hollandiæ*, p. 107 ; Christophe Brower et Jacques Massen, *Antiquitates et Annales Trevirenses*, t. II, p. 302 ; Casimir Oudin, *de Scriptoribus Ecclesiæ*, t. III, p. 2616, avaient déjà enregistré ou cité Thomas Basin comme auteur de l'*Histoire de Charles VII et de Louis XI*.

2. Dans l'édition Mansi de la bibliothèque de Fabricius, 1754, il y a deux notices sur Thomas Basin (t. I, p. 184 et t. III, p. 245), mais rien sur Amelgard.

3. Par exemple Moréri et la *Biographie universelle* de Michaud.

4. « La chronique citée dans cette histoire et ailleurs sous le nom d'Amelgard, est au moins en grande partie de Thomas Basin. Il était, comme il le raconte dans un autre manuscrit, serviteur de M. Charles, frère du roi et quitta le royaume après la conquête de la Normandie en 1466. » *Hist. des ducs de Bourgogne*, t. X, p. 446, note.

recherches à la poursuite du mémoire justificatif de la Pucelle mentionné dans l'Histoire de Charles VII, j'arrivai peu de temps après à constater l'identité des deux personnages, ou, pour parler plus juste, le pseudonyme d'Amelgard. Je publiai en 1842, dans la Bibliothèque de l'école des chartes, une vie de Basin, précédée d'une dissertation où lui était rendue l'Histoire de Charles VII et de Louis XI[1]. Ce travail a eu pour effet de convaincre plusieurs écrivains, qui ont déjà rétabli Thomas Basin dans la plénitude de ses droits[2]. La présente édition fera le reste.

II.

Des indications du texte relativement à la composition de l'ouvrage.

Quoique l'Histoire de Charles VII et celle de Louis XI aient leurs divisions à part, quoiqu'elles puissent parfaitement se détacher l'une de l'autre, cependant elles furent conçues ensemble comme les deux parties d'un même tout ; il n'y a qu'une préface pour toutes les deux ; il est facile de prouver que la seconde fut commencée sans interruption aussitôt après que la première eut été écrite.

Thomas Basin appelle « un loisir consacré aux lettres, » *litterale otium*, le temps de sa vie où il se mit à cette grande entreprise[3]. Grâce au soin qu'il a pris de nous renseigner sur sa vie, nous sommes sûrs qu'un pareil loisir n'a pu commencer pour lui que lorsqu'il se fut réfugié à Trèves, en 1471.

---

1. Tome III (1re série), p. 313.
2. M. Michelet, *Histoire de France*, t. VI, p. 7 ; M. Vallet de Viriville, art. *Basin*, dans la *Nouvelle Biographie universelle* ; etc.
3. Ci-après, p. 2.

Maintenant, dès le Ier livre de l'Histoire de Charles VII, il esquisse par anticipation la destinée entière du roi Henri VI d'Angleterre jusqu'à la mort de ce prince[1], et Henri VI mourut au mois de mai 1471 ; à la fin du IIe livre de Louis XI, il raconte l'incarcération du cardinal Balue lorsqu'elle durait déjà depuis quatre ans et demi[2], et Balue fut mis en prison au mois d'avril 1469. Donc, ni le Ier livre de Charles VII ne fut écrit avant les derniers mois de 1471, ni le IIe de Louis XI ne le fut après les derniers mois de 1473, et ainsi se trouve vérifié ce que j'avançais tout à l'heure de la composition consécutive des deux ouvrages.

Il y a lieu de croire que le travail fut interrompu après le IIe livre de Louis XI. L'auteur dut en être détourné par son Apologie, à laquelle il se mit dans l'hiver de 1473 à 1474. Survinrent ensuite les instances de sa famille pour l'amener à renoncer, son voyage à Rome, qu'il fit en conséquence, et à son retour de Rome la perturbation de l'Allemagne, surtout de l'Allemagne en deçà du Rhin, par l'audacieuse tentative du duc de Bourgogne contre Neuss. J'imagine que Thomas Basin, impressionnable comme il était, n'eut guère de cœur à écrire au milieu des armements, des entrées et des sorties, des alertes sans fin dont Trèves fut le théâtre jusqu'à la retraite des Bourguignons (juin 1475). Cela me ferait donc rejeter postérieurement à la retraite des Bourguignons l'achèvement de l'Apologie qui fut terminée à Trèves en 1475, et dès lors le temps manquerait pour supposer la reprise de l'Histoire de Louis XI à Trèves, car l'auteur quitta Trèves à l'automne de 1475.

---

1. Ci-après, p. 42.
2. « In carcere reclusus, in quo jam quadriennium cum medio ferme « anno peregit, incertus si unquam inde fuerit exiturus. »

Il quitta Trèves pour se rendre à Louvain, où il resta vingt mois, entre la paix de Solèvre (septembre 1475) et l'invasion de la Flandre après la mort de Charles le Téméraire (juin 1477). De Louvain il gagna Utrecht, sa dernière résidence.

La composition du III⁰ livre de Louis XI semble cadrer avec le séjour à Louvain, d'après le xiii⁰ chapitre de ce livre, qui fut écrit lorsque Marguerite d'Anjou, veuve et déchue, vivait encore à la discrétion d'Édouard IV[1]. La captivité de cette princesse cessa au mois de mars 1476; mais comme sa délivrance fut une affaire de cabinet entre les deux rois de France et d'Angleterre, que d'ailleurs elle revint sans pompe ni bruit pour aller se confiner d'abord dans le Berri et ensuite dans l'Anjou[2], la nouvelle de son retour ne dut parvenir que longtemps après dans les États du duc de Bourgogne. Thomas Basin peut avoir parlé comme il a fait, aussi bien à la fin de 1476 qu'à la fin de 1475.

Après avoir achevé son III⁰ et son IV⁰ livre, il suspendit de nouveau son travail. La preuve indirecte de cette seconde interruption se trouve dès le début du V⁰ livre, par le changement d'opinion que l'auteur manifeste à l'égard de Charles le Téméraire[3]. Deux passages de ce livre établissent la même chose d'une manière péremptoire. A propos de la condamnation du duc de Nemours, Thomas Basin allègue un fait qui lui fut attesté

---

1. Cela est dit d'une manière indirecte, au moyen d'un propos recueilli par l'auteur, que Marguerite ayant le choix entre retourner en France ou vivre à Londres d'une pension que lui ferait le vainqueur, elle aima mieux rester à Londres.
2. Lenglet du Fresnoy, *Preuves à Philippe de Commines*, t. III, p. 473.
3. *Hist. Ludovici XI*, lib. V, cap. i. « De turpibus et iniquis pactis et « conditionibus ab utraque partium, in hujusmodi treugis, factis et ap- « positis. »

« longtemps, dit-il, après l'événement[1]; » et un peu plus loin, parlant de la mort de Charles le Téméraire, il dit qu'au bout de dix ans il y avait encore des gens qui n'y voulaient point croire[2]. Ce dernier terme de dix ans reporterait donc la composition du V° livre à 1487.

Mais là se présente une difficulté. Le XXXI° chapitre du livre VI fut écrit lorsque Guillaume de La Marck était encore en possession de Liége[3], c'est-à-dire avant le 18 juin 1485; le II° chapitre du livre VII le fut lorsque la veuve d'Édouard V était détenue à Westminster et qu'on était toujours dans l'incertitude de ce que ses enfants étaient devenus, c'est-à-dire à la fin de 1484 ou au commencement de 1485[4]. Les deux derniers livres auraient-ils été composés avant le V°, ou la date de 1487, implicitement contenue dans le V°, est-elle le résultat d'une révision postérieure?

Rien n'autorise à se prononcer là-dessus. Le fait d'une longue interruption après le livre IV est seul hors de doute, et cette interruption aussi bien que la première s'explique par la vie de l'auteur. Lorsqu'il arriva à Utrecht, il trouva cette ville en proie à la fureur des partis, et sept ans se passèrent avant qu'il pût jouir de

---

[1]. *Hist. Ludovici*, l. V, cap VII : « Licet etiam diu post hoc verum id « fuisse a fide dignis audierimus. »

[2]. *Ibid.*, cap. XIII : « Sed hæc fatuitas in pluribus usque ad annos de-« cem postquam obierit duravit et diutius adhuc erit fortassis duratura. »

[3]. Cela ressort de ce qu'il dit du danger qu'il y avait pour les Braban-çons, à avoir un pareil voisin : « Quamdiu enim tam efferum et acerri-« mum hostem... intra viscera sua habebunt, non secure et absque « pavore in suis possunt vel agris vel oppidis quiescere. »

[4]. « Ipsam, quæ ad Westmonasterium, tuendæ vitæ et salutis causa, « confugerat, dicitur obseratam facere custodiri... Vivant vero ipsi « pueri regii, aut jussu ipsius sui impii patrui necati sint, incertum « habetur. »

la paix qu'il était allé chercher en Hollande. Son *litterale otium* ne recommença qu'en 1484.

Ainsi l'Histoire de Charles VII fut écrite à Trèves, onze ans après la mort du prince dont elle retrace les actions. Celle de Louis XI, commencée à Trèves et continuée à Louvain, du vivant de ce roi, fut achevée à Utrecht, dans les deux ou dans les quatre ans qui suivirent sa mort.

Une dernière conjecture ressort du texte tel qu'il nous est parvenu. C'est que l'Histoire de Charles VII et de Louis XI ne fut pas publiée du vivant de l'auteur. Il garda son manuscrit par devers lui sans seulement le faire mettre au net. Peut-être même prescrivit-il qu'un certain temps s'écoulerait avant qu'on en tirât des copies. Celle que nous avons date d'une cinquantaine d'années après sa mort. Quoique très-nette, elle atteste à chaque page la peine qu'on a eue à se retrouver sur un brouillon tout chargé de ratures. Les leçons vicieuses y abondent, des phrases sont restées suspendues, d'autres présentent de telles constructions qu'il faut croire qu'on n'a pas mis à leur place des membres ajoutés en interligne ou en marge. On verra tout à l'heure qu'une autre copie, exécutée beaucoup plus tard, présente des défauts analogues : preuve évidente du mauvais état de l'original.

III.

Description des manuscrits.

La Bibliothèque impériale de Paris possède les trois seuls manuscrits que j'aie pu me procurer, et ces trois n'en font qu'un, car deux sont des copies de l'autre.

Je les décris dans l'ordre chronologique.

I. — N° 5962, fonds latin, coté autrefois 8442-2. Petit in-fol. en papier de 0ᵐ32 de haut sur 0ᵐ215 de large, relié en maroquin rouge, avec les armes de Colbert sur les plats, au dos le chiffre du même Colbert et le titre *Historia Karoli VII et Ludov XI.*

Écriture coulée gothique du xvi° siècle, d'environ l'an 1540; les titres des chapitres sont en bâtarde italienne du même temps. Le texte occupe 527 feuillets numérotés en chiffres arabes. Il est précédé de plusieurs cahiers sans pagination, sur lesquels est écrite, de la même main que le reste, une table des chapitres de tout l'ouvrage.

Le papier est vergé, à pontuseaux. Il provient de deux fabriques distinguées par la différence des filigranes : 1° un écusson marqué d'un B, surmonté d'une couronne et d'un fleuron haussé par-dessus la couronne; sous l'écusson une banderole avec le nom NICOLAS BRÉ; 2° un écusson surmonté d'un fleuron, brodé au chef, chargé de trois fleurs de lis avec une billette en abîme, posé sur une banderole où je crois lire STANELLE.

Il n'y avait point originairement de titre sur la première page d'écriture, qui est celle où commence la table des chapitres; on a postérieurement ajouté : *De reb. gestis Caroli VII Francorum regis historiarum libri....* puis quelque chose de gratté qui était certainement un nom d'auteur, comme l'indique une seconde ligne de la même main, ainsi conçue : *De reb. gestis Ludovici XI ejus filii historiarum libri 7 eodem auctore;* au-dessous, d'une écriture différente : *Auctore Amelgardo presbytero Leodiensi,* et à la même hauteur une vieille cote d'inventaire, *ij° xxxiij,* avec parafe. Enfin, comme les intitulés qui composent la table des chapitres sont largement espacés, entre le premier et le second on a introduit les mots *sum comitis de Lalaing*. Toutes ces marques datent de la fin du xvi⁰ siècle, et il n'y a été ajouté postérieurement que celles de Colbert et du roi : *Cod. Colbertinus* 806, *regius* 8442-3.

Le texte commence au feuillet numéroté 1 par la préface : *Præfatio in libros historiarum rerum gestarum temporibus Caroli septimi et Ludovici ejus filii regum Francorum*. L'histoire elle-même commence au feuillet 3 : *Historiarum de rebus a Carolo septimo Francorum rege et suo tempore in Gallia gestis liber primus incipit capitulum primum;* et au-dessous la même marque du comte de Lalaing, qui est sur le premier feuillet : *Sum comitis de Lalaing*.

La fin de l'Histoire de Charles VII est au verso du feuillet 169, annoncée, sans interruption après le texte, par les mots : *Historiarum de rebus a Carolo septimo Francorum rege, et suo tempore in Gallia gestis, liber quintus et ultimus explicit feliciter*. Après un feuillet blanc qui n'a pas été numéroté, commence l'Histoire de Louis XI (fol. 170), sans titre de livre : *Qualiter mortuo patre Ludovicus ejus primogenitus fretus auxilio Philippi Burgundionum ducis se adparabat ad nanciscendam paterni regni possessionem, capitulum primum*. Elle finit au recto du feuillet 527 par les mots : *finis libri septimi*.

Sur les marges du volume sont quelques annotations tantôt en latin tantôt en français, d'une personne qui vivait certainement dans les Pays-Bas. Une date précise le temps où furent écrites ces remarques. Devant un passage où Thomas Basin dit que François Sforce conseilla à Louis XI d'éviter tout engagement avec ses ennemis pendant la guerre du Bien public (fol. 240 v°), l'annotateur a mis : *Ratio quæ sit in bello germanico anno* 1546. Les autres notes sont le plus souvent des renvois à Monstrelet et à Philippe de Commines. Il y en a aussi qui ont été mises comme points de repère devant des faits politiques importants ou des traits curieux. En voici quelques exemples : « *Philippus Burgundiæ dux pacis amans. — Viridi veste usus rex Franciæ.* — Impost sur les vins. — Les namptz du parlement levez par le roy Loys. — *Quo titulo comitatus Rossilionis ad Gallos pervenit.* — 1465. Traicté de Conflans. — 1468. La paix de Péronne. — *Desponsatio Margaretæ Maximiliani filiæ cum delphino*, etc., etc. »

II. — N° 5963, fonds latin. Petit in-fol., relié en veau fauve, dorures et nervures au dos sans aucun chiffre, intitulé *Histor. Karoli VM et Lud XI*, composé de deux cent soixante-dix-huit feuillets de papier commun sur lesquels n'a pas été réservé de marge. Écriture négligée du commencement du xviie siècle, qui ressemble à celle d'André du Chesne. Sur la première page sont les anciennes marques *Baluz.* 262; *Reg.* 9676².

Commence au recto du fol. 1 par le titre *Præfatio in libros historiarum rerum gestarum temporibus Caroli VII et Ludovici ejus filii regum Francorum auctore Amelgardo presbytero*, qui a été corrigé postérieurement de la manière qui suit : *Amelgardi presbyteri Leodiensis præfatio in libros historiarum de rebus gestis temporibus Caroli VII et Ludovici ejus filii regum Francorum.*

L'Histoire de Charles VII n'est pas complète; elle finit dans le chapitre xxiv du livre V par les mots « jus ordinariorum quadam velut tyrannica potestate ac.... » Suit le fol. 101 en haut duquel est écrit : *De rebus gestis*

Ludovici XI, Francorum regis historiarum libri VII auctore Amelgardo presbytero Leodiensi. Ex bibliotheca viri clarissimi Joannis Haultin, regii in Castelleto Parisiensi consiliarii.

La transcription de l'histoire de Louis XI est complète.

III. — N° 59, supplément latin. In-fol. couvert d'une reliure de veau fauve en mauvais état, sans chiffre ni titre au dos.

455 feuillets de papier, paginés jusqu'à 909.

Copie très-soignée, d'une écriture fine d'environ 1650, largement interlignée.

Commence à la page 1 par le titre *Amelgardi presbiteri Leodiensis historiarum Caroli septimi et Ludovici undecimi Francorum regum libri duodecim.* Ce titre est enfermé dans un frontispice d'ornement, dessiné à la plume, avec des génies pour supports. Au verso (p. 2) est un autre dessin également à la plume, d'un portrait de Charles VII dans le style du xve siècle. Le roi est représenté en chapeau, avec un collet de fourrure. Il est encadré dans un médaillon rond avec une bordure où est écrit *Carolus septimus rex Franciæ.* Ce médaillon porte sur un joli cartouche où est répété le nom du roi, *Carolus septimus rex Franciæ.*

A la page 3, le titre : *Amelgardi presbiteri Leodiensis præfatio in libro historiarum de rebus gestis temporibus Caroli VII et Ludovici 11 Francorum regum.*

L'histoire de Charles VII finit à la page 291, par l'inscription copiée du manuscrit 5962 : *Historiarum de rebus a Carolo septimo Francorum rege et suo tempore in Gallia gestis liber quintus et ultimus explicit feliciter.*

Page 294 : un dessin à la plume d'un portrait original de Louis XI, coiffé d'une calotte et d'un chapeau en poil par-dessus. Autour du médaillon la légende *immensi tremor Oceani*, et dans un cartouche placé sous le médaillon : *Louis XI roy de France.*

Page 295 : *Historiarum de rebus a Ludovico undecimo Francorum rege et suo tempore in Gallia gestis liber primus.*

Page 882 : *Explicit liber septimus et ultimus.*

Page 884 : *Index rerum memorabilium quæ in hoc opere continentur ordine alphabetico digestarum.* C'est une table analytique en latin, qui finit sur la page 909.

Au dedans du plat supérieur de la reliure est collé un petit carré de papier où on lit :

« Ce manuscrit latin, qui a pour titre *Amelgardi presbyteri Leodiensis historiarum Caroli septimi et Ludovici undecimi Francorum regum libri duodecim*, in fol., appartient à M. Le Grand, secrétaire d'ambassade de France en Portugal. Je le payay huict livres de son argent à M. Boudot, libraire, en 1695. F. Léonard. »

Ce Léonard a été un curieux en bibliographie, de la fin du XVIIe siècle. Il a fait plusieurs recueils d'indications dont il légua les manuscrits aux Petits-Pères. Ils sont aujourd'hui à la Bibliothèque impériale. Dans celui qui est marqué n° 22, l'auteur se désigne de la sorte : « Fr. Léonard de Sainte-Catherine de Sienne, 1696, augustin deschaussé indigne. »

Il ne me reste plus qu'à faire connaître ce que l'on peut recueillir dans Matthæus, du manuscrit de Gisbert Lap dont j'ai parlé ci-dessus.

C'était une copie de la main de Gisbert Lap lui-même,

en tête de laquelle était écrit : *Fragmentum ex anonymo auctore historiarum et rerum gestarum temporibus Caroli vij et Ludovici ejus filii regum Franciæ. Gisbertus Lap a Waveren ann.* 1640 *excripsit*[1]. Gisbert Lap l'avait léguée en mourant à la famille de Ridder van Groenesteyn, et c'est du fils même du légataire que Matthæus en reçut la communication. A ce moment elle était en très-mauvais état et détruite en plusieurs endroits comme si elle avait été attaquée par le feu[2]. Elle contenait dix chapitres de la fin du livre VI de Louis XI et du commencement du livre VII. Non-seulement on s'était abstenu d'y introduire les parties de l'histoire relatives à d'autres pays qu'à la Hollande, mais dans ce qu'on avait transcrit, les divisions de la matière avaient été plus d'une fois changées. Ainsi, par exemple, le chapitre numéroté XXII, par lequel commençait la copie (et par lequel commence la publication de Matthæus), ce chapitre contient les XXIIe, XXIIIe et XXIVe du livre VI dans le manuscrit de la Bibliothèque impériale. Au contraire, les chapitres XXV, XXVI et XXVII de la copie ne sont autre chose que le XXVIe de notre manuscrit coupé en trois, etc., etc. Ces coupures sont certainement modernes. Leurs intitulés contrastent par le style avec les intitulés de Thomas Basin, conservés là où ses divisions ont été conservées.

Il faut noter aussi qu'entre la copie de Gisbert Lap et notre manuscrit, il n'y a pas conformité absolue de texte ; mais comme les variantes sont purement de style,

---

1. Dédicace du second volume des *Analecta Veteris ævi*, adressée par Ant. Matthæus à Henri Bleisweyk, bourgmestre de Delft.
2. « Nonnihil mutilum, velut raptum ex incendio. » Épître dédicatoire à Dietrick Albert de Ridder, en date du mois de mai 1698, placée devant la publication du fragment de Thomas Basin.

qu'elles portent sur des membres de phrases transposés, ou sur des mots supprimés, ou sur d'autres mots remplacés par leurs équivalents, il est visible qu'elles dérivent de ce que l'original a été tantôt mal lu, tantôt corrigé; elles s'expliquent très-bien dans l'hypothèse que j'ai déjà faite d'un manuscrit laissé par l'auteur à l'état de brouillon. Ont-elles été introduites par Gisbert Lap lui-même ou par un autre qui se serait débattu contre l'original avant lui, en d'autres termes Gisbert Lap a-t-il fait sa copie d'après le manuscrit même de Thomas Basin ou d'après une autre copie ? je n'en sais rien.

Gisbert Lap était avocat à Utrecht. Il est permis de croire que le manuscrit qu'il eut entre les mains appartenait à quelqu'un de cette ville. Il est certain que ce manuscrit, à la différence des nôtres, ne portait pas le nom d'Amelgard.

IV.

Indication de ce qui a été déjà publié de l'ouvrage.

Il faut mettre en première ligne les extraits nombreux et toujours textuels de Jacques Meyer. J'en ai parlé assez longuement pour n'y plus insister[1]; d'ailleurs on les trouvera indiqués à leur place dans le texte. Qu'on se rappelle seulement qu'ils sont répandus dans les XVe, XVIe et XVIIe livres des *Annales Flandriæ* (livres publiés pour la première fois en 1561); qu'ils ont été tirés de l'Histoire de Charles VII tout entière, et de celle de Louis XI seulement jusqu'à la mort de Charles le Téméraire; enfin que Meyer les donna comme d'un auteur anonyme, avant de savoir qu'ils étaient de Thomas Basin.

---

1. Ci-dessus, p. xciv.

Dans la première moitié du XVIIᵉ siècle, des érudits français donnèrent divers passages qu'ils avaient tirés de l'un ou de l'autre des manuscrits déjà mis sous le nom d'Amelgard : Camuzat, en 1610, dans son *Promptuarium sacrarum antiquitatum Tricassinæ diœceseos* (fol. 235, v); André du Chesne, en 1624, dans ses preuves à l'Histoire généalogique de la maison de Montmorency (page 173); Philippe Labbe, en 1650, dans ses *Meslanges curieux* (page 710); enfin Pierre du Puy, en 1651, dans son *Traité des Libertés de l'Église gallicane* (t. I, pr. p. 139.).

Ce n'étaient là que de courts fragments. En 1698 Antoine Matthæus, professeur de droit à Leyde, fit connaître un morceau capital de l'Histoire de Louis XI, savoir douze chapitres du sixième livre et cinq du septième, qu'il imprima dans ses *Analecta veteris ævi* sous le titre suivant : *Ex Thomæ Basini archiepiscopi Cæsariensis Historia gallica excerptum, continens res gestas in Hollandia et diœcesi Ultrajectensi anno* CIƆ.CCCC.LXXXI. *et duobus sequentibus*[1]. Il a été parlé dans le paragraphe précédent du manuscrit que Matthæus eut à sa disposition. Ce manuscrit était anonyme. L'autorité d'Arnold Buchelius qui s'en était servi pour annoter l'Histoire des évêques d'Utrecht en 1642, et qui l'avait cité comme de Thomas Basin, détermina Matthæus à l'imprimer sous le nom de cet auteur[2].

Le quatrième volume de l'*Amplissima Collectio* pu-

---

1. *Analecta Veteris ævi, seu vetera aliquot monumenta quæ hactenus nondum visa*, t. II, p. 141, in-8. Leyde, 1698. Les *Analecta* furent réimprimés en 1738 dans le format in-4°. Le fragment de Thomas Basin est dans le t. I, p. 501, de cette seconde édition.

2. « Ego Thomæ Basino universum id adscripsi, quod quæ Buchelius ad Hedam ex historia ejus citat, ipsissima sunt verba. » *D. Heinrico Bleysweyk dedicatio.*

blié en 1729, contient plusieurs historiens du pays de Liége et de la basse Allemagne parmi lesquels dom Martène crut devoir mettre, comme complément, quarante-trois chapitres pris en divers endroits de l'Histoire de Louis XI. Le savant éditeur s'était servi du manuscrit de la Bibliothèque du roi. Trompé par la fausse indication qui est en tête du volume, il attribua l'ouvrage au prêtre liégeois Amelgard. Une seconde erreur de sa part fut de donner comme extraits du second livre de Louis XI, des chapitres qui appartiennent au quatrième, au sixième et au septième. Enfin il se trompa encore en réputant inédit tout ce qu'il donnait au public, car il reproduisit dans son entier la partie publiée trente ans auparavant par Matthæus.

Voici le court avant-propos de D. Martène qui prouve mieux que tout ce qu'on saurait dire, combien son instruction sur la matière était incomplète :

« *Ad illustrandas res Colonienses, Geldrenses, Novesienses aliasque de quibus hactenus annales Novesienses atque etiam Leodienses quas modo repræsentabunt subsequentes scriptores rerum Leodiensium, operæ pretium existimavimus quædam hic interserere excerpta libri II. de gestis Ludovici XI., auctore Amelgardo descriptis, ex Ms. cod. Bibl. Reg. Fuit autem Amelgardus presbyter Leodiensis, Carolo VII. Francorum regi familiarissimus, cujus vitam ac filii ejus, Ludovici XI, eleganti stylo litteris mandavit. In ea, data occasione, singulares sed funestos patriæ suæ eventus tanquam testis oculatus recensuit*[1]. »

Enfin en 1787, M. de La Porte du Theil inséra dans le premier volume des *Notices et Extraits des Manu-*

---

[1]. *Amplissima collectio*, t. IV, col. 742.

scrits de la Bibliothèque du roi, une analyse des manuscrits 5962 et 5963, « contenant l'histoire des règnes de Charles VII et de Louis XI par Amelgard, prêtre liégeois. »

Ce travail s'annonce comme s'il devait embrasser tout l'ouvrage. « Si, dit M. du Theil, l'une des principales obligations que nous nous sommes imposées est de faire connaître les manuscrits que nous examinons, d'une manière assez exacte pour dispenser l'homme de lettres qui recourra à nos notices de la peine de lire les ouvrages dont la totalité ne présente que peu d'intérêt, je crois qu'à l'égard de l'histoire d'Amelgard ma tâche est remplie. » Et plus loin : « J'ai pensé que toute particularité inconnue relative à des règnes aussi intéressants que celui de Charles VII et de Louis XI méritoit d'être recueillie. » Cependant, malgré ces promesses, la notice finit à la mort de Charles VII, soit que l'auteur n'ait pas eu le temps de rédiger les notes qu'il avait prises sur l'histoire de Louis XI, soit que cette partie ait été supprimée parce qu'elle faisait connaître les sentiments d'un homme trop hostile à un roi de France, trop contraire surtout aux doctrines de la monarchie.

L'analyse de M. du Theil est un travail soigné, mais non pas approfondi. Elle dégage du texte les traits marquants que l'histoire n'avait pas encore recueillis, sans faire saisir aucune des nuances par lesquelles ce texte se distingue des autres documents contemporains. Les appréciations y sont le plus souvent indécises ou hasardées. L'auteur montre aussi qu'il n'a pas opéré conformément à tous les préceptes de l'érudition, lorsqu'il déclare avoir manqué de loisir pour consulter les historiens des Pays-Bas, où cependant la réflexion lui avait dit qu'il pourrait trouver des éclaircissements sur la personne du prétendu

Amelgard[1]. Sa notice néanmoins a donné à l'ouvrage une publicité qu'il n'avait point encore eue. Elle a dirigé sur l'original même les investigations des historiens de notre siècle ; elle est cause que M. de Barante, avant tous les autres, a popularisé le nom d'Amelgard en le citant à presque toutes les pages de son Histoire des ducs de Bourgogne.

Je terminerai cette revue en mentionnant mon premier mémoire sur Thomas Basin[2], où les citations abondent, et celui de M. Vallet de Viriville sur Agnès Sorel[3], qui lui a fourni l'occasion d'imprimer textuellement le XXIIe chapitre du livre V de l'Histoire de Charles VII.

---

1. « Peut-être eussé-je trouvé plus de secours dans les auteurs nationaux qui traitent *ex professo* de l'histoire des Pays-Bas : j'avoue que je n'ai pas eu le loisir de les consulter », p. 406.
2. Voy. ci-dessus, p. XCIX.
3. Dans la *Bibliothèque de l'École des chartes*, t. I (3e série), p. 297.

HISTOIRE

DU

RÈGNE DE CHARLES VII

SOMMAIRE ANALYTIQUE

DE

L'HISTOIRE DU RÈGNE DE CHARLES VII.

LIVRE I.

Chapitre i. — Charles VII connu de l'auteur, qui a eu avec lui plusieurs entretiens familiers. — Étranges revers de fortune par lesquels ce roi a passé. — Son dessein à un moment d'émigrer en Espagne ou de partager la France avec les Anglais. — Il finit par reconquérir non-seulement ce qu'il avait perdu, mais encore la Guienne qui était anglaise d'ancienneté. — État prospère du royaume à sa mort. — Nécessité de remonter au règne précédent, pour commencer le récit du sien.

Chap. ii. — Démence de Charles VI. — Dissensions entre le duc d'Orléans et le duc de Bourgogne, qui prétendent tous les deux au gouvernement. — Assassinat du duc d'Orléans en 1407. — Récit fait à l'auteur sur la cause de ce crime. — La femme de Jean de Bourgogne outragée dans un bal par le duc d'Orléans. — Elle se plaint à son mari qui attend, pour se venger, que la mort de son père l'ait rendu plus libre de ses actions.

Chap. iii. — Après les funérailles du duc Philippe, Jean, devenu duc de Bourgogne, interroge ses conseillers sur le moyen le plus sûr de se débarrasser du duc d'Orléans. — Effroi de ceux-ci. — Le duc les menace et leur accorde un délai de trois jours pour répondre à sa question. — Avis donné au duc de perdre son rival de réputation en faisant répandre à Paris et dans les autres villes que lui, duc de Bourgogne, diminuerait les impôts, sans la constante opposition du duc d'Orléans. — Effet de cette manœuvre. — Le duc de Bourgogne adoré du peuple. — Haine contre le duc d'Orléans dont la mort est regardée comme un juste châtiment.

Chap. iv. — La plupart des princes et des capitaines, partisans du duc d'Orléans, veulent qu'on informe sur sa mort. — Circonstances de l'attentat. — Rumeurs qui l'imputent au duc de Bourgogne, lequel se retire aussitôt dans ses États. — Les deux partis se préparent à la guerre. — Les principales villes de la Normandie et du Languedoc se déclarent pour le duc de Bourgogne. — Le comte d'Aumale est chassé de Rouen. — Les Bourguignons donnent par mépris le nom d'Armagnacs à leurs adversaires. — Esprit de discorde qui s'implante dans le royaume, et dont il restait encore des traces après plus de soixante ans. — Efforts du parti d'Orléans pour recouvrer les villes. — Celles du Languedoc se soumettent sans beaucoup de peine; les autres résistent. — On mène le roi assiéger Arras avec une armée de cent mille hommes. — Les habitants protestent de leur fidélité et obtiennent que le siège soit levé.

Chap. v. — Siège et prise de Soissons qui avait reçu une garnison bourguignonne. — La ville est livrée au pillage, puis brûlée. — Profanation des églises et des monastères. — Attentats contre les femmes, dont la plupart sont déportées dans d'autres villes pour être livrées à la prostitution et à la misère. — La ruine de Soissons annoncée quarante ans d'avance par une inscription trouvée dans l'Aisne. — Tableau de la désolation générale causée par la guerre civile. — Affaire du pont de Saint-Cloud. — Ceux du parti d'Orléans, chassés par les Bourguignons, sont précipités dans la rivière parce que le pont-levis se hausse au moment où ils l'encombraient pour entrer dans le château.

Chap. vi. — Les Anglais songent à profiter des troubles de la France pour faire renaître leurs anciennes prétentions sur ce pays. — Les déprédations des pirates, dont Harfleur était le repaire, les déterminent surtout à cette entreprise. — On prétend que le duc de Bourgogne les assure sous main de son concours. — Renseignements sur la famille de Lancastre alors régnante en Angleterre.

Chap. vii. — Les Anglais mettent à la voile en 1415, cinglant de Southampton vers Harfleur. — Siège d'Harfleur. — Famine et

DE L'HISTOIRE DU RÈGNE DE CHARLES VII.

capitulation de la ville. — Les habitants en sont expulsés, la vie sauve. — Les gens de guerre sont emmenés en Angleterre, où ils n'obtiennent de se racheter qu'après une longue captivité.

Chap. viii. — Le roi d'Angleterre, maître d'Harfleur, conduit par terre son armée à Calais pour trouver l'occasion d'une bataille avec les Français. — Les barons de France arrivent en foule pour lui barrer le passage lorsqu'il a déjà traversé la Somme. — Indiscipline de cette armée dont le nombre ne laisse pas d'alarmer le roi d'Angleterre. — On prétend qu'il propose aux Français de rendre Calais et de payer une forte contribution si on veut le laisser retourner dans ses États. — Ses offres sont rejetées. — Discours qu'il adresse à ses troupes.

Chap. ix. — Les archers anglais commencent le combat et non-seulement empêchent la gendarmerie française de donner, mais lui font tourner le dos dans le plus grand désordre. — Défaite des Français. — Confusion incroyable dans leur armée. — Mort du duc d'Alençon, du comte d'Eu et du duc de Brabant, dont l'arrivée tardive détermine les Anglais à tuer quantité de leurs prisonniers. — Le duc d'Orléans, le duc de Bourbon, le comte d'Eu et d'autres prisonniers de marque sont dirigés sur Calais pour être conduits de là en Angleterre. — Cette bataille a eu lieu près d'Hesdin, entre les deux villages d'Azincourt et de Rousseauville, le 25 octobre 1415, anniversaire du sac de Soissons, dont elle fut réputée le châtiment. — Le duc de Bretagne, mandé pour la bataille, s'arrête à Amiens pour en attendre l'issue; après quoi il retourne dans ses États en faisant beaucoup de mal sur son passage.

Chap. x. — Le roi d'Angleterre, au lieu de se reposer après sa victoire, va faire chez lui les préparatifs d'une seconde expédition pour soumettre la Normandie tout entière. — Continuation de la guerre entre les Armagnacs et les Bourguignons. — Les Français cherchent à reconquérir Harfleur avec l'aide d'une flottille génoise. — Le duc de Bethfort disperse les vaisseaux des Français et des Génois, puis fait lever le siége mis devant la ville.

Chap. xi. — Le roi d'Angleterre, allié par un traité avec le duc de Bourgogne, prend de nouveau la mer en 1417 et débarque à Touques malgré les efforts d'une puissante armée qui défendait la côte. — Terreur dans la basse Normandie. — Fuite des populations. — Idée singulière de la férocité des Anglais. — Le château de Touques abandonné par le capitaine qui en avait la garde. — Quelques Anglais ayant fait une course à Lisieux n'y trouvent qu'un vieillard et une pauvre femme. — Résistance inutile des habitants de Caen. — Massacres et confiscations qui suivent la prise de leur ville. — Les autres villes de la basse Normandie se soumettent. — Le succès des Anglais favorisé par la fureur avec laquelle se poursuivaient les Armagnacs et les Bourguignons.

Chap. xii. — Une conspiration populaire introduit de nuit dans Paris les Bourguignons commandés par le seigneur de l'Ile-Adam. — Les Armagnacs réunis à la Bastille et dans les rues adjacentes veulent regagner la ville. — Le peuple combat contre eux avec les Bourguignons et les chasse de toutes leurs positions. — Tanneguy du Châtel enlève de l'hôtel Saint-Paul le prince Charles, héritier présomptif de la couronne, et l'emmène sur son cheval pour le soustraire aux Bourguignons. — Tous les pays et villes contraires au parti bourguignon ne tardent pas à se gouverner au nom de ce prince : ce qui place en réalité l'avénement de Charles VII à l'an 1418, quoiqu'il se soit contenté du titre de dauphin de Viennois jusqu'à la mort de son père. — Abominations commises dans Paris. — Meurtre du comte d'Armagnac dont le cadavre est exposé sur la Table de marbre, avec deux lanières de peau enlevées de sa chair pour figurer la croix de Saint-André. — Les maisons envahies par des bandes d'assassins qui vont arrêter ou tuer les personnes soupçonnées d'opinion armagnaque. — Excès contre les prélats et les nobles. — Pillage des hôtels. — Batailles entre les insurgés pour le partage du butin. — Terreur et perplexité des gens paisibles. — On dirige les fureurs de la multitude contre le château de Montlhéry occupé par les Armagnacs. — Les pertes faites par les émeutiers dans cette expédition permettent de tenir en bride le petit nombre de ceux qui reviennent. — Entrée du duc de Bourgogne à Paris. — Il fait honneur au bourreau Capeluche qu'il prend pour un grand seigneur, et se venge de sa méprise en lui faisant couper la tête.

Chap. xiii. — Le roi d'Angleterre, ayant à peu près achevé la soumission de la basse Normandie, va mettre le siége devant Rouen. — L'excès de population y amène bientôt la famine. — Horrible extrémité où cette ville est réduite. — Plus de

DE L'HISTOIRE DU RÈGNE DE CHARLES VII.

soixante mille personnes périssent de besoin ou de maladie. — La crainte des Anglais entretient néanmoins la résistance. — Fausse promesse d'un secours prochain du duc de Bourgogne. — Lettres controuvées que l'on publie à ce sujet pour le malheur des habitants qui, s'ils s'étaient rendus plus tôt, auraient obtenu du roi d'Angleterre des conditions avantageuses. — Ils se soumettent après six mois de siége. — Le vainqueur veut les avoir à merci. — Grâce à l'intervention du duc de Clarence, il se contente de trois personnes rendues à sa volonté et d'une amende de deux cent mille écus vieux. — La ville paye en outre des cadeaux à ceux qui ont intercédé pour elle.

Chap. xiv. — Ceux du parti bourguignon qui étaient restés avec le roi de France, désespérant de se défendre à la fois contre les Anglais et contre les Armagnacs, moyennent entre Charles VI et Henri V, roi d'Angleterre, un traité par lequel le dauphin Charles est déshérité, et la succession au trône de France assurée au même Henri, qui s'intitule dès lors héritier et régent du royaume. — Par le même traité, Henri V épouse à Troyes Catherine, fille de Charles VI. — La paix ainsi conclue est jurée par les villes et les seigneurs soumis tant au roi d'Angleterre qu'au roi de France. — On la fit jurer de même aux écoliers qui prenaient leurs grades, tant que Paris resta au pouvoir des Anglais. — Le dauphin et ses adhérents refusent de reconnaître un pareil traité, auquel se rallient au contraire Paris et toutes les villes de la Champagne ainsi qu'Amiens, Beauvais, Noyon, Senlis, Chartres, Sens, Auxerre, Mâcon et quantité de places fortes et de châteaux. — La guerre se poursuit plus vive que jamais entre les Anglais aidés des Bourguignons et les partisans du dauphin.

Chap. xv. — Les conseillers du dauphin font donner sûreté au duc de Bourgogne pour qu'il vienne traiter avec le prince au château de Montereau-Faut-Yonne. — Le duc s'étant présenté de bonne foi, contre l'avis de plusieurs des siens, est assassiné en présence du dauphin. — On nomme comme auteurs de ce meurtre Tanneguy du Châtel et Barbasan, qui passe pour s'en être justifié depuis. — On assure que le dauphin n'était pas dans la confidence des meurtriers. — Philippe, fils du duc défunt, s'allie étroitement avec les Anglais pour venger la mort de son père. — Dommages portés par lui contre ses adversaires, quoiqu'il n'ait jamais fourni aux Anglais tout le secours dont il pouvait disposer. —

Danger que lui font courir les Armagnacs en l'attaquant près de Saint-Riquier. — L'avantage lui reste. — Il est fait chevalier dans cette rencontre. — Combats et assauts continuels entre les Armagnacs et les Bourguignons.

Chap. xvi. — Le roi d'Angleterre, maître de Paris, s'efforce de soumettre les villes et châteaux qui tiennent pour le dauphin. — Prise de Meaux et de Melun après des sièges laborieux. — Mort du duc de Clarence dans une rencontre avec les Français et les Écossais à Baugé en Anjou. — Colère du roi, son frère, qui l'aurait puni, s'il avait réchappé, pour avoir combattu contre ses ordres. — Henri V meurt d'une hydropisie, pour avoir, à ce qu'on disait, laissé piller l'église de Saint-Fiacre. — Il laisse pour unique héritier Henri VI, enfant en bas âge, qui n'a vécu que pour subir l'inconstance du sort. — Mort de Charles VI. — Avénement de Charles VII.

LIVRE II.

Chapitre i. — Excuse de l'auteur pour avoir pris de si loin le commencement de son récit. — Désolation et dépopulation du royaume à l'avénement de Charles VII. — La production des terres partout arrêtée, sauf dans le Bessin et le Cotentin. — Thomas Basin, témoin oculaire de l'état pitoyable de la France depuis le Maine jusqu'aux frontières du Hainaut. — On ne cultive plus que le pourtour des villes et des châteaux, à portée de la cloche ou du cor qui annoncent l'ennemi. — La fréquence de ces alarmes instruit les bestiaux à fuir d'eux-mêmes lorsqu'ils entendent le signal du guetteur.

Chap. ii. — Régence du duc de Glocester en Angleterre et du duc de Bethford en France. — Bons procédés de celui-ci envers les Français de son parti. — Il se marie avec la sœur du duc de Bourgogne. — Il achève la réduction des places situées sur les frontières de la Normandie et autour de Paris.

Chap. iii. — Les Français s'emparent de Verneuil pendant que les Anglais assiégeaient Ivry, et acceptent la bataille que leur viennent offrir les mêmes Anglais renforcés de l'arrière-ban de Normandie. — État de l'armée française composée d'Écossais et de compagnies ramassées à la hâte. — Les capitaines français, pour obvier aux effets de la supériorité ordinaire des archers anglais sur l'infanterie française, opposent à ces archers quatre ou cinq cents lances de troupes italiennes. — État de l'armée anglaise sous le commandement supérieur du duc de Bethford. — Le combat s'engage en vue de la ville de Verneuil. — La cavalerie italienne commence l'attaque, suivie des Écossais et de l'infanterie française. — Les archers anglais sont rompus; les Italiens traversent l'armée ennemie qui s'ouvre devant eux et vont piller le bagage. — Les Anglais, s'étant remis en bataille, accueillent vigoureusement les Écossais et les Français, qu'ils mettent en déroute après un rude combat. — Destruction presque totale des Écossais. — Mort des comtes de Douglas, de Buchan et d'Aumale. — Le duc d'Alençon ramassé vivant sous un tas de morts est fait prisonnier. — Perte considérable des Anglais. — La journée ne fut si sanglante que parce que les Écossais, avant de combattre, avaient envoyé dire au duc de Bethford qu'ils n'entendaient point faire de prisonniers.

Chap. iv. — La perte de la bataille de Verneuil compensée pour les Français par l'avantage qu'il y eut pour eux à être débarrassés des Écossais. — Insolence de ces auxiliaires qui s'étaient promis, s'ils eussent eu le dessus, de massacrer les nobles de l'Anjou, de la Touraine et du Berri, pour s'approprier leurs châteaux et leurs femmes. — Avantages que la victoire procure aux Anglais.

Chap. v. — Espoir et bon courage qui restent dans le cœur de quelques Français. — Éloge du bâtard d'Orléans. — Aussitôt après la bataille de Verneuil, il annonce ce qu'il devait être un jour. — Le roi qui voulait l'avoir pour compagnon de plaisir s'efforce en vain de le détourner du métier des armes. — Il rassemble les forces militaires du pays, les distribue dans les villes frontières pour y tenir garnison et arrête les progrès de la conquête anglaise. — Entreprises continuelles des deux partis l'un sur l'autre.

Chap. vi. — Caractère de la guerre qui devient des deux côtés une chasse aux paysans. — Des malheureux en nombre infini sont tenus prisonniers dans les souterrains des châteaux jusqu'à ce qu'ils aient payé rançon. — Beaucoup sont soumis à des tortures dans lesquelles ils expirent. — Compagnies sans solde qui combattent pour le roi de France et s'établissent dans les places de son parti. — Autres bandes d'hommes désespérés, surnommés les Brigands, qui vivent dans les bois, et en sortent la nuit pour aller piller les villages et faire aussi des prisonniers. — Impuissance des armées anglaises contre ce fléau qui désolait surtout la Normandie et qui ne cessa pas de la désoler tant que dura l'occupation. — Opinion d'un prêtre normand dans un dîner d'Anglais où la conversation était tombée sur les moyens de mettre fin aux ravages des Brigands. — Leurs bandes, conformément à ce qu'avait dit ce prêtre, disparurent après l'expulsion des Anglais. — Leurs excès contre les gens d'Église. — Les gens d'armes anglais les chassent avec des chiens dans les forêts. — Des primes sont payées sur le trésor royal pour chaque tête qu'on rapporte. — Dix mille hommes passent pour avoir été mis à mort en une seule année tant de cette façon que par jugement des tribunaux. — Confusion générale, embûches, trahisons, prises et reprises de villes et de châteaux. — Désastres de Chartres, du Mans, de Pontoise, de Sens, d'Évreux.

Chap. vii. — Les Anglais, maîtres de Jargeau, de Meun et de Baugenci, se dirigent contre Orléans. — Les habitants détruisent leurs faubourgs avec les couvents des ordres mendiants et la collégiale de Saint-Aignan qui y étaient bâtis. — Siége de la ville sous le commandement du comte de Salisbury. — Construction de plusieurs bastilles par les assiégeants. — Attaque et prise du fort des Tourelles pour ôter aux Orléanais l'usage de leur pont. — Blocus et disette de la ville qui n'en continue pas moins à se défendre. — Le comte de Salisbury frappé d'un éclat de boulet pendant qu'il prenait ses dispositions à une fenêtre des Tourelles. — Il est transporté à Meun où il meurt, après avoir laissé la conduite des opérations à Classidas, capitaine renommé. — Joie des Français; persévérance des Anglais.

Chap. viii. — Les gens d'armes français, ne pouvant entrer dans la place assiégée, interceptent les convois destinés de Paris à l'armée anglaise. — Le gouvernement fait crier l'arrière-ban en Normandie pour qu'une force imposante escorte un transport considérable de munitions et de harengs envoyés pour l'approvisionnement du carême. — Les Français informés de cela s'assemblent en nombre supérieur pour attaquer le convoi dans la Beauce. — Les Anglais se retranchent derrière leur charroi. — Efforts inutiles des Français pour les débusquer ; après des pertes considérables, ils se retirent en désordre et rudement poursuivis. — Le convoi arrive au camp anglais. — Les assiégés conservent bon espoir.

Chap. ix. — Origine de Jeanne la Pucelle. — Révélations qu'elle affirmait avoir reçues des saints à l'adresse de Charles VII. — Elle va trouver le seigneur de Vaucouleurs, qui l'éconduit comme une folle après qu'elle lui a fait part de sa mission. — Il se ravise ensuite en voyant sa persistance et la mène au roi. — Charles VII, avant de lui donner audience, la fait examiner par plusieurs de ses conseillers, auxquels elle répond qu'elle est chargée d'ordres secrets qu'elle ne peut communiquer qu'au roi. — Elle attend pendant près de trois mois l'entrevue qu'elle était venue chercher, ne cessant de fatiguer de ses instances les seigneurs de la cour et les gens du conseil.

Chap. x. — Tout espoir de sauver Orléans paraissant perdu, Jean, comte de Dunois, fait enfin consentir le roi à ce qu'il entende la Pucelle. — Elle a un entretien de plus de deux heures avec Charles VII. — D'après un propos du comte de Dunois, recueilli par l'auteur, le roi convient qu'elle lui a dit sur son compte des choses si secrètes qu'elle ne pouvait les savoir que par révélation divine. — Il se rend à ses conseils, la fait équiper comme un homme d'armes et la met avec d'autres capitaines à la tête d'une armée destinée à chasser les Anglais de devant Orléans. — Elle se comporte tout d'abord comme un chevalier consommé, et fait porter devant elle un étendard où la Vierge et d'autres saintes étaient figurées.

Chap. xi. — La Pucelle décide l'attaque des bastilles anglaises établies autour d'Orléans. — On commence par celle du bout du pont, qui est forcée; le feu est mis devant les Tourelles, dont les défenseurs cherchent à s'échapper au moyen de cordes. — Classidas tombe dans la Loire et s'y noie. — Tous ses soldats périssent par le feu, par l'eau ou par l'épée. — Les Français exaltés par la Pucelle se portent contre les autres bastilles. — Deux ou trois sont prises d'assaut, le reste est abandonné par l'ennemi. — Ces bastilles construites en pierre et en bois, comme des châteaux, sont livrées au pillage, puis aux flammes. — La ville est délivrée; ce qui restait d'Anglais se disperse dans les places voisines. — Leur découragement par suite de l'effroi que leur cause la Pucelle. — Ils avouent eux-mêmes que les armes leur tombent des mains rien qu'en entendant son nom ou en voyant son étendard.

Chap. xii. — Expédition autour d'Orléans sous le commandement de la Pucelle et du comte de Dunois. — Prise du château de Jargeau défendu par huit cents Anglais. — Le comte de Suffolk y est pris et son frère tué. — Les villes de Meun et Baugenci abandonnées de leurs garnisons qui se retirent vers Chartres pour gagner la Normandie. — Les Français, s'étant mis à la poursuite des Anglais, les atteignent près du village de Patay et leur font subir une défaite signalée. — Lord Talbot est fait prisonnier. — Le chevalier Falstoff se déshonore aux yeux des Anglais en désertant le champ de bataille.

Chap. xiii. — Charles VII entreprend la conquête de Reims et de Saint-Denis, où se faisaient le sacre et le couronnement des rois de France. — Il se rend maître de Troyes par l'influence de Jean Laiguisé, évêque du lieu. — Châlons, Reims et presque toutes les villes de Champagne se soumettent avec empressement. — Le roi est sacré à Reims en présence de la Pucelle, qui le suit partout avec son armure d'homme et son étendard. — On se rend à Saint-Denis qui ouvre ses portes. — Couronnement du roi. — Risées du duc de Bethford, défenseur de Paris, aux sommations envoyées pour que la ville reconnaisse son souverain légitime. — Les Français, espérant trouver des auxiliaires dans le peuple, attaquent Paris sous la conduite de la Pucelle et du duc d'Alençon. — Jeanne est blessée. — On bat en retraite. — Les Français manquant de vivres à Saint-Denis se retirent du côté de Senlis. — Le duc de Bethford court après eux pour leur barrer le passage, établit son camp dans un lieu inaccessible au milieu des marais et finit par retourner à Paris n'ayant pu livrer bataille.

Chap. xiv. — Soumission de Senlis, de Compiègne, de Beauvais, de Laon, de Soissons, de Sens et de quantité d'autres villes. — Stratagème qui met Chartres au pouvoir des Français. — Des gens d'armes déguisés en paysans mènent une charrette sous une des portes, tuent les hommes de garde et font venir par un signal des troupes qui s'étaient cachées de nuit dans les carrières sous la ville. — L'évêque est tué dans la rue, cherchant à faire résistance. — Pillage des maisons et massacre des habitants à cause de leur attachement au parti bourguignon. — Les Français surprennent Louviers à la faveur de la nuit et y mettent une grosse garnison qui fait des courses jusqu'au pont de Rouen. — Le jeune Henri, soi-disant roi de France et d'Angleterre, est amené sur le continent. — Misère de Paris causée par les Français logés à Lagny et à Saint-Denis. — Les Anglais s'emploient à réduire les petites places des environs.

DE L'HISTOIRE DU RÈGNE DE CHARLES VII.   cxxvii

Chap. xv. — Malheur arrivé à Jeanne la Pucelle pendant le siége de Compiègne par les Anglais. — Elle est prise dans une sortie par un soldat bourguignon. — Joie des ennemis. — Ils la conduisent à Rouen où était alors le jeune roi Henri. — Le gouvernement anglais s'arrête à la détenir prisonnière dans un cachot du château de Rouen, et à lui faire faire un procès en matière de foi par Pierre Cauchon, évêque de Beauvais. — Longueur de ce procès où assistent les inquisiteurs et beaucoup de docteurs appelés de Paris. — Les réponses de la Pucelle recueillies par des notaires publics. — Étonnement général que causent ces réponses. — Impuissance des assesseurs à tirer de la bouche de l'accusée des propositions vraiment hérétiques. — Bons témoignages portés sur son compte par ceux qui la connurent. — Sa dévotion lorsqu'elle était au village. — Sa fidélité à garder son vœu de virginité attestée par les matrones à la visite desquelles les Anglais la soumirent. — Par quelles raisons elle s'est justifiée d'avoir porté des habits d'homme. — Inutilité de tout ce qu'elle dit pour sa défense, à cause de la conviction où étaient les Anglais que, tant qu'elle vivrait, ils n'éprouveraient que revers. — Les obsessions et les promesses de ses juges jointes aux souffrances de la prison l'amènent à rétracter ses apparitions. — Elle retourne à son premier dire quand elle voit qu'on ne lui tient rien de ce qu'on lui avait promis.

Chap. xvi. — Dénoncée comme relapse, la Pucelle est remise en jugement, condamnée et abandonnée au bras séculier. — Les gens d'armes anglais la saisissent incontinent. — Elle subit le supplice du feu en présence de tout le peuple de Rouen et des campagnes voisines, invoquant Dieu et la Vierge jusqu'au moment de sa mort. — Ses cendres soigneusement recueillies sont jetées dans la Seine. — Réserve de l'auteur au sujet de la réalité de ses apparitions, qu'il ne peut pas affirmer parce qu'il ignore le signe de sa mission, qu'elle passe pour avoir donné à Charles VII; mais ayant vu son procès, après l'expulsion des Anglais hors de la Normandie, il déclare qu'aucun de ses aveux n'était de nature à la faire condamner comme hérétique. — Il élève en outre plusieurs objections contre la validité du procès, et renvoie pour plus ample informé à un mémoire qu'il écrivit là-dessus à la demande de Charles VII. — Mention sommaire de la réhabilitation de Jeanne ultérieurement prononcée par des délégués apostoliques. — Réponse aux objections que la prise et le supplice de la Pucelle peuvent fournir contre sa mission. — Hypothèse possible que Dieu, après l'avoir donnée, l'a retirée à cause des démérites du roi ou de la nation. — Exemples pour prouver que Dieu s'est servi des femmes comme instruments de sa volonté. — Liberté laissée à chacun de penser ce qu'il voudra de la mission de la Pucelle.

Chap. xvii. — Le siége de Compiègne, longtemps poursuivi par les Anglais et les Bourguignons, est levé par un hardi coup de main concerté entre les capitaines français. — Le duc de Bethford assiége Lagny pour délivrer les Parisiens des maux que leur cause cette place. — Elle tient, quoique assez mal fortifiée, par la vaillance des Français et des Écossais qui composent sa garnison. — Les Anglais voient jour à la prendre par la famine; mais le comte de Dunois survient, et à travers le camp ennemi qu'il bouleverse, il fait passer aux assiégés un convoi de vivres et de munitions. — Retraite du duc de Bethford à Paris. — Siége de Louviers par les Anglais. — Résistance de la garnison et des habitants. — La Hire sort furtivement de la ville pour aller chercher du renfort. — Il est reconnu par un homme d'armes anglais qui le fait prisonnier. — Les assiégés, réduits à la dernière extrémité, se rendent. — La place est démantelée par les Anglais.

Chap. xviii. — Les Anglais conduisent leur jeune roi Henri de Rouen à Paris pour le faire sacrer.

Chap. xix. — Guerre en Lorraine entre René, roi de Sicile, et le comte de Vaudemont. — Le comte entre dans le pays avec quatre mille Bourguignons pour s'attaquer à plus de vingt mille hommes Lorrains, Français et Allemands des bords du Rhin, qui avaient avec eux le célèbre capitaine Barbasan. — Cette grande armée n'a pas plus tôt rencontré l'ennemi qu'elle demande à le combattre quoiqu'il soit fortement retranché. — Remontrances de Barbasan mal reçues par les Allemands qui lui disent de s'en aller s'il a peur. — Il répond qu'on verra si c'est la crainte qui l'a fait parler, et la bataille s'engage par l'attaque du camp ennemi. — Un millier d'archers picards et anglais suffisent pour démonter une partie des assaillants et produire un désordre à la faveur duquel les Bourguignons sortent de leurs retranchements. — Ils dispersent l'armée lorraine après lui avoir fait perdre huit mille hommes. — Mort de Barbasan, tué pendant qu'il combattait à pied avec ceux de sa compagnie. — Le roi René est fait prisonnier ainsi que l'évêque de Metz. — Le roi Alphonse d'Aragon profite de ce désastre pour s'emparer de la Sicile.

Chap. xx. Henri VI, sacré roi de France, est reconduit à Rouen, puis à Calais d'où on le fait passer en Angleterre. — Les Français se mettent en devoir de réduire Paris par la prise de toutes les places des environs. — Guerre interminable d'assauts, de surprises, d'escalades nocturnes et de courses sur les grands chemins, dont la capitale souffre cruellement. — Les arrivages ne peuvent plus se faire que par eau et avec un déploiement de force armée qui augmente encore le prix des denrées. — La disette, les maladies, l'émigration amènent la dépopulation. — On voit pousser l'herbe sur les places. — Ravages du duc de Bourbon sur les terres du duc de Bourgogne, son beau-frère. — Celui-ci accourt du Brabant dont il venait d'hériter, et prend par représailles plusieurs des places soumises au duc de Bourbon. — Dessein formé par ce dernier de réconcilier le duc de Bourgogne avec Charles VII.

Chap. xxi. Le duc de Bourbon décide Charles VII à accepter un congrès pour la paix. — On arrête que des plénipotentiaires français et anglais se réuniront à Arras avec le duc de Bourgogne. — Charles VII envoie, pour le représenter, les comtes de Dunois et de Vendôme avec une nombreuse compagnie d'hommes éminents dans l'Église et dans l'État. — Plusieurs princes et prélats anglais viennent de même au nom de leur gouvernement. — Envoi du cardinal de Sainte-Croix par la cour de Rome et du cardinal de Chypre par le concile de Bâle. — Pourparlers fréquents entre ces divers ambassadeurs. — Efforts du duc de Bourgogne pour faire obtenir satisfaction aux Anglais. — Leurs prétentions déraisonnables l'obligent de traiter seul avec le roi de France. — Il se fait relever par les cardinaux des serments qui le liaient à l'Angleterre. — Conclusion du traité.

LIVRE III.

Chapitre i. Avantages gagnés par le duc de Bourgogne au traité d'Arras. — On lui cède les comtés de Mâcon et d'Auxerre avec toutes les terres du domaine ou de l'Empire limitrophes de la Flandre, avec toutes les villes de la Somme, celles-ci sous faculté de rachat. — Le chagrin de tant de concessions a empêché Charles VII d'en user jamais avec le duc de Bourgogne comme avec un ami, quoique d'ailleurs il se soit toujours refusé à enfreindre le traité. — Les Français tournent la totalité de leurs forces contre les Anglais. — Mauvaise condition de leurs troupes composées uniquement de corps francs, et dangereuses pour eux-mêmes presque autant que pour l'ennemi. — Courses et ravages par toute la France. — Maxime des gens d'armes à l'égard des pays de l'occupation anglaise. — Brigandages des Anglais sur leurs propres terres, surtout après la mort du duc de Bethford.

Chap. ii. — Une ordonnance du gouvernement anglais arme les paysans de la Normandie. — Organisation de cette force, qu'on voulait opposer aux pillards des deux nations. — Les gens d'armes anglais cherchent à faire retirer une mesure qui les gêne. — Au nombre de trois ou quatre cents chevaux, ils se cachent auprès de Saint-Pierre-sur-Dive sous la conduite d'un nommé Venables, et envoient commettre quelques meurtres par un détachement des leurs. — L'alarme sonne dans les villages, et lorsque les paysans s'assemblent pour courir après les assassins, les autres quittent leur embûche, les surprennent et leur tuent plus de treize cents hommes auprès de Vicques. — Plainte est portée au duc de Bethford qui ordonne l'arrestation de Venables et d'un de ses complices nommé Waterhoo. — Ils sont traînés par les rues de Rouen à la queue d'un cheval, exécution qui ne satisfait pas les Normands ni ne réprime les brigandages. — Conjuration entre les gens de guerre pour amener un soulèvement des campagnes.

Chap. iii. — Les paysans du Bessin, exaspérés par l'excès de leurs souffrances, se laissent aller, d'après le conseil de quelques gentilshommes, à tenter l'expulsion des Anglais. — Trente mille hommes marchent sur Caen au plus fort de l'hiver. — Mal armés, mal vêtus, privés de nourriture, ils sont dispersés par un petit corps d'Anglais. — Beaucoup d'entre eux, n'osant plus regagner leurs maisons, vont se cacher dans les bois jusqu'à ce qu'ils obtiennent leur abolition du gouvernement anglais. — Pareille insurrection éclate dans le val de Vire sous la conduite d'un nommé Bocquier. — Elle est réprimée par lord Seales qui, après avoir fait périr quatre ou cinq mille hommes, donne sûreté aux autres pour retourner chez eux. — Le refus des Anglais aux offres qu'ils avaient reçues à Arras, achève de les rendre odieux aux populations conquises, celles-ci se persuadant qu'ils voulaient la continuation de la guerre pour assouvir une soif instinctive du sang français.

Chap. iv. — Les Cauchois continuent de résister à l'oppression anglaise. — Projets sinistres du comte d'Arondel à leur égard. — Il fait le serment de ne pas mettre de coiffure sur sa tête, qu'il ne les ait réduits comme les autres Normands. — Les Français sous la conduite de La Hire et de Poton entreprennent de remparer le château de Gerberoy, pour inquiéter de là les Anglais. — Le comte d'Arondel marche contre eux avec l'armée qu'il avait réunie pour accabler les Cauchois; il prend les devants avec une partie de sa cavalerie, s'étant muni de cordes pour pendre ses prisonniers. — Les Français sortent en masse du château mal investi par les hommes d'armes anglais, et les chassent vigoureusement. — Le comte d'Arondel, retranché dans un jardin avec quelques gentilshommes, est atteint au pied d'un boulet de bombarde. — Il est conduit prisonnier à Beauvais, où il meurt au bout de quelques jours, n'ayant pas voulu laisser panser sa blessure.

Chap. v. — Charles Desmarets, ouvrier terrassier du pays de Caux, devenu capitaine des gens d'armes qui tenaient Rambures, voit jour à surprendre Dieppe, qui n'avait pas de garnison. — Il traverse de nuit et à marée basse la rivière de Dieppe et escalade une partie du rempart plus basse que les autres. — La place, emportée sans coup férir, devient le repaire de toutes les bandes qui ravagent la haute Normandie, et aussi d'une foule de gentilshommes bannis qui reviennent vivre de la substance de leurs sujets. — Les paysans, exposés à tant de maux, se laissent persuader que le moment est venu d'expulser l'étranger. — Ils s'insurgent sous la conduite d'un des leurs, nommé Charruyer, et avec quelques secours de gendarmerie française, ils enlèvent aux Anglais Harfleur, Montivilliers et plusieurs autres places; mais leur avant-garde ayant été mise en déroute par la garnison de Caudebec, le reste se disperse. — Quantité d'entre eux sont tués sur-le-champ ou emmenés dans la ville pour être les uns étranglés, les autres noyés. — Désolation dont ce désastre est suivi. — Les troupes anglaises, appelées de tous côtés, traitent la province en pays conquis et exercent leurs ravages concurremment avec les Français. — Indifférence coupable de Charles VII. — Misère et peste dont périssent deux cent mille hommes.

— Émigration des Cauchois en Bretagne et en Angleterre où la plupart vont se mettre en domesticité. — Tableau de la mendicité à Rouen et dans les autres villes de Normandie ; impuissance de la charité. — Les campagnes désertes se couvrent de broussailles ; les chemins disparaissent sous la végétation. — Cinq cents lances envoyées à temps auraient prévenu tous ces maux et assuré le recouvrement de la province, les Rouennais n'attendant que l'arrivée des paysans pour chasser les Anglais ; mais les gens de guerre et les nobles voyaient avec déplaisir les succès du peuple et craignaient de ne pouvoir plus piller, s'ils lui laissaient tout conquérir.

Chap. vi. — Les Français s'introduisent dans Meulan par un égout et dans Pontoise par escalade, ce qui leur permet d'empêcher l'approvisionnement de Paris par la basse Seine et l'Oise, comme ils l'empêchaient déjà par la haute Seine et par la Marne, possédant Melun et Lagni. — Les Anglais envoient pour garder Paris deux mille chevaux qui se font battre auprès de Saint-Denis. — Ce succès est procuré aux capitaines français par des intelligences secrètes qu'ils avaient avec Michel Lallier et Guillaume Sanguin, chefs d'un parti puissant dans la bourgeoisie parisienne. — On avait fait sortir la garnison anglaise parce qu'on savait l'arrivée des comtes de Richemont et de Dunois. — Le surlendemain le seigneur de l'Isle-Adam se présente devant la porte Saint-Jacques que les conjurés avaient promis d'ouvrir. — Collision imminente entre ceux-ci et les Anglais ; mais les Français, entrant à la fois par-dessus les remparts, par la porte qu'ils ont forcée et par la rivière, contraignent les Anglais à se retirer à la Bastille, où ils ne tardent pas à capituler. — Prise du château de Vincennes par la ruse d'un écuyer français.

Chap. vii. — Réaction à Paris contre les partisans des Anglais, et surtout les financiers. — L'ennemi occupant encore Meaux, Creil, Montereau, Montargis et Mantes, avec toute la basse Seine, les ravages continuent ; les travaux de la campagne ne peuvent pas reprendre et la misère devient encore plus grande à Paris qu'elle n'avait été par le passé. — Excès des Écorcheurs.

Chap. viii. — Dessein du duc de Bourgogne d'enlever Calais dont le voisinage était devenu dangereux pour lui. — Les Flamands demandent à porter tout le poids de l'expédition et s'arment au nombre de plus de quarante mille. — Le duc se met à leur tête, n'ayant avec lui que sa maison et quelques compagnies de Picards. — La prise de deux ou trois petits châteaux permet aux Flamands de s'établir à une demi-lieue de la ville ; une bastille plus avancée est confiée aux Gantois, en vertu de leur prérogative de précéder les autres Flamands dans les attaques. — Les assiégés, informés de l'arrivée d'une flotte anglaise et de la négligence avec laquelle les Gantois gardent leur position, se jettent sur la bastille où ils entrent sans résistance. — Massacre des Flamands occupés à dormir, à jouer ou à boire. — Terreur parmi eux parce qu'un Anglais dit en plaisantant qu'ils étaient de la marchandise vendue et à livrer.

Chap. ix. — Le bruit d'une trahison porté au reste des Flamands fait qu'ils lèvent tous le pied, sans prévenir leur duc qui était posté en un autre endroit avec ses Picards. — Ils se sauvent abandonnant leur camp et leur charroi, dépouillant leurs jaques et haubergeons pour courir plus vite. — L'auteur se défend de vouloir décrier la nation flamande. — Il loue le degré de civilisation où elle est parvenue ; mais les hommes n'y sauraient faire des soldats par l'éducation qu'ils reçoivent. — Le duc de Bourgogne se retire à Lille. — Quinze mille hommes commandés par le duc de Glocester débarquent à Calais et ravagent impunément la Flandre jusqu'à Ypres et Cassel. — Troubles populaires issus de l'expédition de Calais, notamment à Bruges.

Chap. x. — Le gouvernement anglais met sur pied trois armées, sans compter celle du duc de Glocester. — L'une, sous la conduite du comte de Northumberland, repousse une formidable invasion tentée par le roi d'Écosse Jacques Ier ; la seconde est amenée en Normandie par le duc d'York et s'empare, après beaucoup de peine, de l'abbaye de Fécamp où les Français rentrent bientôt par un conduit souterrain ; la troisième, commandée par le comte de Huntington, va en Guienne pour défendre la Gascogne attaquée. — Les deux armées de Normandie et de Guienne profitent peu aux Anglais par la difficulté qu'ils ont à les nourrir. — Continuation des ravages des Écorcheurs.

Chap. xi. — Le duc de Somerset et lord Talbot assiégent Harfleur. — Le comte de Dunois rassemble les compagnies et vient voir s'il peut forcer les lignes anglaises. — Il est obligé de se retirer à cause du manque de vivres et de la perte de Montivilliers. — On espère faire lever le siége d'Harfleur en concentrant sur Louviers les compagnies du midi qui viennent remparer cette place : opération sans efficacité pour le moment et à laquelle il eût été préférable de se porter à Pont-Audemer, d'où les assiégeants d'Harfleur tiraient leurs vivres. — Néanmoins l'occupation de Louviers fut par la suite de la plus grande utilité. — Travaux pour remettre cette place en état. — Pendant qu'on la fortifie, quinze mille hommes d'armes en sortent journellement pour ravager le pays jusqu'à vingt lieues à la ronde. — Continuation de la misère à Paris. — Indifférence de Charles VII pour cette ville, à laquelle il ne fit qu'une courte visite depuis qu'elle fut reconquise.

Chap. xii. — Le dauphin Louis, âgé de seize ans, ambitieux et mal conseillé par le duc de Bourbon qui lui remontre l'apathie de son père, tente de mettre la main au gouvernement. — Il débauche plusieurs des capitaines de son père. — Le roi se réveille à la vue du danger, ramasse des troupes et poursuit son fils dans les pays du duc de Bourbon, où était le foyer de la révolte. — Le dauphin, poursuivi de château en château, demande son pardon qui lui est accordé ainsi qu'à ses complices, par l'intervention des princes.

Chap. xiii. — Avantage qui résulte pour le royaume de cette guerre civile, si funeste qu'elle ait été au Bourbonnais et aux pays adjacents. — Le roi, rappelé à son devoir, met le siége devant Montereau et emporte vaillamment cette place, dont le recouvrement assure aux Parisiens la navigation de la haute Seine. — Il assiége et prend aussi la cité de Meaux, par suite de quoi le marché de Meaux est forcé de se rendre. — Prise de Montargis. — Ces succès si heureux pour Paris sont compensés par la perte de Pontoise, dont les Anglais se rendent maîtres par une escalade de nuit. — Occupant avec cela Mantes et Creil, ils empêchent les arrivages par la basse Seine et par l'Oise. — La capitale continue de languir dans les mêmes souffrances. — Charles VII s'empare de Creil.

Chap. xiv. — Il met le siége devant Pontoise, où lord Talbot trouve moyen d'introduire par deux fois des vivres et du renfort qu'il amène de Rouen. — Le roi et le dauphin fortement retranchés, l'un dans l'abbaye de Maubuisson, l'autre dans celle de Saint-Martin, résistent aux provocations des Anglais qui font des courses pour les attirer en rase campagne. — Le duc d'York débarqué à Harfleur avec dix mille hommes d'armes et une partie des barons d'Angleterre, va prendre Talbot et se dirige avec lui sur Pontoise. — N'osant pas attaquer l'abbaye de Saint-Martin, il fait jeter un pont sur la rivière avec des tonneaux et des planches pour aller aux retranchements du roi. — Cette opération réussit par la faute de ceux qui devaient garder la rive gauche de l'Oise. — Le roi, ne se sentant pas en force, abandonne Maubuisson et se retire à Poissy, le dauphin et les capitaines continuant à tenir Saint-Martin. — Le duc d'York, après quelques courses infructueuses autour de Paris, est forcé par la disette de ramener son armée à Rouen. — Proverbe auquel donne lieu la mauvaise mine de ses soldats. — Conseil de lord Talbot au duc d'York pour s'emparer de la personne du roi ; tandis que le duc aurait marché sur Poissy, lui, Talbot, aurait couru par Mantes pour fermer la retraite aux Français. — Il exécute cette manœuvre pour sa part. — Charles VII n'a que le temps de se retirer de Poissy à Conflans, où le duc d'York n'avait envoyé personne des siens. — Les draps du lit du roi étaient encore chauds quand les Anglais entrèrent dans l'abbaye de Poissy. — Il retourne au siége de Poissy. — Ses capitaines le déterminent à livrer l'assaut lorsqu'il songeait à faire retirer son armée à cause de la difficulté de la nourrir.

Chap. xv. — Le roi va reconnaître le point le plus favorable à l'attaque et fait dresser l'artillerie. — L'assaut est donné par une brèche pratiquée dans la plus grosse tour de la fortification. — Efforts des Anglais pour défendre la brèche. — Ils sont déconcertés par le tir des coulevrines et serpentines. — Habileté des maîtres de l'artillerie du roi. — Au dire de témoins oculaires, on trouva entassés les cadavres de seize Anglais qui étaient venus l'un après l'autre disputer aux assaillants l'ouverture par où ils voulaient entrer. — Le roi monte à l'assaut avec ses hommes d'armes. — On tue tout ce qu'on trouve d'ennemis. — Anecdote recueillie de la bouche du roi par l'auteur, d'un Anglais qui, étant venu se réfugier sous le ventre de son cheval, fut tué malgré les ordres formels du roi pour l'épargner. — La rage des Français attribuée à ce que lord Talbot, dans l'une de ses expéditions pour ravitailler la ville, avait tué de sa main un prisonnier désarmé. — Plusieurs Anglais échappent néanmoins en se cachant dans les caves. — La prise de Pontoise considérée comme la délivrance de Paris.

Chap. xvi. — Pendant le siége de Pontoise, un vaillant capitaine du pays de Caux, nommé Floquet, prend Évreux sur les Anglais, par le moyen d'intelligences qu'il noue, de Louviers où il était capitaine, avec un pauvre homme autorisé à pêcher dans les fossés d'Évreux. — Les sentinelles, occupées par cet homme, laissent escalader les remparts. — Peu après Floquet gagne Neubourg et ne cesse plus d'étendre la domination française en Normandie. — Tartas, assiégé par les Français qui guerroyaient en Guienne, promet de se rendre à moins d'être secouru dans un délai fixé. — Charles VII, avant l'expiration du délai, va camper devant la ville avec presque toutes les forces de son royaume, et ôte aux Anglais, trop peu nombreux dans la province, la possibilité de sauver Tartas.

Chap. xvii. — Le duc de Somerset, homme présomptueux, promet aux lords monts et merveilles et obtient d'eux le commandement d'une puissante armée. — Une flotte de trois cents voiles le dépose à Cherbourg. — Il se refuse à toute communication avec les princes ou capitaines attachés au gouvernement de la province, et fait mystère de son plan de campagne à tout le monde, disant que s'il croyait que sa chemise le sût, il la brûlerait. — Il se dirige vers la Bretagne, prend le château très-peu important de la Guerche et va mettre le siége devant Pouancé. — Il avait beaucoup d'artillerie et des ponts portatifs faits de bois, de cordes et de cuir, pour traverser les plus grandes rivières; le pays était d'ailleurs dégarni à cause de l'expédition de Tartas. — Avec tout cela, il échoue devant Pouancé et se rembarque bien vite pour l'Angleterre en longeant les côtes du Bessin. — La honte de cette expédition et les railleries dont il est l'objet en Angleterre, le font tomber malade et mourir. — Utilité que son armée aurait pu avoir pour les capitaines anglais qui tenaient les environs de Rouen.

Chap. xviii. — Lord Talbot fait assiéger Dieppe. — Construction d'une bastille formidable au-dessus de la côte qui domine la rivière de Dieppe. — Cette bastille, servant de retranchement à une armée comme celle du duc de Somerset, aurait certainement procuré la réduction de la ville; mais comme elle n'est tenue que par un millier de combattants, les Français s'enhardissent à la prendre. — Charles VII confie l'entreprise à son fils Louis sous la direction du comte de Dunois. — Un corps de gens d'armes et de trait, proportionné au dénûment de ressources que présentait la contrée, part du Beauvaisis et de l'Amiénois. — Le fossé de la bastille est vaillamment envahi. — Inutilité du tir des Anglais. — Ils s'arrêtent par lassitude, et les Français, gravissant par-dessus le rempart, tuent tout ce qu'ils trouvent, gens de guerre et marchands. — Les Dieppois, presque tous navigateurs pour le commerce, pour la pêche ou pour la piraterie, ont vigoureusement secondé l'armée française au moment de l'assaut. — Cette action peut passer pour l'heureux début du dauphin dans la carrière des armes; mais l'honneur doit en revenir à la sagesse et à la vaillance du comte de Dunois.

Chap. xix. — Le roi Henri d'Angleterre ayant atteint l'âge de puberté, les grands de son royaume songent à le marier, et, pour lui trouver une femme, jettent les yeux sur la maison de France. Ils espèrent par un tel mariage rétablir la paix entre les deux royaumes. — État florissant de l'Angleterre, comparativement à celui de la France. — Si la fortune des armes avait tourné contre elle, elle était riche des dépouilles conquises sur la France et des ressources infinies qu'elle tirait de son commerce. — Elle perd par le goût de l'argent et du bien-être la brutalité barbare qui avait été la cause de ses premiers succès. — On envoie en France pour la négociation du mariage le duc de Suffolk et l'évêque de Chichester avec une brillante compagnie de lords. — L'ambassade se rend à Tours, séjour ordinaire de Charles VII. — Elle aurait demandé une des filles du roi lui-même sans l'opinion alors générale que les mariages des filles de France en Angleterre portaient malheur. — Les vues se tournent sur la fille du roi René, beau-frère de Charles VII.

Chap. xx. — Après de longs pourparlers avec le roi René et le roi de France pour l'affaire du mariage, les ambassadeurs anglais font des ouvertures au sujet d'une trêve qui pourrait être l'acheminement à une paix finale : seule perspective qui s'ouvre aux yeux de l'Angleterre pour conserver ce qu'elle possédait encore en Normandie et en Guienne. — La proposition est agréée du roi de France. — Conclusion d'une trêve de trois ans qui fut prolongée par la suite. — Fiançailles et mariage par procuration du roi d'Angleterre avec la princesse Marguerite, qui est remise entre les mains du duc de Suffolk pour être conduite à son époux. — Le duc ne l'emmène qu'après deux voyages par lui faits en Angleterre pour aller chercher la ratification de la trêve. — La princesse est conduite par la Normandie et embarquée à Harfleur. — Fêtes données en Angleterre pour la cérémonie de ses noces et de son couronnement. — Contraste entre l'accueil qu'on lui fit d'abord et les traitements qu'elle reçut par la suite. — Récit succinct de ses infortunes jusqu'au moment où elle fut forcée de vivre à la merci d'Édouard IV. — Moralité tirée de cette destinée si étrange. — Date de la première trêve entre la France et l'Angleterre.

LIVRE IV.

Chapitre i. — Allégresse universelle que la publication de la trêve produit en France. — Les populations, emprisonnées depuis si longtemps dans les villes, saluent leur délivrance avec l'enivrement de la joie. — Des légions de pèlerins s'acheminent de tous côtés aux lieux de dévotion pour s'acquitter des vœux faits dans les temps de malheur. — Des gens de guerre, français et anglais, prennent part à ces manifestations pieuses. — Joie de tout le monde en voyant les champs, les bois, les rivières, que beaucoup ne connaissaient que par ouï-dire, n'étant jamais sortis des remparts de leur ville. — La fraternité qui succède comme par enchantement à l'esprit de vengeance et de haine rend partout la circulation libre et sûre. — On se donne des festins et des bals entre gens qui naguère ne cherchaient qu'à se détruire.

Chap. ii. — Le roi Charles rassemble les compagnies indisciplinées qui s'étaient formées à la faveur des guerres, pour se rendre avec elles en Lorraine et dans le pays Messin. — Cette campagne lui était suggérée par le roi René, son beau-frère, qui espérait avec sa coopération soumettre à sa seigneurie la ville libre de Metz ou tout au moins ravoir, sans la payer, une obligation qu'il avait souscrite entre les mains des citoyens de Metz pour l'argent de sa rançon. — Dégâts causés par les gens d'armes français dans ce riche pays. — Résistance des Messins; avec l'état de leur force armée ils réussissent à faire des prisonniers et peuvent se dispenser de tenir leurs portes closes pendant le jour. — Charles VII, en s'abstenant de faire approcher son armée de la ville, montre assez que son intention n'était pas d'en tenter le siége. — L'entreprise eût été en effet très-difficile vu la force de la place et son approvisionnement toujours réglé sur la consommation de deux ans. — Le véritable dessein du roi était de débarrasser d'abord le royaume de tant de gens d'armes, la plupart sans solde, qui vivaient sur le peuple. — L'appât du butin les ayant rendus dociles au commandement d'aller en Lorraine, pendant qu'une partie suit le dauphin Louis vers Bâle et la Suisse, les autres exercent leurs ravages depuis Nancy, où se tenait le roi, jusque dans le diocèse de Trèves.

Chap. iii. — Les compagnies étant occupées de la sorte, Charles VII avec ses chefs de guerre et les gens de son conseil avise au moyen de les réduire à un nombre fixe pour en faire une force permanente, entretenue par une solde régulière et toujours prête à obéir. — La base de l'organisation arrêtée est de former avec l'élite des gens de guerre quinze cents lances de six chevaux chacune (deux archers à cheval, un valet et deux pages accompagnant chaque lance), et de distribuer les quinze cents lances sous le commandement de quinze capitaines. — Cette force dont l'entretien était tout ce que pouvait faire le royaume, vu la diminution des contribuables, a suffi pour reconquérir la Normandie et la Guienne. — Les hommes une fois choisis pour la formation des compagnies nouvelles, une ordonnance royale enjoint à tout le reste de déposer les armes et de retourner chacun chez soi, qui à la charrue, qui à son métier : ce qui s'effectue sans trouble ni sédition. — Les compagnies d'ordonnance sont réparties entre les diverses provinces du royaume, à charge d'être logées et pourvues d'objets d'ameublement, par sections plus ou moins fortes selon la faculté des lieux. — A cause de la misère publique, on ne peut d'abord effectuer la solde que par des prestations en nature, une ou plusieurs paroisses réunies fournissant la subsistance de chaque lance. — Plus tard on établit un impôt spécial, consistant en vingt écus d'or à payer par mois pour la lance et ses suivants.

Chap. iv. — Institution de la milice à pied, dite les Francs-archers. — Un homme choisi par cinquante feux, doit être équipé et entretenu d'arc et de flèches aux frais de sa circonscription. — Les francs-archers ne reçoivent de solde que lorsqu'ils marchent pour le service du roi. — Ils sont déclarés francs des collectes et des tailles royales : ce qui est cause qu'on se dispute pour en faire partie, quoique les obligations d'un tel service ne soient pas moins lourdes que les impôts. — Nécessité de la nouvelle organisation militaire au moment où elle fut décrétée.

Chap. v. — Danger qu'il y a d'avoir maintenu la gendarmerie régulière après l'expulsion des Anglais. — On n'en verra plus la fin. — Le despotisme s'en servira toujours comme d'un moyen d'intimidation et d'un prétexte pour élever de plus en plus le chiffre des impôts. — Degré d'asservissement où est déjà tombé le royaume. — Les généraux des finances prétendent que les sujets sont taillables, et qui le nierait, serait tenu pour criminel de lèse-majesté. — Mauvais traitements des gens d'armes soldés envers ceux qui les logent. — Par leurs exigences le foyer domestique devient pire qu'une prison. — Leur conduite révoltante à l'égard des femmes, des filles et des servantes. — Si quelques-uns font exception par leur bon naturel, on est exposé aux mêmes insolences de la part de leurs valets. — Exemple des États qui n'ont pas de force armée et dont les citoyens, en cas de danger, forment l'unique défense.

Chap. vi. — Inutilité d'une armée permanente en France, où la noblesse peut fournir au besoin quarante mille hommes de cavalerie et une infanterie presque innombrable. — Réponse à l'objection d'une attaque imprévue venant des Anglais ou d'un parti qui se soulèverait à l'intérieur. — La force armée naturelle du royaume sera toujours sur le pied de guerre, si on la soumet à des montres périodiques par bailliages et sénéchaussées. — L'emploi de troupes soldées n'a pu se justifier que, lorsqu'à la suite de guerres interminables, la noblesse s'est trouvée décimée et appauvrie. — Il est insensé de suivre les mêmes errements, lorsque le royaume a recouvré son indépendance. — On ne voit pas que l'Angleterre, par appréhension de la France, se soumette à un pareil fléau. — Malheureusement quelques-uns sont si intéressés à le maintenir, que l'auteur désespère pour sa génération d'en voir la fin. Il prévoit au contraire que la contagion de l'exemple gagnera les États voisins. — Pourquoi les grands empires de l'antiquité ont eu des armées permanentes. — Condamnation du système politique de ces États. — Caractère que doit avoir l'autorité. — Comment elle dégénère en tyrannie. — On doit obéir à l'autorité et s'insurger contre la tyrannie si on le peut. — L'auteur résume tout ce qu'il a déjà dit de l'institution de la gendarmerie permanente, d'abord utile, ensuite funeste. — Les anciens rois de France n'ont jamais eu de troupes soldées qu'en petit nombre, malgré l'occupation par les Anglais de la Gascogne et de la Guienne. — Les impôts ne s'élevaient pas au quart du chiffre qu'ils ont atteint.

Chap. vii. — Pendant l'expédition de Lorraine, le dauphin Louis porte secours au duc d'Autriche contre les Suisses qui assiégeaient un de ses châteaux. — Il s'approche de Bâle avec douze ou quatorze mille hommes. — Les Suisses détachent deux mille des leurs pour défendre cette ville qui était de leur alliance. — Les gens d'armes français leur coupent le chemin. — Ils sont obligés de se jeter en toute hâte dans le jardin de la léproserie de Bâle, où ils sont presque tous massacrés après la destruction du faible mur qui les protégeait. — Les Bâlois regardent ce désastre du haut de leurs murailles, la prudence de quelques personnes ayant contenu la multitude qui demandait à sortir au secours de leurs alliés. — Retraite du reste des Suisses. — Les bandes françaises se répandent en Alsace, jusque dans l'évêché de Strasbourg. — Plusieurs places leur sont ouvertes par l'ordre du duc d'Autriche. — Leurs excès font fuir les habitants qui commencent une guerre cruelle de représailles, où ils tuent tout ce qui leur tombe sous la main. — Le serment qu'ils avaient fait de n'épargner personne, force les Français à tuer aussi leurs prisonniers, quoiqu'ils eussent mieux aimé les mettre à rançon. — Retour de l'expédition dont un certain nombre d'hommes sont incorporés dans les compagnies d'ordonnance. — Beaucoup avaient péri dans les bois et dans les montagnes, tant Français qu'Anglais, venus de la Normandie pour prendre part au butin. — Quelques compagnies, laissées en garnison dans diverses places, sont forcées de les abandonner après l'hiver et rentrent en France. — Charles VII quitte la Lorraine après s'être fait donner beaucoup d'or par les Messins, qu'on dit aussi s'être dessaisis de l'obligation du roi René.

Chap. viii. — La tranquillité issue de la trêve avec l'Angleterre est troublée au bout de deux ans par la faute du gouvernement anglais qui ne paye pas ses troupes. — Des gens de guerre masqués se livrent au brigandage, d'abord dans les possessions anglaises, bientôt après par toute la Normandie. — Désordre de l'administration anglaise. — Les offices sont mis à l'encan en Normandie. — Soulèvement des esprits contre cette mesure. —

La vénalité est introduite jusque dans les commandements militaires. — Le ravage est porté sur les terres du roi de France. — Voies de fait contre les gens de guerre et la chevalerie, qui amènent des représailles de la part des Français. — Plaintes portées des deux côtés aux conservateurs de la trêve dont les conférences fréquentes n'amènent aucune réparation.

Chap. ix. — Ambassades de France en Angleterre et d'Angleterre en France pour arriver à une paix définitive. — Mention particulière d'une de ces commissions diplomatiques où furent employés ensemble le comte de Dunois, l'archevêque de Reims, l'évêque de Nantes et le seigneur de Pressigny. — Le duc de Suffolk plusieurs fois envoyé à Charles VII, ainsi que l'évêque de Chichester et lord Dudley. — Comme on ne peut pas s'entendre sur la paix, la trêve est plusieurs fois prolongée. — Charles VII ne donne son consentement à l'une de ces prolongations qu'autant qu'on restituera le Mans qui faisait partie de l'apanage de Charles d'Anjou, son beau-frère et son ami particulier. — Les Anglais prennent à contre-cœur l'engagement de rendre la ville dans un délai fixé, qui se passe sans que le capitaine du lieu veuille effectuer la promesse de son gouvernement. — Le roi de France assiége le Mans et les Anglais capitulent, sans que la trêve soit rompue.

Chap. x. — Dissensions en Angleterre à cause de la perte du Mans et de la trêve que le duc de Glocester n'avait jamais approuvée. — Ce prince, homme prudent et lettré, et qui connaissait son pays pour l'avoir gouverné pendant la minorité du roi, considérait la guerre comme une diversion utile pour empêcher les troubles intérieurs. — Il éprouve le premier combien étaient justes ses prévisions. — Mandé à la suggestion du duc de Suffolk dans un bourg où devait se tenir le parlement, il est surpris dans son hôtel par des émissaires du duc qui l'étouffent entre deux matelas, sans pitié pour son grand âge. — On fait naître le bruit d'une maladie qui l'aurait emporté. — L'évêque de Chichester est assassiné à Portsmouth dans une contestation qui s'élève entre lui et l'équipage de plusieurs navires qui le ramenaient de France. — Il avait encouru la haine populaire pour avoir été l'un des négociateurs les plus actifs dans le sens de la paix. — Malgré la trêve, les frontières des deux dominations en France ne cessent pas d'être le théâtre d'excès de toutes sortes.

Chap. xi. — Lutte entre le duc de Somerset et le duc d'York pour le gouvernement de la Normandie. — Ayant chacun un parti puissant dans le grand conseil d'Angleterre, ils obtiennent plusieurs fois leur nomination, qui est revoquée le lendemain par une décision contraire. — Publication à Rouen de ces édits contradictoires. — La victoire reste au duc de Somerset, qui va prendre possession de son gouvernement avec un appareil digne de la fortune immense qu'il venait d'hériter du cardinal de Winchester. — Il aborde dans le Cotentin et passe par Caen et par Lisieux pour se rendre à Rouen. — Son âge; son portrait.

Chap. xii. — Éloge du duc de Bretagne, François Ier. — Son attitude honorable entre la France et l'Angleterre. — Ses États étaient devenus le marché où les deux nations ennemies échangeaient leurs produits. — Les drapiers normands émigrés y ayant trouvé asile, apprennent aux Bretons à fabriquer le drap fin. — Prospérité du pays et en particulier de Fougères. — Des chefs de guerre anglais projettent de se saisir furtivement de cette ville comme d'une place d'armes commode pour ravager la Bretagne. — Ils trouvent un prétexte à cela en ce que le duc François avait rendu hommage au roi de France et non pas au roi d'Angleterre, comme son père avait fait. — Le duc de Somerset choisit pour ce coup de main François l'Aragonais, capitaine de Verneuil, chef de partisans exercés aux entreprises nocturnes. — Celui-ci, pour mettre à couvert sa responsabilité, veut avoir l'autorisation préalable de tous les chefs du gouvernement en Angleterre, lesquels lui font parvenir leurs scellés. — Sécurité du duc de Bretagne à cause de la trève dans laquelle il était compris nominativement. — Précautions de François l'Aragonais pour ne pas donner l'éveil. — Il escalade de nuit le château et s'empare de la ville. — Effroi et fuite des habitants dont beaucoup se sauvent par-dessus les remparts. — Pillage de Fougères.

Chap. xiii. — Indignation du duc de Bretagne et du roi de France. — Celui-ci, se considérant comme personnellement offensé, se refuse néanmoins à saisir au bond l'occasion de rupture qui lui est offerte, de peur que le gouvernement anglais ne rejette la faute sur lui en l'accusant de connivence avec François l'Aragonais. — Il se plaint et demande réparation à plusieurs reprises par des ambassadeurs envoyés tant au duc de Somerset qu'au roi d'Angleterre. — Six mois se passent en négociations inutiles, les Anglais répondant toujours que ce qui avait été fait n'atteignait que le duc de Bretagne, rebelle et désobéissant envers eux. — Entreprise sur Pont-de-l'Arche par le moyen des voituriers français qui faisaient le transit entre Louviers et Rouen. — Connus à Pont-de-l'Arche qu'ils traversaient toutes les semaines en payant le pourboire au portier du pont, ils viennent un matin, au point du jour, demander le passage, et quand le portier leur a ouvert, l'un d'eux, qui était armé sous sa chape, le tue d'un coup de dague et le jette dans la rivière. — A un cri du voiturier, des gens de guerre français, qui attendaient dans une masure non loin de là, accourent se retrancher sous la porte et font appeler par leurs trompettes un autre détachement placé aussi en embuscade. — Le château du bout du pont est envahi, pendant que d'autres combattants traversent le pont pour se jeter dans la ville. — Le comte Falconbridge, commandant de la place, accourt au bruit pour défendre la porte de la ville. — Il manque d'être tué par un archer qui l'avait pris et à qui il ne voulait pas se rendre. — Occupation de Pont-de-l'Arche par les Français.

Chap. xiv. — La nouvelle est portée en moins de deux heures au duc de Somerset. — Trouble de ce seigneur qui se met à courir par toutes les chambres du château pour faire lever les gens de guerre. — Il veut qu'on équipe tous les bateaux amarrés dans le port, croyant pouvoir regagner la partie, parce qu'on lui avait dit que plusieurs tours de Pont-de-l'Arche tenaient encore. — Les nouvelles ultérieures font cesser ces préparatifs. — Consolations apportées au duc de Somerset par les évêques de Bayeux, d'Avranches et de Lisieux, lorsqu'ils viennent au conseil. — Le duc se persuade de nouveau qu'il réparera son échec. — Il envoie deux hérauts d'armes demander aux chefs de l'entreprise s'ils ont agi par l'ordre du roi de France. — Pierre de Brézé, Floquet, Jacques de Clermont et Guillaume des Biards étaient ces chefs. — Ils répondent adroitement qu'ils étaient à la solde du duc de Bretagne et que ce qu'ils avaient fait était pour le venger de la prise de Fougères. — Iniquité manifeste de l'agression des Anglais, résultant de ce que, dans les deux exemplaires du traité de trêve échangés entre la France et l'Angleterre, les devoirs du duc de Bretagne envers les deux gouvernements étaient spécifiés dans les mêmes termes. — Charles VII aurait maintenu le traité, si les Anglais avaient acquiescé à sa demande d'une réparation légitime.

DE L'HISTOIRE DU RÈGNE DE CHARLES VII.

Chap. xv. — Floquet, bailli d'Évreux, surprend Conches. — La connivence d'un meunier lui donne entrée à Verneuil, dont la garnison est forcée de se retirer dans la grosse tour, où on l'assiége. — Somerset met en campagne lord Talbot qui s'avance par Bernay dans la direction de Verneuil, et s'arrête à Breteuil pour rebrousser chemin, à la nouvelle que les Français l'attendent en grande compagnie devant la place assiégée. — Les gens d'armes français, instruits à leur tour de sa retraite, se mettent au galop après lui. — Ils le joignent dans une grande plaine, et le voient mettre ses gens en bataille derrière une grosse haie : ce qui les détermine à le laisser effectuer sa retraite sur Rouen. — Reddition de la grosse tour de Verneuil. — Siége et capitulation de Fougères. — Le roi de France, après de longues délibérations avec les princes et légistes de son conseil, se décide à la guerre.

Chap. xvi. — La lutte recommence d'une manière ouverte entre les deux royaumes. — Charles VII fait entrer en Normandie une partie des compagnies d'ordonnance auxquelles se joignent trois mille hommes d'armes amenés par les comtes d'Eu et de Saint-Pol. — L'armée s'arrête devant Pont-Audemer, n'ayant pas connaissance d'un renfort introduit récemment dans cette place par Foulque Hetton et Osburn de Montfort. — Embarras des Français qui étaient venus là sans artillerie de siége, uniquement pour tenter un coup de main. — Hasard singulier qui fait qu'un archer lance de son chef un trait enflammé sur la toiture en chaume d'un hourd de parapet. — Un incendie se déclare, et se communique aux maisons de la ville. — Les Français se mettent en devoir d'escalader les palissades qui tenaient lieu de remparts. — On les laisse faire, dans l'empressement avec lequel on court au feu. — Les habitants se sauvent dans les églises. — Les Anglais se retirent dans une méchante forteresse où ils sont forcés bientôt de capituler.

Chap. xvii. — Les Français, ayant pillé Pont-Audemer, se dirigent sur Lisieux alors très-mal fortifié et presque dénué de garnison. — Portrait de Thomas (Basin), alors évêque de Lisieux. — Comment il juge la situation. — Des bourgeois de la ville et même des Anglais viennent en secret remettre leur salut entre ses mains. — L'intimidation exercée par le gouvernement anglais s'oppose à ce que personne ose parler de capitulation. — Si l'évêque n'avait songé qu'à lui, il se serait retiré dans un sien château fort, à deux lieues de la ville, où il aurait pu tenir avec ses chapelains contre toutes les forces du roi de France. Il aime mieux s'exposer au péril pour préserver son troupeau. — Dix mille hommes d'armes, sans compter les gens de pied, investissent la ville. — L'évêque se rend, en compagnie de quelques ecclésiastiques, à une entrevue qu'il a demandée. — Il essaye d'éloigner les capitaines, en leur représentant que sa ville ne songe pas à faire la guerre au roi de France. — Sur la menace d'un assaut suivi de pillage, il demande et obtient un répit de quelques heures. — Il consulte le clergé et le peuple de Lisieux, qui s'en remettent à lui de tout ce qu'il fera. — Il rédige les articles d'une capitulation qui est acceptée. — Faculté laissée aux Anglais de prêter serment au roi de France, ou de s'en aller avec leurs biens où bon leur semblera. — Jugements expéditifs pour régler les contestations d'intérêts entre eux et les habitants. — Ils se retirent, pourvus de saufs-conduits. — Murmures dans l'armée française contre l'évêque qui avait empêché le pillage de Lisieux. — Il n'aurait pas fallu plus d'une demi-heure pour y entrer. — Une centaine d'Anglais, qui composaient toute la garnison, avaient déjà porté des vivres dans une tour pour s'y renfermer. — Beaucoup d'habitants s'étaient sauvés la nuit d'avant par-dessus les murs, encouragés à fuir par un édit du roi qui défendait de détrousser les particuliers et de les prendre à rançon.

Chap. xviii. — Des détachements opèrent immédiatement et sans trouver de résistance la soumission de toutes les places du diocèse de Lisieux, excepté Honfleur et les châteaux de Touques et de Chambrois. — Les comtes de Dunois et d'Eu, le seigneur de Gaucourt, Poton de Xaintrailles, le maréchal de Jalognes, Pierre de Brézé, le seigneur de Torcy, le prévôt de Paris et Floquet entrent à Lisieux. — Conseil qu'ils tiennent pour discuter des offres secrètes de soumission qui leur arrivent de Caen, de Falaise et d'autres lieux. — Défection générale des Normands provoquée par les beaux récits qu'on faisait du gouvernement de Charles VII. — L'évêque, consulté par les capitaines, les dissuade de pénétrer plus avant dans la basse Normandie, leur remontrant la force et l'éloignement des places situées dans cette partie de la province, et qu'il était plus prudent de s'assurer d'abord du bassin de la Seine où l'on aurait toujours des approvisionnements faciles, et la proximité de pays soumis au roi, si l'on effectuait la conquête à partir de Mantes. — Il rappelle comment le pays de Caux avait été déjà une fois presque aussitôt perdu que gagné, parce qu'on n'en avait point occupé les issues. — Les seigneurs de Gaucourt et de Culant vont soumettre au roi ce plan de campagne, et le presser lui-même d'entrer en Normandie.

Chap. xix. — Le roi se rend à Verneuil en toute hâte et ordonne qu'on assiége Mantes et Vernon, dont les habitants traitent aux mêmes conditions que Lisieux sans que les Anglais de leurs garnisons s'y opposent. — Charles VII s'avance à Évreux puis à Louviers, pour voir s'il est possible de tenter un coup sur Rouen. — Un chevalier anglais lui vend le château de la Roche-Guyon pour une pension et la capitainerie de Saint-Germain en Laye. — Soumission facile du château d'Harcourt, de celui de Chambrois et de la ville d'Exmes. — Le duc de Bretagne, mandé par le roi, opère en Normandie par la prise de Coutances, du château de Vire, de Saint-Lô, de Carentan, de Valognes et du château de Milly. — Le roi étant à Louviers, des habitants de Rouen viennent l'instruire d'une conspiration formée par une partie d'entre eux pour faire passer les Français par-dessus leurs murs, qu'ils étaient chargés de défendre, si l'armée s'approchait et simulait une attaque. — Charles VII consent à tenter l'aventure, quoiqu'elle ne lui paraisse pas offrir beaucoup de chances de succès. — On s'approche du côté désigné par les conjurés, qui effectivement favorisent l'assaut des gens d'armes. — Mais lord Talbot, qui était de ronde derrière les remparts, accourt avec son monde sur un pressentiment qu'il a de la trahison. — Plusieurs Rouennais sont tués, d'autres se sauvent chez eux, d'autres se jettent en bas du rempart. — Retraite des Français; sortie des Anglais pour tuer ceux des conjurés qui s'étaient blessés en tombant. — Quelques Français entrés dans la ville se cachent chez des bourgeois, d'autres sont faits prisonniers par les Anglais. — Le roi se retire à Pont-de-l'Arche. — Conférence inutile ouverte à Port-Saint-Ouen entre des commissaires français et une députation anglaise.

Chap. xx. — Terreur à Rouen par la crainte d'une enquête sur les auteurs de la conspiration, enquête qui aurait eu lieu sans la proximité des Français. — Le dimanche suivant, pendant la messe, le cri s'élève dans la ville que les Anglais égorgent les habitants. — Un homme court à la tour du Gros Horloge et sonne l'alarme. — Le peuple s'élance hors des églises pour courir aux armes. — Des barricades s'élèvent instantanément sur les places et par toutes les rues de la ville. — Les Anglais épouvantés abandonnent tout ce qu'ils ont pour aller s'enfermer qui au palais, qui au château, qui à la barbacane. — Arrêtés devant les barricades que gardent des hommes armés, pendant que les autres circulent par des trous percés dans les murs mitoyens des maisons, ils demandent en suppliant la permission de passer, qu'on leur accorde généralement. — Trois ou quatre au plus sont mis à mort pour venger les victimes du jour de l'assaut. — Le roi, mandé par courriers, s'avance immédiatement de Pont-de-l'Arche au Mont-Sainte-Catherine, dont il occupe l'abbaye abandonnée par les Anglais. — A cause de l'heure avancée et de peur que ses gens ne se mettent à piller, il ne laisse entrer dans la ville que le seigneur de Torcy, accompagné de cent lances et de l'évêque de Lisieux. — Cent autres lances sont envoyées à la nuit close sous le commandement du seigneur d'Orval. — Les gens d'armes, aidés des bourgeois, ayant élevé de forts retranchements autour du palais et du château, on y monte la garde toute la nuit.

Chap. xxi. — Le duc de Somerset, s'appuyant sur les pourparlers de Port-Saint-Ouen, prétend pour les siens et pour lui au droit de s'en aller avec leurs biens. — Longues discussions à ce sujet dans l'abbaye Sainte-Catherine. — On prouve aux Anglais qu'ils n'ont pas droit à la garantie qu'ils réclament, laquelle leur avait été offerte seulement pour le cas où ils auraient évacué Rouen de bonne grâce. — Charles VII leur accorde enfin la retraite, mais à titre de vainqueur indulgent, et sous la promesse qu'ils rendront Honfleur avec plusieurs autres places. — Lord Talbot et lord Osmont, laissés en otage, sont traités comme prisonniers parce que la garnison d'Honfleur refuse de livrer la ville. — Délivrance de Rouen après trente-trois ans d'occupation étrangère. — Les dettes des Anglais envers les habitants, qui se montaient à plus de cent mille livres, ne sont pas réglées avant leur départ, malgré la promesse formelle du roi, parce que plusieurs de ses capitaines se laissent corrompre par l'argent des lords. — Entrée solennelle de Charles VII à Rouen avec René d'Anjou et un nombreux cortége de princes et de chevaliers.

Chap. xxii. — Le roi, à la supplication des gens de la province, se met en devoir de réduire Harfleur et Honfleur, malgré l'hiver. — Froid rigoureux de cette année. — Les assiégeants se logent dans des trous creusés en terre. — Efficacité de l'artillerie à ces deux siéges. — Le roi aime mieux recevoir les Anglais à composition que de leur faire essuyer l'assaut, quoique les fortifications derrière lesquelles ils se défendaient eussent été entièrement détruites. — La navigation de la Seine rétablie. — Le roi dirige son armée vers la basse Normandie sur le château d'Essay, l'une des deux places (Domfront était l'autre) que les Anglais occupaient encore sur le duc d'Alençon, la reddition d'Alençon, d'Argentan et de Bellême ayant précédé celle de Rouen. — Prise facile d'Essay.

Chap. XXIII. — Au printemps suivant, une flotte anglaise débarque à Cherbourg six ou sept mille hommes d'armes. — Reprise de Valognes et de toute la presqu'île du Cotentin. — Les nouveaux venus, augmentés des vieilles bandes qui les avaient rejoints, songent à entrer dans le Bessin pour y attendre d'autres renforts des garnisons de Bayeux, de Caen et de Falaise. — Danger de ce plan de campagne, à la faveur duquel aurait pu se former une armée égale en nombre à celle qui avait effectué jadis la conquête de la Normandie. — Le duc de Somerset, qui se tenait au château de Caen, avait déjà fait monter une nombreuse artillerie pour opérer sa jonction. — L'armée française, sous le commandement du comte de Clermont, de Pierre de Brézé et de Floquet, s'avance entre le Cotentin et le Bessin pour empêcher la jonction.

Chap. XXIV. — L'armée anglaise du Cotentin, ayant déjà passé le gué de la Vire, est arrêtée par les Français au village de Formigni. — Pendant que les Français sont en bataille et les Anglais retranchés dans leur camp, ceux-ci, incommodés par le tir des serpentines, font sortir cinq cents archers qui dispersent les servants des pièces et sont à leur tour accablés par les gens d'armes français. — L'armée anglaise, presque toute composée d'infanterie, juge prudent d'abandonner ses lignes pour aller se retrancher plus loin. — Poursuivie par les Français, elle ne tarde pas à se rompre. — Le découragement s'était introduit dans ses rangs par l'arrivée d'Arthur de Richemont, connétable de France, qui au milieu de la bataille accourut des environs de Saint-Lô avec trois cents lances. — Fuite de Mathew Gough, capitaine de Bayeux, et de Robert Ver, qui venaient pour prendre part à l'action. — Trois mille cinq cents Anglais périssent dans cette rencontre ; on fait un nombre aussi considérable de prisonniers qui se vendent presque pour rien dans les villes françaises. — Effet moral de la victoire de Formigni. — Le comte de Dunois fait venir les francs-archers pour investir Bayeux. — Les Anglais perdent de nouveau tous les châteaux du Cotentin. — Bayeux se rend après un mois de siége, malgré la force de sa garnison.

Chap. xxv. — Charles VII mande de toutes les parties de son royaume des troupes nouvelles pour assiéger Caen, défendu par le duc de Somerset. — Le roi en personne, avec René d'Anjou et la plupart des princes du sang, assiste à ce siége, logeant tantôt à l'abbaye de la Trinité, tantôt à l'abbaye d'Ardaine. — Le comte de Dunois, retranché dans le faubourg de Vaucelles, avait commencé les opérations par la destruction d'un boulevard construit par les Anglais devant la porte Millet. — Le connétable occupe le bourg Saint-Étienne avec ses Bretons et les francs-archers. — État formidable de l'artillerie française, où l'on comptait vingt-quatre bombardes de si gros calibre, qu'un homme pouvait se tenir assis dans la gueule sans être gêné. — L'une d'elles est tirée sans ordre supérieur contre une tour du côté de la Trinité, d'où des jeunes gens de Caen insultaient les Rouennais postés en cet endroit. — Le boulet fait de tels dégâts dans la tour, et aux maisons jusque très-avant dans la ville, que les Anglais demandent une suspension d'armes. — Du côté de Saint-Étienne, les francs-archers, par le travail de la mine, étaient déjà parvenus à se loger dans la fondation du rempart. — Pendant l'armistice, ils font un trou par où les assiégés leur passent à boire. — Traité conclu par le duc de Somerset, pour s'en aller lui et les siens emportant tout ce qu'ils avaient, sauf leur grosse artillerie. — Ils traversent la Normandie et la Picardie pour gagner Calais, suivis d'un petit nombre de Français qui n'avaient pas voulu renoncer à leur parti. — Ceux qui avaient épousé des Françaises les emmènent. — Désespoir de quelques-unes qui sont abandonnées parce que leurs maris tenaient déjà ménage en Angleterre. — Quatre mille personnes des deux sexes sortent ainsi de Caen.

Chap. xxvi. — Le roi ordonne immédiatement le siége de Domfront, de Falaise et de Cherbourg, trois places qui restaient encore aux Anglais. — L'entreprise est sur le point de manquer par l'épuisement du trésor. — Portrait de Jacques Cœur. — Sa capacité; son intelligence des affaires et du commerce. — Il est le premier de son temps qui ait expédié des galères pour porter les produits français en Orient, en échange des épiceries et des draps de soie qu'elles ramenaient par le Rhône. — Les Vénitiens, Génois et Barcelonais étaient les seuls depuis longtemps qui fissent ce commerce pour la France. — Richesse de Jacques Cœur attestée par la magnificence de son hôtel à Bourges. — Au contraire des grands seigneurs qui simulent l'indigence pour ne point aider le roi, il offre de prêter trois cent mille écus pour l'achèvement de la conquête. — Falaise, Domfront et en dernier lieu Cherbourg sont réduits en deux mois, grâce surtout à la puissance de l'artillerie. — Circonstance singulière du siége de Cherbourg, où les bombardes furent mises en batterie sur la grève même, grâce à une invention de chemises de cuir dont on les couvrait lorsque la mer montait. — Le recouvrement de la Normandie achevé par la prise de Cherbourg, un an jour pour jour après le sac de Pont-Audemer, qui avait été le premier acte des hostilités déclarées. — Procession annuelle établie à la demande de Charles VII pour fêter cet anniversaire (12 août). — On le célébrait encore du temps que l'auteur écrivit son histoire.

LIVRE V.

Chap. 1er. — La prise de Calais aurait été facile après le recouvrement de la Normandie, vu l'effroi des Anglais, effroi augmenté par les exagérations des gens de guerre chassés du pays conquis. — Les négociants et facteurs de Calais s'empressent de faire passer leurs marchandises en Angleterre, appréhendant la prochaine arrivée des Français. — Les soupçons de Charles VII à l'égard du duc de Bourgogne l'empêchent de tenter l'entreprise. — Il aime mieux diriger ses efforts contre la Guienne, où il envoie la plus grande partie de ses troupes sous la conduite des comtes de Dunois et de Clermont, retenant le reste auprès de sa personne pour défendre la côte de Normandie. — Succès rapides de l'armée de Guienne sur les Anglais et les Gascons. — Prise de Bourg-sur-mer et de Blaye, les deux clefs de Bordeaux. — Sortie malheureuse de la garnison de Bordeaux à la rencontre du seigneur d'Orval qui la met en déroute et la ramène battant jusqu'aux portes de la ville. — Les autres cités, villes et châteaux de la province se soumettent généralement, à condition de conserver leurs franchises. — Les Bordelais, considérant les troubles dont l'Angleterre est agitée, se résignent malgré eux à prendre le même parti. — Ils se font garantir l'immunité de tailles et de gabelles dont ils avaient toujours joui sous la domination anglaise. — Bayonne et quelques autres localités récalcitrantes finissent par se rendre à l'appât des mêmes promesses. — La conquête de la Guienne a été surtout l'ouvrage du comte de Dunois.

Chap. ii. — Séditions causées en Angleterre par la perte de la Normandie et de la Guienne. — Le duc de Somerset cherche à se laver de ses revers en les rejetant sur la trêve pratiquée par le duc de Suffolk. — Celui-ci, pour se soustraire à l'animadversion publique, se jette avec ce qu'il a de plus précieux sur un navire. — Un corsaire se met à sa poursuite, l'aborde, s'empare de ses trésors et lui fait couper la tête. — La population du comté de Kent prend les armes et vient livrer bataille aux habitants de Londres, dans le bourg qui est au bout de leur pont. — Mort de Mathew Gough. — Les insurgés sont reçus dans la cité, où leur séjour est marqué par l'exécution de quelques lords du palais, signalés comme traîtres au roi et au pays.

Chap. iii. — Factions du duc d'York et du duc de Somerset. — Motifs de la haine du duc d'York. — Au ressentiment qu'il gardait pour avoir été supplanté dans le gouvernement de la Normandie, se joignent l'ambition de la couronne dont il prétendait sa famille injustement dépouillée par le meurtre de Richard II, son aïeul, et aussi le désir de venger son père mis à mort par Henri V. — Le parlement ayant été convoqué dans un bourg, le duc d'York y arrive avec une troupe armée, et députe au logis du duc de Somerset des assassins qui le trouvent assis devant une cheminée et le tuent. — Au milieu de l'émotion qui suit ce meurtre, le roi sort dans la rue et reçoit une flèche qui le blesse au cou. — Le duc d'York le ramène à Londres comme en tutelle, sans qu'il y ait eu de parlement. — Le duc de Somerset était un prince du sang de Lancastre, et c'est pourquoi le duc d'York s'était débarrassé de lui. — Le roi ne tarde pas à s'échapper des mains du duc d'York : l'un et l'autre rassemblent des troupes. — L'armée du duc d'York n'étant pas en force contre celle du roi qui le poursuit vivement, il demande à rentrer en grâce, et l'obtient de Henri VI. — Il est ramené à Londres, où il entre chevauchant devant le roi, nu-tête, entre deux prélats, pour faire amende honorable de sa rébellion. — Terrible ressentiment qu'une si grande humiliation allume en lui.

Chap. iv. — Conspiration des gens des finances contre le régime de franchise assuré à la Guienne. — Leurs discours hypocrites pour induire les habitants à y renoncer d'eux-mêmes; ils mettent le roi en avant dans toutes les raisons qu'ils allèguent: 1° l'argent qu'on payera sera pour entretenir des troupes à la défense du pays; 2° cet argent sera consommé dans la province; 3° il est impossible que les Anglais ne fassent pas tout au monde pour recouvrer une possession dont la perte est si préjudiciable à leur commerce; 4° on ne peut pas laisser des sujets s'exposer de gaieté de cœur aux dangers qui les menacent. — Légation en cour, par laquelle les Bordelais et Gascons s'efforcent de réfuter ces sophismes, se retranchant derrière les engagements solennels qu'on a pris à leur égard et dont ils ont les titres scellés du grand sceau royal, jurant qu'ils sauront bien se défendre contre les Anglais que la mer sépare d'eux, puisque, sous le régime anglais, ils ont su se défendre contre les Français par qui ils étaient cernés de toutes parts. — Malgré leurs raisons, le roi, persuadé par ses financiers et par ses capitaines, les soumet à l'aide pour l'entretien des gens de guerre.

Chap. v. — Fermentation en Guienne lorsque les envoyés du pays rapportent de Bourges la nouvelle de l'échec qu'ils ont subi. — Les habitants ne peuvent supporter l'idée du régime français, fondé sur la doctrine que les sujets sont imposables à la volonté du roi. — A la suggestion des nobles, ils envoient dire secrètement en Angleterre que si le gouvernement se met en devoir de faire descendre une armée sur leurs côtes, ils livreront les villes et châteaux de la province. — Empressement des Anglais à accueillir cette ouverture. — Une armée expéditionnaire est mise sous les ordres de lord Talbot, que le roi de France avait renvoyé sans rançon après l'avoir tenu prisonnier pendant un an. — Il aborde à Bordeaux, où on le reçoit en grand triomphe. — Le seigneur de Coëtivy, qui avait la garde de la ville, est envoyé prisonnier en Angleterre. — L'exemple de Bordeaux est suivi par la plupart des places qui n'avaient point de garnison française; mais Bourg-sur-mer et Blaye restent dans le devoir, parce qu'on avait eu la précaution d'y concentrer des forces considérables. — Sang-froid de Charles VII à la nouvelle de cette défection. — Comme on était à l'entrée de l'hiver, il se contente de faire occuper militairement toutes les places qui tenaient encore pour lui, et se prépare à la guerre pour la belle saison.

Chap. vi. — Le roi prend le commandement de son armée, à cause de la connaissance qu'il avait acquise des lieux, lors de l'expédition de Tartas; il confie la garde de la Normandie au comte de Dunois, dont la vigilance déconcerte les projets de l'Angleterre sur cette province. — Prompte réduction de plusieurs places de la Guienne, trop mal fortifiées pour pouvoir opposer de la résistance. — Le roi fait assiéger le bourg de Castillon. — Formidable bastille que les Français construisent avec des troncs d'arbres pour se garantir contre une attaque probable de lord Talbot, qui avait concentré à Bordeaux toutes les forces de la province. — Portrait de Jean Bureau, maître de l'artillerie du roi. — Son génie pour sa profession, qu'il avait exercée sous la domination anglaise. — Il rend imprenable la bastille de Castillon. — La confiance aveugle de lord Talbot en sa fortune passée lui fait décider l'attaque des positions françaises avant de les avoir reconnues. — Il sort de Bordeaux avec ses gens d'armes anglais et gascons, prenant une avance considérable sur son artillerie et sur ses gens de pied. — Il accable un détachement de francs-archers qu'il surprend non loin des lignes françaises. — Un nuage de poussière qu'il aperçoit en s'approchant davantage, lui donne à croire que l'ennemi a levé le siége et se sauve devant lui; mais cette poussière était levée par les chevaux que les pages menaient paître.

Chap. vii. — Talbot, arrivé près de la bastille, commande l'assaut sans attendre les troupes qui venaient derrière lui au nombre de dix mille hommes. — Sir Thomas Evringham, son porte-étendard, cherche en vain à le détourner de cet acte de témérité. — Raisons qu'il allègue. — Talbot le blâme de ses appréhensions et lui commande de porter l'étendard dans le fossé de la bastille, qui est attaquée. — Les Français dirigent contre les assaillants une grêle de traits, de boulets de pierre et de balles de plomb. — Mort de sir Thomas et d'un grand nombre d'autres chevaliers. — Lord Talbot tombe par terre, blessé à la cuisse d'un coup de coulevrine. — Pendant que les Anglais atterrés s'empressent autour de lui, les Français sortent de leur bastille et viennent faire un grand carnage dans le groupe qu'ils ont avisé de loin, sans savoir ce que c'était. — Le général anglais et son fils sont massacrés, les francs-archers n'ayant rien voulu entendre aux offres magnifiques que faisait lord Talbot pour racheter sa vie, parce qu'ils avaient à se venger de sa cruauté envers les leurs. — Ce qui reste des Anglais sur le champ de bataille se réfugie dans Castillon. — Les gens de pied et l'artillerie, qui étaient en route, rebroussent chemin en apprenant la défaite de la gendarmerie.— Castillon se rend le surlendemain. — Belle conduite des Bretons à la bataille. — Découragement de Bordeaux, dont le roi ne tarde pas à recevoir la soumission par un accommodement que les ravages de la peste rendent plus facile. — Charles VII se refuse à démanteler Bordeaux, comme ses capitaines lui en donnaient le conseil. — Il se contente d'y faire construire deux forteresses pour tenir en bride la population. — La seconde conquête de la Guienne est achevée en trois mois. — Bayonne n'avait pas pris part à l'insurrection.

Chap. viii. — L'orgueil insupportable des Gantois envers le reste des humains les amène à s'insurger contre le duc de Bourgogne. — Versions diverses sur ce qui fut l'occasion de leur soulèvement. — Au dire des Gantois, le duc, malgré leurs remontrances, avait résolu d'abolir leurs priviléges, parce qu'ils l'avaient empêché, par leur opposition, d'établir la gabelle du sel en Flandre.—Selon d'autres, le duc n'avait jamais eu ce projet de gabelle, et il ne voulait que réformer certains abus auxquels se portaient les Gantois sous l'ombre de leurs priviléges. — Raisons de l'auteur pour préférer la seconde version. — Les Gantois appellent dans leur ville tous les hommes robustes de la campagne, pour en composer une infanterie par laquelle ils font mettre tout à feu et à sang autour d'eux. — Tous les villages sont brûlés et les campagnes désertées dans un rayon de cinq ou six lieues, tant en Flandre qu'en Hainaut. — Les gens de guerre du duc de Bourgogne achèvent la dévastation.

Chap. ix. — Les Gantois assiégent Audenarde, parce que la garnison de cette ville interceptait la navigation entre eux et Tournai. — Ils sont dispersés, tués ou noyés par quelques compagnies que le comte d'Étampes fait tomber sur leurs lignes. — Au lieu de profiter de cette leçon, ils vont se faire battre une seconde fois près du château de Rupelmonde, et une troisième fois dans un autre lieu, ayant beaucoup de cœur pour sortir de leur ville et aller au-devant de l'ennemi, mais tournant le dos et s'étouffant pour fuir plus vite lorsque l'action commence. — La continuation de leurs ravages dans les campagnes décide le duc de Bourgogne à rassembler une puissante armée pour en finir. — Comme les châteaux de Poucke, de Schendelbeke et de Gavre étaient leurs points d'appui, le duc commence par assiéger Poucke, qu'il prend et dont il fait pendre la garnison. — Le siége de Schendelbeke, entrepris ensuite, a la même issue. — Les défenseurs de Gavre, voyant que les deux autres places ont succombé pour n'avoir pas été secourues comme elles devaient l'être, exigent des garanties avant de s'engager à la résistance. — La commune leur livre deux des doyens des métiers, pour les assurer qu'elle leur viendra en aide.

Chap. x. — Siége de Gavre. — Reddition et pendaison de ceux qui étaient dedans. — On annonce l'approche d'une grande multitude de Gantois. — Le duc ayant fait expédier ceux qui restaient encore à pendre, entre autres les deux doyens des métiers, dispose son armée, aussi joyeux que s'il se préparait pour une fête. — Les Gantois, qui s'étaient avancés en très-bon ordre, ne font presque pas de résistance lorsqu'on en vient aux mains. — Rompus par les archers picards, ils fuient à la première charge de la gendarmerie. — Carnage qui signale la poursuite; beaucoup se noient en cherchant à mettre la rivière entre eux et l'ennemi; leurs cadavres sont portés à Gand. — Environ quinze cents des fuyards se rallient dans un pré clos de haies, et y tiennent jusqu'à ce que, leur défense étant détruite, ils sont accablés sous le nombre. — De quarante mille hommes qui étaient sortis de la ville, plus de la moitié sont tués sur le champ de bataille ou noyés dans la rivière. — On ramasse parmi les morts plus de deux cents prêtres et religieux. — Consternation dans la ville à la nouvelle d'un si grand désastre, par suite duquel il n'y avait pas une maison qui ne fût en deuil. — Facilité qu'aurait eue le duc de prendre Gand sans coup férir, s'il l'avait voulu.

Chap. xi. — Ne voulant pas détruire une ville d'un si grand rapport pour lui, il reste dans ses quartiers, où il reçoit une légation que les Gantois lui envoient pour obtenir leur pardon. — Dans sa clémence, il se contente de les imposer à la somme de trois cent mille livres pour contribution de guerre, et de réduire les priviléges excessifs qu'ils avaient extorqués jadis aux comtes de Flandre : en quoi il agit plutôt pour le bien des vaincus qu'à leur détriment. — Pour faire l'argent de la contribution, le duc les autorise à constituer des rentes viagères ou héréditales. — En moins d'un mois la somme est recueillie. — Imposition de gabelles, daces et octrois pour servir les rentes achetées. — On compte dix-huit mille veuves dans la ville après la bataille de Gavre. — Les ravages de la peste « inguinaire » se joignent aux désastres de la guerre pour achever la dépopulation de Gand. — Appel des Gantois à la justice souveraine du roi de France, négligé par Charles VII parce qu'il avait assez d'occupation en Guienne.

Chap. xii. — Charles VII se dispose à châtier son fils qui, retiré depuis longtemps dans son Dauphiné, refusait de revenir à la cour malgré tous les avertissements. — Méfaits de Louis en Dauphiné. — Son mariage avec une fille de Savoie sans le consentement de son père. — Sa guerre avec le duc de Savoie, déclarée sous le plus vain prétexte pour fournir une occasion de pillage à ses satellites, et dont le duc ne se délivre que par une forte contribution. — Ses dégâts sur les terres de l'Église autour d'Avignon. — Despotisme avec lequel il traite les trois États du Dauphiné. — Ses envahissements sur la juridiction seigneuriale des évêques, et comment il les réduit à être ses vassaux, lorsqu'au contraire les dauphins ses prédécesseurs avaient été les vassaux des évêques. — A force de convoquer le ban et l'arrière-ban sans aucune nécessité, il réduit la noblesse à la misère. — Il assujettit au système fiscal du royaume une population traitée comme franche jusque-là, et dont l'immunité avait donné au pays l'air d'un jardin de délices. — Ses manœuvres pour attirer à son service les capitaines et hommes d'armes de son père, amènent autour de lui un tas d'aventuriers dangereux. — Le roi juge qu'il est temps de réprimer une ambition dont il avait déjà éprouvé les effets. — Il use de prudence, et se dirige avec une armée du côté de Lyon et de Vienne, espérant ramener son fils par l'intimidation.

Chap. xiii. — Le dauphin, instruit qu'il n'est pas en force pour résister à son père, se résout à fuir auprès du duc de Bourgogne, sous l'escorte du maréchal de Bourgogne qu'il requiert à cet effet, et par qui il est mené en Brabant. — Le duc était alors en expédition dans l'évêché d'Utrecht pour y introniser, contre le gré des habitants et contre l'élection de Gilbert de Brederode, un sien bâtard promu, par bulle apostolique, du siége de Térouanne à celui d'Utrecht. — Apprenant l'arrivée du dauphin, il ordonne qu'on le traite à Bruxelles avec tous les honneurs dus à son rang. — Déférence qu'il lui témoigne lui-même à son retour de Frise. — Son attention à ne lui parler que tête nue et après une révérence, à lui donner partout la droite et le pas. — Le dauphin, dépouillé par son père de tous ses revenus, reçoit du duc de

Bourgogne une assignation mensuelle de trois mille ridders, somme qui aurait suffi pour l'entretien d'un grand roi. — Il fait venir sa femme avec lui. — Déplaisir que ces bons traitements causent à Charles VII; il soupçonne le duc d'avoir attiré son fils devers lui. — Son peu d'affection pour ce prince, qui avait fait beaucoup pour être bien avec lui.

Chap. xiv. — Preuves de la loyauté du duc Philippe envers Charles VII. — Pour accomplir le vœu par lui fait après la prise de Constantinople, d'aller reconquérir cette ville sur les Turcs, il prie le roi de se charger, pendant son absence, du gouvernement de ses États et de la tutelle de son fils unique, s'offrant d'ailleurs à faire son expédition sous la bannière de France, et sans qu'il en coûte rien au royaume. — Des conseillers perfides persuadent à Charles VII que ces offres couvrent le dessein de rassembler une armée contre lui. — Le duc se voit obligé par là de renoncer à son expédition. — Lorsque les efforts ultérieurs du pape Pie II amènent la reprise du même projet, il envoie Antoine de Bourgogne, son fils bâtard, se joindre avec une flotte aux forces déjà réunies à Ancône. — La mort du pape fait manquer cette seconde tentative.

Chap. xv. — Lancelot ou Ladislas, roi de Hongrie et de Bohême, demande en mariage la princesse Madeleine, fille de Charles VII, avec lequel il cherche à s'unir étroitement. — Son inimitié contre le duc de Bourgogne, à cause de ses prétentions au duché de Luxembourg. — Les premiers pourparlers ayant réussi, il envoie une ambassade solennelle à Tours, où se tenait d'ordinaire le roi de France. — Au milieu des fêtes qui accompagnent la conclusion du traité et la célébration du mariage, on apprend que le roi Lancelot a été empoisonné par un chevalier bohémien qui aspirait à la couronne. — Combien cette mort a été funeste à la chrétienté; l'auteur la regarde comme un châtiment du ciel, pour le mépris où la religion était tombée en ce temps-là. — Le duc de Bourgogne y trouve son avantage, parce que l'alliance avec la Bohême était visiblement dirigée contre lui. — Charles VII ne laisse pas que de chercher d'autres appuis. — Il passe des traités avec le roi de Danemark, avec plusieurs des électeurs de l'Empire mal disposés pour le duc, avec les Liégeois dont on connaissait la haine invétérée à l'égard des Bourguignons. — Autres accords avec le duc de Savoie, mandé exprès à Lyon pendant que le roi s'y tenait, et avec les Suisses, réputés pour les plus vaillants des peuples qui vivaient en république.

Chap. xvi. — Démarches de Charles VII auprès du roi d'Angleterre pour l'attirer à son alliance, et faire cesser les termes pacifiques dans lesquels il se tenait depuis longtemps à l'égard du duc de Bourgogne. — Ces ouvertures sont favorablement accueillies à cause de la faiblesse où la royauté était réduite en Angleterre par les sourdes menées du duc d'York et du comte de Warwick. — Pendant que le traité s'élabore, un mandement royal ouvre les portes de la Normandie à tous les Anglais munis d'une autorisation de leur souverain. — Mauvais effet de cet acte de faveur en Angleterre. — Les partisans du duc d'York et du comte de Warwick prennent texte là-dessus pour prêcher au peuple que le roi Henri a renoncé aux droits de la couronne d'Angleterre sur la France. — Troubles dans toutes les provinces du royaume. — Henri VI et Marguerite, sa femme, princesse de tête et de cœur, se hâtent d'appeler à eux la noblesse qui leur était restée généralement fidèle, et, à la tête d'une puissante armée, ils défont les rebelles dans deux rencontres consécutives. — Ces deux batailles coûtent la vie au duc d'York et au vieux comte de Warwick, tués pendant le combat ou décapités après. — Le peuple de Londres et celui du comté de Kent, compromis dans l'insurrection, cherchent à rentrer en grâce, puis se jettent en désespérés dans le parti des armes à cause des difficultés que fait la reine. — Le ressentiment de cette princesse expliqué par les outrages dont sa réputation avait souffert à Londres, le jeune comte de Warwick et ses partisans y ayant publié sur tous les tons que son fils Édouard était le fruit d'un adultère. — Armée innombrable recrutée dans le peuple par le même comte de Warwick qui, se voyant en force, fait élever au trône d'Angleterre le prince Édouard, fils du feu duc d'York. — Il marche ensuite contre l'armée royale qui s'était retirée du côté d'York. — Il la trouve réunie sous le commandement de la reine, et lui livre une terrible bataille où la victoire reste à son parti. — Mort de sir Andrew Trollop, le plus habile des capitaines de Henri VI.

Chap. xvii. — Cette défaite ruine totalement le parti de Lancastre; Henri VI, obligé de s'éloigner d'York, fuit en Écosse. — Son compétiteur est reçu à Londres aux acclamations du peuple. — Il est sacré roi d'Angleterre. — Faveur portée par le duc de

Bourgogne au parti d'Édouard, dont le triomphe fut le salut de sa maison. — Les révolutions d'Angleterre n'ont été que le contrecoup des haines qui divisaient les princes français. — Attitude du dauphin au milieu de ces événements. — Un de ses écuyers portant son étendard assiste à la bataille gagnée par le comte de Warwick, avec un détachement que le duc de Bourgogne avait fait passer à Édouard d'York. — Séjour antérieur de ce prince à la cour de Bourgogne, et ses liaisons avec le dauphin. — Horribles excès par lesquels le nouveau règne s'inaugure en Angleterre; attentats dirigés contre tous ceux qui possèdent. — Émigration.

Chap. xviii. — Chagrin qu'éprouve Charles VII de la déchéance du roi d'Angleterre. — L'assistance donnée au parti d'York par le duc de Bourgogne augmente encore sa haine contre ce prince. — Plus soupçonneux qui jamais envers lui et envers le dauphin, il fortifie ses frontières. — Le duc se refuse à toute démonstration du même genre. — Ses raisons pour cela. — Il ne s'alarme en aucune façon des bruits de guerre qui se répandent à tous les renouvellements de la belle saison; il ne rassemble pas d'armée, il ne prend pas de troupes à sa solde; il recommande seulement à ses vassaux de se tenir prêts en cas d'appel. — Une proclamation en ce sens, recommencée tous les ans, suffit pour faire taire les menaces. — Dans sa ferme volonté de maintenir la paix, il reste également sourd à la suggestion qu'il aurait reçue du dauphin de se coaliser avec l'Angleterre contre le roi de France.

Chap. xix. — Ambassades fréquentes envoyées à Bruxelles par Charles VII pour presser le duc de Bourgogne de lui renvoyer le dauphin ou de le chasser de ses États, pour se plaindre des trêves qu'il entretenait lui-même avec les ennemis invétérés du royaume. — Réponses du duc quant au dauphin qui était venu dans sa maison sans y être appelé, qui serait un jour ou l'autre son seigneur, qui s'était remis du tout à sa bonne foi, dont il ne pouvait pas par conséquent trahir la confiance. — Le renvoyer, serait probablement le réduire à passer à l'ennemi. — Les honneurs qui lui étaient rendus s'adressaient moins à lui qu'au sang dont il était issu. — Le duc ne lui donnait que de bons conseils à l'endroit de son père. — Justification de la trêve avec l'Angleterre par des raisons non moins plausibles. — Des préparatifs qui ont lieu en France pour la restauration de Henri VI, deviennent une raison de plus pour le duc de Bourgogne de garder le dauphin comme un gage de sûreté pour lui-même. — Le roi fait venir d'Espagne à l'embouchure de la Seine une dizaine de vaisseaux de transport, et travaille à réunir une flotte considérable.

Chap. xx. — Affaires de Gênes. — Une faction ayant soumis cette ville à la seigneurie du roi de France, le château était occupé par une garnison française. — On veut établir un impôt pour la défense du pays. — A peine les commissaires du roi en ont-ils ouvert la proposition devant le peuple assemblé, que l'assistance entre en fureur. — Tout le monde court aux armes. — Les malencontreux orateurs se sauvent dans le château, que la multitude investit au cri de : Liberté! — Charles VII dirige contre l'insurrection une armée de terre et une flotte. — Le roi Réné, chef de 'expédition maritime, ramasse des galères sur la côte de Provence et va d'abord mouiller à Savone, ville qui était restée fidèle, ne faisant voile sur Gênes que lorsqu'il sait l'approche de l'armée de terre. — Les Génois, citadins et gens de la campagne, formant une nombreuse infanterie que soutiennent quelques escadrons fournis par le duc de Milan, tombent sur les Français au passage d'un défilé voisin de la ville. — Ils les dispersent facilement, et les chassent jusqu'au bord de la mer en vue de la flotte. — Les fuyards font mine de se jeter sur les vaisseaux pour y trouver un asile; ils sont repoussés par les équipages, que l'idée d'une si grande surcharge épouvante. — Ceux qui s'accrochent aux sabords ont les bras ou les mains coupés. — Le roi Réné s'éloigne sans tenter autre chose. — Triste issue de toutes les expéditions que ce prince a commandées, quoiqu'il ne manquât pas de valeur au combat. — L'auteur rappelle sa défaite en Lorraine, et son expulsion du royaume de Sicile dont le roi d'Aragon le dépouilla après lui avoir pris Naples. — Perte des Français à la bataille de Gênes. — La garnison du château capitule. — Nouveaux armements de Charles VII pour réparer cette défaite.

Chap. xxi. — La mort le surprend au milieu de tous ses projets de vengeance. — Il rend l'âme à Meun en Berri, dans la soixante et unième année de son âge, le 22 juillet 1461. — On présume qu'il fut empoisonné, d'après ce qu'on lui a entendu dire plus d'une fois dans sa dernière maladie. — Le léger deuil que le dauphin fait de sa mort augmente les soupçons. — L'annonce de son trépas est payée par son fils comme une bonne nouvelle. — Après quelques messes dites à Avesnes pour le repos de son âme, le nouveau roi va à la chasse avec une courte huque et un chapeau mi-partis de rouge et de blanc, toute sa compagnie étant habillée des mêmes couleurs. — Il délivre de prison et comble d'honneurs le médecin Adam Fumée, qui avait été mis à la grosse tour de Bourges comme soupçonné de l'empoisonnement; il traite de même un chirurgien de son père qui s'était enfui à Valenciennes pour le même motif. — Il refuse de recevoir tous ceux qui se présentent à lui en habits de deuil.

Chap. xxii. — Apparence extérieure de Charles VII. — Il avait bonne mine lorsqu'il était en robe longue, mais sous l'habit court de drap vert qu'il préférait, il montrait des jambes grêles et des genoux cagneux. — Sa sobriété; sa bonne constitution; sa faiblesse pour les femmes, encouragée par des courtisans qui y trouvaient leur profit. — Date de ses premières liaisons avec la belle Agnès. — Il entretient plusieurs autres femmes en même temps qu'elle, et mène partout avec lui cet entourage dont le luxe éclipse celui de la reine. — Résignation de cette dame, souvent forcée d'habiter la même résidence que ses rivales. — Danger qu'il y aurait eu à parler d'un tel scandale. — Les valets de cour n'avaient qu'à rapporter un propos tenu sur sa belle Agnès, pour perdre le plus honnête homme dans l'esprit du roi. — Mort d'Agnès au Mesnil, maison de plaisance de l'abbé de Jumièges. — Elle est inhumée dans l'abbaye même sous un tombeau digne d'une reine. — Le domaine d'Anneville donné pour son obit.

Chap. xxiii. — Des envieux font planer sur Jacques Cœur le soupçon de l'avoir empoisonnée; à raison de quoi il est enfermé au château de Lusignan. — Il est condamné dans un lit de justice sur l'accusation d'avoir fourni des armes aux Infidèles, et d'avoir extorqué de l'argent à son profit lorsqu'il administrait les finances du Languedoc; l'arrêt se tait sur le crime d'empoisonnement. — Après une longue détention, il s'évade et s'en va errant d'asile en asile jusqu'à ce qu'il soit retenu et enchaîné chez les cordeliers de Beaucaire. — Un de ses facteurs, nommé Guillaume Varye, vient l'y prendre une nuit avec deux bâtiments légers, et l'emmène. — Le pape Nicolas V lui donne le commandement de quelques galères qu'il avait armées contre les Infidèles. — Il meurt après s'être distingué dans cette mission. — Éloge de sa capacité. — Sa disgrâce n'a pas eu d'autre motif que les soupçons suggérés au roi sur la mort d'Agnès. — A ses derniers moments il s'est disculpé de ce crime comme de tous les autres qu'on lui imputait, et il a pardonné à ses persécuteurs.

Chap. xxiv. — *Affection de Charles VII pour l'Église.* — Ses efforts pour mettre fin au schisme lorsque Amédée de Savoie, sous le nom de Félix, eut été élevé au pontificat par le concile de Bâle. — Félix, cédant à ses instances, consent enfin à se démettre : ce qui rétablit entre les mains de Nicolas V la plénitude du pouvoir apostolique. — *Application du roi à maintenir dans ses États les libertés canoniques de l'Église*, renouvelées par les conciles de Constance et de Bâle. — Assemblée de Bourges, où le clergé du royaume discute en présence d'un légat l'acceptation des décrets relatifs à ces libertés. — Des ecclésiastiques, par ambition personnelle et par l'appât des promesses qu'ils ont reçues du légat, veulent qu'on laisse au pape la collation de tous les bénéfices ; mais d'autres se montrent plus soucieux des traditions et de l'honneur de l'Église, et le roi, qui se rend à leur avis, rétablit le clergé de son royaume et du Dauphiné dans ses antiques libertés par un acte solennel qui fait revivre les droits primitivement consacrés en matière d'élection, de confirmation et de collation, ne laissant de réservation au pape que sur les bénéfices de ceux qui se retirent ou décèdent à la cour apostolique. — Caractère de cette constitution appelée la *Pragmatique Sanction*. — Manœuvres de la cour de Rome pour la faire abolir. — Nouvelles assemblées du clergé à Bourges, à Chartres et à Rouen. — La victoire reste constamment au parti désintéressé de l'Église, et le roi maintient l'observation des décrets antérieurs. — Discrétion avec laquelle il use de celui qui autorisait les recommandations des princes aux électeurs ecclésiastiques. — Sa réponse à un évêque qui lui conseillait d'imposer le clergé pour le recouvrement de la Normandie. — Décime demandée par le pape après la prise de Constantinople. — Le cardinal d'Avignon, chargé de la recueillir, prétend opérer d'après une base qui ne représente pas la valeur réelle des bénéfices. — Charles VII, éclairé par les remontrances du clergé normand, exige une réduction pour la province. — Dévouement du clergé de France à la personne d'un roi qui défendait si énergiquement ses libertés.

Chap. xxv. — Le roi ménage sa noblesse en ne l'appelant au service que dans les cas de nécessité absolue. — Il s'abstient de déplacer trop souvent ses troupes soldées, par égard pour les populations que les chevauchées militaires incommodent toujours. — Ordonnance qui saisit les justices locales des contestations et délits entre les gens d'armes et les particuliers, les tribunaux militaires n'ayant à connaître que des cas d'homme de guerre à homme de guerre. — Sollicitude de Charles VII à l'égard des cours suprêmes du royaume, et surtout du parlement de Paris. — Son attention à n'y mettre que des personnes capables. — Il introduit d'utiles réformes dans la procédure. — Sa clémence quelquefois excessive à l'égard des grands criminels. — Il fait grâce au duc d'Alençon convaincu d'avoir appelé les Anglais en Normandie, et condamné à mort dans un lit de justice tenu à Vendôme. — Le duc d'Alençon passe pour s'être justifié en alléguant la complicité du Dauphin. — Les disgrâces, que Charles VII avait le tort de prodiguer, n'entraînaient d'ordinaire que l'éloignement de la cour. — Sa religion pour la parole donnée même aux gens de bas état. — Sa répugnance à destituer les fonctionnaires.

Chap. XXVI. — Mauvais côtés de son règne. — Il a trop pressuré le peuple. — Augmentation toujours croissante des impôts après la pacification du royaume. — Vente des administrations et offices de judicature. — Concussions et prévarications qui en résultent. — Sage disposition observée à Rome, où les fonctionnaires sont astreints à jurer qu'ils n'ont rien payé pour avoir leurs emplois. — Indulgence de Charles VII pour ses soudoyers, qui prennent sans payer, dans les lieux où on les loge, de quoi nourrir eux, leurs chevaux et leurs chiens. — Des capitaines vendent à leurs hommes, pour un mois ou deux de paye qu'ils leur retiennent, la permission de vivre ainsi sur les populations. — Les gens de cour pallient ces désordres aux yeux du roi trop disposé à ne pas les voir. — Inutilité des plaintes portées par les provinciaux. — Aversion du roi pour le séjour des grandes villes et de Paris principalement. — Il préfère les bourgs et châteaux du Berri ou de la Touraine, pour être tout entier à ses femmes et à ses plaisirs. — Difficulté qu'ont ses sujets pour l'aborder. — Le royaume ne laisse pas de revenir à un état comparativement prospère. — La culture s'étend derechef sur des terres longtemps livrées aux ronces. — Sans les impôts et l'armée permanente, en vingt ans la France aurait regagné ce qu'elle ne regagnera pas en un siècle avec ces deux fléaux. — Conclusion de l'auteur.

PRÆFATIO

IN LIBROS HISTORIARUM DE REBUS GESTIS TEMPORIBUS CAROLI VII ET LUDOVICI XI, FRANCORUM REGUM.

Compertum satis est et conspicuum, non parum utilitatis eos ad hominum vitam moresque componendos attulisse, qui res gestas, et præsertim virorum illustrium vitas, veridica narratione litteris mandare et ad posteros transmittere curarunt. Cum enim hæc posteros legentes, veluti speculum quoddam morum, sibi adhibere liceat, magna ex hoc instructio et cautela præbetur, et ut probe et virtuose gesta dignoverint, in semetipsis sectari, quæ[1] vero injuste seu ignaviter, aut turpiter et vitiose, damnare, detestari et vitare debere doceantur; et per quæ suos anteriores Deo placuisse et ad felicitatem pervenisse, vel e diverso in barathrum vitiorum et miseriarum prolapsos, conspexerint, ea vel amplecti, vel evitare prudenter atque sapienter possint. Sed quia ad talia conscribenda plures, spe quæstus atque conciliandi imperiti vulgi, vel regum aut principum favoris, seu assentandi gratia, potius quam zelo edicendæ et in lucem proferendæ veritatis, sese contulerunt; et suis mendaciis, vel res nihil virtutis et laudis habentes magnis præconiis ob

---

1. *Sic.* Corrigez *ut quæ*.

PRÆFATIO.

hujusmodi causas attollendo, vel nequiter et dolose seu ignaviter acta silentio prætereundo aut nebulis confictarum et mendosarum excusationum obtegendo, veritatem historiæ et debitæ conscriptionis corruperunt; ne a talibus vanis et mendosis scripta adulatoribus, quorum nonnulli forsan ad res scribendas, quarum veritatem habuere ipsi compertam, sese dederunt, legentes, falsa pro veris amplectendo, circumveniri ac decipi in posterum contingat, nobis animo visum est duorum Francorum regum nostri ævi ac temporis res gestas, quas magna ex parte vel ipsi vidimus, vel talibus consecuti sumus auctoribus, de quorum fide minime foret ambigendum, litteris, ad posterorum utilitatem et cautelam, dirigere et mandare. Sic enim, Deo adjutore, speramus ex nostro litterali otio nonnihil legentibus et attendentibus utilitatis, quod non injuste plurimum negotiosis laboribus conferri vel etiam proferri possit, allaturos, cum ex his liquido unicuique patere possit quam fragili loco constitutæ sint res humanæ, et quam, in iisdem spem ponentes, se delusos et spe vana frustratos facile inveniant. Quæ res, si quid sapiunt homines, eos profecto ducere debet ad spem et dilectionem in solo vero, summo et æterno bono figendam et reponendam.

Quibus sic præmissis, susceptam narrationem aggrediemur.

HISTORIARUM

DE REBUS

A CAROLO SEPTIMO

FRANCORUM REGE

ET SUO TEMPORE, IN GALLIA GESTIS,

LIBER PRIMUS.

CAPITULUM PRIMUM.

[Ex qua calamitate in prosperitatem res regni, hujus Caroli opera versæ fuerint.]

Carolus VII, illustris Francorum rex, quem ipsi et sæpe vidimus, et cum quo plures collocutiones familiariter habuimus, Caroli VI filius fuit. Cui cum plures exstitissent [fratres majores natu], ipsis tamen sine liberis ante patris obitum defunctis, ad eum regni sucessio devoluta est. In cujus administratione, sicut alias in quamplurimis rerum humanarum varietatibus, vices[1] suas ludos, sic profecto hujus temporis fortuna ostendit. Aliquando enim tam dejectus inimicorum, tum ex regno, tum ex vetustis et antiquis regni hostibus Anglicis, viribus et potentia, depressus fuit, ut prope ali-

---

1. Corr. *vices*.

quando fuerit ~~ejus animi~~ aliquibus rebus pretiosis cum aliqua pecuniarum summa abreptis, fines regni excedere et ad Hispanias proficisci; vel, una parte retenta, aliam hostibus cedere, cum tunc eorum viribus et machinamentis obsistere posse minime confideret. Sed miserante ipsum Deo regnumque illud nobile, in quo Dei et christianæ religionis cultus magnificus semper et sincerus fuit, tanta sibi, postquam innumeris pæne casibus et fortunis jactus fuerat, gratia collata est, ut, conciliatis sibi primum intestinis inimicis, demum etiam ipsos Anglos, antiquos regni hostes, non modo terris quas, vel suo, vel patris sui tempore, in regno occupaverant, sed etiam Aquitania, quam ducentos circiter et quadraginta annos tenuerant[1], prorsus expulerit atque ejecerit; regnumque ipsum, quod diuturnis causantibus guerris, tum hostilibus, tum etiam ex civilibus regni procerum ac principum dissensionibus et factionibus obortis, magna ex parte attritum, squalens, incultum et accolis nudatum fuerat, pacatum et quietum, jam pulchre ad priorem felicitatis statum et culturam assurgens et optime convalescens, filio suo dereliquerit.

Ut autem calamitatum et guerrarum, quæ suis temporibus regnum ipsum, supra quam dici vel æstimari potest, miro modo attriverant, et a quibus majore ex parte liberatum ipsum suis vigiliis ac laboribus reliquit, fontem atque radicem ostendamus, de hoc nobis, quam brevius poterimus, narratio præmittenda est.

[1]. L'occupation de la Guienne par les Anglais dura trois siècles entiers à commencer de l'avénement de Henri Plantagenèt (1154).

CAPITULUM II.

Quibus ex causis odium exarsit inter Joannem, ducem Burgundionum, et Aurelianensium ducem.

Pater ejus Carolus VI, per annos plurimos antequam migraret e sæculo, seu alicujus veneficii opera, seu naturalis lapsu complexionis, in furorem atque amentiam versus est, licet lucida haberet sæpius intervalla. Cujus infortunii occasione, inter regni principes et præcipue inter ducem Aurelianensem, ejusdem Caroli regis germanum, et Joannem, Burgundionum ducem, invidiæ pro regni administratione, ad quam regis amentia eum inutilem et impotem reddiderat, æmulationes et contentiones obortæ sunt, dum quilibet se alteri in hoc, ambitionis et utilitatum suarum gratia, præferendum esse existimaret, habente unoquoque multos assectatores et partium suarum studiosos. In tantum enim malum illud invaluit, et faces odii atque inimicitiarum adeo accendit, ut procuraret præfatus Joannes, Burgundionum dux, vir utique gloriosi et excelsi animi, dictum Aurelianensium ducem in urbe Parisiorum interimi, cum annus dominicæ gratiæ curreret M.CCCC.VII.

Hujus autem interemptionis et ad id usque immanitatis progressi odii aliam etiam causam fuisse, a viris magnis, hujusce[modi] rerum verisimiliter non ignaris, talem accepimus.

Cum enim haberet idem Burgundionum dux generosissimam dominam in conjugem, filiam unius ducum Bavariæ[1], decore et elegantiæ forma speciosissi-

---
1. Marguerite de Bavière, fille du duc Albert.

mam, quæ et ipsa, ut pleræque fœminæ nobiles, alti et magni animi erat, contigit quadam vice, dum in palatio regali choreis et lasciviis, nocturnis jam horis, plures tam viri quam fœminæ procerum ac nobilium ex more sese recrearent, ut Aurelianensium dux, qui, ut satis famosum tunc habebatur, ad omnem ferme speciosissimam mulierem, velut equus aliquis emissarius adhinniebat, in quodam abdito palatii, ipsius dominæ vestigiis insidiatus, et, ut sua æstimatione reputabat, loci ac temporis opportunitatem nactus, eam de stupro [seu adulterio] sollicitarit. Cui sceleri magno animo resistenti vim etiam inferre attentare præsumpsit[1]. Quam injuriam ægre nimis et anxie ferens, ut generosa atque magnanima domina, optimo et ardenti amore viro suo conjuncta, vi repulsa et nefando ipsius adulteri conamine depulso, se viro suo protinus querelam facturam de tanta injuria comminata est; quod et facere non obmisit[2]. Vir autem ejus, qui et ipse juvenis (adhuc enim dux Philippus pater ipsius vivebat) et magnanimus erat, et qui non imparem conjugi suæ referret amorem, mirum in modum adversus præfatum injuriatorem in iram atque odium exarsit, conjugi suæ magno sacramento pollicitus, quod hanc

---

1. D'autres bruits ont couru sur la cause de la haine du duc de Bourgogne pour le duc d'Orléans. Celui-ci, d'après une chronique de Flandre manuscrite, aurait soufleté Jean sans Peur devant son père : « et lors luy fut dit que ce seroit une mauvaise buffe pour luy qui l'avoit donné. » Voir ce passage et d'autres hypothèses sur le même sujet dans l'*Histoire de Flandre* de M. Kervyn de Lettenhove, liv. XIII.

2. Tout ce qui précède, à partir de *cum autem haberet*, etc., a été cité textuellement par M. De la Porte du Theil dans son mémoire sur Amelgard. *Notices et Extraits des manuscrits*, t. I, p. 411.

injuriam morte ipsius facinorosi ulturus esset. Quod et postea, dum jam pater suus obiisset, et paternorum dominiorum administratio omnis sibi confirmata esset, opere et facto adimplere curavit.

CAPITULUM III.

Quæ callide Joannes, dux Burgundionum, præparata fecit, priusquam peremptionem Aurelianensis ducis executioni mandaret.

Priusquam vero vindictam hujuscemodi ac tanti principis cædem exsequi decerneret, qui regis unicus germanus et ejus, ut jam diximus, amentis, in regalium dispensatione, maxime tum præ cæteris principibus auctoritate præcellebat, hac cautela usus fuisse fertur. Postquam enim patri suo Philippo exsequias et solemnia ex more persolvisset, ipsius consiliarios præcipuos accersivit, consilium deposcens, quatenus ei aptiorem modum edicerent, quo suæ voluntatis decretum de præfati principis peremptione, quoque minoribus se committeret periculis, effectui mandare posset. Illi autem cum adprime exterriti de tam nefaria et periculosa voluntate, ab ea eumdem dimovere et revocare eniti satagerent, ab eodem, sub vitæ suæ periculo, interminati sunt ut quantocius. quod poscebat, curarent perficere : dicente non se ab eis facturusne id esset, consilium expetere, quod perficiendum omnino statuisset; sed ut, qua via et cautiore potissimum, indicarent. Ad quod, ut consultius et sine præcipitatione quæ in arduis, cum super eis consulendum fuerit, præcipue obesse solet, intendere ac meditari possent, inducias tridui postularunt.

Quo effluxo spatio, cum apud se graviter et moros(e)
revolvissent magnitudinem facti, et quæ exinde verisimiliter mala atque pericula essent eventura, hujusmodi consilium tradiderunt, ut, quoniam post personam regis, inter omnes principes regni ipse maximu(s)
esset, haberetque majorem partem procerum regni ob-
sequentem et devotam, utpote ex cujus arbitrio totiu(s)
regni et regalium moderatio atque administratio pen-
dere videbatur, non id ante exsequi atque facere attentaret, quam sibi civitatum et populorum regni favore(m)
ac gratiam conciliasset; alias vero civitatibus et regni(-)
colis [se] invisum redderet ac odiosum. Id autem ho(c)
modo efficere posset, si Parisiis præcipue, quæ tam mi(-)
rabili populorum de omni conditione, ordine et statu
multitudine referta, et de omnibus regni nationibus a(c)
provinciis, regnum ipsum quodam velut compendio r(e)
ferebat, et similiter in aliis quibuscumque nobilioribu(s)
regni civitatibus, per biennium vel triennium ante
per interpositas personas ubique disseminari faceret
se maxime regnicolis compati et condolere, quod to(t)
tributis et variis ac multiplicibus vectigalibus preme(-)
rentur; seque totis eniti conatibus ut, regno ad anti(-)
quas suas libertates restituto, omnibus hujuscemod(i)
molestiis gravissimisque exactionibus populus levare(-)
tur: sed ne sui optimi ac piissimi voti ac affectus
quem ad regnum et regnicolas gerebat, fructum asse(-)
queretur, ipsius Aurelianensium ducis et suorum vire(s)
et conatus semper obstitisse et continuo obstare, que(m)
omnium hujuscemodi imponendorum et in dies excres(-)
centium, novorum tributorum atque vectigalium aucto(r)
et defensor maximus exsisteret, ac semper exstitisset.

Hoc itaque rumore, per omnes fere civitates et pro(-)

LIBER PRIMUS. 9

vincias regni, aures mentesque populorum occupante, tanta invidia apud plebes, quæ hujuscemodi gravamina vectigalium atque exactionum altius sentiunt atque suspirant, conflata fuit adversus Aurelianensium ducem; tantus vero amor, gratia atque favor omnium duci Burgundiæ accesserunt, ut, interfectione ipsius Aurelianensium ducis modica post tempore subsecuta, omnibus pæne civitatibus et plebibus regni, quibus exsecrabile ejus nomen ex antedicto rumore effectum fuerat, ea res grata atque jucunda exsisteret, tanquam meritissime et justissime exstincto illo qui suæ salutis ac libertatis, et regni totius inimicus permaximus semper fuisset.

CAPITULUM IV.

Quomodo fautores ducis Aurelianensis ejus necem ulcisci statuerunt.

Verum quia Aurelianensium dux ~~prædictus~~, qui, ut supra diximus, in regno primum post regem, imo et supra regem, qui, mentis impos, regni moderationi erat inutilis, obtinere videbatur, omnes fere principes et militiæ duces sibi benevolos atque devotos effecerat, ejus cædem atque interfectionem inultam transire iidem ipsi regni principes minime censuerunt; sed pro legum publicarum tenore, quæ adversus occisores consiliariorum principis et ejus assidentium lateri, seu alios etiam sicarios atque homicidas, positæ sunt, de auctoribus hujusmodi tam nefandæ necis, quæ horis nocturnis Parisiis, in strata publica [1], dum idem dux

---

1. La rue Vieille-du-Temple.

Aurelianensium de regis seu reginæ palatio rediret cum duobus tantum comitibus, quorum alter lucernam ante se ferebat, per satellites certos illi operi destinatos, patrata fuit, pœnas debitas reposci, justitia mediante, decreverunt; ut, quia satis vehemens, quod auctor et mandator illius cædis dux ipse Burgundionum exstitisset, suspicio a multis habebatur, sibi consulens, cui sua conscientia non ignota erat, relicta Parisiensi urbe, ad terras suas statim discessit.

Itaque cum, tali discessione elapsus, laqueis legum distringi non facile posset, armis et potentia pars cæso favens et necem illam ulcisci cupiens, ipsum Burgundionum ducem et terras suas aggredi ; ipse vero e diverso sese finesque suos tutari et adversarios opprimere, atque eorum conatibus obsistere, moliebantur. Quæ res bellorum civilium primum, deinde etiam externorum atque hostilium, initium fuit et origo ; quæ non modo totum regnum ipsum, sed etiam vicinas quamplures terras innumeris pæne et inenarrabilibus ærumnis atque calamitatibus adimpleverint. Cum enim, ut præmisimus, disseminatum fuisset per omnes fere civitates et provincias regni, quod auctor imponendorum vectigalium et tributorum in regno dux Aurelianensium exstitisset, dux vero Burgundionum ea abolere atque de regno tollere et populos ad antiquam libertatem restituere pro viribus procurasset atque institisset, et in Normannia, et in patria Occitana[1], omnes pæne insigniores civitates et oppida partes ducis Burgundionum secutæ sunt, tanquam ejus, quem sui status ac libertatis propugnatorem

---

1. Le pays de Languedoc.

reputarent ac defensorem; ejeceruntque è Rothomago Joannem, comitem de Alba-Mala[1] cum suis, qui ibidem auctoritate regali, pro parte Aurelianensium, ad custodiam fuerat deputatus; et pariter in aliis civitatibus et locis, qui potuerunt, de suis capitaneis earumdem partium effecerunt.

Atque ea tempestate, è partibus Aurelianensium, dux atque princeps militiæ regiæ (quem constabularium vulgo appellant) erat comes Arminiaci[2], qui de terris suis et de Vasconia magnam aggregarat militiam. Burgundiones omnes adversæ factionis, cujuscumque status atque ordinis essent, Armeniacos quasi probrose appellaverunt, eosdem, licet sub regia dignitate atque obedientia manerent, Gallicos seu Francos nominare non dignantes. Videre erat tunc rerum faciem et statum toto regno turbatos miserabiliter: civitates adversus sese invicem arma capere, ac tumultuari in una civitate, oppido seu villa, vicinos contra vicinos; imo in eadem domo atque familia, fratres contra fratres et filios contra parentes, et vice versa, sævire, probris et contumeliis sese afficere, aliis ad alios vel Burgundionis nomen, vel Armeniaci, exprobrantibus et pro maxima injuria atque contumelia reputantibus, deinde ad verbera et cædes prosilire. Itaque, procul dubio, seminarium illud pestiferum atque virulentum bellorum, turbarum et seditionum omnia pæne regni loca repleverat, in eoque adeo alte radices miserat, ut vix post annos quinquaginta exstirpari atque eradicari ab eo potuerit; imo certe nec adhuc, his temporibus,

---

1. Jean de Harcourt, comte d'Aumale.
2. Bernard d'Armagnac fut connétable seulement en 1415.

prorsus exstinctum sit, sed more hydræ serpentis, uno succiso capite, alia renascantur, et, avulsa una radice, adhuc ex vetere malorum nefandorum iterum atque nova pestifera seges exsurgit[1].

Porro duces Aurelianensium partium, qui sub nomine regio militabant, quas potuerunt urbes et turres munierunt atque tenuerunt, ne ad partes Burgundionum deficerent. Alias vero quæ suasionibus, quas præmisimus, et machinamentis ad eas partes accesserant et magna affectione adhærebant, armorum potentia edomare atque recuperare studuerunt. Et plures quidem in plaga Occitana parvo negotio in deditionem receperunt, vel etiam expugnaverunt; aliquas[2] vero, vel majore populorum frequentia refertas, vel ad resistendum validius et robustius communitas, minime receperunt. Regem autem ipsum, quem mentis impotem et prudentia exsortem factum fuisse diximus, cum exercitu validissimo, contractis totius pæne regni viribus, ante Atrebatum duxerunt (qui in exercitu suo centum armatorum millia tum asseritur habuisse), et ibi per aliquot hebdomadas castra metati sunt. Cum vero cives per nuntios, quos ad regem destinarunt, profiterentur civitatem illam sibi fidelem atque obedientem esse, nihilque subesse causæ propter quam eos, minime sibi adversarios, armis impetere debuisset, obtinuerunt ut rex, soluta obsidione, discederet[3].

1. Ceci a été écrit en 1471.
2. Plutôt *alias*.
3. Le siége d'Arras eut lieu en 1414 après le sac de Soissons rapporté dans le chapitre qui suit. Le traité auquel l'auteur fait ici allusion, est dans Monstrelet, l. I, c. 134.

CAPITULUM V.

Direptio et calamitas civitatis Suessionum, Burgundionum duci faventis.

Inter alias vero regni calamitates non omittamus lamentabilem casum civitatis Suessionum referre, antiquæ quidem atque opulentissimæ urbis, et quæ olim caput et sedes regni fuerat alterius filiorum regis Clodovici, primi ex Francorum regibus christiani.

Erant ejus loci cives inter cæteros famati partium Burgundionum tenacissimi defensores, et in sua civitate munitionem armatorum de Burgundionibus receperant. Cum autem militia armatorum regiorum multa nimis castra circa eamdem civitatem per aliquot dies locasset, statuerunt tandem, diruptis ictibus petrariarum mœnibus, turribus et propugnaculis, ad munitionem loci paratis, eam viribus oppugnare. Quam rem totis aggressi viribus atque conatibus, et simul eisdemque momentis, in variis et diversis partibus civitatis, vallo et mœnibus superatis, eam vi et armis expugnarunt, cæsis tum Burgundionibus, et trucidatis civibus majori ex parte, aliis in captivitatem abductis. Urbs itaque ipsa ante longa retro ætate nobilis atque opulentissima, in multis suis partibus concremata et in totum direpta et dehonestata, in prædam militibus cessit. Sed nec Dei sacraria atque templa, et nobilissima monasteria monachorum atque virginum, quæ illic magnificentissima exstiterant, furor hostilis intacta reliquerat. Fuerunt enim bonis pæne et ornamentis omnibus spoliata atque nudata, ita ut nec thecis aureis atque argenteis, quibus martyrum ac confessorum ibi devotissimæ reliquiæ, ac toto orbe venerandæ, asservabantur et tegebantur, parcitum sit; sed quidquid ad manum venire potuit, in rapinam atque prædam miserabiliter abierit. Quantus vero abusus matronarum et virginum, quantæ violentiæ, quanta ludibria de ipsis illic habita sint, et ubique in omnibus ferme civitatibus regni, ad quas scortandæ et prostituendæ adductæ sint, quis narrare sufficiat? Plena erat de ipsis civitas Parisiensis, plena circumquaque oppida, plena militarium castra, ita ut suæ calamitatis et miseriæ tota ubique regio testis esset.

Et talem quidem plagam illa nobilis et antiqua Suessionum civitas accepit, anno Domini M. CCCC. XIV., die sanctorum martyrum Crispini et Crispiniani, quorum corpora ibi in solemni cœnobio, sub eo titulo constructo et Deo dicato, quiescunt. Cujus quidem plagæ prodigium satis manifestum per annos quadraginta retro processerat, eadem civitate tum maximarum divitiarum, lasciviarum et luxus exuberantia affluente, cum ab uno puerorum civitatis, qui cum aliis loci pueris a magistro scholarum, solatii et remissionis gratia, adductus ad campos fuerat, tabula quædam ex metallo fuisset inventa in fundo amnis illic decurrentis, in qua antiquis Romanorum characteribus ac litteris hoc inventum fuit scriptum : « Væ tibi, Suessio, peribis ut Sodoma. » Quod tunc quidem omnes illius civitatis deterruit et ad agendum pœnitentiam induxit; sed modico post tempore, illius prodigii obducta memoria, in luxum et pristinos mores relapsi sunt. Nec tamen absque digna pro tantis excessibus mercede, auctores hujus-

modi immanitatum et sacrilegiorum divina justitia
dereliquit; magna enim pars eorum, evoluto anno, ipso
sanctorum martyrum die, pro meritis pœnas debitas
exsolvit, ut statim suo loco opportunius referemus [1].

Itaque per omnem fere Galliam in Burgundiones
Armeniaci (sic enim, ut dictum est, regii et Aurelianensium partium fautores nominabantur), et vice
versa in Armeniacos Burgundiones, arma ferebant;
pariter vero utriusque partis armigeri, quasi ex con-
dicto conjurati, populationi agrorum, incendiis villarum ac domorum, cædibus et rapinis pauperum
agricultorum vigilantissime intendebant. Ex qua per-
vagatione armatorum, qui jugiter et absque intermissione agros totius regionis percursabant, et ad
extremam rerum omnium inopiam agrorum cultores
deducebant, tanta secuta est vastatio, ut, relictis in
multis regni partibus agris incultis, per diversa loca
et civitates, validissima fames, et exinde pestilentiæ
maximæ, et mortes hominum atque animantium secutæ sint.

Ea etiam tempestate, apud pontem Sancti-Clodoaldi,
magnus conflictus inter utriusque factionis armatos
habitus est [2]. In quo cum, Burgundionibus prævalentibus, adversarii retro per pontem ad arcem, quam
inibi tenebant, sese recipere contenderent; illi vero,
qui in arce erant, videntes cædes suorum atque fu-

---

1. Tout ce qui précède, depuis le commencement du chapitre, a
été intercalé par Antoine Meyer, continuateur de Jacques Meyer,
dans les *Annales Flandriæ*, l. XV.

2. Énorme anachronisme. L'affaire du pont de Saint-Cloud eut
lieu le 10 novembre 1411, lorsque Paris était encore au pouvoir
des Bourguignons. Cf. MONSTRELET, liv. I, c. 87.

gam, pontem, metu perculsi, pro suo munimine adversus hostes levassent : prosequentibus atque graviter imminentibus Burgundionibus, tot partis adversæ, de ponte cadentes, in flumine suffocati sunt, ut, sub illo pontis arcu, fluminis cursus ferme impeditus fuerit et obstructus.

CAPITULUM VI.

Ob quas causas Henricus, rex Anglorum, regnum Francorum sit aggressus.

Cum autem talem rerum dispositionem in regno Francorum antiqui hostes ipsius regni Angli viderent, et civilibus dissensionibus atque acerbissimis odiis invicem omnia impleri, turbari et confundi, opportunitatem allatam sibi esse rati sunt, regnum ipsum et terras, in quibus jam a multis annis jus habere contendunt, invadendi et armorum viribus acquirendi.

Ad quod etiam aggrediendum non parum illos impellebant damna et detrimenta pæne innumera, quæ ab iis, qui piraticam in oppido de *Hareflu*[1] et per oram maritimam Normanniæ exercebant, singulis pæne diebus sustinebant. Cum enim insulares sint, in medio oceano siti, commercia, quæ permaxima ibi fieri solebant, non nisi per mare fieri possunt, cum nec patria exiri, exportandarum mercium suarum causa, nec ab exteris gentibus et terris ad eos accedi, nisi transfretando, possit. Continuo vero a dictis Normanici littoris piratis adeo totum illud Britannicum mare infestabatur, quod aliquis negotiatorum illuc adeun-

1. Harfleur.

tium, vel inde transfretantium, salvus vix evadere poterat, quin a prædictis piratis caperetur. Unde oppidum illud Hareflotum, quod est situm ad orificium Sequanæ, prope ubi idem fluvius in mare influit, hujuscemodi rapinis et spoliis, tum Anglorum maxime, tum etiam aliorum quorumcumque ad quos manus mittere iidem piratæ potuissent, opulentum valde effectum erat, si tamen recte opulentia dici potest ex talibus rapinis conquisita.

Hæc ergo injuria totum illud regnum et omnium incolarum ejus animos maxime accendit atque impulit ut, sese talibus periculis subducentes, pœnas pro talibus damnis atque injuriis reposcerent, terrasque Normanniæ, a quibus ita graviter premebantur, suas ulturi injurias, aggrederentur. Sed et ad id audendum etiam invitati a quamplurimis asseruntur, a præfato Joanne, Burgundionum duce, qui, cum propter necem ducis Aurelianensium et alias, quas supra retulimus, causas, omnes pæne regni principes et proceres ad se exterminandum concitatos videret, nec solus facile contra tantam potentiam se ac terras suas tutari potuisset, solatia ab Anglicis ipsis exposcens, eisdem suis potiundi desideriis magnam fiduciam contulit; cum etiam ipsius potentia et viribus, qui unus ex totius regni principibus major ac potentior videbatur, eorum potentia maxime augeretur et cresceret.

Regnabat tunc in Anglia Henricus Lancastriæ[1], ad quem, exstincto rege Ricardo, totius regni moderatio ex paterna successione devoluta erat. Quam Ri-

---

[1]. Henri V, roi par l'usurpation que son père avait consommée sur Richard II.

cardi exstinctionem, eo quod extra propositam intentionem sit, aliis enarrandam relinquimus. Is Henricus erat tum juvenis, acer ingenio, sed animo magno et excelso nimis; germanos habens tres, scilicet ducem Betfordiæ, ducem Glocestriæ, et ducem Clarenciæ[1], qui et ipsi singuli strenui et prudentes erant.

CAPITULUM VII.

Qualiter Anglorum rex Hareflutum oppidum obsedit et obtinuit.

Cum igitur regnum Francorum, ut diximus, aggredi animo firmasset, et classem magnam valde atque exercitum ex lectissimis viris instruxisset, non amplius, ut ferunt, duodecim aut quindecim millium, præter nautas et mercatores exercitui ministrantes; fretus auxiliis atque solatiis ducis Burgundionum, classi suæ vela per altum fecit, et ex portu de Hamptone[2], opposito Sequanæ, ad finem ejusdem fluminis applicuit, atque oppidum de *Hareflu* terra marique valida obsidione circumdedit, mense augusto, currente anno Domini M.CCCC.XV.

Munierant Franci idem oppidum, ut melius potuerant; nam satis diu ante eis, de classe et de aliis quæ ad bellum in Anglia adaptabantur, certa fama percrebuerat; unde in ipso oppido magnus numerus militum et nobilium terræ pro præsidio collocatus fuit, pro ipsius munimine ac defensione. Tamdiu autem obsidio obsessos constrinxerat, ut fame valida,

---

1. John, Humfried et Thomas de Lancastre, fils puînés du roi Henri IV.
2. Southampton.

qui intus erant, pressi, simul ac de succursu Francorum diffidentes, deditionem facerent, non suo, sed victoris arbitrio ac legibus. Et cives quidem pæne omnes, bonis ademptis, vita solummodo relicta, quo vellent, alio abire dimissi sunt. Militares vero, qui ibi in præsidio fuerant locati, cum nonnullis etiam ex civibus, securitate vitæ solummodo promissa, captivi in Angliam abducti sunt; ubi nonnulli mortui, alii vero, post longas moras, magnis se pecuniarum summis redemerunt.

Et tale quidem conquestuum Anglorum in Francia initium fuit, atque in Normannia, pro piraticis rapinis, illo tunc, ex eisdem satis nobilitato et famoso facto, oppido de *Hareflu* cedente hostibus in prædam versa vice. Bene enim Dominus per Isaiam hujuscemodi iniquis raptoribus comminatur, dicens[1] : « Væ! qui prædaris, nonne et ipse prædaberis? Et qui spernis, nonne et ipse sperneris? Cum consummaveris deprædationem, deprædaberis. »

CAPITULUM VIII.

Quomodo rex Anglorum per Caletensium agros in Picardiam cum suo exercitu venit.

Post deditionem autem oppidi, sicut præmisimus, factam, cum jam mensis octobris esset, deliberavit idem Anglorum rex, quam navigio expeditionem illuc adduxerat, terrestri itinere ad oppidum suum de *Cales*[2], in finibus Flandriæ, reducere, si forte Fran-

1. Isaïe, chap. xxxiii.
2. Calais qui n'avait pas cessé d'appartenir aux Anglais depuis 1347.

cigenas ad dimicandum et prœlio congrediendum provocare et attrahere posset. Accinctus igitur iter egit per agros Caletenses[1], prædas agendo et cuncta diripiendo; et flumine Summonæ transmisso, in Picardiam venit. Franciæ vero principes et optimates, ad magnam sibi cessurum ignominiam reputantes, si prædis onustum cum captivorum multitudine, tam longo itinere omnia devastando et diripiendo, hostem abire permisissent, exercitum magnum de totius regni nobilitate et armigeris coegerunt; nam numerus quadruplo et amplius major quam Anglorum exercitus erat. Sed certe Anglis Virgilianum illud convenire poterat:

Exigui numero, sed bello vivida virtus.

Contra vero Franci, licet robusti satis et armis armisque instructi forent, tamen absque militari ordine et disciplina, atque, ex longa quiete et pace, exercitii armorum inexpertes erant. Ipsi itaque ex diversis regni partibus, tam principes majores, quam minores, duces, comites, barones, milites et nobiles ingenti numero congregati, obviam se Anglorum regi et suo exercitui objicere, ne ultra procederet, decreverunt. Quod et fecerunt, ut eos ad dimicandum compellerent. Et ferunt nonnulli (quod an ita se habeat, non satis habemus compertum) regem Anglorum, cum tam numerosum atque validum exercitum sibi obvium accessisse intelligeret, ducibus Francorum obtulisse restituere oppidum de *Cales*, et magnum auri pondus persolvere, si libere et absque damno gentis suæ ad

---

1. Le pays de Caux.

regnum suum redire sineretur ; quod cum minime reciperetur, velut necessitate compulsum, ad dimicandum et armis certandum se parasse.

Cum itaque immineret dies quo ad certamen deveniendum erat, acies ex utraque parte instructæ et ordinatæ sunt. Et rex quidem Anglorum ad suum exercitum hujuscemodi verbis concionatus esse dicitur, priusquam certamen aggrederetur :

« Venit nunc hora, o commilitones optimi atque fortissimi, qua vobis, non pro gloria vel propaganda nominis fama, sed pro vita, dimicandum est. Nos quidem, Gallorum præsumptionem atque animos satis spectatos habentes, certum habemus [quod], si per ignaviam vestram seu metum ab eis opprimi sustinueritis, nemini vestrum parcituri erunt ; sed omnes, veluti plebeios et ignobiles, pecorum more, trucidabunt. Ego quidem et sanguinis mei principes id nobis proventurum minime formidamus, a quibus magna auri pondera consequi, si nos vincerent, sperantes, servare longe magis quam perimere hostes curabunt. Sed si tantum periculum effugere ac vitare cupietis, metus omnis ab animo pellendus est, nec vobis sperandum ut, ad redimendum vitam vestram pecunia, iidem hostes vos adservent, qui ad gentem nostram inveteratum odium atque acerbissimum semper habent. Itaque si vivere potius quam mori delectat, more fortium virorum, vestræ nobilitatis, et famæ, atque gloriæ Anglorum in rebus bellicis, memoriam habentes, tanquam viri fortiter et strenue pro animabus vestris dimicate[1]. »

1. Ce discours n'est qu'un exercice oratoire. Comparer celui que le Religieux de Saint-Denis fait tenir, avec bien plus d'appa-

Hæc cum rex dixisset, miro modo animorum audacia Anglis accrevit, cognoscentibus ipsis suam prorsus periclitari salutem, nisi fortiter dimicando hostes superarent.

CAPITULUM IX.

Prœlium apud *Agincort* inter Francos et Anglos [1].

Clamorem igitur satis horrendum tollentes, cœpere magnis viribus arcus extendere, et tela in hostes mittere, in tanta quidem numerositate, ut ad modum cujusdam nubis eorum densitas cœlum obduceret, et, ex tot sagittis, velut seges aliqua fertilis in campo ipso oborta repente videretur; procedentesque sagittando ad hostes, tot ex equis, in quibus insidebant Franci, hominibusque vulnerarunt, pluribus etiam occisis, quod, priusquam manus inserere possent, Francigenis terga vertentibus et compressione mutua se invicem suffocantibus, parvo post labore et nullo pæne negotio, victoria Anglicis cesserit. Miserabile erat statim videre ut, ruptis ordinibus, in ipso Francorum exercitu confusio facta fuerat, et elabi per fugam plurimi conarentur; quomodo decem Anglorum centum prosequerentur et unus decem; qui, cum ab Anglis comprehenderentur, nihil reluctantes nec ullam spem defensionis, nisi in sola fuga, ponentes, trucidabantur, vel gregatim ut pecora ducebantur. Cecideruntque

rence d'authenticité, au roi d'Angleterre. *Chronicorum Caroli VI* lib. XXXVI, c. vııı. (Tome V, p. 555 de l'édition de M. Bellaguet.)

1. Chapitre intercalé dans les *Annales Flandriæ*, de Meyer, l. XV.

in eo prœlio dux Alenconii, comes *d'Albret*[1], et aliorum comitum, baronum, militum atque nobilium magna multitudo. Cæsus est et dux Brabantiæ Antonius[2] cum sua gente, qui superveniens cum suis, prœlio jam pæne confecto, occasionem dedit ut Anglici plures ex his, quos ceperant captivos, perimerent. Capti sunt ibi dux Aurelianensium, filius illius quem Parisiis peremptum fuisse supra retulimus, et dux Borbonii, Carolus, comes de Augio[3], et quamplures comites, barones et nobiles, qui ad oppidum Calesii, inde vero trans fretum, per ipsum regem victorem in Angliam adducti sunt.

Dies ille infaustus valde nobilitati et regno Francorum fuit, cum tum magna portio eorum, qui ab hostibus regnum ipsum tutari potuerant, cecidisset; quæ res regno ruinæ magnæ et exitii causa fuit, ut in sequentibus latius ostendemus. Fuit autem hoc infelix prœlium commissum prope oppidum de *Hesdinch*, in agris duarum villarum, quarum una *Agincort*, altera *Rousseauville* appellatur[4], anno Domini M. CCCC. XV., die sanctorum martyrum Crispini et Crispiniani[5], anno evoluto ex quo a Francis miserabiliter direpta fuerat civitas Suessionum, prout supra diximus, et, inter impie illic acta, spoliatum venerabile illud cœnobium, sub eorumdem beatorum martyrum titulo dedicatum;

1. Jean, duc d'Alençon, prince du sang; Charles d'Albret, connétable.
2. Antoine de Bourgogne, duc de Brabant, frère du duc de Bourgogne.
3. Jean, duc de Bourbon, et Charles d'Artois, comte d'Eu.
4. Aujourd'hui dans l'arrondissement de Saint-Pol (Pas-de-Calais).
5. 25 octobre.

unde creditum est hanc cladem Francis divinitus inflictam pro meritis impietatum et crudelitatum, quas tum in multos, tum potissime in illius urbis eversione atque sacrorum direptione, commiserant. De quo sentiet quisque prout voluerit; nos enim rerum gestarum veridica narratione contenti, arcana Divinitatis opera aliis discutienda, qui hoc præsumpserint, relinquimus.

In eo prœlio dux Britanniæ, Johannes, licet evocatus, non adfuit; sed, cum Ambianis usque devenisset cum magno suorum Britonum numero, qui ad decem millia virorum communiter æstimabantur, illic experiri maluit belli eventum, quam se propius periculis admovere. Confecto namque prœlio ad propria, non sine parvo locorum detrimento, per quæ transitum faciebat, nec visis quidem hostibus, remeavit.

CAPITULUM X.

Qualiter Anglorum rex, postquam prœlium peractum fuit, Angliam petiit. Et quæ interim tam per eum, quam per Francos, gesta fuerint per biennium, quo in Anglia stetit.

Cum autem dictus Anglorum rex, ex victoria hujuscemodi non mediocriter elatus, cum captivis et præda multa in Angliam se recepisset, non ea tantummodo rerum felicitate contentus, ad pacis otia et quietis suavitatem se contulit; sed majora animo volvens, et quæ sibi jam, secunda fortuna, parta fuerant, parvi faciens, ad aggrediendum denuo Francorum regnum atque Normanniam, quæ[1] ad se jure hæreditario spec-

---

1. *Quas* dans le manuscrit.

tare asserit, animum intendit; biennium impartiens exercitui et classi instaurandis, multo majoribus quam perante habuerat, dum prima vice oppidum Harefloti obsederat. Sed ut, eo decurrente temporis spatio, non quieverint[1] Franci, qui Arminiaci dicebantur, et Burgundiones a civilibus suis contentionibus; pro quibus hac et illac, cum cohortibus armatorum atque satellitum, arma circumferentes et villas atque agros ubique pervagantes, cuncta cædibus, rapinis, atque injuriis multimodis implebant.

Tentarunt etiam interim Franci Hareflotum ab Anglicis auferre; et terra marique Anglos, inibi pro munitione dimissos, obsidione urgebant, accitis ad hoc opus duodecim aut quatuordecim navibus Januensium, quas caracas[2] appellant, cum aliis ex littoribus patriæ permultis. Sed cum e diverso classem e suo littore Angli instruxissent, cujus ductor fuit dux Betfordiæ, alter germanorum regis, de quo supra meminimus[3], et, prospero adductus vento, cum classe Francorum et Januensium[4] congressus esset, parvo satis negotio victis hostibus, et eorum navibus captis vel submersis, oppidum ipsum obsidione, qua premebatur, absolvit[5].

1. Plutôt, *sed et.... quieverunt.*
2. Caraque.
3. Ci-dessus, p. 18.
4. Dans le manuscrit, *cum classe* ad *Francorum et Januensium*.
5. Comparer le récit du Religieux de Saint-Denis, *Chronic. Caroli.* VI, l. XXXVII, c. vii (t. V, p. 37).

CAPITULUM XI.

De descensu secundo Henrici Anglorum regis in Normanniam apud Tolcam.

Decurso vero biennio, instruendis exercitui et classi impenso, cum, ut celebri fama per totum regnum Franciæ ferebatur, dux Burgundionum fœdus cum Anglorum rege percussisset [1], solvens e littore classem Anglorum rex idem Henricus, de quo supra diximus, ad littora Normanniæ appulit, currente anno Domini M. CCCC. XVII., mense augusto. Cui [cum] Franci, [qui] multitudine numerosa armatorum terræ littora complebant, ne in terram descenderet, per dies [2] aliquot conati fuissent obsistere, irrito tamen eorum annisu facto, Anglorum classis littora tenuit apud Tolcam [3], villam maritimam, et illic in terram, cedentibus qui ad littorum munitionem adventarant, descenderunt. Quantus vero terror patriæ incolas invaserit, quantus metus ex solo Anglorum nomine incesserit, non est facile dicere. Ita enim repente tota patria exterrita fuit, ut nullus pæne, nisi in sola fuga, aliquid sibi præsidii relictum esse confideret. Et nisi in plerisque civitatibus et oppidis a capitaneis, quibus locorum custodia mandata erat, obseratæ fuissent portæ, et incolæ vi

---

1. Au sujet de ce traité qui fut toujours tenu secret, voir M. Michelet, *Histoire de France*, t. IV, p. 342, note 2.
2. Je corrige la leçon du manuscrit en supprimant *ac* placé devant *per dies* et en suppléant les mots entre crochets dans le membre précédent.
3. Touques, à l'embouchure de la Dive, aujourd'hui dans le département du Calvados. Les manuscrits portent *Colcam*.

ac metu retenti, procul dubio, multæ ex his habitatoribus vacuæ relictæ fuissent, quemadmodum in nonnullis constat contigisse. Populus enim terræ longa tunc pace simul cum servitute imbellis et simplex nimis erat, æstimantibus pluribus non Anglos gentem atque homines esse, sed immanes quasdam atque ferocissimas belluas, quæ ad devorandum populum sese effunderent.

Statim autem ut ipsi Angli littora tenuerunt, custos[1] arcis Tolcæ, in collis vertice sitæ, relicta arce, Anglicis cessit; et Lexovium[2] usque ex ipsis Anglicis aliqui venientes (quæ civitas ex illa valle sex gallicis milliaribus[3] distat a mari), nullis illic habitatoribus inventis, nisi quodam sene homine et quadam muliercula, ipsam civitatem recepere. Procedentibus vero per terras inferioris Normanniæ, cum Cadomenses[4], aliquanto tempore obsessi, restitissent, quorum erat tunc opulentissimum oppidum et populosum, facile expugnati et capti sunt, direpto oppido, et multis ex civibus trucidatis suisque patrimoniis etiam spoliatis. Post hujusmodi vero cladem aliis amplius deterritis, plurima oppida [et] loca inferioris Normanniæ, nullo pæne negotio in deditionem receperunt.

Anglicis vero ad obtinenda quæ vellent, facilis tunc patebat via. Nam cum inter se, qui dicebantur Armeniaci et Burgundiones, acerbissimis odiis accensi, per omnes fere regni partes jugiter dimicarent, et regni vastationi atque populationi propensissime in-

1. Ce capitaine était Jean d'Angenne. Monstrelet, l. I, c. CLXXX.
2. Lisieux.
3. *Milliare* est ici l'équivalent de *leuca*.
4. Les habitants de Caen.

sisterent, tali inter se ludo, Anglorum prosperitati optime utrique serviebant, ut non eis difficile foret civitates et oppida Normanniæ, nullius auxilii seu solatii consequendi spem habentes, vel vi et armis expugnare, vel in deditionem recipere.

CAPITULUM XII.

Ingressus Burgundionum ducis in urbem Parisiensem, et quæ cædes et crudelitates illic subinde actæ sint.

Sed et anno [m.cccc.]xviii., vivente adhuc Carolo rege VI, Caroli VII patre, cujus gesta memoriæ mandanda suscepimus, qui Carolus VI, ut supra retulimus, longa jam dementiæ ægritudine laboraverat, Burgundiones satis exiguo numero, vulgi factione, Parisiensium urbem ingressi, urbe potiti sunt, et in ea dominationem habuerunt, eodem tum Carolo VI, titulo tenus dumtaxat, imperium retinente. Fuit autem Burgundionum capitaneus, qui illic cum suis militibus plebis favore intromissus est, dominus de Insula Adæ[1], miles strenuus atque acerrimus. Cum autem Armeniaci magno numero tunc in ea urbe essent, sese in agmen unum cogentes, et de Bastilia seu castro divi Antonii, et plateis vicinis atque ædibus, erumpentes, tentarunt armis Burgundiones repellere atque urbis dominium retinere. Sed urbis populus tanto tunc in Armeniacorum nomen ac gentem inardescebat odio, et ipsi in tam numerosa multitudine ex omnibus civitatis partibus, una cum Burgundionibus, in adversarios irruerunt, quod eos partim cæsos, partim fugatos, et urbe,

1. Le seigneur de l'Ile-Adam, Jean de Villiers.

et prædicto castro Sancti Antonii excedere invitos coarctarent: sic quod urbs ipsa regia, plebe civitatis maxime favente, in Burgundionum ducis potestatem atque administrationem concessit. Unus autem Francorum militum strenuus valde, Tennequinus de Castro[1], natione Brito, res prorsus desperatas arbitratus, si etiam Carolus VII, qui tum solus ex regiis filiis superstes erat, cum patre suo in ipsa urbe sub ditione Burgundionum relinqueretur, armatus ipsum Carolum VII, vixdum puberem, e domo regia Sancti Pauli[2] raptum secum in equo, quo vehebatur, exportavit.

Et ex tunc omnes Franci, Burgundionum inimici, terras regni quæ in ditionem ipsorum Burgundionum non pervenerant, ipsius Caroli VII nomine regere et administrare cœperunt, tanquam illius qui futurus esset hæres omnino regni, si patri suo superstes maneret. Non enim patre vivente se regem appellavit; sed tantummodo, tanquam regis primogenitus, Delphinum Viennensem sese appellabat atque intitulabat. Sibi ergo et ejus nomine Franci, et contra Burgundiones, et contra Anglos, dimicabant, et bellicas suas expeditiones ducebant.

Et propterea tam longo repetitam exordio nostram hucusque narrationem protraximus, ut ad hunc temporis articulum debito ordine veniremus, quo Carolus VII, patre licet adhuc superstite et titulum regalis honoris retinente, de facto tamen imperare cœpit et dominari in majore parte regni, quamvis regis titulo abstineret.

1. Tannegui du Châtel
2. L'hôtel Saint-Paul

Non autem opportunum putamus silentio præterire seditiones satis horrendas atque exsecrandas, quas plebeiorum turbæ in ipsa regia urbe, postquam in eam Burgundiones receperant, rabido atque impio nimis furore concitarunt et agitarunt. Imprimis comitem Armeniaci illic inventum, qui dux militiæ et constabularius regis, ut præmisimus, erat, abreptum furens et insaniens vulgus crudeliter peremit. Nec ejus crudeli nece contenti, ab injuria quieverunt; sed ipsius corpus nudatum in regali palatio super marmoream tabulam[1] posuerunt, et, detracta cute corporis ad modum crucis Sancti Andreæ, signum Burgundionum carni suæ impresserunt; multis etiam pugionum ictibus atque vulneribus exanime cadaver confoderunt atque lacerarunt. Tum vero subinde per urbem discursare, domos irrumpere, cives optimos atque honestiores quosque ad carceres trahere Armeniaci nominis, quibus, vel privati odii furore, vel pro prædicta cupiditate liberet objectare[2], et quibus objectare voluissent, ferire, necare, crudeliter lacerare, sicariorum turba, ex plebe vilissima atque opificum mercenariis aggregata, per dies plurimos non cessarunt. Nihil enim est popularibus turbis, potestatem ac dominandi licentiam sine ordine arripientibus, insipientius, nihil stolidius, nihil periculosius, nihil denique crudelius. Non enim rationis judicio seu moderamine, sed quocumque impetus duxerit, feruntur, torrentis instar aut sævissimarum more belluarum. Nec vero pontificibus,

1. Sur la table de marbre du Palais en la Cité. C'était un bloc de marbre, placé au bout de la grand'salle.
2. Suppléez *Armeniacum nomen* en supprimant plus haut *Armeniaci nominis*.

monachis vel sacerdotibus, seu nobilitati, illo crudelissimo furore percurrentes, ullatenus parcitum est; sed quanto altiore dignitatis clarebant titulo, si Armeniacorum fautores fuisse dicerentur, tanto magis in eos sævire illa efferatissima sicariorum turba quærebat, et præsertim si etiam rem familiarem locupletem et domos bonis refertas habere putarentur. Cæsis enim quos volebant, domos cæsorum, absque ullo ordine, pro libito diripiebant, et propter prædas inter [se] decertantes ac dimicantes, sese etiam interdum, instar rabidorum canum, lacerabant et perimebant.

Et duravit quidem hæc pestis in illa regia urbe per dies plurimos, cui honestiores cives, quibus ea res vehementer displicebat, et terrori atque horrori maxime erat, remedium non poterant adhibere; donec consulto hujusmodi sicariorum turba, ad expugnandum quoddam castrum, mitteretur, non longe ab urbe [1], ubi magna manus eorum, qui Armeniaci appellabantur, consistens, multa gravamina patriæ et urbi inferre non cessabat. Quo loco partim cæsi, partim fusi ac dispersi, cum eorum reliquiæ ad urbem postea redirent, provisum est, ne tanta eis, ut antea, permitteretur licentia. Et sic paulatim omnes pæne illi exterminati fuerunt.

Intravit etiam post hæc urbem Burgundionum dux Joannes [2], qui, cum quodam die, per vicos civitatis equo vectus, obviam habuisset tortorem civitatis, cognomento *Capeluche*, multa dictorum sicariorum

---

1. Il s'agit du château de Montlhéry. Voy. le *Journal d'un bourgeois de Paris*, août 1418.
2. L'entrée du duc de Bourgogne eut lieu le 14 juillet, cinq semaines avant le départ de l'expédition de Montlhéry. *Ibid.*

satellitum turba stipatum, et putans aliquem esse princioem seu ducem militum, salutasset eum, et postea a suis qualis et quam vilis conditionis homo esset, fuisset edoctus, eum captum supplicio publice affecit[1] ; quod hujusmodi sicarios multum repressit.

CAPITULUM XIII.

Qualiter urbs Rothomagum ab Anglorum rege obsessa et capta fuit.

Porro cum talia agerentur in regia Parisiensi urbe, Anglorum rex opportunitatem, ex hujuscemodi ludis sibi allatam, non segniter aut negligenter transire permisit; sed acquisitis omnibus pæne oppidis et castellis inferioris Normanniæ, ad obsidionem urbis Rothomagensis, metropolis totius provinciæ, totis viribus incubuit, omnes secum habens suos in obsidione germanos. Erat autem urbs ipsa, tum propriorum numerositate civium, tum ex concursu plurimorum ex oppidis et agris finitimis ac totius etiam Normanniæ, qui illuc tanquam ad tutissimam urbem confugerant, mirabiliter conferta et plena populo. Sed ea res majoris calamitatis ipsi urbi attulit materiam; nam cum longa Anglorum obsidione premerentur et, nec de terra, nec de mari aut flumine, ulla ei solatia provenirent, tam valida atque horrenda fames inde secuta est, ut, deficientibus humanis alimentis, nec equis aut canibus, soricibus ac ratonibus, vel quibusvis immundis animalibus abstentum sit[2]. Et ut olim Hiero-

1. Cette anecdote a été rapportée à peu près dans les mêmes termes par Jean Jouvenel des Ursins (*Hist. de Charles VI*, ad ann. 1418), qui l'avait tirée lui-même du *Religieux de Saint-Denis*.
2. Comparer le récit d'un historien anonyme du roi Henri V,

solymis, cum a Romanorum exercitu obsideretur, eadem pæne clades, tum ex fame, tum ex subsecuta inde sævissima peste, hanc urbem affecerit atque vastaverit, « si parva licet componere magnis. » Feruntur enim obsidione, fame tabeque consumpti ultra sexaginta millia hominum.

Cum autem tantis afficerentur malis, adhuc tamen sese dedere detrectabant, tum propter horrorem nominis Anglorum, qui tunc incolis terræ nimis incogniti, licet interjacentis freti spatio satis modico divisi, potius ferocissimæ belluæ, quam homines, a plerisque simplicioribus, ut prædiximus, æstimabantur; tum etiam quia quorumdam factionibus (qui, quo id animo facerent, ignoramus), singulis pæne diebus civibus asserebatur brevi Burgundionum ducem, qui tunc Parisiis erat cum rege cum valida manu auxilio adfuturum, cujus ope et subventione castra Anglorum expugnarent, et sese obsidionis incommodis liberarent. Et ut hujus rei fides validius animis civium imprimeretur, fingebantur interdum et nuntia, et epistolæ ipsius ducis nomine ad cives transmissæ, quæ etiam publice legerentur, quibus pollicitatio fiebat eum ad certum et præfinitum diem adventare et eisdem solatia defensionis præbiturum esse. Quæ vana et delusa confidentia non parum obfuit civitati; quia, si maturius suo infortunio consuluisset et deditionem fecisset, potuisset multas libertatis atque immunitatis

---

dont le manuscrit est à la bibliothèque impériale (fonds latin n° 6239), fol. 69 : *De miseria civium fame pereuntium ;* et le poëme anglais intitulé *Siege of Rouen*, publié d'après le manuscrit n° 124, de Bodley à Oxford, dans l'*Archæologia*, t. XXIII, p. 43. Il y en a une réimpression exécutée à Rouen.

conditiones ab Anglorum rege accepisse, et maximas calamitates, quas passa fuit, evitasse.

Igitur ad ultimum, mense obsidionis sexto, cum loci incolæ angustias, quibus miserabiliter premebantur, ultra ferre non possent; quotidie excrescere nimium et augeri, fame et variis morborum languoribus, deficientium et morientium numerum inspicientes, hisce malis eos perurgentibus, de deditione verbum fecerunt. Quam non suo quidem arbitrio, sed victoris legibus effecerunt, qui primo ut se ad voluntatem suam dederent requisivit[1]; sed interventione ducis Clarentiæ et aliorum nonnullorum principum sui sanguinis, flexus, salvos cives et in bonis suis manere concessit (perpaucis ad suam relictis voluntatem[2]), mulctatos tamen gravi auri pondere, quod ad ducenta millia scutorum veterum et amplius ascendere dicebatur[3]; præter donaria honoraria, quibus non parvo æstimandis, interventorum pro se atque mediatorum favorem et gratiam conciliari eis necesse fuerat, uti in rebus talibus sæpe fieri assolet.

1. Le 16 janvier 1419.
2. Trois seulement : Robert de Livet, vicaire général de l'archevêque; Jean Jourdain, chef de l'artillerie, et Alain Blanchart « qui estoit capitaine du menu commun. » Monstrelet, l. I, ch. ccix.
3. « Trois cent soixante-cinq mille escus d'or du coing de France, » selon Monstrelet, liv. I, ch. ccix.

CAPITULUM XIV.

De pace facta inter Carolum VI Francorum et Henricum Angliæ reges, et Caroli VII exhæredatione.

Recepto itaque Rothomago et sub ditionem Anglorum redacto, per hoc oppida et castella similiter etiam ad Anglos transierunt. Et quia regni totius imperium Anglorum rex, nedum Normanniam, sibi addicere cupiebat, videntes qui circa Carolum adhuc regem, qui omnes pæne tum ex Burgundionum partibus erant, se et regnum non facile tutari posse adversus Anglorum vires, qui jam Normanniam pæne universam occupabant, et contra etiam Francorum potentiam, quos Armeniacos dicebant, qui utrisque, tam Burgundionibus quam Anglis, fortiter imminebant, et se et terras quas tenebant ab utrisque defendebant, pacis fœdera inierunt et pepegerunt inter ambos reges[1], ita videlicet quod Francorum rex, velut per inobedientiam ad se, patrem, exhæredato filio suo Carolo VII, tunc, ut diximus, delphino Viennensium et partium illorum, qui Armeniaci appellabantur, imperium tenente, hæredem regni post se Henricum, Anglorum regem, instituit, et esse voluit totius regni ex tunc sub suo nomine administratorem et gubernatorem. Unde ab illo tempore ipse Henricus non se Francorum regem, sed hæredem et gubernatorem regni attitulavit; obiit enim idem Henricus paulo antequam ipse Carolus VI, Francorum rex, vita esset functus.

1. Traité de Troyes, du 21 mai 1420.

Accepit etiam idem Henricus cum illo fœdere in conjugem dominam Catharinam, ejusdem Francorum regis filiam, Caroli VII tunc delphini sororem, fueruntque nuptiæ cum magno apparatu et regio luxu celebratæ in civitate Trecensi Campaniæ.

Pax etiam prædicta, et a civitatibus, et a singulis qui sub ditione Francorum regis vel etiam regis Angliæ consistebant, ubique jurata fuit. Et quamdiu civitas Parisiensis mansit sub obedientia Anglorum, omnes scholastici, si ad gradum aliquem in quacumque facultate promovebantur, inter alia, in manu rectorum Universitatis, hujusmodi pacem se servaturos, sacramento firmare adigebantur[1]. Sed de hujusmodi pace et ejus capitulis, seu de exhæderatione Caroli delphini, unici tunc filii patris sui, nec ipse delphinus, nec sui, quibus longe major pars regni parebat, quidquam curarunt, dicentes a rege patre suo, non in sua libertate, sed sub Anglorum et Burgundionum potestate constituto, nec tunc sana mente exsistente, nihil tale validum aut legitimum fieri potuisse. Quod verisimiliter nunquam facturus fuisset, si sana mente et in sua plena libertate mansisset.

Et ipsa autem sic firmata pace, et civitas Parisiensis, et civitates Campaniæ atque aliæ quæ partes Burgundionum, ferventibus civilibus regni dissensionibus, secutæ erant, sicut Ambianum, Belvacum, Noviomum, Silvanectum, Carnotum, Senones, Autissiodorum, Matiscona et multa alia oppida et castella, tanquam Carolo regi suo devotæ ac fideles, Anglorum

---

1. L'auteur signale ici une formalité à laquelle il fut soumis lui-même, puisqu'il vint étudier à Paris en 1424.

regi et, post ejus obitum, Henrico ejus filio, tanquam hæredi et legitimo administratori et gubernatori regni, paruerunt.

Sed quis fructus ex hujusmodi provenit pace, et quæ virgulta et fruges ex hujuscemodi semine regno obortæ sint, in consequentibus ostendemus. Conabatur Anglorum rex sibi urbes atque terras, a delphino exhæderato et suis possessas, tanquam obventuram sibi legitime hæreditatem, ad quam jus haberet, vindicare, suis atque Burgundionum viribus fretus. Alii vero delphino parentes atque obedientes, qui magno semper numero erant et de majoribus regni, contra nitentes, non modo quæ possidebant tutari, sed etiam Anglos pellere de regno et in Burgundiones ulcisci, et ab adversariis occupata recuperare, totis viribus insistebant.

CAPITULUM XV.

Qualiter Joannes, Burgundionum dux, in castro Monsterolii fuit interemptus [1], et quomodo Philippus filius ejus necem ipsius ulcisci studuit.

Cum vero esset Carolus delphinus in castro Monsterolii supra flumen Ionæ, cum multis partium suarum militibus, et non procul etiam ab eo loco esset Joannes [2], Burgundionum dux, cum magna armatorum manu, ii qui de parte delphini et cum eo tunc erant,

---

1. C'est par anachronisme que le meurtre du duc de Bourgogne est placé après le traité de Troyes, puisque le traité est postérieur de sept mois à l'assassinat. L'erreur de Thomas Basin vient sans doute de ce que le duc de Bourgogne se tenait à Troyes lorsque fut négociée l'entrevue de Montereau. Cf. Monstrelet, liv. I, ch. ccxx.

2. Il s'avança d'abord jusqu'à Bray-sur-Seine.

simulantes velle pacem atque amicitiam cum ipso Burgundionum duce conciliari et reformari, ipsum, data sibi omni fide et securitate quæ dari possit, ad dictum castrum de Monsterolio adventare procurarunt ad præsentiam delphini, quasi de negotio pacis bona fide inter eosdem tractaturi. Cum autem illo adventasset, nihil insidiarum suspicatus, et hoc quidem contra plurimorum de suis opinionem, qui de dolo atque insidiis vehementem suspicionem habebant, in præsentia ipsius delphini, in cervice percussus, interemptus est miserabiliter[1].

A quo autem vel a quibus percussus exstiterit, diffinire non possumus. Suspecti quidem de hoc habiti sunt præfatus Tennequinus de Castro, de quo supra meminimus[2], et alius egregius ac strenuus miles de partibus Aquitaniæ, cognomento *Barbesan*[3], de quo se expurgasse a multis assertum est. Constat tamen, quorumcumque id manibus patratum exstiterit, eum in dicto castro sic enecatum, in præsentia delphini fuisse crudeliter peremptum[4]; qui, quod de hoc minime conscius fuerit, imo factum vehementer exhorruit, qui tum adhuc juvenis et adolescens erat, constantissime et a se et a pluribus aliis assertum est semper. De qua re sentiendi libertatem unicuique, prout volet, derelinquimus.

1. Le 10 septembre 1419.
2. Ci-dessus, p. 29.
3. Arnaud Guilhem de Barbasan. Suivant Monstrelet, ce seigneur au contraire blâma hautement l'attentat du pont de Montereau
4. Tout ce qui précède, depuis le commencement du chapitre, a été intercalé, avec de légères modifications, dans les *Annales Flandriæ* de Meyer, l. XV.

LIBER PRIMUS.

Verumtamen, sicut ex Aurelianensium ducis nece supra retulimus, sic ex ista maxima in regione Francorum turbatio et detrimenta provenerunt, quemadmodum ut ex infra dicendis liquido apparebit. Philippus nempe, filius ejus, vir utique magni animi et in rebus, tum belli, tum pacis, administrandis et gerendis industrius, tam crudelem necem patris et charissimi genitoris sui nimis indigne ferens, ad eam ulciscendam vehementer animum intendit, se Anglorum regi copulans et fœdere firmissimo devinciens[1], licet ad verum constet eis nunquam tanta præstitisse auxilia adversus Francos, quanta facile potuisset. Contra eos tamen non modo fines suos strenue defendit, verum etiam agros et terras suorum inimicorum gravibus sæpe detrimentis atque damnis affecit.

Unde, cum duces nonnulli cum magno agmine illorum qui Armeniaci dicebantur, aggressi populare terras suas, ad Picardiam venerunt, prope villam seu oppidum Sancti-Richarii[2], conflictum satis periculosum habuit. Cujus licet initio ambiguus et anceps futurus videretur exitus, nunc una, nunc altera partium vicissim hostibus cedere incipientibus, in fine tamen, cum satis magno hostium damno, victor evasit, eisdem partim cæsis, partim fusis et sibi per fugam necessariam consulentibus. Ferturque in illo prœlio miles effectus, cum primus ille conflictus foret in quo armatum eum interfuisse contigisset[3].

1. Voir les termes furibonds de ce traité (25 décembre 1419), rapportés en partie d'après l'original des archives de Lille, par M. Kervyn de Lettenhove, *Histoire de Flandre*, l. XV.
2. Bataille de Saint-Riquier, le 31 août 1421.
3. Ce paragraphe est inséré dans les *Annales Flandriæ* de Meyer, l. XVI.

Et ita sæpe inter Armeniacos appellatos et Burgundiones, diversis in locis et terminis, vario marte certatum est, et utriusque partibus plura oppida, castella et villæ direptæ et vastatæ.

CAPITULUM XVI.

Qualiter Anglorum rex obsidionibus acquisivit Meldos et Meldinum ; et de exstinctione ducis Clarentiæ, atque obitu Henrici Anglorum et Caroli VI Francorum, regum.

Anglorum vero rex[1], ut ad nostram, unde paululum digressi sumus, principalem narrationem redeamus, cum jam Parisiorum urbem et alias prænominatas, titulo hæredis et administratoris regni, possideret, magna [ope] ad cæteras subigendas et suæ subdendas ditioni satagebat civitates atque oppida, quæ delphino, ut præmisimus, exhæredato parebant. Unde civitatem Meldensem et Meldinum oppidum[2], et nonnulla alia loca, contractis Burgundionum auxiliis, longis et difficilibus obsidionibus ad deditionem compulit et suo adjecit imperio.

Alter vero ex suis germanis Thomas, Clarentiæ dux, cum magnis Anglorum copiis partes Cenomanniæ atque Andegaviæ aggressus, et incautius se gerens, a magno Francorum et Scotorum agmine exceptus, illic cum sua gente apud Baugiacum exstinctus est[3]. Cujus clade comperta, dixisse fertur Anglorum rex, frater suus, quod si vivus evasisset, eum mortis affecisset

1. Henri V.
2. Meaux et Melun.
3. Bataille de Baugé en Anjou, 23 mars 1421.

pro sua temeritate supplicio, eo quod cum hoste, contra interdictum suum atque imperium, dimicasset; prout olim Manlium Torquatum de proprio filio fecisse, quod contra suum imperium, licet feliciter, cum hoste pugnasset, veteres Romanorum historiæ referunt.

Non multo autem post, idem Anglorum rex, gravi morbo correptus, debitum universæ carnis exsolvit, a summo Judice, ad recipiendum pro suorum meritis operum stipendium, ex hoc sæculo nequam evocatus[1]. Fertur autem inflatione ventris et crurum, vel ex hydropisi tumidus, defecisse. Quem morbum vulgus eum incurrisse dicebat, quod villam et oratorium sancti Fiacri, prope civitatem Meldensem, prædari atque spoliari per suos vel fecisset, vel permisisset[2]. Talem enim ægritudinem sic fœdo distendentem tumore ventrem et crura, vulgus morbum sancti Fiacri communiter appellat. Reliquit autem filium impuberem ejusdem nominis, scilicet Henricum, qui, mortuo patre, variis ac miris fortunæ ludibriis, nunc sublimatus, nunc dejectus, ad ultimum, cum diu regnasset, miserabiliter obiit : aliquando duorum regnorum maximorum titulis adornatus et utroque magna ex

1. Le 31 août 1422.
2. Erreur de l'auteur. Voici le fait, tel qu'il est rapporté par Jouvenel des Ursins, en sa chronique de Charles VI : « Il se disoit communément qu'il avoit esté à l'église et chapelle de ce glorieux saint, monseigneur saint Fiacre, et que son intention estoit de transporter ledit corps du lieu où il estoit en un autre. Et estoit commune renommée que c'estoit en son pays d'Angleterre. Or en telz cas souvent, quant à Dieu, la volonté est repputée pour le faict. A cette cause disoit-on que Dieu l'avoit osté de ce monde, affin qu'il ne mist sa maulvaise volonté à exécution. »

parte potitus, aliquando neutro, interdum altero tantum; ad extremum utroque simul cum vita privatus et violenta morte suffocatus, per suos Anglos occubuit.

Mortuo autem præfato Anglorum rege, quem, delphino a patre suo exhæredato, hæredem et gubernatorem Franciæ factum supra retulimus, brevi temporis intervallo post, et ipse Carolus hujus nominis VI, Francorum rex, cum regnasset annis quadraginta octo[1], majore ex parte postquam amentiam incurrerat, ex hac instabili luce extractus obiit, relinquens regnum, jure quidem ad Carolum VII, filium unicum sibi superstitem, et naturalis successionis ordine, devolutum, licet tunc magna ex parte ab Anglis regni hostibus occupatum, civilibus vero atque intestinis dissensionibus nimis, proh dolor! laceratum atque perturbatum.

Et quia in consequentibus gesta ipsius Caroli VII non jam delphini, licet hunc solum sibi titulum Angli et Burgundiones etiam tunc deferrent, sed ex tunc regis Francorum legitimi et naturalis, narranda suscepimus, ne nimia libri prolixitas legentibus fastidiosa sit, hoc termino librum hunc convenienter claudentes, sequentia ex alterius ordiemur initio.

1. Il faudrait *duobus*, puisque Charles VI régna depuis le 16 septembre 1380 jusqu'au 21 octobre 1422.

EXPLICIT LIBER PRIMUS.

LIBER SECUNDUS.

CAPITULUM PRIMUM.

Qualiter Carolus VII, patre mortuo, se regem Francorum titulavit; et de miserabili regni vastatione, quæ suis contigit temporibus.

Nemo, uti arbitramur, nobis poterit succensere quod gesta Caroli VII, Francorum regis, litteris mandantes, tempora in parte, quibus suus genitor regnaverit, prosecuti sumus ; nam, ut satis ex supra dictis claruit, licet, vivente patre, ob reverentiam paternam abstinuerit titulo et nomine, solumque delphini titulo contentus fuerit, majori tamen portioni regni totius, etiam eodem vivente patre, præfuit; sub eoque et sibi Francorum copiæ, duces et exercitus militarunt et paruerunt, tam contra Anglos quam contra Burgundiones. Quare, cum ea quæ supra retulimus, et sub ipso, et suis gesta sint temporibus, non fuerunt tam magnæ ac ponderosæ res, nobis sui temporis res gestas memoratu dignas describere volentibus, prætermittendæ, sed suo tempore rationabiliter deputandæ, potissime ex eo temporis articulo, quo, ut supra annotavimus, e regia urbe et domo paterna extractus atque eductus, suo solum nomini Franci militare cœperunt, et eum pro principe colere et habere, patre suo inter Burgundionum manus, et postmodum Anglorum, constituto et relicto. Cum vero, ad intelligentiam hujuscemodi malorum, necessarium fuerit radicem atque originem civilium discordiarum, unde tam ad bella civilia atque intestina, quam externa et hostilia perventum est, retexere, inde nos rationabiliter æstimamus nostræ totius narrationis initium atque fundamentum jecisse. Nam et peremptio ducis Aurelianensium, quæ caput et origo omnium calamitatum in regno exstitit, sui temporis fuit, et eo jam nato plusquam septenni, patre etiam suo jam mente capto, contigit.

Mortuo itaque, ut superiore retulimus libro, Carolo VI, patre suo, Carolus VII in regnum Francorum successit, anno Domini M.CCCC.XXII, cum annum ætatis ageret circiter vicesimum secundum [1]; quod suis temporibus, tum diuturnis causantibus guerris et intestinis et externis, tum regentium ac ducum, qui sub ipso erant, socordia atque ignavia, tum etiam militaris disciplinæ et ordinis carentia, et armatorum rapacitate atque omnimoda dissolutione, ad tantam vastationem pervenit [2], ut a flumine Ligeris usque ad Sequanam, et inde usque ad fluvium Summonæ, mortuis vel profligatis colonis, omnes agri ferme, et sine cultura, et sine populis a quibus coli potuissent, per annos plurimos longaque tempora permanserint; paucis dumtaxat portiunculis terræ exceptis, in quibus, si quid tum colebatur, procul a civitatibus, oppidis vel castellis, propter prædonum assiduas incursiones, extendi non poterat. Inferior tamen Normannia in Bajocismo et Constantino [3], eo quod sub Anglorum ditione consistens, ab adversantium munitionibus longius aberat,

1. Il n'avait que vingt ans et demi, étant né le 22 février 1402.
2. Ce qui suit du présent paragraphe a été intercalé avec quelques changements dans les *Annales Flandriæ* de Meyer, lib. XVI.
3. Le Bessin et le Cotentin.

nec tam facile ac frequenter a prædonibus incursari poterat, et culta et populosa aliquanto melius permansit, licet etiam plagis maximis sæpe attrita, ut in sequentibus clarius apparebit.

Vidimus ipsi Campaniæ totius vastissimos agros, totius Belciæ, Briæ, Gastinati, Carnotensis, Drocensis, Cenomanniæ et Pertici, Vellocassium seu Vulgacinorum, tam Franciæ, quam Normanniæ, Bellovacensium, Caletensium, a Sequana usque Ambianis et Abbatisvillam, Silvanectensium, Suessionum et Valisiorum usque Laudunum, et ultra versus Hannoniam [1], prorsus desertos, incultos, squalidos et colonis nudatos, dumetis et rubis oppletos, atque illic in plerisque [terris], quæ ad proferendas arbores feraciores exsistunt, arbores in morem densissimarum silvarum excrevisse. Cujus profecto vastitatis vestigia in plerisque locis, nisi divina propitiatio melius consuluerit rebus humanis, verendum est longo ævo esse duratura atque mansura.

Si quid autem tunc in dictis terris colebatur, id solum fiebat in ambitu et continentibus locis civitatum, oppidorum seu castellorum, ad tantam distantiam, quantam de turri vel specula alta speculatoris oculus prædones incursantes intueri et spectare potuisset; qui

---

1. « J'ai vu de mes propres yeux les vastes plaines de la Champagne, de la Brie, du Gâtinais, du pays Chartrain, du Drouais, du Maine et du Perche ; celles du Vexin français et normand, du Beauvaisis, du pays de Caux depuis la Seine jusque vers Amiens et Abbeville, du Senlissois, du Soissonnais, du Valois, et toute la contrée jusqu'à Laon, voire même jusqu'aux frontières du Hainault, etc. » J'ai mis au génitif plusieurs des termes de cette énumération mis à l'accusatif dans le manuscrit, *Vellocases seu Vulgacinos, Belluacenses, Caletenses.*

vel campanæ tinnitu, vel venatoris aut alio cornu dans sonitum, per hoc ad munitum se recipiendi locum cunctis, qui tum in agris agerent vel vineis, signum dabat. Quod tam assidue et frequenter in quamplurimis fiebat locis, ut, cum boves et jumenta aratoria ab aratro solverentur, audientes speculatoris signum, illico absque ductore ad sua tuta refugia, ex longa assuefactione edocta, cursu rapido velut exterrita accurrerent; quod et oves atque porci similiter facere consueverant. Sed cum in dictis provinciis, pro agri latitudine, raræ sint civitates et loca munita, e quibus etiam plura hostili vastatione incensa, eversa ac direpta fuerant, vel habitationibus vacuata, tantillum illud, quod veluti furtim circum munitiones colebatur, minimum et prope nihil videbatur, comparatione vastissimorum agrorum, qui deserti prorsus et sine cultoribus permanebant.

CAPITULUM II.

De causis tantæ vastationis regni Francorum.

Ut igitur ad causas, unde orta et secuta fuit tanta desolatio, specialius memorandas atque referendas veniamus, uti Carolo VI vita functo, Carolus VII spreta ac pænitus rejecta patris sui exhæredatione, a Francis pro rege habitus est, ita et apud Anglos tunc impubes Henricus, Henrici, quem defunctum diximus, unica proles, pro amborum regnorum Franciæ et Angliæ rege se gessit, utriusque titulum sibi assumens et nomen. Angliæ vero regnum et impuberis regis tutela per Glocestriæ ducem, patruum suum, ac regni optimates, administrabantur; Franciæ vero quantum erat ditioni subactum, per ducem Betfordiæ, alterum ipsius Henrici patruum, strenue satis ac prudenter regebatur. Qui strenuus quidem erat, humanus et justus, Francorumque nobiles, qui sibi parebant, multum amans, et pro suis virtutibus studens eos honoribus extollere. Unde, quamdiu vixit, Normannis et Francis partium suarum satis charus et dilectus fuit. Accepit enim in uxorem nobilem dominam Annam[1], sororem Philippi Burgundionum ducis; unde inter ipsum et eumdem Philippum, qui dictam suam sororem valde amabat, ex affinitate hujusmodi amicitiæ nexus plurimum invaluit, duravitque inter eos, quoad affinitas illa ejusdem suæ sororis obitu solveretur.

Dominus igitur Bethfordiæ dux, imperium pro Anglorum rege in Francia administrans, fines ab Henrico defuncto et terminos regni dimissos, totis conatus est viribus ampliare atque propagare. Multa quippe oppidula et castra, quæ Franci tenebant, circa Normanniæ fines et Parisiensium terminos, vel armis expugnata, vel obsidionibus coarctata[2], recepit. De quibus per singula referre, nec opus est, et fastidiosam nimis sua prolixitate historiam legentibus redderet.

1. Anne de Bourgogne, mariée au duc de Bethford le 17 avril 1423, morte le 14 novembre 1432. Ses restes mortels ont été découverts récemment dans les dernières démolitions faites aux Célestins de Paris et transportés à Dijon. Son tombeau est au musée de Versailles.
2. *Coarcta* dans le manuscrit. Peut-être *coacta*.

CAPITULUM III.

De bello apud Vernolium inter Francos et Anglos.

Illud vero prætermittendum non est quod, cum Angli castrum de *Iveri*[1], in Ebroicensi diœcesi, obsedissent, et Franci magnas undique contraxissent copias ad præbendum obsessis solatium et obsidionem tenentes debellandum, divertentes versus Vernolium, oppidum ipsum, quod per aliquod jam tempus sub Anglorum steterat imperio, receperunt et cum multis armatorum millibus occuparunt. Quod cum Angli intellexissent, suam solventes obsidionem, suis undique collectis militibus, adscitis etiam nobilibus Normanniæ, ad ipsum Vernolii locum concito gradu perrexerunt, ut hostes suos Francos, si exspectarent, aggrederentur. Quod quidem ipsi Franci, sed infelici valde sorte, fecerunt.

Accerserat tunc Francorum rex ad solatium suum auxilia magna ex Scotis, qui pugnaces quidem et robusti, sed temerarii nimium ac superbi esse consueverunt. Ferebantur esse quasi ad decem millia pugnatorum, quorum erant ductores principales comes de *Douglas* et comes de *Boukan*[2]. Ex Francis etiam erat militis collectitii multitudo magna, sed plurimum absque disciplina et ordine militari, majore etiam ex nu-

---

1. Ivry-le-Château, illustré depuis par une autre bataille.
2. Archibald Douglas, que Charles VII avait créé duc de Touraine le 19 avril 1423; et John Stuart, comte de Buchan et de Douglas, nommé connétable de France le 4 avril 1423.

mero armis male instructa. Erant duces eorum dux
Alenconii, Joannes, comes de Alba-Mala¹, et plures
alii barones et capitanei de ipso regno Franciæ. Et
quia Anglici, per suos sagittarios pugnantes, pedites
Francos sæpe prostraverant, providentia contra hoc
per proceres regni adhiberi credita est, si pedestribus
copiis sagittariorum ex Anglia opponerentur quadrin-
gentæ vel quingentæ lanceæ ex Italicis militibus, qui
armis, tam viri quam equi eorum, optime protecti,
sagittarum nihil pertimescentes ictus, pedestrem Anglorum sagittariorum militiam, in qua potissimum sui
exercitus robur et vires solent consistere, irrumpe-
rent, et eorum ordinem perturbarent, eos contis et
lanceis proterendo. Talem itaque militis Italici manum
secum Franci tunc habuerunt².

E diverso vero Anglici non segniter rebus suis pro-
videbant, sed ad præliandum acies suas ordinabant,
ex terris quæ sibi parebant undique copiis auxiliisque
contractis. Erat totius imperator Anglorum exercitus,
quem prædiximus, Bethfordiæ dux, patruus Anglorum regis et sub eo Franciæ gubernator. Erant et secum Anglorum strenuissimi duces comes Salisberiensis et dominus de *Talbot*, comes Cherosberii³, dominus

1. Jean, duc d'Alençon, deuxième du nom, et Jean d'Harcourt,
déjà mentionné ci-dessus, p. 11.

2. « L'an précédent (1423) estoient arrivez en France messire
Théaulde de Valpergue, messire Borne de Caqueran et messire Lu-
quin Riz, lesquelz luy admenèrent de par le duc de Milan six cens
lances et mille hommes à pied. » Chron. de Berri dans GODEFROY,
Histoire de Charles VII, p. 370.

3. Thomas Montague, comte de Salisbury, et lord Talbot, comte
de Shrewsbury. L'auteur donne à ce dernier personnage une
qualification prématurée. Lord Talbot ne fut comte de Shrewsbury
qu'en 1442.

Scalis[1], cum pluribus aliis comitibus et proceribus regni Anglici. Quorum quidem numerus militiæ ad circiter quatuordecim millia, Francorum vero, cum Scotis et Italicis, ad longe ampliorem æstimabatur.

Igitur cum præfinitus adesset dies[2], quo ad certamen congrediendum erat, Anglorum exercitus in agris, ab oppido Vernolii paulo minus milliari Gallico[3] remotis, castra locavit; ita ut perspicue a Francis, qui in oppido erant et eo circa, viderentur. Franci autem, suam etiam militiam oppido educentes, in proximis oppidi campis suorum militum acies ordinarunt. Quod cum fecissent, Italis equitibus præcedentibus, pedestres copiæ cum militia Scotorum obviam Anglicis, eosdem quoque expectantibus, procedere cœperunt. Irrumpentes itaque equites Gallici in Anglorum peditum acies cum vehementi incursu, multum metus atque periculi eisdem incusserunt, quamplures ex ipsis, quos obvios habuisse potuerunt, ad terram [profligantes], et totius Anglorum exercitus acies penetrantes, sese ipsis Anglicis findentibus, ut transitus ipse Italis equitibus cum minore eorum detrimento præstaretur. Cum autem ita penetrassent Anglorum acies, multis eorumdem Anglorum prostratis ad terram, et omnem Anglorum exercitum pertransiissent, ut eos jam post tergum relinquerent; existimantes sequentes se Francorum Scotorumque copias, quod satis feliciter inchoarant perfecturos fore, et Anglos in reliquo facile occumbere et vinci posse, ad sarcinulas Anglorum diripiendas, quæ cum eorum famulis et mangonibus

1. Lord Scales.
2. 17 août 1424.
3. Une lieue de France.

satis procul asservabantur, se contulerunt; e quibus multos eorum conantes effugere manus peremerunt, et multum auri et argenti variæque pretiosæ supellectilis rapuerunt, et abierunt.

Anglici vero sese ordinantes denuo et, qui ex eis prostrati tantum fuerant, se erigentes, resumptis animi corporisque viribus, ducum suorum exhortatione confortati et roborati, viriliter ac strenue Francorum Scotorumque copias exceperunt, et, fortiter dimicantes, pluribus hostium vertentibus terga, magnam ex eisdem cædem stragemque fecerunt.

Omnes illic Scotorum copiæ cum suis prænominatis ducibus pæne exstinctæ sunt, fuitque inter eos et Anglos diu acerrimeque pugnatum, usque ad totalem eorum internecionem. Ex Francis etiam multi ceciderunt, aliis fusis sibique per fugam consulentibus. Cecidit ibi comes de Alba-Mala cum multis aliis nobilibus Francorum. Dux Alenconii, dejectus ad terram, confecto prælio, inter occisorum acervos adhuc vivens repertus, captivus abductus est.

Cessit itaque Anglis, non incruenta tamen, victoria; nam et ex ipsis multi ceciderunt, longe vero plures, cruentis acceptis vulneribus, ad propria vel redierunt vel deportati sunt. Horrendum valde aspectu erat illic cæsorum intueri acervos magnos et densos, præcipue ubi cum Scotis pugna fuerat, e quibus nullus ut captivus abduceretur servatus est; quos etiam acervos plurium permixtim cæsorum ex Anglicis corpora adaugebant.

Huic autem pugnæ acerbitati crudelitatique Scotorum superbia atque præsumptio causam attulit. Cum enim, ante belli exordium, dux Bethfordiæ per heraldum sciscitatum misisset Scotorum duces qualem belli conditionem illo die observare próponerent, illi de suis viribus atque multitudine arroganter sentientes et nimis temere præsumentes, feruntur respondisse se, illo die, nec Anglicum captivum servare, nec se vivos Anglorum captivos abduci velle. Quod responsum Anglorum animos in eorum odium atque necem vehementer accendit, in eosque, quam eis inferre proposuerant, vicem refudit.

CAPITULUM IV.

Quod infelicitas hujusmodi prælii nonnihil commodi attulit regno Francorum.

Quanquam autem hujuscemodi prælium non parum damnosum exitialeque fuerit Francis, tamen, prout ipse sæpe a prudentissimis Francorum ducibus audivimus, Scotorum nece ac perditione, damnum quod incurrerant satis repensatum est. Tanta enim præsumptione ac audacia ferebantur Scoti, vires ac potentiam Francorum contemnentes et pro nihilo reputantes, quæ jam tum ex civilibus tum hostilibus bellis plurimum attritæ depressæque exstiterant, quod animo proposuerant, si Anglos in illo prælio protrivissent, nobiles omnes Andegaviæ, Turoniæ et Biturix et vicinarum terrarum, qui reliqui erant, perimere, eorumque domos, uxores ac terras, et possessiones opimas suo juri ac dominio mancipare. Quod procul dubio non difficile eis multum factu fuisset, si pro voto, hujusmodi prælio peremptis atque exstinctis Anglicis, victores evasissent. Non parvam igitur ex hoc infortunio regnum Francorum dixerimus consecutum felicitatem, si tam immanis feritatis propositum barbarorum Scotorum animis incesserat.

Prælio autem confecto, et oppidum Vernolii, et multa alia castell*.* deditione regi Anglorum accesserunt, cum, oppressis et exstinctis a quibus defendi potuissent, parum aut nihil solatii præsidiive a Francis consequi confiderent.

CAPITULUM V.

Quomodo post cladem acceptam apud Vernolium Franci, opera comiti Dunensis, Anglicis resistentiam dederunt.

Nec tamen ita Francis omnibus animus exciderat, quin etiam de restinguendo incendio tutandisque finibus aliqui cogitarent. Erat tum in domo regia cum ipso rege nutritus et sibi pene coævus illustris Joannes, naturalis filius Aurelianensis ducis, quem supra necatum fuisse Parisiis retulimus, qui nondum arma aliqua induerat[1], dignus qui non modo ejusdem ducis

---

1. Erreur. Le bâtard d'Orléans, alors âgé de vingt-deux ans, combattait depuis son adolescence pour le parti qu'avait suscité le malheur de sa famille. Une cédule de l'an 1418 le représente comme « estant prisonnier à Sainct-Germain en Laye, d'aucuns tenans le party du duc de Bourgoingne. » D'après d'autres titres, il prit le gouvernement de l'Orléanais pour le duc prisonnier en Angleterre, aussitôt après la mort de son frère Philippe (1420), et il fut mis en nom dans les actes moyennant la formule : « Par monseigneur le duc, à la relacion du conseil ouquel estoit mons:gneur le bastart d'Orléans. » Or un gouverneur de province exerçait nécessairement la profession des armes (A. CHAMPOLLION, *Louis et Charles d'Orléans*, t. I, p. 315, 330). Enfin le 15 avril 1421, il

filius legitimus, verum etiam regis, immo et nobilissimi imperii rex atque moderator exsisteret. Fuit enim prudentia et consilio in rebus cum belli tum pacis sagacissimus et gravissimus, in exsecutione vero eorum quæ consulto agenda decreta essent cautissimus atque efficacissimus exsecutor, ut luculenter cunctis innotuit, ex quo per eum in arduis ac difficilibus causis atque negotiis fortiter et strenue persæpe et longo tempore factitata fuerunt, prout in sequentibus, cum opportunitas se obtulerit, ostendemus.

Qualis autem miles futurus esset, audita clade quam Francos apud Vernolium pertulisse memoravimus, statim auspicia ostendit. Cum enim rex, qui tunc adhuc juvenis erat et, ut hujusmodi ætas dare solet, conviviis, choreis et voluptatibus diu noctuque satis indulgens et plusquam utile fuisset, eum, utpote una nutritum et educatum, multum amans, apud se retinere in deliciis vellet et, ne ad arripienda arma convolaret, impediret atque prohiberet[1], id efficere non

---

passait à Blois la revue d'une compagnie d'hommes d'armes qu'il commandait pour le roi, avec le titre d'écuyer banneret. (P. Anselme, *Hist. généalog.*, t. I, p. 212.)

1. C'est peut-être à cette singulière défense que se rapporte un fait peu connu, dont les titres font foi. Le roi lui ayant donné le comté de Mortain au mois de février 1424, le lui retira dix mois après en lui donnant à la place le comté de Gien. Mais le Bâtard ne laissa pour cela de continuer à s'intituler comte de Mortain; ce qui amena le roi à le désappointer de nouveau par d'autres lettres plus expresses qui portaient l'interdiction de le laisser séjourner dans le pays. Or, à cette époque, la guerre était dans le comté de Mortain, frontière des Anglais, tandis que la paix régnait encore sur les bords de la Loire. Les preuves de cela existaient autrefois dans les archives du Mont Saint-Michel. Cf. le P. Anselme, l. c.

potuit; sed rebus pæne desperatis occurrens, reliquias armatorum, qui fusi dispersique post prælium vagabantur, collegit, eosque consolatus et in debitum ordinem redigens, in præsidiis locorum quibus periculum majus imminebat, collocavit, prout opportunius videbatur, ne excursione hostium post tantam calamitatem cæteræ civitates et loca ad hostes exterritæ deficerent, et per hoc incendium longius latiusque vagaretur. Munitis igitur principalioribus locis, quæ Anglorum terminis viciniora et ampliori subjecta periculo putabantur, industria et labore prædicti Joannis, qui tum Bastardus Aurelianensis vocabatur (postea vero a rege pro suis egregiis virtutibus muneratus, comitatum Dunensem in Carnotensi[1], et comitatum postea de Longavilla in Rhotomagensi diœcesibus, obtinuit), effectum est ut non facile Angli in ulteriora penetrare potuerunt, restrictaque via qua, nisi eo modo provisum fuisset, parvo negotio et absque labore magno, in anteriora sese extendere et dilatare statim potuissent.

Non tamen quieverunt Anglici ipsi atque Burgundiones quin assidue Francorum terras ac munitiones pervaderent, aliquas interdum vi et armis, aliquas per insidias aut nocturnas inscalationes et murorum transcensiones, subjiciendo; quod non etiam dissimiliter e diverso Franci in Anglorum, immo verius suas munitiones, factitabant : cum agminibus armatorum nunc suos, nunc hostium agros, partes utræque populantes

---

1. Le comté de Dunois lui fut donné en 1439, non par le roi, à qui ce pays n'appartenait pas, mais bien par son frère, le duc d'Orléans. Quant au comté de Longueville, il le reçut effectivement de la munificence du roi en 1443.

et in vastitatem ac desertionem provinciam redigentes. Et hoc modo quidem per annos aliquos protracta est guerra.

CAPITULUM VI.

De prædis et rapinis miserabiliter actis per Gallias.

Per utriusque enim partis armatos, qui assidue alii in aliorum terminos incursabant, captivi rustici ad castra et munitiones ducebantur, ut tetris clausi carceribus et in specubus retrusi, atque etiam variis cruciatibus et tormentis affecti, sese quanta pecuniarum summa ab eis consequi sperabatur redimerent. Erat in foveis et specubus castrorum et turrium invenire pauperes colonos ex agris abductos, interdum in una fovea centum, interdumque ducentos, et alibi quidem plus, alibi minus, secundum quod vel major vel minor prædonum numerus illic aderat; quorum quidem sæpe magnus numerus, eorum quibus possibile non erat petitas ab eis summas atque requisitas persolvere, nullam in eos misericordiam prædonibus habentibus, fame, inedia et carceris squalore necabantur. In cruciatibus vero et tormentis, sibi ad extorquendum summas poposcitas, quibus se redimerent, adhibitis sæpe deficiebant. Tanta rabies avaritiæ et crudelitatis animis prædonum insederat, ut nulla prorsus miseratione in pauperes ac supplices moverentur; quin imo, instar sævissimarum bestiarum, in innocentes ac supplices agrorum cultores sævire delectabat plerosque ex ipsis prædonibus.

Præter vero eos, qui pro Francorum partibus se militare dicebant, et, licet plerumque absque ordine et stipendio, tamen oppida et castra incolebant, quæ Francis parerent, et sese ac prædas suas in iisdem receptabant, erant alii sine numero desperati atque perditi homines, qui seu socordia, seu Anglorum odio, vel libidine aliena rapiendi seu conscientia criminum stimulati, ut legum evaderent laqueos, relictis agris et domibus propriis, non quidem Francorum oppida seu castra incolerent, aut in eorum exercitibus militarent, sed ferarum more ac luporum densissima silvarum et inaccessa loca tenebant, unde, esuriei ac famis perurgente rabie, exeuntes plerumque noctu et in tenebris, aliquando etiam interdiu, sed rarius, agricolarum irrumpentes domos, bonis eorum direptis, eosdem captivos ad suas in silvis occultissimas latebras, abducebant, et eos illic variis excruciantes tormentis ac inediis, ad magnas, pro sui redemptione et liberatione, pecuniarum summas, et alia quæ usui necessaria putarant, coarctabant ad quem statuissent locum, præfinito die, deportandas. Ad quod si deficerent, vel ii, quos obsides reliquissent, inhumanissime tractabantur, vel ipsi, si iterum ad eos comprehendendum latrunculi ipsi potuissent pervenire, necabantur, aut eorum domus, igne noctu clam apposito, cremabantur. Hoc siquidem genus desperatorum hominum, qui vulgo « Brigandi[1] » appellabantur, mirum in modum in Normannia et adjacentibus provinciis atque terris, quas Anglici occupabant, vexavit et agros po-

---

1. Ducange cite des exemples de ce mot déjà employé du temps du roi Jean pour désigner les fantassins des compagnies franches, et notamment ceux qui venaient guerroyer d'Italie en France. Le Religieux de Saint-Denis place l'origine des Brigands à l'an 1418 et fait sortir les premiers de la Vallée de Montmorenci, t. VI, p. 89.

pulavit; et quamvis capitanei atque duces Anglorum, eo quod dum ipsos Anglici apprehendere potuissent, sine ulla miseratione interficiebant, multum curæ ac diligentiæ pæne semper habuerint ut hujusmodi pestilentium ferarum genere provinciam expurgarent, ita ut quoscumque ex eis comprehendere poterant illico furcis ac patibulis affigerent, nunquam tamen semen illud ulla diligentia vel arte exterminare potuerunt, quamdiu Normanniam incoluerunt ac tenuerunt.

Verum si quidem et experimento liquido approbatum consilium fuerit, quod quidam sacerdos Normanniæ inter Anglicos plures, in mensa sedens, eis præbuit. Dum enim inter se de hujusmodi Brigandis quererentur, colloquendoque unumquemque eorum qui mensæ adstabant requirerent ut suam diceret opinionem, quanam via seu ingenio hujuscemodi nequissimum hominum genus a patriæ finibus arceri posset, cum unusquisque Anglorum, unus unam, alius aliam sententiam dixisset, tandem ad illum bonum presbyterum deventum est, qui, requisitus ut et ipse suam etiam diceret sententiam, multis propositis excusationibus, rogabat ut velut talium rerum ignaro atque inexperto parceretur, cum nec sacerdotali professioni conveniret de talium facinorosorum suppliciis disceptare. Cum vero nihilominus urgeretur ut sententiam diceret, rogata primum ac postulata venia ut, si quid insulsius diceret, suæ ignorantiæ parceretur, quæ ab omnibus illic adstantibus concessa fuit, unum sibi videri posse apponi et superesse remedium dixit, si Anglici omnes Gallia excederent, et in Angliam, natale solum eorum, redirent; tunc enim, procul dubio, ipsis abeuntibus, simul et Brigandi in terra esse desisterent[1]. Quod verissimum postea compertum fuit. Nam illico ut Anglici, Normannia ejecti, ad propria reverti compulsi sunt, patria illico pestilenti hominum incommodo libera reddita est. Qui enim ex illo latrocinandi officio supererant (et multi quidem erant), vel in numerum militiæ atque stipendia recepti sunt, vel ad domos suas revertentes, agrorum culturæ intenderunt, aut, si artem didicerant, ex ea procurare sibi uxoribusque ac liberis necessaria vitæ curaverunt.

Quamdiu vero Anglici terram tenuerunt, ut diximus, continuo patriam pæne ubique infestantes et luporum more ex latibulis atque antris silvarum exsilientes, quos poterant vicinos, maxime ac sibi familiarius notos, captivabant, spoliabant; quibus etiam tam efferata rabies incesserat, ut nec sacerdotibus Dei pro reverentia dignitatis ordinisque sacerdotalis ab eis parceretur, nec eos Apollinis infula texerit[2], quominus si possent, ut cæteri captivarentur, vel spoliarentur ab ipsis; et licet, ut jam diximus, Anglici, quorum potissime vitæ tendebant insidias, eos, cum potuissent, sine ulla miseratione trucidantes, frequentissime perquirerent, perlustrantes silvas cum armatorum cohortibus, et canibus eas cingentes et pervagantes, plurimosque comprehensos vel statim perimerent, vel vivos ad judices regios, supplicio afficiendos contraderent. Erat enim publico edicto occidentibus sive adducentibus Brigandos certum salarium de fisco regio

1. Cette anecdote a été intercalée mot pour mot dans les *Annales Flandriæ* de Meyer, l. XVI.

2. Il semble que ce soit l'étole que l'auteur veut désigner par cette expression recherchée. Au livre II, c. xxv de l'Histoire de Louis XI, il se sert encore d'*Apollinis infula* en parlant du cardinal Balue, mais alors plutôt comme équivalent des fanons de la mitre.

propositum et constitutum, quo procliviores milites Anglorum ad exstinguendum illud pestiferum latronum genus redderentur, cui, more hydræ, de qua poetæ velut serpente quodam locuti sunt, uno succiso capite, tria semper renasci videbantur. Feruntur aliquando in anno uno in Normannia, variis in locis ac judicum tribunalibus, tam de ipsis quam de eorumdem receptatoribus, quibus non dissimile judicium reddebatur, publico judicio, vel capite plexi vel patibulis affixi ultra decem millia. Sciri enim hoc facile poterat ex publicis ratiociniis, cum, ut præmisimus, ex capite cujuslibet ad judicem adducti, vel etiam in prosecutione perempti, præmium propositum exsolveretur. Et tamen nec tali diligentia atque cura reddi potuit ab illa peste patria libera et immunis, donec ditione ac potestate Anglorum eruta, sub Francorum naturale terræ imperium restituta fuerit.

Talibus igitur malis, dum utriusque partium capitanei et armati, vel astu, vel dolo, seu per insidias aut tradimenta et proditiones, diversæ partis civitates, oppida et munitiones, potius quam armis et bellica fortitudine, quoties possent, studerent acquirere sibi, agros populare, colonos abducere et cruciatibus vel necare vel affligere; dum etiam qui Brigandi appellabantur, nulli agrorum cultori vel alteri quietem ullam permitterent, effectum est, longo temporis intervallo, ut vastitas illa, et desertio horrenda tantarum regionum, sicut jam prædiximus, sequeretur. Quid cladem referam Carnoti! quid Cenomanni! quid Pontisaræ, insignissimi quondam atque florentissimi oppidi! quid Senonis, quid Ebroicis civitatum, et aliorum quamplurimum locorum, quæ, per insidias aut proditiones et tradimenta, nonnullæ etiam non tantum semel captæ, sed sæpius hostium ac prædonum direptioni atque ludibrio patuerunt! Quibus pæne similem exitum fecerunt innumera fere per omnem Galliam loca; quorum si singula infortunia et exitiabiles casus referre vellemus, multa nobis librorum volumina implenda essent. Sed ad aliqua memoratu digniora veniendum est, ne legentibus onerosi fastidiosique inveniamur.

CAPITULUM VII.

Qualiter civitas Aurelianensis ab Anglicis obsessa fuit.

Quadriennio siquidem aut circa post prælium apud Vernolium decurso, cum Anglici supra Ligeris flumen nonnulla obtinuissent oppida seu castella, videlicet *Gergeau* ad quatuor leucas supra Aurelianensem urbem, Modinum [1] vero ad quatuor similiter et *Baugensi* ad septem infra dictam urbem, supra ripas ejusdem fluminis, statuerunt ipsam Aurelianensem urbem aggredi, opum abundantia et populorum, ante multas alias, tunc frequentia et numerositate refertam. Quæ, cum suburbana haberet ampla, utpote in quibus essent quatuor conventus ordinum mendicantium et insignis collegiata ecclesia Sancti Aniani, cum pluribus parochialibus ecclesiis et aliis oratoriis, multi cives veriti ne, et ad se protegendum impugnandumque civitatem, ista hostibus deservirent, comportatis infra mœnia, quæ illic constiterant, bonis, eadem igne cremantes, in favillas cineresque redacta ad solum usque complanarunt.

1. Meun-sur-Loire.

Sed non eo minus adventantes Anglici, duce eorum comite Salisberiensi[1], majoris ac præcipuæ tunc opinionis in rebus bellicis inter Anglorum duces, contra civitatem castra metati, eamdem obsidione cinxerunt. Habebat idem comes tunc validissimum exercitum, quem noviter ex Anglia [adduxerat], adjunctis sibi contractisque copiis ex veteribus Anglicis qui diu jam in Gallia militaverant. Sed cum ex ea tantum fluminis parte atque ripa, in qua est civitas sita, castra posita et illic plures bastilias, instar castellorum structas, ipsi Angli valde munivissent, cives vero de trans flumen, quoties vellent, copias Francorum militum infra urbem suam reciperent, et annonam largissime per pontem introducerent, consilium fuit Anglicis copiam ingrediendi egrediendique per pontem civibus atque Francis, si possent, intercludere[2]. Aggressi igitur magnis viribus turrim expugnare munitissimam[3], quæ ex alia ripa fluminis pontem munit ac tuetur, ipsam vi et armis, cæsis pulsisque custodibus, expugnatam in suam redegerunt potestatem, et militum suorum magna illic præsidia locaverunt.

Quo facto, cum jam nec ex una nec altera fluminis partibus annona vel ulla vivendi solatia civibus provenirent, urbe undique armis et castris hostilibus circumvallata, coarctati sunt non multo post cives et, qui illic in præsidio consistebant, milites, multarum

---

1. La destruction des faubourgs n'eut lieu qu'après la mort du comte de Salisbury. Cf. *Journal du siége d'Orléans*.
2. C'est au contraire par le côté d'outre-Loire que le siége commença, et dès le commencement les Orléanais furent privés de l'usage de leur pont.
3. Le fort des Tourelles.

rerum necessariarum penuria et caristia. Non tamen animus viresque eis defuere quin se ab hostibus tuerentur, eosque, quomodo possent, assidue pene studerent impugnare. Unde cum, quodam die, quem praediximus comes Salisberiensis arcem illam, in altero fine pontis, intravisset lustraretque, prospiciens quomodo per eam civitati detrimenta inferret, nutu divinae providentiae per urbem ipsam in hostium potestatem redigi prohiberet[1], ex moenibus civitatis jactus de bombardella lapis, fenestram unam ejus turris, cui prope adstabat idem comes, intravit; qui ferramento allisus, quo eadem muniebatur fenestra, et in parte divisus, in caput ipsius comitis, prope alterum oculorum, impegit, eumque lethaliter vulneravit. Cumque, ita saucius, ad oppidum Modinum se deferri fecisset, infra paucorum dierum spatia vita excessit. Quae res et civitati et Francis non infausta fuit; nam inter omnes Anglorum duces et prudentissimus in rebus bellicis et strenuissimus habebatur. Reliquit autem moriens totius obsidionis et exercitus curam cuidam Anglico, cognomento *Classidas*[2], quem etiam totius industriae militaris potissimum reputabat.

Defuncto igitur tali modo comite Salisberiensi, cujus nomen et fama Francis non parvo ducebantur, laetati sunt quidem, qui in civitate obsessi tenebantur, et spe meliore roborati suae defensioni viriliter incumbere. Angli vero e diverso variis machinamentis ac molitionibus vel civitatem expugnare, vel inedia ad deditionem cives urgere, insistebant.

1. *Sic.* Il faut lire sans doute *nutu divinae providentiae urbem ipsam in hostium potestatem redigi prohibentis.*
2. Glasdale.

CAPITULUM VIII.

Prælium in campis Belciæ inter Francos et Anglos, annonam ad suos, obsidentes Aurelianensem civitatem, deferentes.

Sed Franci, quibus, ut diximus, jam inhibitus erat ad obsessos ingressus, frequenter et pæne assidue incursantes vias et itinera, per quæ ad Anglorum castra ex satis distantibus locis et plerumque ex Parisiis annona vehebatur, ipsos etiam Anglos rebus necessariis egere et penuriam pati interdum compellebant. Quo factum est ut non ad eos victualia sine magno armatorum conductu perduci possent. Quæ res cum Anglos molestia multum et damnis sæpe affecisset, statuerunt contra hujuscemodi incommoda providentiam apponere. Contrahentes igitur undique copias ad conducendam annonam ad castra sua Aurelianis, advocatis etiam atque accitis nobilibus Normanniæ, de Parisiis per Belciam, cum ingenti curruum ac vehiculorum numero, in quibus plurima halecum dolia cum cæteris rebus exercitui necessariis vehebantur, pertransibant atque iter faciebant. Erat enim sacri quadragesimalis jejunii tempus.

Quod cum per transfugas, seu aliis modis, Franci didicissent, æstimantes hoc uno remedio succurri posse obsessis, si obsidentes ad famem adigerent, et eis etiam copiam annonæ prohiberent, collecta manu militum numerosa, et quæ ad triplum vel quadruplum Anglorum exercitum excedere ferebatur, cum eisdem Anglis et Normannis in campis Belciæ congredi statuerunt. Videntes vero Angli in campis patentibus expeditas multorum millium equitum ac peditum acies, quorum comparatione nullius pæne reputationis esse videbantur, ex suis curribus et vehiculis castra sibi, contra impetum Francorum equitum atque peditum acies, satis provide fecerunt atque munierunt, et ad excipiendum hostes arcus et sagittas atque arma præparaverunt. Quo facto, cum concito impetu agmina Francorum equitum castra Anglorum irrumpere et ad eos proterendum contis et lanceis penetrare totis viribus contenderent, e diverso Angli vallum suum defendere, arcus valide extendere, jacula velut densos imbres mittere, equos hostium vulnerare, sessores ejicere ac, per hoc, impetum hostium viriliter propellere studebant. Quod cum ita fieret et multi ex Francorum equitibus caderent, eorum corruentibus equis sagittarum ictibus lethaliter sauciatis, multis etiam ex eorum peditibus levioris armaturæ similiter cadentibus, turbatis et confusis eorum ordinibus, ipsi Franci terga verterunt. Quorum ductores exercitus tunc dux Borbonii[1] et Carolus de Andegavia[2], cum pluribus regis capitaneis, fuisse ferebantur.

Erumpentes vero e suis currulibus castris atque vallo Angli et in hostes magno impetu irruentes, multos ex ipsis ceciderunt, et pro tempore victoria satis honesta potiti, ad castra usque suorum circum Aurelianensem urbem, cum suis curribus et annona, et non contemnenda ex hostibus præda gaudentes, pervenerunt[3].

1. Ce n'était pas le duc de Bourbon, alors prisonnier en Angleterre, mais le fils de ce duc.
2. Charles d'Anjou, beau-frère du roi.
3. Le 12 février 1429.

Ex quo et his qui in obsidione erant solatia, obsessis vero luctus plurimus et mœstitia promovere. Sed nihilominus spem divini auxilii minime abjicientes, et in rebus afflictis fortiter et constanter conatibus hostium reluctantes, divina eis non defutura remedia præsidiaque confidebant, cum, ut sacri Davidici hymni concinunt, divinitas adjutrix semper esse soleat in opportunitatibus, in tribulatione et protectione sperantium in se. Quæ utique spes atque confidentia, quam in divina pietate reposuerant, eis non sine fructu aut irrita aut vacua fuit, nec fraudati sunt a desiderio suo; mirabili enim modo et multis inaudito sæculis clementia Dei ac bonitas obsessis, et per hoc etiam omnibus Francis, solatia atque auxilia contulit.

CAPITULUM IX.

De Joanna Puella ; qualiter ad Francorum regem accessit.

Fuit enim his diebus puella quædam, Joanna nomine, vixdum pubes, virgo quidem, ut ab omnibus æstimata fuit, orta in finibus Campaniæ et terræ Barrensis, de villa cui nomen *Vaucouleur*[1]. Quæ, cum gregem patris sui pasceret, et nihilominus in religione Christi instructa, singularem devotionis fervorem ad Christum et gloriosam ejus genitricem, simul etiam sanctas virgines Catharinam, Margaretam, Agnetem et nonnullas alias gereret, quodam die divinas revelationes se habuisse constanter affirmabat, sibique, dum

[1]. Inadvertance de l'auteur, qui avait tous les moyens de savoir qu'elle était née à Dompremi.

in rure pascendo pecori insisteret, apparuisse prædictas virgines sanctas, et mandata divina ad eam detulisse. Aiebat enim præceptum factum ut ad Carolum regem accederet, sibi nonnulla clam aut secreto diceret. Quæ, qualia essent, ipse rex scire potuit, et si cui forsan ipse revelavit; nam occulta aliqua ex his fuerunt, aliqua autem omnibus palam facta, ut in sequentibus apparebit.

Acceptis igitur hujuscemodi visionibus et revelationibus, Joanna, quæ vulgo per omnem Galliam « Puella » appellabatur, ad quemdam militem, dominum temporalem villæ de qua oriunda erat[1] et in qua cum suis parentibus morabatur, accessit, sibi asserens Dei voluntatem esse ut eam ad regem Francorum perduceret, ut sibi nonnulla divinæ visionis mandata patefaceret, unde sibi, si eis pareret, et toti Francorum regno utilitates maximæ essent proventuræ. Cum autem idem miles, ejus attendens simplicitatem, qui et ipsius parentes cognoscebat ruri colendo pascendisque pecoribus animalibusque operam dantes, ejus dicta pro nihilo duceret, et contemnenda prima facie existimaret, quæ poscebat, velut ab idiota et insipiente muliercula dicta, implere recusabat. Sed cum ipsa nihilominus perseveraret in sua assertione, comminata etiam, si divina mandata contemneret, sibi divinitus plagam etiam non defuturam, et, uti verissime credi potest, signum aliquod suæ visionis dedisset, eum ad assentiendum et ea quæ poscebat implendum adduxit. Unde ipse, paratis ad proficiscendum equis ac famulis,

1. En admettant l'erreur de Thomas Basin sur Vaucouleurs, Robert de Baudricourt, dont il veut parler ici, était capitaine et non pas seigneur de cette ville.

cæterisque necessariis quæ suo convenirent statui, eam ex loco originis prædicto ad Carolum regem Turonum usque perduxit[1].

Ubi, cum regem a se salutatum de adventus sui causa et dictæ Puellæ adductione certiorem fecisset, rex aliquantum sollicitus super dicta rei novitate factus, Puellæ simplicitatem atque rusticitatem perpendens, ad colloquendum secum eam admittere recusavit. Sed ad eam nonnullos de consilio ac comitatu suo misit, qui ea quæ sibi dicere ac revelare vellet et quæ missionis suæ signa ostenderet, cautius et callidius ab ea explorando omnia percunctarentur. Atqui constanter omnibus ipsa respondit se habere divina jussione secreta quædam regi pandere, quæ sibi soli nullique alteri patefacere posset; missionis vero suæ talia signa ostensuram, si ad colloquium suum se rex admiserit, quod de revelatione sibi a Deo facta nullatenus in ancipiti manere posset. Sed his nihilominus ita ab ea assertis, rex per decursum circiter trium mensium eam audire detrectavit[2]. Quo defluente spatio, obsessos Aurelianenses dira fames et plurium humanis usibus necessariarum rerum penuria constringebant. Ipsa vero Joanna regium consilium, modo istum, modo illum ex primoribus erga regem assiduis interpellationibus fatigabat, affirmans perseveranter, se si rex audire vellet et quæ sibi divinitus mandabantur adimplere, auxilia sibi obsessisque ac toti regno proventura; sin vero in sua persistisset pertinacia,

---

1. Ce n'est pas Robert de Baudricourt lui-même qui l'amena, mais des personnes de bonne volonté agréées par lui; et le roi était, non pas à Tours, mais à Chinon.
2. Erreur, le roi l'admit à une entrevue dès qu'elle fut arrivée.

sibi et obsessis totique regno imminere incommoda et calamitates minime addubitaret.

CAPITULUM X.

Qualiter rex Puellam Joannam ad colloquium admisit, et eam armis atque equis instruxit.

Igitur cum talia perseverans indesinenter ingereret, et de liberatione civitatis Aurelianensis obsessisque subveniendo nulla spes, sed potius apud omnes ferme summa desperatio haberetur, ab illo Joanne, illustri comite Dunensi, quem naturalem fuisse filium ducis Aurelianensis, Parisiis perempti, supra retulimus, nonnullisque aliis, qui circa regem erant, datum regi consilium fuit, quemadmodum in rebus desperatis aliquando fieri assolet, quod dictam Joannam Puellam audire deberet et ex his quæ per eam audiret, prudenter animadvertere atque explorare an dicenda per eam, velut humana figmenta, repudianda, vel potius divinæ alicujus admonitionis seu præceptionis habentia rationem, humiliter recipienda et amplectenda forent. Eorum autem consilio rex instantiaque devictus, simul et rerum tunc præsentium quadam velut adductus desperatione, adquiescendum decrevit, et Joannam Puellam ad se accersiri fecit.

Veniens igitur ad conspectum regis ipsa Joanna, remotis arbitris, sola cum rege ultra duarum horarum spatium colloquium habuit. Qui, auditis quæ dicere voluit, super multis ad rem de qua eum admonebat attinentibus etiam interrogationes atque inquisitiones fecit. Cujus responsis dictisque animadversis, signisque et indiciis de occultissimis rebus, quas in suæ testimonium missionis ac divinæ præceptionis sibi detexit, in nonnullam dictorum fidem est adductus. Fertur enim dixisse rex (quod et a prædicto comite Dunensi, qui sibi familiarissimus erat, audivisse meminimus), eam sibi tam secreta atque occulta, ad dictorum fidem, adduxisse, quæ nullus mortalium præter seipsum, nisi divinitus habita revelatione, scire potuisset. Assensum itaque admonitis per eam præstans, undique copiis suæ militiæ [collectis], eam, tanquam divinitus ductricem sui exercitus datam, virili veste corpore et capite per omnia amictam, armis equisque munitam, cum aliis suæ militiæ ducibus, ad expugnandos hostes, qui longa jam et plurium mensium obsidione dictam Aurelianensem urbem premebant, destinabat. Quæ profecto non uti de illius ætatis puella seu muliercula potuissent æstimari; sed more virorum fortium atque in armis exercitatorum adequitabat armata, vexillo proprio, tanquam militari signo, præcedente, in quo imagines gloriosæ virginis Dei genitricis et aliquarum ex dictis sanctis virginibus erant depictæ.

CAPITULUM XI.

Quomodo sub ducatu Joannæ Puellæ castra Anglorum circa Aurelianis fuerunt expugnata, et cæsi fugatique inde Angli.

Hostes igitur qui in castris stabant, quæ velut munitissimas arces ad numerum usque sex aut septem circum urbem struxerant, aggredi statuit, urbisque habitatores, longo jam velut carcere asservatos et fame atque inedia confectos, incommodo obsidionis solvere ac liberare. Parentes itaque suis jussionibus milites, veluti si divinitus sibi factæ forent, et ipsa cum eis simul ducis et strenui militis exercens officium, arcem illam fortissimam in altero extremo ponte, ex opposito civitatis, aggressi, quæ cæteris et vallo et militiæ robore munitior putabatur, etiam magna expugnavit[1]; atque igne supposito in turri, his, qui in superioribus propugnaculis defensioni insistebant, flamma fumoque coarctatis[2], vel saltu vel funibus ipsi deorsum se mittere coacti sunt. Inter quos strenuus ille miles *Classidas*, cui totius obsidionis sarcinam a Salisberiensi comite relictam supra retulimus, dum fumi ignisque vehementiam violentiamque effugere satageret, in aquis Ligeris, quibus eadem turris ambitur, suffocatus est. Alii vero omnes similiter, vel igne, vel ferro, vel aquarum gurgite consummati sunt[3].

Qua potiti victoria Franci, quod residuum erat, tanquam minus habens difficultatis, sese perficere sub ducatu et vexillo prædictæ Puellæ, auxiliante Deo, plene confidentes, ad alia Anglorum castra bastiliasque ex altera parte civitatis et fluminis similiter expugnandas, sua agmina atque acies direxerunt. Et mira alacritate et fortitudine, quibus paulo ante Anglorum nomen adeo formidabile fuerat, ut non modo eos aggredi, sed ne exspectare quidem usquam ferme auderent, etiamsi numero viribusque longe præstarent, ita ut plene admirari liceret quod in cantico suo Moses cecinit : « Quomodo persequatur unus mille, et duo fugent decem millia ? » ita tunc sub Puellæ Joannæ

1. Suppléez *vi*.
2. Lisez *hi.... coarctati*.
3. Le 7 mai 1429.

ducatu signisque suis militaribus, fortissimas Anglorum arces et munitiones irruperunt atque penetrarunt, ut nullo pæne negotio res tam arduas atque magnificas contra validissimos hostes gerere viderentur. Expugnatis itaque duabus aut tribus ex ipsis bastiliis, cæsis fusisque hostibus, qui in cæteris supererant, eisdem relictis, per fugam saluti suæ consulere statuerunt[1]. Castris autem ipsorum Anglorum direptis, arces ipsæ seu bastiliæ, quæ pro castris ab ipsis, instar oppidorum seu castellorum, lignis lapidibusque exstructæ erant, omnes crematæ sunt, et sic civitas, longa inedia fatigata et confecta, taliter, divino nutu atque miseratione, sub ducatu prædictæ Joannæ, hujuscemodi periculis atque incommodis liberata est.

Reliquiæ autem Anglorum ad diversa oppida et loca transierunt. Quos tantum nomen famaque Puellæ, quæ tunc per omnem Galliam omnium ore celebrabatur, exterritos egerat, ut nihil prope spei in defensione, sed in sola fuga præsidium superesse eisdem videretur. Ex tunc Anglicanæ sagittæ ferri acies retusa, quemadmodum per ante, penetrare non potuit; ex tunc fortunæ cursus immutatus; ex tunc Francorum res dejectæ prostratæque erigi et in spem meliorem relevari, Anglorum vero, quas secundissimas hactenus habuerant, retro fluere dilabique cœperunt. Tantus enim ex solo Puellæ nomine eorum animis pavor incesserat ut sacramento magno eorum plurimi firmarent, quod, solo eo audito aut ejus conspectis signis, nec reluctandi vires animumque vel arcus extendendi et

1. Tout ce récit de l'attaque et de la prise des bastilles de l'autre côté de la Loire, est une erreur. La ville fut délivrée dès que les positions de la rive gauche eurent été forcées.

jacula in hostes torquendi seu feriendi, uti soliti per prius fuerant, ullomodo assumere possent.

CAPITULUM XII.

Quomodo a Francis sub ducatu Puellæ Anglici ex oppidis vicinis Aurelianensis urbis ejecti sunt et prælio victi in campestribus Belciæ.

Et quoniam plerumque, ut poeta canit, « geminat victoria vires, » prosperaque animos efferunt, hac victoria vegetati Francorum animi, sub ejusdem Joannæ ducatu et illustris comitis Dunensis, qui ex omni Francorum militia tum in ducis tum in militis munere præstantior habebatur, vicina oppida atque castra supra flumen Ligeris etiam recuperare studuerunt. Et castrum quidem de *Gergeau*, in quo supra octingentos Anglici se receperant, armis atque insultis expugnatum fuit, cæsis captisque armatis qui illic inventi sunt. Captus ibi fuit comes Suffolciæ, et ejus germanus, dominus de *Lapoule*, interemptus[1].

Quam cladem, supra priorem apud Aurelianos, cum Anglici subiissent, diffidentes posse alia oppida retinere, ut Modinum[2] et *Baugenci*, eis relictis et a Francis receptis, sese ut melius potuerunt, qui reliqui erant, in unum agmen cogentes, per Belciam, versus Carnotum et Normanniam, iter maturare cœperunt, experti non parva sui jactura Ligeris ripas tutum eis domicilium amplius non præstare. Cum vero id Francos minime latuisset, qui quotidie, secunda sibi arridente fortuna, audacia crescebant et viribus, rerum

1. William Pole, comte de Suffolk, et son frère Alexandre Pole.
2. Meun-sur-Loire.

præsentium felicitate in spem potiorem erecti, præfata Puella et comite Dunensi principalibus eorum ducibus et nihilominus aliis militum regiis capitaneis multis, eosdem Anglos persequi et ad internecionem usque delere, si potestas daretur, in animum induxerunt. Anglorum enim fore simul et recidivi periculum eis imminere videbatur, si jam ab eis devictos fugitivosque et ex nimio pavore pæne exsangues totque[1] exanimes effectos, per illa lata et spatiosa campestria Belciæ libere abire et in sua se tuta profugia recipere ignaviter permisissent. Eos itaque insecuti et in vasta planitie invenientes, prope villam quæ vulgo *Paste*[2] appellatur, cum eisdem congressi, nullo pæne negotio superarunt, pluribus cæsis captisque, aliis vero per fugam elapsis. Captus ibi fuit dominus de *Talbot*, comes de *Cherosberi*, cum aliis militibus Anglorum multis. Evasit vero per fugam dominus Joannes *Fascot*[3], miles Anglicus, certi numeri sub se ducatum militiæ habens; quod sibi apud Anglicos infamiæ atque opprobrio non parvis datum fuit[4].

CAPITULUM XIII.

Quomodo Carolus inunctus fuit in regem Francorum in civitate Remensi; et de insultu ad urbem Parisiensem attentato.

His itaque tam feliciter Francis provenientibus, et in tam diversum permutatis rebus ex adversissimis et

---

1. Lisez *atque* au lieu de *totque*.
2. A *Patay*, en Beauce, le 18 juin 1429.
3. John Falstoff.
4. Voir le récit de Wavrin du Forestel et la justification de Falstoff, t. IV, p. 405, des *Procès de condamnation et de réhabilitation de Jeanne la Pucelle*.

pæne desperatis in tam secundas ac prosperas, ita ut vere de tanta conversione fortunæ dici posset : « Hæc mutatio dexteræ Excelsi, » Carolus, Francorum rex, qui nondum inunctus more christianissimorum Francorum regum fuerat nec regio diademate insignitus seu coronatus, eo quod Remorum civitas, in qua reges consecrari, et Parisiorum urbs et villa seu oppidum Sancti-Dionysii, in quo coronari eos assuetum erat, sub Anglorum potestate adhuc tenerentur, contractis undique totius regni copiis partium quæ suæ suberant ditioni, et exercitu magno congregato, decrevit petere Remos et illic se facere consecrari, et exinde Parisiensem regiam et oppidum præfati Sancti-Dionysii, in quo more majorum et progenitorum suorum celebriter se faceret coronari. Aggressus [est] itaque Trecas, Campaniæ urbem, consilio atque opera probatissimi atque sapientissimi viri magistri Joannis Acuti[1], qui illius urbis episcopalem cathedram tenebat et ecclesiastica strenue et nobiliter administrabat; in qua urbe cum pace et lætitia receptus est. Exinde vero Catalaunum et Remos petens, easdem urbes et totam pæne Campaniam, facta voluntaria deditione, recepit, fuitque Remis, cum magno triumpho et ingenti Francorum alacritate, oleo sacro inunctus et sacratus[2], comitante semper Joanna Puella, in virili veste et armis, regium exercitum cum suis ante dictis militaribus signis.

Volens autem rex et alias regni urbes et loca provinciasque, quæ adhuc sub hostium erant potestate,

1. Jean Laiguisé. Les auteurs du *Gallia Christiana* ont cité ce passage dans leur notice des évêques de Troyes. T. XII, p. 514.
2. Le 17 juillet 1429.

perlustrare et præsertim regiam illam suam insignissimam Parisiorum civitatem atque Sanctum-Dionysium[1], ubi diadema sceptrumque regale suscepturus erat, regnique solium conscensurus, Sanctum-Dionysium cum suo exercitu petiit. Quo loco, cum tantæ militiæ atque potentiæ ad resistendum inefficax esset, etiam in pace susceptus est, atque inibi, ut regibus novis moris est, coronatus[1].

Cum autem illic adstaret per aliquot dies, etiam Parisiorum civitas summata est atque commonita ut regem suum suscipere eique, ut legitimo principi suo, ingressum dare atque parere vellet. Sed cum illic essent Bethfordiæ dux et magna Anglorum Burgundionumque præsidia, spretæ sunt ac irrisæ hujusmodi summationes et monitiones. Quam rem Franci indigne ferentes, simul nonnihil spei habentes quod cives, qui numero et viribus Anglis et Burgundionibus longe superiores erant, eis ad conatum atque desiderium suum perficiendum fierent adjutores, aggressi sunt urbem expugnare, insultumque facere et vallum intrare inchoarunt, comitante eosdem imo et præeunte Joanna Puella, cum duce Alenconii multisque regiis capitaneis et ducibus militum. Quibus, cum ii qui in mœnibus erant confertissimi atque densissimi, ad defendendum ac propugnandum expediti, petrariis, tormentis, balistis et aliis jaculis, viriliter admodum resisterent, multis ex ipsis insultoribus peremptis vel sauciatis, ipsa etiam Joanna Puella in femore jactu balistæ vulnerata, frustrati inefficacesque

---

1. M. Laporte du Theil a supposé ici une inexactitude, mais à tort. Il ignorait l'ancien usage d'introniser les rois à Saint-Denis après le sacre de Reims. *Notices des manuscrits*, t. I, p. 417.

receptui cecinerunt, et non absque damno et dedecore retro abierunt[1].

Quæ cum ita, temere satis intentata, in irrita cessissent, et in Sancto-Dionysio, pæne circumquaque inter hostes conclusi, qui civitates et castella vicina detinebant, victualium cæterarumque rerum necessariarum inopia Franci premerentur, circa Silvanectum, quam civitatem Anglici occupabant, abcessit rex cum suo exercitu. Ad quam defendendam civitatem statim, Anglorum contractis undique copiis, occurrit dux Bethfordiæ, castraque metatus est, quæ ex quibusdam stagnis paludibusque adjacentibus munitiora et non nisi cum difficultate et periculo accessibilia reddebantur. In quibus cum aliquot permansisset diebus, et a Francorum exercitu esset quasi obsessus, nec pugnandi copiam facere tutum ullatenus existimaret, noctu cum suis Anglicis Parisios versus repedavit[2].

CAPITULUM XIV.

Quomodo plures civitates Galliarum ab Anglicis ad Carolum Francorum regem defecerunt, et quomodo Carnotum fuit captum.

Quo abeunte, civitas Silvanectum deditionem fecit; quod et simpliciter Compendium, Belvacum, Laudunum, Suessio, Senonis et paulo post pleraque alia oppida et castella fecerunt, in quibus nulla militum præsidia, vel civium ac incolarum numero ac viribus imparia atque inferiora, exstiterunt.

1. Le 8 septembre 1429.
2. Il y a interversion des faits dans tout ce paragraphe et dans le suivant. La rencontre du duc de Bethford et les conquêtes au nord de Paris eurent lieu avant la tentative faite sur Paris lui-même.

Carnotum vero vaframento satis callido receptum est [1]. Nam cum illuc sæpe ingrediatur curruum quadrigarumque multitudo, contigit quodam die ut quidam milites, habitu plebeio et rusticano armis obtectis, currum onustum aurigantes, supra pontem levaticum et infra portam dum sisterent, detectisque gladiis custodes portæ jugularent, signo denique cum clangore tubæ vel cornu dato, armatorum copiam, qui juxta portam in speluncis et cavernis latitabant (erat enim mane, et nocturnis illic tenebris sese occuluerant), illico advocarunt. Qui propero gressu irruentes, eo modo civitatem occupaverunt. Cujus rei rumore illico pervolante, cum civitatis episcopus qui satis ferventer partibus Anglorum et Burgundionum adhærebat [2], adhuc hostes ejiciendi spem habens, in armis deprehensus fuisset, furore sæviente, peremptus est; civitas quoque tota, nemini parcito, in rapinam direptionemque militibus permissa. Erat enim fama loci incolas Anglorum partes atque Burgundionum satis pertinaciter defendisse : quod plurium ex ipsis cæde bonorumque jactura et perditione ita eis exstitit repensatum.

Occuparunt etiam ipsi Franci, per nocturna silentia, oppidum quod Locusveris [3] dicitur, a Rothomago septem tantummodo leucis distans, et in eo validam armatorum munitionem locaverunt, unde agros Normanniæ quotidie incursantes, provinciæ damna plu-

1. Anachronisme, le recouvrement de Chartres est du 2 avril 1432.
2. « Maistre Jehan de Festigny, natif de Bourgongne, leur évesque. » Monstrelet, l. II, c. cxvii.
3. Louviers. Cette ville fut surprise par La Hire au mois de janvier 1430.

rima atque ipsis Anglicis intulerunt. Sæpe enim usque ad portas pontis Rothomagi adequitabant, et si quos Anglos obviam habuissent, vel trucidabant, vel captos abducebant.

Fuit tum Rothomagi Henricus juvenis, Anglorum rex, illius Henrici, de quo supra multa retulimus, et Catharinæ, sororis Caroli Francorum regis, filius, quem sibi Francorum regnum ex legitima successione asserentem spectare, seque Francorum Anglorumque regem attitulantem, Angli trans fretum adventare fecerunt, ut ex ejus præsentia rebus suis multum nutantibus dilapsisque in Francia, remedium afferretur[1]. Post cujus adventum, videntes Anglici Parisiensem urbem vicinis circumquaque oppidis ac munitionibus, quæ ad Francos defecerant, vel armis aut insidiis ad eos pervenerant, graviter opprimi (nam et Latiniacum supra Maternam[2], et Sanctum-Dionysium obtinuerant, cum aliis plurimis fortaliciis; et fame et peste atque variis calamitatibus urbs ipsa miserabiliter conficiebatur et vastabatur), obsidionibus et armis plurima parva castella recuperarunt.

CAPITULUM XV.

Obsidetur Compendium ab Anglis et Burgundionibus, ubi Joanna Puella, de oppido irruens in hostes, ab uno Burgundione capitur et Anglicis venditur[3].

Quum autem Compendium supra Isaram flumen cum Burgundionibus ipsi Angli jamdiu obsedissent,

1. On le fit débarquer à Calais le 23 avril 1430.
2. Lagny-sur-Marne.
3. Chapitre imprimé dans l'édition des *Procès de la Pucelle*, t. IV, p. 351.

essetque in oppido, cum multis strenuis Francorum ducibus atque militibus, Joanna Puella, eidem Joannæ infaustum omen atque infelix valde contigit. Nam, certo die[1], cum multis armatis oppidum exiens ut in hostes impetum faceret, ab uno milite burgundione capta fuit et ab Anglicis, qui ejus perditionem et exstinctionem magnopere exoptabant, multo auro redempta. De qua Anglici, qui toties ejus nominis solius terrore cæsi fugatique fuerant, valde lætificati et exhilarati fuerunt.

Duxerunt autem eam ad urbem Rothomagensem, in qua dictus Henricus juvenis tunc erat cum suo comitatu et consilio. Ubi, postquam quidnam de ea statueretur diu consiliatum fuisset, in ea sententia resederunt ut, ea studiose in quodam satis aspero carcere arcis Rothomagensis asservata, coram domino Petro *Cauchon*, Bellovacensi episcopo (qui ex consiliariis regis Angliæ unus de primoribus erat), eo quod infra limites suæ diœcesis apprehensa fuisset, contra eam inquisitio et negotium fidei ageretur[2].

Quod diu deductum agitatumque fuit; et per multorum mensium decursum, variisque diebus ac vicibus, assidentibus inquisitoribus hæreticæ pravitatis et multis sacræ theologiæ et divini atque humani juris professoribus, propter hujusmodi causam ex Parisiis accersitis, multipliciter interrogata fuit; fueruntque interrogationes eidem factæ, cum singulis suis responsionibus, per publicos tabelliones diligentis-

---

1. Le 23 mai 1430.
2. Les délibérations du conseil eurent lieu avant que la Pucelle fût menée à Rouen, et avant même qu'elle eût été rachetée de Jean de Luxembourg, entre les mains de qui elle était tombée.

sime exceptæ et in publica munimenta redactæ. Mirabantur omnes ferme quod ad interrogationes de fidei capitulis, etiam doctis et litteratis viris satis difficiles, talis rusticana juvencula tam prudenter et caute responderet. Et quum assessorum, qui acrius et ferventius Anglorum querelæ fautores atque defensores exsistebant, tota ad hoc versaretur intentio, ut callidis et captiosis interrogationibus capta, criminis hæreseos adjudicaretur rea, et per hoc de medio tolleretur, nihil tamen validum aut efficax ad hoc ex ipsius dictis aut assertionibus extrahere potuerunt.

Fuerat enim revera, ut ab his qui ejus conversationem et mores cognoverant testabatur, priusquam ad regem accessisset, ac etiam postquam inter armatorum cohortes obversata fuit, multum devota, quoties poterat, ecclesias et oratoria frequentans. Ubi autem de rure pascendo pecori insisteret, si audiret campanæ sonum pro elevatione divini corporis et sanguinis vel pro salutatione beatæ Mariæ, cum magno devotionis fervore solita erat genu flectere et Deum exorare. Sed et Deo suam vovisse virginitatem affirmabat : de cujus violatione, licet diu inter armatorum greges et impudicorum ac moribus perditissimorum virorum fuisset conversata, nunquam tamen aliquam infamiam pertulit. Qui nimo, cum per mulieres expertas, etiam inter Anglorum exsistens manus, super sua integritate examinata inspectaque fuisset, non aliud de ea experiri potuerunt nec inferre, nisi quod intemerata virginalia claustra servaret. Excusabat ipsa virilis vestis habitum atque tegumentum, præceptum de assumendo et utendo eo atque armis divinitus sibi factum asserens, ne viros, inter quos diu noctuque in expeditionibus bellicis obversari haberet, ad illicitam sui alliceret concupiscentiam, si amictum muliebrem portasset; quod vix profecto inhiberi potuisset.

Sed certe, cujuscumque in ea seu simulacrum seu specimen virtutis elucere potuisset, vix erat ut, apud quos tenebatur, se potuisset justificare, cum nihil ferventius aut propensius quam ipsam perditum iri et exstingui assectarent. Una enim omnium Anglorum sententia voxque communis erat se nunquam posse cum Francis feliciter dimicare, aut de eis reportare victoriam, quamdiu illa Puella, quam sortilegam ac maleficam diffamabant, vitam ageret in humanis. Atqui quomodo innocentia secura evadere, quidve prodesse, inter tot acerbissimorum inimicorum et calumniatorum manus, posset, quales eidem Puellæ ipsi Anglici erant, atque alii permulti, qui animosius eorum partes defendebant et judicio assidebant, qui eam toto annisu, quacumque via, perditum iri cupiebant?

Quum autem super iis, quas affirmabat Sanctarum Virginum apparitiones factas, in una eademque confessione perseveranter maneret, diuque et multoties iteratis examinationibus fatigata, simul etiam squalore et inedia diutini carceris macerata et confecta fuisset (in quo quidem ab Anglicis militibus, tam intus carcerem, quam a foris juxta ostium jugiter excubantibus, asservabatur), ferunt, judicibus sibi, si id faceret, impunitatem liberationemque pollicentibus, aliquando eam abnegasse se habuisse veras hujusmodi apparitiones aut divinas revelationes; ad hoc tamen inductam ut, coram assidentibus in judicio, ea ulterius se dicturam asserturamve abjuraret. Quod cum ita factum fuisset, nec minus propter hoc a duritia et asperitate carceris laxaretur, aliquot post decursis diebus, vulgatum exstitit eam dixisse se propterea fuisse correptam quod hujusmodi apparitiones et revelationes se abnegasset habuisse, denuoque Sanctas easdem sibi in carcere apparuisse, quæ de hoc ipsam dire increparant.

CAPITULUM XVI.

Condemnatio Johannæ Puellæ, quæ igne cremata exstitit apud Rothomagum.

Quum autem ad judices ea res perlata fuisset, ipsa iterum ad judicium publice exhibita, tanquam in abjuratam hæresim relapsa, judicata exstitit et relicta ut talis brachio sæcularis potestatis. Quam illico rapientes exsecutores totaque Anglorum manus, qui in magno numero cum rege suo Henrico tum erant Rothomagi, spectante innumera pæne populorum multitudine tam de civitate ipsa quam de agris et vicinis oppidis (nam plurimi velut ad spectaculum publicum propterea ad eamdem urbem confluxerant), ipsa Johanna, Deum semper invocans auxiliatorem et gloriosam Domini nostri Jesu Christi genitricem, igne consumpta exstitit [1].

Collecti etiam fuerunt universi cineres, quos illic ignis tam de lignis quam de ipsis corpore et ossibus reliquerat, et de ponte in Sequanam projecti, ne quid reliquiarum ejusdem aliqua forsan posset superstitione

---

1. Le 30 mai 1431.

tolli et servari. Et talis quidem finis hujus transitoriæ vitæ Johannæ fuit.

Exspectabit forte hujus historiæ lector nostrum de hujus Puellæ gestis judicium, de qua per omnem Galliam ea tempestate celeberrima fama fuit. Nos vero, sicut temere asserere non præsumimus quod revelationes et apparitiones, quas habuisse aiebat, a Deo fuerint, qui missionis suæ signa (quæ soli dicitur regi Carolo dixisse) minime agnovimus; ita audenter dicimus et affirmamus quod, ex processu facto contra eam (quem ipsi vidimus postquam, ejectis Anglis, Normannia sub Caroli ditionem, velut postliminio, redierat) non sufficienter constat ipsam de alicujus erronei dogmatis, contra veritatem doctrinæ catholicæ, assertione convictam vel in jure confessam; ac per hoc hæresis atque relapsus satis manifeste defuisse fundamentum. Quanquam etiam, præter hoc, poterat processus hujusmodi ex multis capitibus argui vitiosus, coram capitalibus inimicis sæpe per eam recusatis, denegato sibi etiam omni consilio, quæ simplex puella erat, factus et habitus: quemadmodum ex libello quem desuper, ab eodem Carolo expetito a nobis consilio, edidimus[1], si ei ad cujus venerit manus eum legere vacaverit, latius poterit apparere. Pulsis enim de Normannia Anglicis, idem Carolus per plures regni sui prælatos et divini atque humani juris doctos homines, diligenter processum prædictum examinari et

---

1. Ce mémoire existe en manuscrit dans le vol. 5970 du fonds latin aux Manuscrits de la Bibliothèque impériale, et dans le n° 1832 de celle du Vatican. Nous en avons imprimé le début et les conclusions dans le IIIe volume, p. 309, des *Procès de condamnation et de réhabilitation de Jeanne la Pucelle*.

discuti fecit; et de ea materia plures ad eum libellos conscripserunt. Quibus, coram certis a sede apostolica ad cognoscendum et judicandum de hujusmodi materia judicibus delegatis, exhibitis et mature perspectis, per eosdem judices in sententiam, quam diximus, exstitit condescensum, et sententia, contra eam data sub Anglorum imperio, cassata et revocata.

Mirabitur forsan aliquis, si a Deo missa erat, quomodo sic capi et suppliciis affici potuerit; sed nullus admirari rationabiliter poterit, qui sine ulla hæsitatione credit sanctum sanctorum Dominum et Salvatorem nostrum, sanctos prophetas et apostolos a Deo missos ob doctrinam salutis et fidei Deique voluntatem hominibus insinuandum et evangelizandum, variis cruciatibus et suppliciis affectos, triumphali martyrio hanc vitam finiisse mortalem; quum etiam legamus in veteri Testamento populum Israeliticum, a Deo jussum Chananæorum gentes exterminare et contra suos hostes et idolatras pugnare, tam propter sua peccata aut alicujus etiam ex eis[1], aliquando prævalentibus eis hostibus, cecidisse et corruisse. Quis enim novit sensum Domini, aut quis consiliarius ejus fuit? Non tamen ita hæc dicimus, quod eamdem Johannam, modo quem diximus ex hac misera vita præreptam, apostolorum aut sanctorum martyrum velimus meritis coæquare; sed quod minime repugnantia aut inter se incompatibilia reputamus, et quod a Deo, ad subveniendum regno et genti Francorum adversus hostes suos Anglicos, qui tunc regnum ipsum gravissime opprimebant, ad ipsorum Francorum Anglorumque

---

1. La symétrie de la phrase exigerait *quam alicujus*, etc.

conterendam superbiam, et ut ne quis « ponat carnem brachium suum, » sed non in Deo, sed in se ipso solo de suisque viribus glorietur, dicta Johanna a Deo missa fuerit; et nihilominus quod eam Deus, vel ob regis vel gentis Francorum demerita, utpote quod tantorum beneficiorum, quanta Deus per eam ipsis mirabiliter contulerat, ingrati, non proinde debitas egerint gratias divinitati, aut victorias eis concessas non gratiæ Dei, sed suis meritis aut viribus attribuerint (quæ merita profecto nulla nisi mala tunc erant, quum mores corruptissimi essent, seu alia causa aliqua, justa quidem, quoniam non est apud Deum iniquitas, licet a nobis minime cognita), ab hostibus capi et supplicio sic eam affici permiserit, gratiam quam gratis nec merentibus dederat, ab indignis ac ingratis subtrahendo. Sæpe enim quod divina pietas dedit gratis, tulit ingratis. Quod autem per fœminas interdum cum armis, interdum sine armis, suis subventionem et victoriarum solatia de hostibus Deus contulerit, testes sunt historiæ de Debbora, Judith et Esther, quæ canoni divinarum scripturarum inseruntur.

Talibus igitur de Johanna, dicta Puella, recensitis, de cujus missione, et apparitionibus et revelationibus per eam assertis, nulli pro suo captu et arbitrio, quod voluerit, sic vel aliter sentiendi adimimus libertatem, ad narrationis nostræ seriem prosequendam revertamur [1].

1. Une partie de ce qui précède a été intercalée dans les *Annales Flandriæ* de Meyer, lib. XVI. Le chapitre entier figure parmi les preuves aux *Procès de Jeanne la Pucelle*, t. IV, p. 340.

CAPITULUM XVII.

Quomodo per Francos levata fuit obsidio ante Compendium, et post etiam obsidium ante Latiniacum.

Igitur post longam obsidionem Compendii, in qua etiam aliquando personaliter adfuit Philippus, Burgundionum dux illustris, cum Anglorum copiis, Francorum duces, contractis undique suis militibus, obsessores expugnare aggressi sunt; et impetu valido cum, in multis armatorum agminibus, Burgundionum Anglorumque castra strenue invaderent, cæsis ex eis plurimis, fugatisque cæteris castrisque exutis, oppidum jam diutina obsidione fatigatum et cassum in suam jam restituerunt libertatem[1].

Hac autem ignominia jacturaque suscepta, cum urbs regia Parisiorum ex vicinia Latiniaci, oppidi supra Matronam flumen siti, multis afficeretur molestiis, ex morte dictæ Johannæ Puellæ quæ tantum eos exterruerat, Anglici, viribus utcumque animisque receptis, decreverunt urbem infestatione dicti oppidi liberare. Contra quod castra metantes, ipsum valida obsidione cinxerunt. Eratque præsens in eadem dux Bethfordiæ, qui regens seu vicerex Franciæ pro Anglorum partibus dicebatur. Sategerunt autem Anglici variis modis ac machinamentis ut ipsum oppidum vi armisque expugnarent, saxis, petrariis et tormentis mœnibus turribusque propugnaculisque dejectis ac dirutis. Sed hæc omnia in irritum eisdem cesserunt. Quanquam

---

1. Le 28 octobre 1430.

enim oppidum mœnibus et vallo satis tenuiter et exiliter munitum foret, erant tamen intus fortissimorum ex Francis et Scotis virorum valida præsidia, qui, cum rerum bellicarum et tutandarum arcium ac defendendarum periti essent, contra Anglorum aggressuras et molimina vigilantissime remedia apponebant. Unde factum est ut Anglici, licet illic cum valido exercitu diu satis castra tenuissent, ipsum tamen oppidum expugnare minime potuerunt. Porro cum obsessis nulla de foris victualium et rerum necessariarum solatia provenirent, dira tandem fame ex temporis diuturnitate constricti sunt. Quod non nescientes Franci, gravissimam jacturam reputantes, si oppidum ipsum, quod ad venandam capiendamque aliquando seu recuperandam Parisiensem urbem, instrumentum eis efficax esse poterat, simul etiam si et illam strenuissimam militiam, quæ illic erat, perditum iri per ignaviam aut torporem permitterent, duce illustri comite Dunensi, de quo supra jam multoties meminimus, obsessis succursum auxiliumque tulerunt; irrumpentesque in Anglorum munitissima castra, per quæ solum ad oppidum patebat ingressus, cæsis fugatisque Anglicis ferro et armis, pervium sibi iter ad obsessos fecerunt, annonæ et rerum quibus maxime inopiam paterentur, secum ad eosdem solatia deferentes. Cum autem dux Bethfordiæ, non absque magna animi mœstitia, res sibi infeliciter procedere videret, et talia obsessis provenisse subsidia, metuens ne sibi in deterius res succederet, soluta obsidione infra paucos dies discessit et Parisios se recepit[1].

---

1. Le 10 août 1432.

Contigit etiam ut circa eadem pæne tempora oppidum prope Rothomagum, quod Locusveris[1] dicitur, Anglici obsiderent. Quod cum arietibus et gruibus aliisque belli machinamentis vi magna oppugnare tentassent, omnes tamen hujuscemodi eorum conatus frustrati sunt, nec vi, quod vehementer optaverant, ipsum obtinere potuerunt. Erat enim locus satis bene munitus et magna vegetorum militum civiumque numerositate refertus. Quod verisimiliter nec indefensum ad hostes pervenisset, si eorum qui in eo obsessi erant capitaneus præcipuus et inter Francorum duces militiæ illius temporis valde famosus, cognomento *La Hiere*[2], minime ad hostium manus pervenisset. Exiens enim furtim oppidum jam obsessum, ut clausis succursum adduceret, cum castra obsidentium noctu pertransiisset et jam per dietam[3] et amplius ab oppido elongasset, fortuito contigit ut ab uno milite Burgundione agnitus caperetur. Quo infortunio effectum est ut, cum pluribus mensibus decursis fames et omnium rerum penuria obsessos affligeret, nec tamen eis, ut auxilium præberetur, spes ulla superesset, deditionem facerent. Qua facta, statim Anglici muros et portas oppidi dejecerunt vallumque ex materiis ruderibusque inde dilapsis, aliisque terris e proximo illuc comportatis, complanarunt[4].

1. Louviers. Voy. ci-dessus, p. 78.
2. La Hire, capitaine gascon. Son nom était Étienne de Vignolles.
3. Une journée de chemin.
4. Le 25 octobre 1431.

CAPITULUM XVIII.

Qualiter Henricus juvenis, Anglorum rex, fuit Parisiis in regem Francorum coronatus.

Postmodum vero, cum Anglici desiderarent regem suum Henricum juvenem, qui, ut diximus, Rothomagum ex Anglia fuerat adductus, in Francorum regem facere coronari, ex Rothomago eum Parisios cum magno comitatu adventare fecerunt; ubi cum multa solemnitate et pompa exstitit coronatus [1], sed non longo post tempore, urbe ipsa regia regnoque exutus ac spoliatus, quemadmodum suo ordine postea referemus.

CAPITULUM XIX.

Bellum in Lotharingia inter Renatum, ducem Lotharingiæ, et comitem Vallis-Montium.

Fuit iisdem temporibus in Lotharingia bellum satis acerbum inter regem Siciliæ, Renatum, ducem Andegaviæ et Barrensem, et comitem de Vallibus Montium, vulgariter dictum *de Vaudezmons*, pro ducatu Lotharingiæ, quem ad se unusquisque pertinere contendebat [2] : occasione cujus contentionis, ad cruentam satis perventum exstitit pugnam. Habebat comes auxilia Burgundionum, quorum exercitus non ultra qua-

---

1. A Notre-Dame, le 16 décembre 1431.
2. Antoine de Lorraine, comte de Vaudemont, prétendait que la Lorraine n'était pas un fief féminin et que par conséquent René d'Anjou n'avait pu y accéder par son mariage avec la fille du dernier duc défunt.

tuor millia virorum erat; sed, licet comparatione hostium, « exigui numero, tamen profecto bello erat vivida virtus. » Renati autem exercitus, ex Lotharingis, Francis, Alemannis, plusquam viginti mille bellatorum esse ferebatur; habebat enim multos nobiles Germanos de Rheno et adjacentibus terris cum suis etiam Lotharingis; habebat et strenuissimum et famosissimum capitaneum dominum *de Barbasan* cum pluribus Francis.

Cum autem Burgundiones cum præfato comite castra intra Lotharingiam metati essent, et ea secundum rei militaris artem atque instituta locassent ac muniissent, ad eos præfatus rex Renatus debellandos cum toto suo exercitu adventavit; quorum multitudo adversariorum paucitatem contemnens et parvi faciens, illico et absque mora eos armis impetere voluit. Eorum vero temeritatem refrenare conatus, ille veteranus miles *Barbasan* non potuit. Dabat quippe consilium quod non essent præcipites ad invadendum hostes et conserendum pugnam cum ipsis, qui castra valde munita habebant cum prærogativa loci in quo ea collocaverant, quodque duos aut tres dies congressum differrent, et non procul ab eis castra metarentur; cum enim e patria, quæ eis parebat, abunde provideretur de annona cæterisque necessariis rebus suo exercitui, hostes vero, quibus omnia erant inimica, omnium rerum essent passuri in paucis diebus penuriam et ad alterum de duobus urgerentur, vel ut deditionem facerent et supplices pacem rogarent, vel ut, dimisso loco et castris, in patentibus campis copiam pugnandi, seclusa loci prærogativa, hostibus darent ; in qua pugna et certamine, verisimiliter suis adversariis inferiores essent, qui numero et viribus eos longe nimis superare videbantur.

Sed salubre hujusmodi consilium Alemannorum præcipitatio atque inconstantia amplecti non potuit. Dixerunt enim illi veterano valde experto, quasi metu anxius ipse consilium hujusmodi dedisset, quod, si paveret, retro abiret; ipsi enim hostes suos aggredi minime formidarent. Quibus responsum fecit se ipso die ostensurum quod non propter metum hostium consuleret, sed causa vitandæ temeritatis, qua, in congressionibus bellicis, nihil peniciosius esse potest; si vero utiliter consuleret, necne, ipsi ex eventu effectuque rerum cognoscerent. Ad castra igitur Burgundionum expugnanda moventes exercitum Lotharingi et Alemanni, cum suis balistis jacula et missilia in hostes jaciebant; e contra vero e castris Burgundionum sagittarii, qui illic erant pedites circiter octingenti aut mille, tam ex Picardia quam ex Anglia, viriliter et fortiter sagittas emittere, equos quibus Alemanni et Lotharingi adequitabant, cum ipsis sessoribus, occidere vel vulnerare, retrogrados agere, et ex ipso vulnerum dolore calcibus sese mutuo petere, sessores dejicere, acies perturbare atque confundere. Quam perturbationem atque deordinationem cum ipsi Burgundiones perviderent, statim exsilientes de castris et cum impetu magno irruentes in hostes jam pæne ex sua temeritate devictos, plurimos ex ipsis peremerunt, aliis celeri fuga, quibus id licuit, se tantis periculis subducentibus [1].

Cæsa sunt ibi, ut ferebatur, octo millia tam ex Lo-

---

1. Bataille de Bulgnéville en Lorraine, le 4 juillet 1431.

tharingis quam ex Alemannis et Francis. Cecidit inter cæteros nobilis ille miles dominus *de Barbasan*, qui, ne ex pavore consilium dixisse putaretur, pedes cum suis ad pugnam, relictis equis, descenderat. Rex vero Renatus captus fuit, atque etiam cum eo episcopus Metensis[1], qui eidem regi auxilium ferens, ad prœlium cum ipso venerat, cum pluribus etiam nobilibus aliis. Quod infortunium eidem regi valde infaustum fuit : nam occasionem tulit sua captivitas ut regnum illud avitum paternumque Siciliæ seu Neapolitanum ad hostem suum Alphonsum, regem Arragonum, deveniret, eoque hactenus privatus exutusque maneret[2].

CAPITULUM XX.

Henricus, Anglorum rex, in Angliam revertitur ; et qualiter post hæc guerræ procurrerunt.

His itaque in Lotharingia gestis, Anglici, postquam regem suum Henricum diademate, sceptro cæterisque regalibus Parisiis insignivissent tanquam Francorum regem, ipsum paulo post Rothomagum et inde paulo post per Picardiam, quo adventarat, remenso itinere[3], Calesium et in Angliam reduxerunt.

Studium autem permaximum erat Francis venari urbem illam regiam Parisiorum, et ex captione et munitione vicinorum oppidorum et fortaliciorum, eam in extremam necessitatem adductam, ad faciendam

---

1. Conrad Bayer de Boppard.
2. Ceci étant écrit en 1472, le roi Réné vivait encore, et sans être rentré en possession du royaume de Naples.
3. Le manuscrit donne *remensi itinere*.

deditionem adigere. Ad quod cum plurium annorum decursu intendissent, neque obsidiones, neque militares exercitus in castris tenentes, sed ex oppidis et castris quæ, seu per tradimenta, seu per insidias ac nocturnas aut furtivas inscalationes, acquirere poterant, agros populantes et itinera undique obsidentes, per quæ annona ad præfatam urbem adduci potuisset, ipsam ad magnam rerum omnium penuriam et caristiam perduxerunt; ita ut cives pretiosa quæque pro pane, perurgente fame, distrahere cogerentur. Non enim per plures annos annonam habebant, nisi quæ ex Normannia eis adduceretur, et frequentius navigio per flumen (quod nec fieri poterat, nisi cum magna armatorum multitudine) deduceretur. Quæ impensa conductæ annonam ipsam multo cariorem efficiebat. Contingebat etiam interdum ut, incursantibus et insidiantibus Francis, quidquid advehebatur raperetur, mercatoribus et conductoribus captis seu peremptis. Inde autem consecutum est ut urbs illa, maxima populorum frequentia ac numerositate solita esse referta, inopia et variis calamitatibus atque pestilentiis, civibus partim absumptis, partim quoquo versus effusis atque dispersis, habitatoribus majore ex parte vacuaretur et nudaretur; ita ut ejus plateæ, raris eas calcantibus, plerumque herbis et graminibus virentibus implerentur; et jam certe non esset ei species neque decor, quæ quondam inter omnes christiani orbis civitates speciosissima atque florentissima ferebatur.

Cum autem ita [bellum proferrent] sine prœliis et exercitibus atque ordine militari, vastando agros, diripiendo civitates vel oppida quæ proditionibus, dolis seu insidiis super alterutrum capi potuissent, contigit ut dux Borbonii, qui Philippi, Burgundionum ducis, sororem habebat in conjugem, ex terris suis accepta armatorum multitudine, terras Burgundiæ vicinas sibi graviter infestaret et plurima eis detrimenta inferret[1]. Quibus incommodis occurrens idem Philippus, qui paulo ante Brabantiam per obitum Philippi, ducis ipsius Brabantiæ, ex legitima successione sibi vindicarat, in Burgundiam ex Brabantia profectus est[2]; ubi, collecto exercitu, sese de injuriis sibi et suis per dictum ducem Borbonii irrogatis, ulcisci destinavit. Aggressus igitur ejus terras, multa inibi vel expugnando, vel obsidendo fortalitia et oppida accepit, pluraque verisimiliter accepisset, nisi idem Borbonii dux, ad componendam pacem conciliandamque inter Carolum regem et dictum Burgundionum ducem amicitiam et concordiam, animum convertisset[3].

CAPITULUM XXI.

Qualiter et quomodo deventum est ad tractatum pacis factæ in Atrebato inter Carolum regem et ducem Burgundionum.

Ad ea igitur quæ pacis sunt et per quæ feralis illa odiorum et inimicitiarum rabies exstingui posset, quæ

1. Cette guerre qui dura pendant toute l'année 1434 eut pour théâtre le Charolais.
2. Anachronisme. Le duc de Brabant mourut en 1430 pendant le siége de Compiègne. L'erreur de l'auteur vient de ce que le duc de Bourgogne alla en Flandre pendant la guerre que lui fit le duc de Bourbon, et qu'il alla à Anvers, cette guerre achevée.
3. Les deux ducs de Bourgogne et de Bourbon se virent et se réconcilièrent à Nevers au mois de janvier 1435. Monstrelet, l. II, ch. CLXVII.

tamdiu tam Francorum quam Burgundionum animos possederat, ut exinde totius pæne regni vires attritæ et deperditæ, ipsiusque totalis pæne vastitas et desolatio consecuta essent, sese reflectens et applicans idem dux Borbonii; simul etiam ut sibi terrisque suis consuleret, quas contra Burgundionum vires difficile tutari potuisset, Carolo regi persuasit ut, pro sua regnique totius utilitate permaxima, ad id animum intendere vellet ut, licet sero, quandoque tamen desolatissimo regno de aliquo pacis remedio consuleretur. Dies itaque constitutus locusque Atrebatum acceptatus, ad quem legati regis, cum legatis Anglorum ipsoque Burgundionum duce, ad tractandum de pace una convenirent. Ad condictos autem et destinatos locum et diem convenerunt legati Caroli regis Francorum, præfatus Borbonii dux, comites Dunensis et Vindocinensis, cum pluribus aliis viris magnis tam ecclesiastici ordinis quam sæcularis status, cum tractandi, componendi pacificandique cum partibus utrisque tam Anglorum quam Burgundionum plenaria potestate. Comparuerunt et illic plures principes et prælati regni Angliæ, jura in regno Francorum prætensa suasque partes, ut melius possent, servaturi ac defensuri.

In propria autem persona affuit illic Philippus, Burgundionum dux, cum multis prælatorum et principum virorumque nobilium et potentium magnifico comitatu, in donariis atque impensis et apparatibus variis magnifici principis exhibens majestatem. Affuerunt et ad conventum illum reverendissimi ac præclarissimi viri, scientia virtutibusque insigniter adornati, cardinalis Sanctæ Crucis, Cartusiensis regulæ et observantiæ[1], sedis apostolicæ legatus (cui tunc præsidebat Eugenius papa IV), et cardinalis Cypri vulgo nuncupatus[2], a sacrosancto synodo generali, tunc Basileæ congregato, destinatus. Lugebat enim merito condolebatque, ut pia mater, sancta Romana totaque universalis ecclesia tam nobilis ac potentis quondam et christianissimi regni, totque populorum christianorum contritionem et desolationem, quod olim clypeus et munimen singulare defensionis totius Christianitatis contra inimicos christianæ religionis esse consueverat. Unde, quod sui muneris exigebat ratio, exsecutioni demandans, præfatos reverendissimos patres ad tam sanctum opus, unde solatium et fructus toti Christianitati provenirent, perficiendum, sanciendum atque roborandum destinarunt; qui et partes inibi collectas ad pacis bonum adhortarentur et, ubi ingrueret faciendi necessitas, pro totius orbis christiani ac ecclesiæ Dei salute, etiam ad id perficiendum per gladii spiritualis censuras districte coarctarent, cæteraque facerent quæ tam necessariæ et fructuosæ rei profectura viderent, seu etiam obstantia tollerent, quæ conficiendæ hujusmodi paci impedimento esse potuissent, quemadmodum res ipsa exposcere et desiderare videretur.

Igitur congregatis sic partibus, per plurimos dies inter singulas partes multa hinc inde petita, proposita, dicta, allegata atque responsa tranquille fuerunt. Sed Burgundionum dux, cum, propter sacramenta arctis-

---

1. Le cardinal de Sainte-Croix, Nicolas Albergati, évêque de Bologne.
2. Le cardinal de Chypre, Hugues de Lusignan, évêque de Préneste, fils du roi de Chypre Jacques de Lusignan.

simi fœderis quod cum rege Anglorum possederat, minime posset, nisi etiam eo contento et pacato, ad fœdus cum rege Francorum ineundum perficiendumque pervenire, studium magnum et conatum omnimodo intendit ut, non modo inter regem Francorum et se, sed etiam inter ambos reges ac regna, destructo ac diruto inveteratæ inimicitiæ pariete, pax conciliaretur; quo medio etiam sua firmaretur et stabiliretur. Unde plurium decursus dierum in hujusmodi conamine detritus est, Anglis tot et tanta de regno Francorum requirentibus in suisque postulationibus tam obstinate ac pertinaci animo inhærentibus, ut pacis remedia inter reges et regna posse inveniri omnino desperaretur. Quod perspiciens ipse illustris Burgundionum dux, et quod multas oblationes valde rationabiles, desiderio conciliandæ pacis eisdem Anglis a parte Francorum factas, prorsus ipsi contemnerent et recusarent, cum omne quod in se erat inveniendæ pacis et concordiæ satisque eis fecisse a cunctis diceretur, consilio et auctoritate dictorum reverendissimorum legatorum, sibi, terris ac subditis suis de bono pacis cum Francorum rege consuluit. Tales enim et tam honestas sibi pacis conditiones idem Francorum rex offerebat, quod eas recusasse non modo injustum, verum etiam inhumanum a cunctis merito censeri potuisset. Priusquam tamen ulla pacta firmaret, auctoritate apostolicæ sedis et generalis ecclesiæ synodi secum, per dictos reverendissimos patres legatos dispensatum[1] fuit super illis pactis et sacramentis, quibus Anglorum regi obstrictus devinctusque tenebatur.

---

1. Plutôt *dispensatus*, à moins que *ei* ne soit à suppléer.

Quo facto pacis fœdera percussa sunt, sacramentis firmata et dictorum legatorum auctoritate sancita et roborata, Anglorum legatis sine aliquo fructu, cum sua vetere ad Francos querela atque inimicitia, simul et odio ad Burgundiones ob hujuscemodi fœdera graviter accenso, ad propria redeuntibus.

Habitus autem fuit hujuscemodi pacis conventus tractatusque apud Atrebatum, ut præmisimus, anno Domini mccccxxxv., mensibus augusti ac septembris[1]. In quo, ne in nimiam effluat prolixitatem, librum claudemus, quæ subinde secuta sunt ab alterius exordio prosequentes.

---

1. Cf. le *Journal de la paix d'Arras, faicte en l'abbaye de Saint-Vaast, entre Charles VII et Philippe le Bon, recueilly par* dom Antoine de Taverne, *mis en lumière et enrichy d'annotations par* Jean Collart. *Paris. Billaine,* 1651; in-12.

EXPLICIT SECUNDUS LIBER.

LIBER TERTIUS.

CAPITULUM PRIMUM.

Quanquam pax facta et jurata fuit inter regem Carolum et Philippum, Burgundionum ducem, concordia tamen nulla nec amicitia aut rara fuit.

Pace igitur facta et conciliata apud Atrebatum, ut præmisimus, inter Carolum, Francorum regem, et Philippum, Burgundionum ducem, per hujuscemodi pacis capitula, plurima valde favorabiliter a rege ipsi concessa sunt Philippo et indulta. Accepit enim pro se et hæredibus suis civitates et comitatus Autissiodorenses et Matisconenses, cum pluribus aliis oppidis ac terris quæ juris coronæ et regalium erant. Accepit et civitates omnes atque castella vel oppida quæ supra flumen Summonæ ex utraque ripa consistunt, simulque omnia quæ ultra dictum flumen sunt, versus Flandriam, tam in regno quam extra regnum, in terris Imperii consistentia, quæ ad jus regium pertinebant. Sed hujusmodi terras fluminis Summonæ cum earum fructibus, obventionibus, vectigalibus ac tributis accepit tenendas ac possidendas, quoadusque pro earum luitione sibi quadringentorum mille scutorum summa persoluta esset, aut hæredibus: ea etenim summa persoluta, fructibus earum in eam minime imputatis, ad jus coronæ hujuscemodi terræ libere et sine controversia reverti debebant.

Cum autem tam caro empta fuisset per regem pax

hujusmodi, per quam et plura, ultra ea quæ recensita sunt, ipsi Burgundionum duci promittebantur, vix erat ut non proinde pœnitentia eum sequeretur animique mœstitia, quod tam insignes suorum regalium portiones ipse dux pro inimicitiis et guerris, quas adversus ipsum duxerat et sustinuerat, reportaret, quarum occasione totum pæne regnum in desolationem devenisset; cum potius rex existimaret, ob hujuscemodi contra se, regem et superiorem dominum, a vassallo admissa et confœderationes cum antiquis regis et regni hostibus factas, pœnas ab eo reposci, quam lucra et tanta compendia consequi jure debuisse. Unde pax tunc quidem, sed profecto concordia atque amicitia aut nulla, aut perminima conciliata fuit: quod ex his quæ postmodum consecuta fuerunt satis judicari potuit.

Rex tamen ipse, vir promissorum fideique semel datæ tenacissimus atque observantissimus, pacem illam, licet sibi onerosam valde atque damnosam parumque honestam, observare quam infringere maluit, quoad vixit, licet sæpe a multis, ut occasiones rupturæ perquireret, sibi suggestum consiliumque datum fuisset, et ad eos fines multas et varias, undecumque poterat, amicitias et fœdera expetiisse sit putatus, quemadmodum postea suis locis opportunius annectemus.

Quiescentibus igitur ab armis adversum se invicem Francis et Burgundionibus, restabat jam Francis adversus Anglos arma vertere, quibus procul dubio facile prævalere et eos toto regno pellere non difficile multum fuisset, si in sua militia disciplinam atque ordinem debitum posuissent, quemadmodum postmodum, emensis pæne octo annis vel novem, ipsos fecisse constat. Sed profecto in militia Franciæ nullus ordo, nulla dispositio, nulla disciplina secundum institutiones et præcepta rei militaris servabantur, neque sub numero et stipendio regulari tenebantur; sed per turbas, sub iis quos sibi proponerent duces, pervagantes omnes pæne partes et provincias Galliæ, rapientes quæcumque libuisset, et villas atque oppida, quæ contra suum impetum se tueri minime possent, spoliantes ac diripientes, a nullo se genere injuriarum abstinebant. Ex quo plurima vastitas et desolatio in regno per omnes ipsius partes provenerunt. Maxime autem animum intendebant terras vastare, quæ sub Anglorum ditione consisterent; erat enim tritum tunc communi sermone proverbium ad ipsos, « melius terram valere vastatam, quam perditam[1], » eam appellantes perditam quam hostes tenebant, quamdiu sub eorum potestate maneret. Cum vero etiam Anglici, præcipue post obitum ducis Bethfordiæ[2], in terris quæ sibi parerent, non dissimiliter in prædis, rapinis et cædibus se haberent, populares rura incolentes miserabiliter opprimentes, incolas patriæ exesos mirabiliter reddiderunt et effecerunt.

1. En français : « terre gastée vault mieulx que perdue. »
2. Mort le 13 septembre 1435 du chagrin que lui causa le traité d'Arras.

CAPITULUM II.

Qualiter agrorum cultores Normanniæ jussi sunt armari, et quomodo Angli de ipis magnam stragem fecerunt.

Et cum adversus eorum rapinas et violentias nulla sufficiens alia provisio seu remedium videretur posse afferri, per aliquot ante annos quam dicta pax in Atrebato fieret, regalibus edictis per totam Normanniam sancitum est et præceptum, ut omnes agrorum cultores arma sibi compararent et haberent ; quibus instructi, sese, tam contra hostes Francos, quam contra latrunculos et prædones Anglos, qui infinitas eis injurias erant assueti irrogare, possent tutari atque defendere. Erant enim per singulas villas et vicos ordinati decuriones seu decani, quinquagenarii, centuriones, millenarii, et sic ascendendo, sub quibus sese, ecclesiarum sonantibus campanis, colligerent, et sub eorum ducatu obviam hostibus, ubi opus foret, procederent ; vel si cum Anglicis res ageretur, qui aliquam cuivis irrogassent injuriam, ipsos potenter manu forti apprehenderent, et ad justiciarios regios pro qualitate maleficiorum puniendos deducerent. Sed ea populorum et patriæ libertas, qua insolens illa et indisciplinata, rapinis atque injuriis assueta, Anglorum militia, a libertate rapiendi et injurias pro libito cuicumque inferendi, prout hactenus consueverant, prohibebatur, ipsis prædonibus Anglis vehementissime displicebat. Unde modos nefandissimos, in pluribus provinciæ Normanniæ partibus, excogitarunt et practicarunt, quibus libertatem illam populi adimere, et ipsam prorsus exstinguere et exterminare possent.

Et quidem primum, juxta villam quamdam prope monasterium Sancti Petri supra Divam[1], in diœcesi Sagiensi, ipsi Anglici collecti circiter trecenti aut quadringenti equites sub quodam impio capitaneo, cui cognomen erat *Venables*[2], nefandissima factione ut populum agrorum et villarum in unum locum cogi et congregari facerent, consulto miserunt duodecim aut quatuordecim de suis, qui duos aut tres rusticos illius villæ, quos obvios habuerunt, crudeliter trucidarunt. Cujus horrendi sceleris cum cucurrisset fama per omnes villas vicinas, et sibi quisque non absque ratione timeret ne similiter pateretur, ad sonitum campanarum de agris et villis circumjacentibus magna multitudo populi ad unum se locum congregarunt, operam daturi ut sicarios illos nefandissimos apprehenderent, si possent, et de ipsis ad judices regios adductis pœnas debitas reposcerent[3]. Quod cum illi nefandi carnifices circiter, ut diximus, trecenti vel quadringenti equites armati viderent, qui in insidiis ob hoc studiose latitabant, subito in illos pauperes rusticos pedestres in latis ac patentibus campis cum ingentis

1. Saint-Pierre-sur-Dive.
2. C'était un partisan que Jean Chartier témoigne avoir occupé l'abbaye de Savigny pendant plusieurs mois en 1433 et y avoir soutenu avec succès un siége vigoureux contre les forces du sire de Laval. Dans Godefroy, p. 67.
3. « En ce temps (1433) s'eslevèrent et mirent sus vers Caen, Baieux et ailleurs en la basse Normandie, contre les Anglois, tout le peuple et commun du pays, que lesdits Anglais avoient constrainct de s'armer pour resister avec eulx contre le roy et ceulx de son party. » *Jean Chartier*, dans Godefroy, p. 65. Monstrelet rejette cette prise d'armes, dont il n'a pas compris le sens, à l'an 1434.

furoris rabie irruerunt. Qui cum ad illum eorum insperatum atque impræmeditatum occursum vehementer exterriti essent, nec aliam defensionem nisi solam fugam opponerent, velut pecora occisionis immanissime cæsi et lacerati sunt. Villa in cujus agris ea cædes nefanda patrata fuit, vulgo appellatur *Viques*[1] : quo loco cæsi sunt agrorum cultores supra mille et trecenti.

Quæ strages et omnes terræ incolas magno pavore affecit, et, ut non temere aut leviter se pro quibusque injuriis ultum pergerent, cautiores reddi coegit. Cum autem tam horrenda cædis querela totius patriæ clamores ad Bethfordiæ ducem pervenissent, qui tum adhuc in humanis agebat, querelis omnium provincialium simul et facti atrocitate permotus, præfatum *Venables* cum alio quodam sævissimo homine, cognomento *Vuaterhou*[2], capi et ad se Rothomagum vinctos adduci jussit, ubi eos, pro suo cruentissimo scelere damnatos, per plateas civitatis ad caudas equorum pertractos supplicio affecit[3]. Sed non propterea provincialium Normanniæ animis satisfieri creditum est, pro sceleris magnitudine ; nec propterea etiam cessarunt impii Anglorum prædones atque immanissimi carnifices in ipsos sævire et, ut ad manifestam usque

1. Vicques, aujourd'hui dans l'arrondissement de Falaise (Calvados).
2. Waterhoo.
3. « Ledit Venables fut depuis prins par les Anglois eux-mesmes, lesquelz pour anciennes désobéissances qu'il avoit faictes, luy firent coper la teste : ce qui arriva principalement par envye, pour ce qu'ilz le véoyent grant entrepreneur en la conduicte de la guerre. » (*Jean Chartier*, dans Godefroy, p. 68.) Ici la version de Basin est certainement préférable.

rebellionem atque discessionem eos urgerent, stimulare et concitare, novas quoque injurias prioribus cumulantes. Existimabant enim, si ad apertam usque rebellionem prosilirent, tum nactam sibi legitimam occasionem in eos, tanquam reos læsæ majestatis et perduellionis, quæcumque sæva ac hostilia cogitari possent, perficere atque impune exercere.

CAPITULUM III.

Rebelliones et turbæ popularium rusticorum in Baiocismo et in Valle Viriæ adversus Anglos.

Unde in tantum occasionibus hujuscemodi, per rapinas et omnem injuriarum speciem, populum afflixerunt, ut in toto Baiocismo [1], auctoribus nonnullis nobilibus patriæ [2], populi agrorum et villarum, ad suas ulciscendas injurias et calamitates, conati sunt Anglos patria pellere aut exterminare. Collecti enim tempore hiemali, cum rigor hiemis vehementer tunc sæviret, agris ubique nivibus ad profunditatem duorum pedum et ultra adopertis, ad suburbana oppidi Cadomensis convenerunt, æstimati ad numerum triginta millium hominum et amplius, arma quidem aut nulla habentes, aut talia, paucis exceptis, quæ ad milites bene armis communi[tos aggredi]endos ineffi-

1. Le Bessin.
2. « Ilz avoient avecque eulx plusieurs chevaliers normans et escuiers du pays, qui se misrent pareillement sus contre iceulx Anglois, entre lesquelz estoient ung nommé Thomas du Bois, le sire de Merville, ung nommé Pierre le Flamenc; ung aultre nommé Quatrepié.... et disoit on que celuy Quatrepié estoit le principal entrepreneur et par l'advis et conduicte duquel se gouvernoient iceulx chevaliers normans et aultres. » *Jean Chartier*, l. c.

cacia atque irrita potius ducerentur. Sed nec in ipsis ordinis et dispositionis, nec annonæ nec rerum necessariarum ad expugnandas urbes aut oppida, ulla ratio aut providentia habebatur. Unde paucis diebus cum illic stetissent, frigore, fame ac nuditate confecti, multis eorum parva Anglorum manu cæsis et dilaceratis, noctu abire et quaquaversum fundi et disperdi coacti sunt. Quorum plurimi ad domos suas, propter Anglorum metum, ire reformidantes, silvarum latibula petierunt, donec Anglorum proceres qui regendæ provinciæ curam susceperant, eorum miserati errores, generalibus abolitionibus quorumcumque criminum publicatis, præstita per eos qualicumque securitate, majore eos ex parte ad domos suas revocarunt : unde patria post et habitata et culta permansit.

Fuit autem, et iisdem prope temporibus, simul quædam populorum turba in finibus Vallis Viriæ [1], auctore cognomento *Boquier*. Ubique enim per omnes Normanniæ terminos, ab Anglorum prædonibus, licet provinciam sub suo imperio Anglorum rex haberet, adeo populi vexabantur rapinis, cædibus ac diversis calumniis atque injuriis, ut impatientia malorum et tœdio tam diuturnæ inquietudinis, veluti desperatione salutis, ad tales insurrectiones contra Anglicos urgerentur : studiose, ut diximus, ad hoc annitentibus impiis Anglorum (qui vetustissimi et quodammodo naturales illius terræ et populi hostes esse creduntur), ut majorum rapinarum atque cædum, ad sua exsaturanda odia, occasiones conquirerent. Sed hujus turbæ in Vallibus Viriæ impetum compescuit quidam Anglo-

1. Le Val de Vire, plus bas *Valles Viriæ*, les Vaux de Vire.

rum militiæ dux, dictus dominus de *Scales* : nam multis eorum cæsis et, ut fama erat, ad quatuor aut quinque millia virorum, hujusmodi tumultus repressus est, superstitibus, præstita securitate, ad propria revocatis.

Et hæ quidem turbæ circa tempora illa emerserunt, quibus, pro pace tractanda, apud Atrebatum conventus, de quo diximus, exstiterat celebratus. Post hujusmodi enim conventum, cum in eo Anglici pacis conditiones omnes recusassent oblatas, populi Franciæ et Normanniæ qui sub eorum consistebant ditione, majore erga eos odio exarserunt, existimantes se perpetuæ addictos miseriæ quamdiu sub eis regerentur, eos solito gravius affligentibus Francis, qui jam ad'Burgundiones pacati, contra solos Anglos certamen habebant. Putabant enim et eam existimationem de Anglis acceperant, qui sub Anglis Franci detinebantur, dum viderent eos pacis æquas et rationabiles leges contempsisse in prædicto conventu Atrebatensi, quod non quærerent utilitatem patriæ et subjectorum quietem, qui jam annis viginti et amplius absque ulla relaxatione continue bellorum calamitatibus sub ipsis afflicti fuerant, sed potius quod ex illo inveterato odio, quod eis innatum est ad Francorum gentem, eos perpetuis miseriis et ærumnis vellent exitialiter conficere; et utrinque de se invicem, Franci et Anglici, pessimam habentes opinionem, mutuis in sese odiis et diffidentiis quotidie magis ac magis accendebantur et inardescebant.

CAPITULUM IV.

De odio Anglorum et præsertim comitis Arundelli ad Caletensium populos, et qualiter idem comes a Francis captus paulo post obivit.

Unde post coercitos populos inferioris Normanniæ et totali addictos servituti, quos ad turbas et seditiones, de quibus retulimus, suscitandas suis iniquitatibus atque dolis concitarant et quodammodo coegerant, non minus cordi et animo habentes pariter exstinguere libertatem populorum qui Caleti seu Caletenses[1] appellabantur, in diœcesi Rothomagensi habitantes inter Sequanam et Summonam fluvios usque ad littus maris, adhuc ut eos opprimerent, qui soli eorum rapinis atque violentiis obluctabantur, magno studio annitebantur : ita ut etiam præcipuus Anglicanæ militiæ dux, qui illis diebus erat comes Arundelli, homo efferatæ nimium crudelitatis atque superbiæ, sacramentum fecerit non imponere capiti suo ullum operimentum, donec rusticanos Caletensium populos oppressisset et servituti addixisset; et illud utique sacramentum, quoad vixit, observabat, nudo semper incedens capite. Sed in tanto arrogantiæ fastu eum diutius permanere divina bonitas non permisit.

Contigit enim ea tempestate[2] ut Franci qui Belvaci erant, inter Belvacum et Gornayum[3] ad quoddam vetus castellum, vulgo dictum *Gerberoy*[4], reparandum

---

1. Les Cauchois.
2. Au mois de mai 1435.
3. Gournai-en-Brai.
4. « Une grant vieille forteresse nommée Gerberoy, » dit Monstrelet, l. II, chap. 172.

et habitandum venirent, ut exinde liberius et facilius Anglorum terminos incursarent. Et erant quidem parvo numero : equites ferebantur non ultra quinquaginta aut sexaginta lanceæ, pedites vero circiter ducenti aut trecenti; quorum ducatum curabant duo strenui Francorum militiæ capitanei, quorum alter *La Hiere*, alter *Poton*[1] appellabatur. Quod cum Rothomagi esset nuntiatum præfato comiti Arundelli, qui cum exercitu petere Caletensium terminos, ad eos opprimendos, se præparaverat, et exercitum expeditum habebat, versus castrum illud de *Gerberoy* suos gressus direxit. Quo cum adventasset cum festinatione cum quadringentis aut quingentis de valentioribus equitibus suis, reliquum suum exercitum et belli apparatum præveniens, cogitabat Francos, ne per fugam elabi possent, circumquaque circumcingere et eis omnem exitum prohibere, sibi pollicitus eos omnes patibulis et furcis affigere : ad quod perficiendum, equos funibus et laqueis onustos secum adduxerat. Sed cum ejus animum simul et periculum suum, qui illic adstabant, Franci non ignorassent, perpendentes qualiter circum castellum ipsi Angli, equis suis traditis mangonibus, hac atque illac incautius pervagantes, improvide sese agerent, impetu valido cum equitibus ac pedestribus copiis e vestigio insequentibus, de castello in ipsos irruerunt, eos cum furore magno cædentes et prosternentes. Ad quem tumultum cum idem comes excitus, in quemdam hortum cum pluribus suorum nobilium se recepisset, cæsis ferme omnibus qui circa se aderant, et ipse ictu bombardellæ juxta pedem

---

1. La Hire et Poton de Xaintrailles.

vulneratus, captivus cum aliquibus nobilibus Belvacum a Francis adductus est. Ubi præ tristitia, quod a tam parva manu et tam turpiter victus succubuisset, simul et animi sui nimia agente superbia, ob quam etiam utilia medicamenta suo vulneri curando non sinebat admoveri, paucis effluxis diebus, mortuus est : magnus profecto hostis Francorum, et libertatis atque justitiæ populorum inimicissimus, et præsertim, ut diximus, eorum qui Caletenses agros incolunt. Sed ad eosdem Anglos non imparem amoris atque odii vicem iidem populi referebant. Unde tunc illi patriæ Caletensi, quæ tum populorum frequentia et numerositate, licet in ea, præter Rothomagum, civitates nullæ sint et oppida rarissima pro agri spatiositate, cæteras Francorum provincias anteibat, infortunium maximum et ad tempus totale exterminium contigit; quod qualiter evenerit, silentio præterire non debemus.

CAPITULUM V.

Qualiter Caletenses adversus Anglos rebellarunt et ab eis miserabiliter oppressi sunt.

Erat tunc inter armatos Francorum de ipsa patria Caletensi habens originem quidam Carolus de Paludibus, patria lingua *Desmarestz*, homo plebeius et, ut aiebant, aggerum et fossarum faciendarum artifex [1]. Hic cum certos armatos Francorum sub suo ducatu et potestate haberet, in quodam castro quod *Rambures* [2]

1. Il brilla depuis comme capitaine dans les armées de Charles VII et de Louis XI.
2. Aujourd'hui dans le département de la Somme.

appellatur, ad subjiciendum sibi et capiendum oppidum Diepæ, quod est situm non procul ab illo castro in littore maris, in quo oppido alia quam de ipsis civibus ab Anglis custodia minime posita fuerat, insidias tetendit. Erat enim, ut patriæ accola, munitionis ejusdem et locorum per quæ ad ingrediendum ipsum via patere posset, non ignarus. Cum itaque ex parte amnis juxta decurrentis, qui influens mare portum inibi facit, animadvertisset absque magna difficultate oppidum ingredi posse, collecta satellitum Francorum satis parva manu, noctu, circa kalendas novembris [1], transmisso amne, qui cum mare refluxerit satis facile transvadari potest, adnectis scalis, murum, qui illic valde exiguus et incustoditus erat, cum suis transcendit, et, civibus somno sepultis, oppidum illo modo accepit et acquisivit. Quod cum ita factum exstitisset, illuc, post dies non multos, Francorum militum multitudo major confluxit. Erat enim eis opportunus locus ad prædas faciendas per totam illam Caletensium patriam et Rothomagenses fines incursandos, ubi erat quasi sedes totius imperii Anglorum in regno Francorum; unde, quia illa patria tum satis locuples et omnibus bonis referta erat, ad illum locum, velut ad commune quoddam latrocinandi emporium, quamplures confugerant e Francis, et ex illius terræ nobilibus potissime. Plures enim ex iisdem nobilibus, Anglorum imperium aspernati et dedignati, partes regis Francorum secuti fuerant, qui pauperes et inopes, velut lupi famelici, ad prædam de suis etiam propriis hominibus ac subditis, qui patriam

---

1. Le vendredi 28 octobre 1435.

sub Anglorum ditione semper incoluerant, faciendam et exsaturandam esuriem accurrerunt.

Cum autem patria illa partim ab Anglicis partim ab ipsis Francis vexaretur, et ab utrisque agrorum cultores vel bonis spoliarentur, vel etiam in captivitatem abducerentur, populoque illi simplici et innocenti persuaderetur a Francis quatenus, si rebus suis suam tueri libertatem et sibi ipsis opem ferre vellent[1], opportunum eis afforet tempus quo sese et patriam ab Anglorum servitute ac dominatu exuere possent, et ad naturale regis Francorum dominium antiquamque libertatem reducere, auctoribus quibusdam terræ accolis, quorum præcipuus Caricarii cognomen habebat (vulgo *Charuyer*[2]), totum populum terræ adversus Anglicos, quos quasi naturaliter exosos habebant, insurgere et arma vertere fecerunt. Qui infra paucos dies ex omnibus patriæ villis et vicis, circa festa dominicæ nativitatis, in unum collecti, cum aliqua manu militiæ regiæ tendentes ad oppidum de *Hareflu* munitissimum, in quo pauci [qui] præter Anglos habitarent erant permissi, ipsum impetu multitudinis expugnatum receperunt, cæsis Anglicis, et regi Francorum ditioni reddiderunt. Quod et similiter de oppido Monasterii-Villaris[3] et de pluribus castellis et turribus patriæ fecerunt, quæ se tum, potius quam expugnari sustinerent, voluntate vel periculorum formidine dediderunt.

Æstimantes autem eadem facilitate se et alia oppida

---

1. *Rebus suis* devrait être placé plutôt dans ce dernier membre de phrase, le seul auquel il se rapporte.
2. « Le Queruier, » dans la *Chronique de Berry*.
3. Montivilliers.

patriæ recepturos, opem ferentibus patriotis locorum incolis qui non dissimilem affectum ad Anglos gerebant, et consequenter ad Rothomagum metropolim accedere, petierunt primum castellum quod Caletibecum, vulgo *Caudebec*, nuncupatum est. Quod cum introiissent quadringenti vel quingenti equites Anglorum ad locum muniendum et defendendum, et sese multitudo illius populi egressis [1] prope portam et vallum inconsulte ac temere sine ordine effudisset, irruentes in eos Anglorum ducenti vel trecenti equites, magnam stragem de ipsis fecerunt. Erant enim agrorum cultores pedestres prope inermes, qui de sola sua pæne innumerosa multitudine confidere videbantur: unde facile fuit equitibus armatis eos opprimere et in fugam vertere [2].

Audiens autem multitudo, quæ ex omnibus agris patriæ collecta et pæne innumerabilis ferebatur, quomodo qui præcesserant de suis cædebantur, terga verterunt. Quos prosecuti sunt Angli cædendo et perimendo absque ulla miseratione. Duxerunt etiam vivos complures ad oppidum, quos vel per plateas coram civibus loci jugulabant et discerpebant, vel ad flumen Sequanæ illic profluens ducentes, in aquis suffocabant.

Hujusmodi autem clade accepta, cum jam alia oppida vel castella in quibus Anglorum præsidia locata esse sciebant, aggredi minime auderent, sparsim unusquisque ad diversa latibula vel suas domos abeuntes, dissipati sunt, nec ultra in unum agmen coacti. Miserabilis autem ac lamentabilis statim e ves-

1. *Agressis* dans le manuscrit.
2. « Tant firent Cauchois qu'en six semaines eurent prins toutes les forteresses de Caux, réservé Caudebec. Et comme François

tigio totius illius paulo ante populosissimæ et locupletissimæ patriæ vastatio et desolatio consecuta est. Anglici enim ex diversis locis inferioris Normanniæ et aliarum terrarum sibi subjectarum, tanquam ad communem occurrentes prædam, oppida et castella patriæ quæ tenebant militibus impleverunt; qui cum magnis agminibus patriam illam et singula ipsius loca percursantes, omnia ferro aut igne et utroque plurima locorum populati sunt, quoscumque viros invenissent trucidantes vel captivos ducentes. Qui, ubi captivi ducebantur, nisi absque dilatione petitam exsolvissent pecuniam, jugulabantur vel demergebantur in aquarum gurgitibus. Sed proh dolor! nec ab illa populi persecutione etiam militia Francorum, qui oppida

---

estoient à Tancarville, la commune dit qu'ilz vouloient aller prendre Caudebec. Les François respondirent : « Ceste semaine nous avons prins sur noz ennemis plusieurs villes, et aujourd'huy il est dimanche, il nous fault louer Dieu. » Les communes dirent aux gens d'armes : « Vous êtes traistres; nous y voulons aller. » Et sans nulle délibération, chargèrent leurs lars et vivres en charrettes et marchèrent jusque auprès de Caudebec. Et à passer le pont d'une rivière qui estoit là, les archiers de Caudebec deffendoyent le passage. Longuement se deffendirent; et ainsy qu'ilz tendoyent à gaigner ce pont, ung capitaine qui estoit party de Rouen pour renforcer Caudebec, les advisa de loin et envoya veoir quelz gens c'estoyent. Le messaiger dist qu'il n'y avoit que la communaulté. Le capitaine chevaulcha tant qu'il les enclouist par derrière et donna soubdainement sur les Cauchois qui de ce ne se doubtoyent, avec l'aide de ceulx de Caudebec, qui passèrent le pont. En peu de temps celle compaignie tourna en grant desconfiture, et furent presque trestous mors ou prins, et l'entreprinse des Cauchois rompue. La malédiction fut après si grande en Caux que le pays demoura inhabité en la plus part; et aulcuns qui s'estoyent chargiés es navires, comme ilz se pensoyent saulver, ilz périrent par le feu. Et fut chose piteuse à veoir si grant désolacion comme il y eut. » *Chronique de Normandie*, f. 184 r. (Edition de 1581).

vel castella munierant quæ populus ab Anglicis tulerat, nec ipsius patriæ nobilitas[1] quæ ad terras suas possidendas accurrerat, quibus longi temporis spatio Angli potiti fuerant, sese abstinuerunt; ita ut profecto verissimum esse compertum fuerit quod quidam gentilium poetarum cecinit :

Nulla fides pietasque viris, qui castra sequuntur,

et quod Dominus per Hieremiam prophetam dicit : « Maledictus qui confidit in homine, et qui ponit carnem brachium suum »; qui et per David saluberrima præcepit : « Nolite confidere in principibus, neque in filiis hominum, in quibus non est salus. » Illi enim simplicissimi agrorum cultores justissimam cum pietate vitam agentes, zelo ferventissimo ac naturali quodam amore quibus ad Francorum regnum et regem, tanquam vetus et naturale terræ imperium, erant affecti, patriam pro magna parte de Anglorum manu recuperaverant et sub regis sui revocarant ditionem; ipse vero, conviviis et lasciviis suas exsaturans libidines et luxu atque inerti odio torpens, nullam providentiam adhibebat ad illos sibi fidelissimos suique honoris et sublimationis zelantissimos amatores tuendos atque defensandos; sed potius ab illis immanissimis hostibus suis, tanquam a cruentissimis bestiis, eos jugulari passim et discerpi sinebat et quodammodo faciebat, cum non solum per hostes hujusmodi crudelitates, verum etiam per suos, fieri ignorare non posset; quos tamen a talibus injuriis minime cohibebat, nec calamitosæ ac miseræ patriæ, tantis pro se et querela sua

---

1. Dans le manuscrit, *nec ipsius patriæ nobili et nobilitas*, etc.

ærumnis afflictæ, ulla subventionis solatia ministrabat. Unde effectum est ut brevi tempore illa nobilis quondam patria, populis atque divitiis abundantissima, in totalem vastitatem atque desolationem devolveretur, incultis et squalidis relictis omnibus illis vastissimis agris. Fames enim tanta et tam valida, et cum ea pestifera lues in illis potissime finibus secutæ sunt, ut ultra ducenta millia animarum ferro, fame et tabe absumpta brevi temporis intervallo æstimari potuerint. Multi vero ad diversas terras in dispersionem abierunt, quorum plures, cum freto se committerent ut, vel in Britanniam Armoricam, vel in Angliam transvecti, infelicem victum servituti se addicendo invenirent, vel absorpti sunt inter fluctus marinos, vel ex contagio sociorum quos jam pestis infecerat, animas ponebant statim cum petita littora attigissent. Ita miseros illos populos, non solum in natali solo, sed et quocumque se conferre satagerent, luctus et lamenta sequebantur.

Miserabile erat tunc videre egentium et mendicorum utriusque sexus catervas et cumulos per plateas et hospitalia urbis Rothomagensis, et singularum civitatum et oppidorum totius Normanniæ, quibus pii cives et humani, pro concessis sibi facultatibus, ut melius poterant, studebant subvenire, tum cum frumenti penuria et annonæ caristia, ob cultus agrorum desertionem, maximæ essent, ita ut suis propriis necessitatibus evincendis major pars vix sufficeret. Qui abundantiores opibus erant, tantæ mendicorum numerositati minime sufficiebant. Cædebatur enim et gravissime affligebatur tota regio simul tribus illis virgis seu flagellis divinæ justitiæ, guerra, fame et peste, quæ tum illic atrocissime sæviebant[1]. Sed nec pauco tempore hæc patriæ illius vastitas atque desertio duravit. Mansit enim ultra decem annos, ut salicibus et arboribus variis, spinis ac dumetis, omnes agri in silvarum morem densissimarum tegerentur, et viarum atque itinerum vix ulla jam apparerent vestigia.

Talem itaque et tam lamentabilem cladem illa tunc regio sustinuit a Sequana fluvio usque ad Summonam, et ab Isara usque ad Oceanum; quam procul dubio facile evitare potuisset, si in Francis ulla fides, ulla pietas et militaris disciplina tunc fuissent. Nam si illic quingentæ tantummodo lanceæ, ad conducendum illum Francorum regi devotissimum populum, missæ fuissent sub fidis ducibus, rempublicam cordi habentibus, et Rothomagum, et cætera illius patriæ oppida, labore et periculis illius optimi populi, absque magno et difficili negotio, recuperassent, et de Anglis illam patriam repurgassent, integramque atque incolumem servassent. Non enim minus Rothomagenses id affectabant cæterorumque oppidorum cives, quam illi agrorum populi, quotidie præstolantes ut ad se agmen illud popularium adventaret, ut ipsi se de Anglicis expedire opportunitatem haberent. Sed non ea affectio aut cura fuit illis Francorum ducibus patriæque illius nobilibus, qui illuc occurrerant. Invidebant enim populo propter ea quæ ab eis prospere initiata fuerant, sibi magnum periculum et Francorum imperio imminere falsissime atque impiissime jactantes, si populos illos tanta felicitas sequeretur ut Anglos

---

1. Le même tableau se retrouve avec ce dernier trait dans le *Breviloquium* de notre auteur.

de terra suismet viribus et armis expellerent; dolebantque quod tot oppida et castella patriæ ab Anglorum potestate exuissent, quasi minor prædas agendi, ad quas solummodo inhiabant, facultas per hoc eis relinqueretur.

CAPITULUM VI.

<small>Præludia ex quibus Franci urbe Parisiensi Anglicos expulerunt.</small>

Cum autem guerras, ut jam diximus, non castra metantes vel exercitus colligentes, Franci contra Anglicos ducerent, sed per proditiones, insidias et dolos civitates vel oppida de Anglorum potestate niterentur acquirere, contigit ut castrum de *Meulench*[1] supra Sequanam, et Pontisaram, oppidum super Isaram, talibus artibus lucrarentur. Nam Mulentum ex flumine per cloacæ foramen prior aliquis ingressus ferebatur, qui cæteris aditum post modo patefaceret[2]. Pontisara autem noctu per defectum debitarum excubiarum, transcenso per scalas muro, acquisita est; et, cum locuplex oppidum foret, in prædam ingressorum direptionemque cessit[3].

His autem locis per Francos acquisitis, urbs Parisiaca, quam jam per annos plurimos Franci venati fuerant, in extremam necessitatem perducta est. Nam cum, multorum decursu annorum, annona ad illam urbem potissime per Sequanam de Normannia, vel per flumen Isaræ, adveheretur, illis duobus fluminibus sublatis et illorum duorum oppidorum captione ob-

---

1. Meulan, appelée tout de suite après *Mulentum*.
2. Dans la nuit du 24 septembre 1435.
3. Commencement de 1436.

seratis, nihil ad illam urbem ex inferiori parte provenire poterat. Ex superiore autem regione, cum etiam Sequana propter Meldinum et alia oppida, et Materna propter Latiniacum, clausi essent, fieri non poterat quin fame atque omnium rerum inopia miserabiliter conficeretur. Cum igitur ad tantam urbs ipsa calamitatem adducta venando fuisset, quæ majore ex parte suorum numerositate civium, qua una re cæteris omnibus urbibus Occidentis aliquando præcelluerat, nudata erat, ut supra diximus, nec ullum jam reperire sciret effugium quominus ad venatorum retia laberetur, nihilominus tamen adhuc eidem subvenire conati sunt Angli. Nam illuc ex Anglia militiam novam invexerunt, circiter ad duo millia equitum; qui, cum quodam die obviam Francis ivissent, qui de Pontisara et aliis munitionibus cum magno agmine circa terminos Sancti-Dionysii adventarant, habuerunt cum eisdem Francis valde infelicem congressum[1]; nam pæne omnes vel cæsi vel capti fuere. Hoc autem non fortuito aut casualiter ita contigisse creditum est; nam ex civibus Parisiensibus non exigua multitudo jam cum Francorum ducibus de urbis deditione facienda clam et secreto convenerat, auctoribus Michaele *de Lalier* et Guillelmo *Sanguin*[2], qui inter alios cives et locupletiores et famosiores tum habebantur. Unde ad recipiendam hujusmodi deditionem (cum semper in urbe magna solerent esse Anglorum præsidia, et

1. Le vendredi saint 6 avril 1436.
2. Michel Lallier et Guillaume Sanguin étaient échevins de Paris. Jean Chartier ne nomme pas Sanguin, mais Jean Delafontaine et Pierre de Langres, à qui ne tardèrent pas de se joindre Thomas Pigache, Nicolas de Louviers et Jacques de Bergères.

solito etiam majora noviter illuc ex Anglia intravissent), necessarium erat Francos manum militarem habere multam et validam strenuosque duces ad opus hujuscemodi perficiendum. Itaque propter hoc opus noviter adventarant multi Francorum equites Pontisaram et ad alia vicina oppida sub ducatu Arturi, comitis Richemondiæ, constabularii Franciæ, et illustris comitis Dunensis. Contra quorum incursionem cum communi intelligentia procuratum fuisset ut præsidia Anglorum, quæ in urbe erant, foras ad patentes campos exiissent, ab hujuscemodi Francorum ducibus exstincti fuere : per quod aditus faciliter civibus præbitus est ad compactatam deditionem faciendam.

Sequenti itaque proximo vel tertio die, in hebdomada Paschæ[1] qua resurrectionis dominicæ solemnia agebantur, anno dominicæ incarnationis MCCCCXXXVI., adventarunt præfati Francorum duces cum strenuo milite domino de Insula-Adæ, qui alias, ut supra reteximus[2], eamdem urbem diu ante pro Burgundionum duce ingressus fuerat atque receperat, et ad mœnia atque vallum urbis suam militiam admoverunt. Quos cum auctores deditionis per portam Sancti Jacobi intromittere satagerent, obstantibus qui illic adstabant custodibus, minime portam aperire valuerunt. Erant enim multi adhuc Anglici et suarum studiosissimi partium quamplures, qui armis obsistere conatui civium

1. Pâques tomba cette année le 8 avril ; la déroute des Anglais eut lieu dans la nuit du 10 au 11 avril ; la prise de Paris est du vendredi 13.
2. Ci-dessus p. 28. C'est lui qui était l'auteur de la prise de Pontoise, rapportée au commencement de ce chapitre ; mais à son tour il perdit cette place faute de surveillance en 1438.

et Francorum conabantur; qui sese in unum agmen validum colligentes, deditionis et conjurationis auctores cum suis aggredi et invadere properabant. Et eos procul dubio exstinxissent, nisi ad statim Francorum militibus primum per murum, deinde etiam per dictam portam, quæ custodibus licet invitis aperta fuit, ac etiam per fluvium intromissis, ipsi ad subveniendum civibus cum summa diligentia accurrissent. Eis enim visis suisque militaribus signis conspectis, statim Anglici cum suarum partium fautoribus ad bastiliam Sancti Antonii, firmissimam arcem, iter arripuerunt; ubi cum paucis fuissent diebus et penuriam rerum necessariarum paterentur, data eis securitate exeundi et, quo voluissent, proficiscendi, arcis deditionem fecerunt.

Quibus etiam diebus, castrum illud famosum de *Vincennez*, urbi vicinum, ingenio et astu cujusdam armigeri Francorum qui illic captivus fuerat detentus, captum est, et per partem ipsius munitiorem noctu, scalis et funibus admotis, conscensum est[1]. Quæ res urbi magno obvenit commodo. Si enim in hostium manu permansisset, propter ingentem loci firmitatem et viciniam urbis, detrimenta magna civibus intulisset.

[1]. Le lundi gras, 1436. Le château de Vincennes fut pris en effet avec l'aide d'un prisonnier français détenu dans le donjon, mais surtout par la ruse d'un Écossais qui s'était introduit dans la garnison comme Anglais et qui fit monter les gens d'armes à l'échelle pendant qu'il était en faction sur les murs. *Chronique de Berry*, dans Godefroy, p. 393.

CAPITULUM VII.

Quales fortunas urbs Parisiorum invenit cum ad Francorum dominium revertisset, et de crudelitatibus Scorticatorum.

Tali igitur modo, diu a Francorum ducibus et militaribus vexata et agitata variis incommodis et damnis afflicta, urbs illa regia Parisiorum tandem in venatorum laqueos et capturam incidit. Qua cum potiti essent, rationem particulatim cum pluribus civibus satis strictam posuerunt, qui partium Burgundionum vel Anglorum pertinaciores fuerant sectatores, seu etiam eorum officiarii, et maxime qui pecuniarum fuissent quæstores. Et ad talia exquirenda satis multum temporis et super satis consumptum est, absque hoc quod Francorum militia ducesque ad recuperanda certa loca quæ Anglici adhuc occupabant ullatenus intenderent. Tenebant siquidem Angli adhuc supra Maternam fluvium civitatem Meldensem, supra Isaram castrum dictum Credulium[1], supra Sequanam, sursum, castrum Monsterolii ad confluentes Sequanam et Yonam, inferius vero, circa Normanniam, Meduntam[2], Vernonem et cætera loca usque ad Hareflutum; tenebant et supra flumen quod vulgo *Loing* nuncupatur oppidum cum arce Montis-Argi[3], firmissimum atque munitissimum locum. In quibus locis cum magna ubique præsidia Angli locavissent, impediebatur fluminum navigatio, cum qua ad victum et alimoniam illius re-

1. Creil.
2. Mantes.
3. La ville et le château de Montargis.

giæ urbis cuncta necessaria advehi solitum est. Cum etiam ipsi Anglorum milites ex hujusmodi oppidis et arcibus quotidie quaquaversum incursare non cessarent, nulli per terras quoque proficiscendi securus poterat esse transitus; nec agrorum cultores usquam in rure tuto permanere poterant, cum, incursantibus ubique hostibus et regiis pariter armatis, unicuique paterent prædæ, atque etiam ab Anglis captivi ad sua oppida abducerentur.

Declinans itaque urbs illa ac devitans multa incommoda et jacturas atque angarias quamplurimas, quas sub Anglorum dominatu experta, et ab eis valde afflicta, per multos jam annos pertulerat, in alia non forsan minus gravia aut minus acerba incurrit, sed quæ nondum experta, minus forte prævisa aut spectata antea forent. Solent enim plerique, dum illa mala fugiunt quæ experti horrescunt, gravioribus se implicare incommodis, quæ, donec eis per experientiam cognita fuerint, minus declinanda atque vitanda esse putabantur. Ita profecto illi Parisiacæ urbi contigit, quæ, dum Francorum, eos intra se suscipiens, molestias studebat excutere, in alios venatores non minus sibi molestos ac periculosos incidit; a quibus undique circumvallata, vastatis circumquaque agris et nudatis cultoribus, in talem iterum calamitatem perducta est, quæ etiam illi quam, sub imperio Anglorum constituta, a Francis pertulerat, a veris rerum æstimatoribus multo gravior putaretur. Majorem enim suorum civium tunc passa est diminutionem, propter annonæ caritatem et molestias infinitas, quam hactenus fecisset. Permansit autem in ea miseria invalescente semper in deterius per annos multos, cum nullus ordo seu disciplina in armigeris Franciæ servarentur. Erant quippe sine certo numero et sine stipendio ubique vagantes per regnum armatorum turmæ, qui ob immanitates scelerum et crudelitates, quas in suæmet patriæ et nationis populos exercebant, absque ulla miseratione laniones seu scorticatores [1], juxta vulgi locutionem, appellabantur; omnia enim revera dilaniabant, domorum tecta convellentes seu fustibus, tanquam flagellis, conterentes. Excisis enim domorum postibus seu columnis, et, nisi pro eorum voluntate a dominis quorum juris essent redimerentur, eas ad solum diruebant, omni substantia pauperes atque supplices, qui se armis adversus eorum sævitiam tueri minime potuissent, nudantes et veluti pelle omnino spoliantes : propter quod promeruerunt famosum illud Scorticatorum seu Excoriatorum, vel lanionum, nomen ac titulum.

CAPITULUM VIII.

De obsidione posita ad oppidum Calesii per ducem Burgundiæ cum suis Flamingis, et quomodo levata fuit.

Prætermittendum autem in hujus narrationis nostræ serie seu silentio prætereundum minime visum

---

1. Les Écorcheurs, compagnies franches qui apparurent en 1435, s'étant formées des garnisons de la Champagne licenciées au temps du traité d'Arras, « lesquelz, dit Jean Chartier, endommagèrent grandement le païs; et n'y avoit hommes femmes et enfans qu'ilz ne despoillassent jusques à la chemise, mais qu'ilz les pussent rencontrer à leur advantage; et quant ilz avoient tout pillié, ilz raençonnaient les villaiges. Et estoient leurs cappitaines ung nommé Chabannes et deux bastards de Bourbon; et les nommoit-on communément *les Escorcheurs*. » Dans Godefroy, p. 86. Voir aussi le *Journal d'un bourgeois de Paris*, à l'an 1439.

est quod, postquam apud Atrebatum Philippus, Burgundionum dux, pace cum Carolo, Francorum rege, quemadmodum retulimus, facta, fœdere quod cum Anglis habuerat soluto, adversus ipsos Anglos molitus sit. Videns enim ipsos sibi propterea infensos plurimum reddidisse, terrisque et subditis suis ex oppido Calesii et castellis aliquibus adjacentibus, quæ in confinio terrarum suarum Flandriæ et Picardiæ sita sunt, plura nocumenta inferre posse, consilium accepit velle armis ac viribus ea tollere suæque facere ditionis; simul etiam apud se reputans erga Carolum regem et Francos gratiam atque amicitiam comparare ampliorem, si gravissimos eorum hostes sua ex parte impugnare atque eorum vires attenuare contenderet. Quam cum Flamingi sui talem accepissent eum gerere voluntatem, et, quoad poterant, complacere gestientes, totius Flandriæ vires ad illius suæ exsecutionem voluntatis obtulerunt, et se solos illud adimpleturos perfecturosque, absque ullis suarum aliarum terrarum copiis, promiserunt. Quorum promptum animum sinceramque idem princeps perspiciens voluntatem, eorum oblationem læto ac grato animo accepit. Cujus ut exhiberent affectum, de singulis patriæ oppidis et locis, quæ tum populosissima opulentissimaque erant, magnas copias contraxerunt, et sese ad conductos diem et locum, sub ejusdem sui principis ducatu, collegerunt cum curribus et variis apparatibus belli, quæ numerari vix potuissent. Æstimabatur autem expeditorum numerus supra quadraginta millia virorum præter carrucarios, fossores et mercatores qui, ad annonam et cæteras res necessarias exercitui ministrandum, illo ad maximum numerum adventarant.

Duxit autem hanc expeditionem ipse Burgundionum dux adversum Anglos, anno dominicæ incarnationis MCCCCXXXVI., æstate proxima sequente postquam Parisiorum civitas sub Francorum ditionem reducta fuerat, cum superiore æstate idem dux pacis fœdera cum Carolo rege, ut diximus, fecisset, descivissetque ab Anglis. Procedens igitur cum dicto suorum Flandrensium exercitu, habens præter Flamingos Picardorum militum et suorum domesticorum dumtaxat circa duo aut tria millia, ad Anglorum terminos eumdem admovit exercitum. Infra quos cum duo vel tria parva castella, quæ satis exiliter munita erant, expugnassent, subinde juxta oppidum Calesii, circiter ad medium milliare, Flamingi castra metati sunt. Ex quo loco cum illic per plures dies remorati essent, nec Anglorum munitioni nocumentum inferre possent, partem sui exercitus propius admoverunt, et aggere castelli instar facto munitoque sufficienter, unde petrariis et tormentis oppidi mœnia turresque dejicere possent, præsidia Gandensium cum multis belli machinis atque instrumentis illic locaverunt. Hunc enim prærogant sibi deberi præ cæteris Flandrensibus populis iidem Gandenses honorem, ut in hostes debeant præcedere primores, tanquam totius primicerii exercitus.

Cum autem intra hujusmodi munitum aggerem, quem Franci vulgo *bollewerch* seu bastiliam [1] appellant, dicti Gandenses per quindecim prope dies stetissent et oppidanos inde bombardis et variis machi-

1. L'auteur confond deux choses très-distinctes. La bastille était un quartier retranché, tandis que le boulevard n'était qu'un poste fortifié.

namentis infestarent, cogitarunt ipsi obsessi quatenus, si possent, Flamingos ex dicta munitione ejicerent, certam nihilominus spem habentes de adventu proximo classis atque exercitus militum, qui, pro sua subventione atque auxilio, in littore Anglicano apparabatur. Quodam igitur die, cum explorassent prius obsessi qualem custodiam quasve vigilias prædicti Gandenses in dicta sua observarent munitione, aggressi sunt ipsam munitionem expugnare. Ad quam se admoventes et scalas ad conscensum applicantes, nulla inventa resistentia, ipsam introierunt. In qua cum Flamingos, nimis de sua præsumentes securitate, invenissent alios somno indulgere, alios commessationibus et potationibus, alios vero tesseræ vel aleæ jactu otium effugere, ipsos nihil talium suspicantes, improvidos et velut attonitos, pecudum more, jugularunt et obtruncarunt. Cujus infortunii cum fama statim Flamingorum castra implesset, simulque etiam quod quidam ex ipsis Anglicis, scurriliter ipsis Flamingis insultantes, eos sibi venumdatos et paulo post tradendos liberandosque acclamassent, pavor magnus mœstitiaque ipsorum Flamingorum animos affecit.

CAPITULUM IX.

Quomodo Flamingi de sua obsidione fugerunt.

Factaque vulgo inter eos conclamatione et fremitu magno quod hostibus prodendi tradendique essent, aurumque, quo venumdati forent, ex Anglia in proximo afferri deberet, illico, absque sui principis scitu, qui cum suis Picardis numero paucis ex alia parte castra posuerat, pavidi exterritique fugerunt, relicta profecto in castris plurima annoua quam de butiro et cervisiis, cæterisque seu ad victum seu ad belli apparatum necessariis, ipsi Flamingi illo adduxerant. Et sic obsidione soluta inglorii iufamesque effecti, plurima passi damna rerum suarum quas, præ nimio hostium pavore relinquentes, abjecerunt minimeque tulerunt ad propria, magna fugitarunt cum festinatione. Æstimantes enim hostes a tergo se insequi et cominus imminere, ut expeditiores ad fugam redderentur, loricas et thoraces cæteraque quibus onusti essent arma turpiter plures ex ipsis projiciebant; « pedibus » enim, ut poeta loquitur, « timor eis addidit alas. » Vidisses agros et fossas, qua quique tenerent cursum, armis conspersos atque satos; quæ vecordiæ atque ignaviæ eorum qui ea abjecissent, quibus nullus tunc imminebat hostis, efficax et validum testimonium præferebant.

Quæ profecto non dicimus ut patriam ipsam gentemque Flandriæ probris aut contumeliis insectari aut lacessere intendamus. Est enim gens valde industria et omnis humanitatis cultu ornatissima, quemadmodum insignissima oppida atque ædificia, quibus terra illa oppleta est, luculentissime manifestant. Sed cum sint sub hujuscemodi magnificeutissimis tectis et in deliciis atque otio enutriti, nec competenti ad res bellorum duras atque asperas, tirocinio prius assuefacti duratique essent, ad talia minus idonei inveniuntur [1],

---

[1]. J'ai dû changer la construction qui est telle dans le manuscrit : « Atque otio enutriti ad res bellorum duras atque asperas « nec competenti ad talia tirocinio prius assuefacti, etc. »

quanquam corpore procero ac vegeto communiter esse solent, pariterque robusta animositate etiam satis instructi atque pleni.

Eorum autem dominus Burgundionum dux, videns eos ita abiisse, etiam ipse ad suum Insulense oppidum [1] se recepit. Illico autem ad dictum Calesii oppidum cum classe adventavit dux Glocestriæ, patruus Henrici regis tutorque, tunc in Anglia regnantis; qui cum ad littora Calesiorum suum deposuisset exercitum, æstimatum ad quindecim millia virorum, tam equitum quam peditum, agros villasque Flandriæ populando incendendoque longe lateque vastavit. Per fines enim Cassellanorum [2] usque ad oppidum Ypris omnia diripiendo et cremando pervagatus est, non inveniens qui se ad resistendum opponeret. Tantummodo fugæ præsidio sese, qui potuissent, tutabantur. Quod cum fecisset, bonorum captivorumque copia permaxima onustus sarcitusque, ad propria incolumis cum suo exercitu se recepit.

Et tales quidem illius magnæ expeditionis Flandrensis profectus exitusque fuere, quæ nihilominus etiam diu post turbarum ac seditionum, præsertim in illo insigni oppido Brugensi, materiam occasionemque attulit; unde incommoda et detrimenta, quæ difficile æstimari possent, civibus loci postea provenerunt. Quæ, cum extra principalem nostræ narrationis intentionem esse videantur, latius referre hoc loco omittemus.

1. A Lille.
2. Le pays de Cassel.

CAPITULUM X.

De quatuor exercitibus ab Anglia eodem tempore ad diversas provincias missis.

Eadem tempestate et eisdem pæne diebus, Angli, præter illam Flandrensem ducis Glocestriæ, tres alias expeditiones fecerunt : unam in propria terra adversus Scotos qui, cum Jacobo [1], rege suo, tunc e Scotia ad ducenta millia hominum et amplius, ut fama erat, erumpentes, regni Anglorum fines invaserant. Sed comes de *Northumberland* cum nonnullis aliis regionis illius nobilibus, collecta ex agris et vicinis oppidis populi multitudine, facile et sine periculo conatus hujuscemodi multitudinis Scotorum repressit, ad propriaque refugere compulit.

Aliam expeditionem in Normanniam duxit tunc cum magna classe ac militum multitudine, ad decem millia virorum vel amplius, dux Eboraci [2]; qui, cum ad littora Caletensium appulisset, Fiscampum monasterium [3] insigne obsedit, quod non parvo labore nec sine magno sui exercitus damno acquisivit. Nam propter vastationem illius patriæ, quam supra retulimus, plurimi famis inedia, tabe atque pestilentiæ telo consumpti sunt in castris suis. Et nihilominus, postquam locum illum in deditionem receperat, paucis postea decursis diebus, per quamdam subterraneam specum Anglos quidem latentem, sed his Francis qui inde

---

1. Jacques Ier.
2. Le duc d'York, Richard, choisi d'abord pour remplacer le duc de Bethford dans le gouvernement de la France.
3. L'abbaye de Fécamp.

exierant non ignotam, denuo Franci ipsum locum receperunt, qui illic inventi fuerunt Anglicis cæsis vel captivatis.

Aliam autem expeditionem duxit cum magna classe comes de *Hantiton*[1] in Aquitaniam, ad tutandum Vasconiæ terras et civitates quas illic Anglorum rex tunc obtinebat.

Sed hæ duæ Anglorum expeditiones ultimæ, una in Normannia et altera in Aquitania, satis tenuem fructum ipsis Anglis parturierunt. Adeo enim regnum Francorum desolatum erat, potissime prope terminos locorum quæ Anglici detinebant, quod difficillimum erat et pæne impossibile in illis terris exercitum alere, etiamsi mille equitum vel quingenti tantummodo fuissent. Ita enim, ut jam sæpe retulimus, prædonum utriusque partis rapacitas atque immanitas omnia exhauserat, omnes ex agris cultores profligaverat (et præsertim illi qui ex Francis Scorticatores appellabantur), ut maximæ per diversa regni loca provinciæ desertæ incultæque manerent, quemadmodum a nobis supra latius relatum est.

CAPITULUM XI.

Obsidio secunda Harefluti ab Anglis, et ipsius assecutio.

Exacto vero post circiter biennio, Angli oppidum Harefluti, quod supra ripam Sequanæ, prope ubi mare influit, situm est, obsidione terra marique cinxerunt[2]; cujus obsidionis duces erant dux Summerseti et do-

1. Le comte de Huntington.
2. A la fin d'avril 1440.

minus de *Talebot*, comes Cherosberiensis[1]. Quod cum tueri retinereque, si possent, valde optarent Franci, eo quod ad coarctandum Rothomagum satis opportunum atque efficax videbatur, duabus viis hoc facere attentarunt.

Primum quidem collecto plurimo milite[2] sub ducatu illustris Johannis, comitis Dunensis, per agros Caletenses prorsus, ut diximus, squalentes et desertos admoventes usque prope Anglorum castra exercitum, explorarunt si quocumque modo ea aggredi et expugnare possent. Quod cum sine manifesto discrimine viderent minime fieri posse (erant enim munitissima, Francosque maxima victualium penuria perstringebat), pro deditione oppidi simul etiam et Monasterii-Villaris, alterius vicini ad parvum milliare, cujus incolæ fame atque inedia consumebantur, pacta cum Anglorum ducibus fecerunt, et concito gradu, fame perurgente, ad sua oppida redierunt.

Alia autem etiam via æstimarunt posse oppido obsesso succurrere, quæ, etsi quoad hoc ipsum inefficax fuerit, fundamentum tamen ex hoc magnum jecerunt, ipsisque valde utiliter cessit in usus ad recuperationem totius Normanniæ, quemadmodum postea suo loco opportunius retexemus. Collecta enim Franci satis numerosa militia ex diversis Galliæ provinciis, præsertim de Vasconia et Aquitanorum finibus, decreverunt illud oppidum appellatum Locusveris, quod ab Anglis fuisse demolitum atque dirutum supra dixi-

---

1. Henri Beaufort, comte, et non pas encore duc de Somerset, et lord Talbot, qui ne fut comte de Shrewsbury qu'en 1442, comme on l'a déjà remarqué.
2. Au mois d'octobre 1440.

mus, restaurare et firmissime communire. Putabant enim Anglos, cum hujuscemodi operi eos viderent incumbere (quod si ad perfectum perductum esset, poterat gravissime urbem Rothomagum coarctare et in discrimen non parvum adducere), ad hoc ut obsidionem Harefluti solverent, adigere. Sed quoad hoc eos sua æstimatio fefellit, ut diximus.

Porro si militaris illa manus Francorum, non se occupans ad dicti loci protunc restaurationem, penetrasset ad Pontem-Odomari[1], et prope Hareflutum castra posuisset, unde ad alendum exercitum Anglorum annonam advehi necessarium erat, profecto intra dies paucissimos oppidum obsessum ab obsidione liberassent. Id vero facere consilium minime acceperant, sed illud potius quod prædiximus oppidum, scilicet Locumveris, in quo plurimæ adhuc ædes relictæ erant, instaurare et munitum facere. Quod non minus eis postmodum contulit adjumenti, quam si Hareflutum obsessum, illo opere neglecto, obsidione liberassent. Purgato igitur vallo Lociveris, quod ex ruderibus priorum mœnium atque turrium quas Anglici diruerant, ut diximus, impletum complanatumque fuerat, decursis jam post hoc annis sex aut septem, fossam magnam per totius oppidi circuitum Franci fecerunt, portasque erigentes ac munientes, muros etiam atque turres et varia propugnacula brevi tempore exstruxerunt; sic quod in paucis mensibus locum munitissimum, et multo amplius quam ante fuisset, reddiderunt. Feruntur illic multo tempore, dum cœpto insisteretur operi, fuisse usque ad quatuordecim mil-

---

1. Pont-Audemer.

lia equitum, qui agros illos vastissimos Normanniæ, usque ad viginti leucas, continuo quaquaversum incursabant, et omnia populabant. Ex captivis quoque agrorum cultoribus et cæteris, quibus manus injicere potuissent, totum illud suum oppidum implebant.

Porro dum talia a Francis per agros Normanniæ factitarentur, manebat interea urbs Parisiorum in magnis angustiis, ut, quo se divertens, ab iis posset se eximere penitus ignoraret. Carolus enim, Francorum rex, postquam ab Anglorum manu ipsam recuperarat, eam semel tantum non amplius, et nec nisi paucorum dierum spatio, visitavit[1]. Unde languens tota et exsanguis confectaque, absque ulla pæne respirandi spe præstita, jacebat, nisi Dominus ex alto cuncta prospiciens, adjutor semper in opportunitatibus in tribulatione, Caroli regis animum, velut longo sopore torpentem ac remissum, ad subventionis solatia eidem urbi præstanda excitasset.

CAPITULUM XII.

Insurrectio Ludovici, Delphini Viennensis, adversus regem Carolum, patrem suum.

Habebat filium tunc unicum, Ludovicum nomine, in quo spes tota tunc generis propagandi regnique successionis manebat; cui, cum circiter decimum sextum ætatis annum ageret, et esset ingenio acri, regnandi

---

1. L'auteur veut parler du séjour que le roi fit à Paris lors de sa joyeuse entrée en 1437. Cependant il est certain qu'il retourna encore dans cette ville après la reddition de Pontoise en 1441. Voir la *Chronique de Berry*, dans Godefroy, p. 417, et le *Journal d'un Bourgeois de Paris.*

atque dominandi nimiam gerens cupiditatem ac libidinem, a duce Borbonii et quibusdam pravis hominibus suggestum est ut regni moderationem atque ministrationem habere potius deberet quam pater suus, aut nonnulli qui circa illum erant : cum idem pater suus, otio vacans et luxui, regnum tam ab hostibus quam a suis, quasi nullam de ejus salute et incolumitate seu defensione curam habens, diripi, lacerari et devastari ubique permitteret; ipse vero qui juvenis et animosus foret, si semel ipsius regni gubernacula assequeretur, facile talibus incommodis obviaret et remedia opportuna afferret, remque publicam, prorsus dilapsam atque prope exstinctam, sua vigilantia et industria brevi tempore instauraret, et publicis ejectis hostibus, regnum ipsum ad priscam dignitatis suæ ac decoris gratiam atque opulentiam revocaret.

Talibus delinimentis atque aliis hujuscemodi juvenis ille animus illectus (nec enim difficile est persuadere volenti), eorum auxilio et factione, qui sibi talia suaderent, plures ex ducibus paternæ militiæ militibusque ad se pellexit, qui, novarum rerum cupidi invidentesque eorum felicitati qui potioribus se bonis aut honoribus potirentur, non regnum remque ipsius publicam salvam fore, sed suæ dumtaxat libidini et cupiditatibus satisfacere cupiebant; traxissetque utique brevi ad se plurimos, patremque omni potestate privasset, nisi divina clementia, res miserata humanas, a tali exitio regem regnumque liberasset. Videns enim rex in tantis se constitutum periculis, sese a longo velut sopore suscitare armaque suscipere compulsus est. Adsciscens itaque ex militiæ suæ ducibus quos fidos potuit invenire, filium suum præfatum, qui ad terras ducis Borbonii, totius seditionis principalis auctoris, confugerat, insecutus est. Ibi enim exercitum ipse Ludovicus colligens quem poterat, et conjurationis socios exspectans, belli sedem statuerat. Sed præveniens rex, et cavens ne longius evagaretur initiatum incendium, eum viriliter et cum magna festinatione est prosecutus. Cujus congressum militum exspectare cum neque ipse neque conjurati secum auderent, de oppido in oppidum et castello in castellum fugatus est; quorum plurimis in regis potestatem redactis, plurimis in prædam datis, satis brevi tempore in necessitate paciscendi parendique suo genitori adductus est. Intervenerunt enim ex principibus et proceribus regni, qui, pacata indignatione regis, eum ad indulgendum [per]donandumque omnem hujuscemodi injuriam tam filio quam duci Borbonii et cæteris conjurationis sociis, animum regium inflexerunt. Fuit ipse Ludovicus ad paternam domum obedientiamque pro illa vice restitutus atque redactus [1].

Ejus itaque talia rerum a se in posterum gerendarum initia fuerunt, taliaque de se præbuit ipse Ludovicus auspicia, satis quidem eis consona quæ per eum postmodum fuisse gesta, si Deus donaverit, suis locis referemus.

1. Tous ces événements sont de l'année 1440, et antérieurs aux tentatives faites pour conserver Harfleur, que l'auteur a exposées dans le chapitre précédent.

CAPITULUM XIII.

Qualiter Carolus rex urbi Parisiensi subvenit expugnando Monsterolium, Meldis, Montem-Argi et Credulium.

Sed, ut jam diximus, licet infortunium hoc provinciæ Borboniensi et terris adjacentibus, a quibus bellum istud domesticum tumultuavit, plurima attulerit damna, ex eo tamen nonnihil utilitatis et regi obvenit et regno. Ex hoc enim ipse rex, qui per longa ante tempora, velut somno sepultus, obtorpuerat, nullisque pæne bellicis obsidionibus præsens affuerat, excitatus est, et necessitati illius suæ regiæ urbis Parisiensis, tunc desolatissimæ, solatia afferre inchoavit. Obsedit enim primum castrum illud fortissimum atque munitissimum Monsterolium, ad confluentes Sequanam et Yonam situm[1], in quo satis valida Angli præsidia posuerant, ipsumque strenue et potenter expugnavit et cepit : per quod a superiori urbs illa Parisiensis per eadem flumina liberam habuit exinde navigationem, quod non parvo eidem fuit adjumento.

Obsedit et deinde civitatem Meldensem, quam etiam per insultum validum expugnavit et cepit[2]. Qua recepta, ejusdem civitatis forum[3], arx firmissima, Materna flumine circumquaque cincta, compulsum est ad deditionem.

---

1. Le siége de Montereau eut lieu trois ans avant la guerre de la Praguerie, en 1437. Cf. *Jean Chartier*, dans Godefroy, p. 94.

2. La prise de Meaux eut lieu en 1439, et le roi n'y parut point. *Id.*, ibid., p. 100.

3. Le marché de Meaux, partie fortifiée de la ville sur la rive gauche de la Marne, dans une presqu'île formée par cette rivière.

Similiter oppidum cum castro de Monte-Argi deditionem facere coactum est, ipso oppido per insultum expugnato et capto[1].

Et sic per omnia jam flumina sursum versus habuere Parisienses transitum liberum. Sed cum hæc regi ipsisque satis fauste ac feliciter provenissent, aliud paulo post grave eis contigit infortunium evenire. Nam Pontisaræ oppidum, ab ipsa urbe regia octo brevibus leucis dumtaxat remotum, noctu ab Anglicis circa dies Carnispriviæ[2], scalis admotis, exstitit occupatum et direptum. Quod cum ipsi Anglici magno suorum numero muniissent, urbem ipsam regiam maximis afficiebant incommodis, cum etiam Meduntam[3] adhuc supra Sequanam, non multum ab eadem urbe distans, et Credulium castrum[4] supra Isaram, cum nonnullis aliis occuparent et tenerent. Languebat igitur eadem urbs affligebaturque adhuc ob hujuscemodi causam, et magnis subjacebat molestiis, donec anno MCCCCXL. rex Carolus eam talibus angustiis absolvere cum valida expugnatione auxilio affuit, expugnatumque Credulium statim recepit.

CAPITULUM XIV.

Qualiter Pontisara a Carolo rege obsidetur.

Ad Pontisaram vero, quæ magna Anglorum præsidia intus habebat, obsidionem et castra locavit[5]. Ad

1. Autre anachronisme. La prise de Montargis est de 1438.
2. La ville de Pontoise fut perdue effectivement à l'entrée du Carême, mais de l'année 1438.
3. *Medunta* dans le manuscrit. C'est Mantes.
4. Le château de Creil, dans une île de l'Oise.
5. Le 6 juillet 1441.

quam defendendam dominus de *Talebot*, comes Cherosberiensis, ducum Angliæ omnium strenuissimus atque audacissimus, bina vice de Rothomago adventavit, victualia et milites quos volebat immittens in oppidum. Cum vero castra satis munita obsessores haberent, ex una quidem parte in qua rex erat, in monasterio religiosarum vulgo de Malo-Rubo sive Dumo[1] nuncupato, ex altera vero fluminis ripa in monasterio Sancti Martini, in quo Ludovicus, regis filius, cum multis militum ducibus famosis erat, nec Angli castra Francorum invadere, nec vice versa Franci e castris ad debellandum Anglicos, per patentes campos adequitantes, exire attentarunt; sed Anglorum impetus sagaci patientia declinantes, in suis manebant castris. Anglorum vero exercitus, cum annonam, nisi quam secum detulissent, minime in tota illa patria invenire possent, statim ad sua redire urgebantur.

Mansit itaque et duravit hujuscemodi obsessio per plures menses, quibus labentibus, ex Anglia circiter cum decem millibus armatorum, omnium in equis vectorum, dux Eboraci[2], cum multis comitibus et nobilibus regni Angliæ transmisso mari, ad littora appulit Normanniæ. Descendit autem apud Hareflutum, ubi, cum adhuc obsidionem apud Pontisaram durare comperiisset, sperans obsessis posse subveniri, propero cursu advolat cum sua nova militia Rothomagum. Quo loco cum tribus aut quatuor diebus dumtaxat suos refocillasset, cum dicto domino de *Talebot* et

1. Maubuisson. Des deux formes latines proposées par l'auteur, la dernière est la seule qui soit consacrée par les titres.
2. Le duc d'York, déjà mentionné ci-dessus, p. 131.

multis aliis Anglorum veteranis ducibus atque militibus qui diu in Francia militaverant, cum festinatione, obsessis sclatia præstiturus, iter arripuit. Sed cum Francos, qui in monasterio Sancti Martini erant, muro, fossa et variis machinis valde munitos intelligeret, ut eos qui ex alia fluminis parte castra posuerant, in quibus erat rex, invadere posset, ponte ex doliis et tabulis celeriter constructo, flumen Isaræ una cum suo exercitu transivit. Posuerant siquidem Franci custodias militum ad ripam fluminis, qui Anglis transitum inhibituri forent; quod utique haud difficile factu erat, si vigilanter aut solerter ad hoc intendissent. Sed cum non satis studiose id curatum fuisset, transivit flumen totus Anglorum exercitus. Quæ res cum ad Caroli regis notitiam perveniret, qui validiorem suarum copiarum partem ex alia parte fluminis habebat, dimisso monasterio dominarum de Malo-Rubo seu Dumo, in quo multis steterat diebus, ad villam Pissiacum [1], trans Sequanam, ubi etiam est magnificentissimum religiosarum monasterium, se recepit, declinans sapienter illius Anglorum exercitus occursum. Sui tamen duces et Ludovicus, filius ejus, ab obsidionis suæ castris, quæ in monasterio Sancti Martini, ut diximus, potenter valde munierant, minime decesserunt.

Cum vero dux Eboraci cum suis Anglis, qui magno erant numero, agros illos Franciæ circum Parisios fuisset circumvagatus, nec inibi annonam, aut colonos, nisi rarissimos, invenire posset, urgente fame et penuria, intra paucissimos dies coactus est sine fructu inefficax reverti Rothomagum. Tanta autem famis ne-

---

[1]. Poissy.

cessitate tam homines quam eorum evectiones, seu equi[1], constricti erant, quos in illa expeditione duxerant, ut facile ad vultus hominum maciemque equorum agnosci judicarique possent, qui Isaram pro tutamine Pontisaræ transivissent, vulgoque de ipsis a plebe Normanniæ diceretur : « Hic fert vultum Pontisaræ[2]. »

Unum autem silentio negligendum non est, quod, cum ex Pontisara dictus Eboraci dux reverteretur, prudentissime a comite Cherosberiensi animadversum fuit; cujus consilium si ipse dux Eboraci observasset, profecto vero similiter Carolus rex ad manus ipsius domini de *Talebot* aut suas devenisset. Sciebat siquidem ipsum regem apud Pissiacum tunc habere hospitium cum parva suorum manu. Dedit igitur consilium duci Eboraci ut ad certam horam Sequanæ ripam ex opposito villæ et monasterii prædicti Pissiaci diligenter observaret, ipse vero cum circiter mille equitibus, cum omni celeritate ac festinatione, per Meduntam ad dictum Pissiacum trajiceret, ubi vel improvidum ipsum regem repente aggrediens in suam redigeret potestatem, vel ad transeundum ad alteram Sequanæ oram omnino coarctaret : ad quam si refugere contenderet, in manus ipsius ducis Eboraci omnino adlabi haberet. Itaque diligentissime idem comes, quatenus in se fuit, rem hujuscemodi est exsecutus. Tota enim nocte equitans, transiens Sequanam per pontem Meduntæ, non quievit donec crastina die, circiter hora prima,

1. *Seu equi* paraît être une glose pour expliquer *evectiones* (leurs montures) qui est un gallicisme.
2. En français : « Il a l'air de venir de Pontoise. » Dicton sur l'origine duquel on a beaucoup disserté sans trouver celle-ci.

Pissiacum advolavit. Unde, per spatium minus quam horæ unius, rex a nonnullis viarum exploratoribus certior de Anglorum adventu factus, ad alteram Sequanæ ripam jam transierat, prope ubi amnis Isaræ Sequanæ influit; sed, volente Deo qui, cum vult, dissipat cogitationes populorum et reprobat consilia principum, nec ducem Eboraci nec suorum ullas illic custodias offendit, et ad castrum Confluentis[1], non ab inde multum remotum, tutum domicilium, se recepit. Dicebatur enim tam parvulam temporis morulam præteriisse, quod rex e cubili excitatus discesserat, cum Anglici Pissiaci monasterium intraverunt, quod adhuc cubilis sui linteamina calentia invenerunt, tam recens erat quod rex ex suo lecto expergefactus exsiliisset.

Regresso igitur in Normanniam cum festinatione, ut diximus, duce Eboraci cum suo exercitu, fame plurimisque inediis confecto, rex, qui non procul aberat, ad suam Pontisaræ obsidionem illico remeavit. Sed cum et ipse et sui milites annonæ difficultatem non parvam paterentur, propter adjacentis provinciæ vastitatem ac desertionem, prope fuit ut, inefficax abiens, suam solveret obsidionem. Verumtamen cum suis ducibus habita super hoc deliberatione, omnium in hoc sententia resedit quod, priusquam id faceret, totis viribus oppidum aggrederetur expugnare, ne, si hoc minime attentato discederet, inglorium nimis et indecorum sibi reputaretur in posterum : per quod animositas major et audacia hostibus suis verisimiliter accresceret.

1. **Conflans-Sainte-Honorine, près de l'embouchure de l'Oise.**

CAPITULUM XV.

Expugnatio Pontisaræ per Carolum, Francorum regem.

Parantur itaque belli omnia machinamenta ad invadendum expugnandumque ipsum oppidum, quod profecto mœnibus, vallo atque turribus et propugnaculis erat firmissimum, plurimisque machinis belli et militibus Anglicis amplius mille et ducentis valde munitum. Contemplatur rex, loci munitionem explorans, qua parte commodius faciliusque insultus dari et perfici posset. Ad partem illam aggeres instruunt, applicantur tormenta, petrariæ admoventur maximæ et validissimæ, quarum crebro jactu et terrifico quatiuntur muri, turres franguntur et propugnacula dejiciuntur, ut, intus exsistentibus sublata defendendi commoditate, expugnatoribus atque insultum dantibus ingredi in oppidum facilitas præberetur. Quæ cum ita tormentis et petrariis factitata essent, ut aditus Francis apertus videretur, in vallum alacres exsiliunt, admovent scalas ad scandendum, præcipue ad quamdam turrim firmissimam[1], quæ jactu petrarum in excelsiore parte diruta fuerat, factumque in ea foramen satis magnum. Tunc videre erat Francos viriliter et animose scalas alios ascendere, alios arcubus, balistis et bombardellis, quas colubrinas et serpentinas vocant, lethiferos telorum ac lapidum jactus in defensores muri turriumque, absque ulla intermissione,

---

1. « La tour du Friche, qui est sur le bord de la rivière de l'Oise, du costé devers le pont de Meulant. » *Chronique de Berry*, dans Godefroy, p. 415.

mittere; e contra Anglos defensioni insistere, scandentes hostes dejicere, in eos lapides, ligna et omne telorum genus immittere, ferventes aquas vel quas invenire possent pinguedines, accensas fundere ac spargere, pro vita, pro salute non segniter decertare ac dimicare (certum enim erat eis victis non sperandam esse pro pecunia redemptionem, sed mortem), nec pro gloria uter imperaret seu victor evaderet, sed uter superstes maneret, imminere certamen. Atqui profecto jactus ille assiduus creberrimusque colubrinarum ac serpentinarum vires animosque Anglicis fregit atque abstulit. Nam quoties sese, ad propellendum qui scalas conscendebant, objicerent, tam expertos illius artis magistros rex habebat, ut, quemcumque in muro vel turri advertere potuissent, illico sine remedio jactu lapidis necabatur. Ferebatur ab his qui rem viderant, quod, cum ad prohibendum ingressum eorum qui ad quamdam validissimam turrim ascendebant, ad foramen, qua ingrediendi via patebat, Anglici usque ad numerum sexdecim, eo quod [1] illic maxime periculum præsens esse cernebant, successive unus post alterum accurrissent, omnes lapidum ictibus fuisse percussos dejectosque; quos et Franci ingredientes illic in uno acervo prostratos jacentesque invenerunt.

Vi igitur Francorumque animositate cæsis pulsisque de muris Anglis, rex ipse et sui milites per murum conscendentes, oppidum ipsum ita expugnatum ceperunt. Quod cum ingressi essent, quoscumque Anglorum invenire potuissent, absque misericordia

---

1. Dans le manuscrit, *sexdecim qui eo quod.*

necabant. Audivimus nos ipsum Carolum regem referentem quod, cum equum sibi a suis, porta oppidi reserata seu effracta, adductum conscendisset, et in platea oppidi unus Anglicus', quem quidam de suis, vibratis ad eum occidendum gladiis, insectabantur, mortem fugere gestiens, sese sub ventre equi occuleret, et vitam per regis miserationem habiturum speraret, tanto furore sævitiaque a suis fuisse prosecutum, ut equum ipsum, cui insidebat rex, pæne occiderent; et licet vitam ipsius, miseratione permotus, servari voluisset, suisque, ut desisterent, cum clamore valido imperaret, nihil tamen nec clamor nec imperium proficere potuerunt quominus eum gladiorum acies devorarent : tanta furoris rabies et ira animis tunc Francorum insederant !

Hanc autem tantæ acerbitatis iram inde aiebant obortam, quod ille dominus de *Talbot*, una ex vicibus qua solatia obsessis præstiturus illuc adventarat, quemdam armigerum Francorum, qui, e castris exiens cum lancea adversum hostes, captus ab ipsis fuerat, adductum coram se postea et exarmatum, securi ipsemet percusserat et immaniter atque crudeliter trucidarat[1]. Et ob eam immanitatem in eum, qui nobilis et strenuus erat miles, sic admissam, contra jus et fas, cum captivus servatus sub fideque receptus fuisset, quotquot sæviente gladio de Anglicis inventi sunt, inferiis illius trucidati et victimati fuerunt usque ad DCC vel DCCC. Plures tamen in foveis et cellariis, quæ in oppido valde profunda et abdita sunt, se occulue-

---

1. Ce trait de cruauté n'est pas rapporté dans les chroniques du temps, et il m'a été impossible de retrouver le nom de la victime.

runt; qui, postquam militum furor sedatus esset, reperti, captivi servati sunt.

Taliter igitur Pontisaræ oppidum expugnatum receptumque fuit[1]; unde regia illa Parisiorum urbs utcumque respirare incepit et in meliorem statum convalescere, cum, excepta inferiore parte Sequanæ usque infra Meduntam, liberam per omnia flumina jam navigationem haberet.

CAPITULUM XVI.

Capitur a Francis civitas Ebroicis, et rex proficiscitur ad *Tartas* in Aquitania.

Sed nec infortunium hujusmodi solum obvenit Anglis. Stante enim adhuc obsidione ad Pontisaram[2], unus vir nobilis et strenuus e Caletensium finibus oriundus, cognomento *Flocquet*[3], qui dux certi numeri militum inter Francos erat, civitatem Ebroicis noctu introivit et Anglis abstulit. Erat enim idem *Flocquet* pro custodia Lociveris deputatus; sed ingenio acer in rebus bellicis manuque promptus, vicinis civitatibus vel oppidis, quæ occupabant Anglici, insidians imminebat semper. Unde, cum prædicta civitas Ebroicis non nisi quinque leucis a Locoveris distet, per internuncios vel captivos modum invenit per quem, corrupto et cooperante quodam ex civibus paupere, qui in vallo ejusdem civitatis piscari erat solitus, circumventis per ipsum proditorem excubi-

---

1. Le 19 septembre 1441.
2. Ce fut à la fin de la semaine qui précéda la prise de Pontoise.
3. Robert de Flocques, dit *Floquet*.

toribus qui supra murum adstabant, admotis scalis, murum conscenderet per atras noctis tenebras, et sic civitate potiretur[1]. Quæ res et Francis perutilis, et Anglicanis rebus non parum damnosa exstitit. Per eamdem enim civitatem idem *Flocquet*, fines suos studens semper propagare et ampliare, paulo post castrum Novi Burgi[2] acquisivit, magna illa circumjacentia campestria et agros opimos ditioni Francorum per hoc restituens.

Sequenti autem anno[3], Francorum quidam duces, qui ad tutandos Aquitaniæ fines contra Anglos qui in Vasconia erant, et illic Burdegalam, Bayonam et nonnullas alias civitates et oppida tenebant, in præsidiis collocati erant, obsidionem posuerunt ad oppidum seu castellum nominatum vulgariter *Tartas*[4]. Quanquam vero Anglici anxie nimis perditum iri eisque auferri ipsum oppidum conspicerent, et quod ea res in aliis rebus majoribus damna verisimiliter eis esset allatura, pactum tamen deditionis compulsi fecerunt, nisi ad certum et statutum diem obsessis succursum præberent. Infra quam diem Carolus, Francorum rex, contractis undique viribus, et totius pæne regni nobilibus et militibus adunatis, quasi esset cum Anglorum integra potentia dimicaturus, in Aquitaniam suam expeditionem traduxit; et ante statutum diem juxta oppidum, exspectans audacter cum Anglis prælium atque certamen inire, castra metatus est. Sed Anglici, videntes regis validissimum exercitum, ad

1. Ils entrèrent par un trou, selon la *Chronique de Normandie.*
2. Neufbourg, aujourd'hui dans l'arrondissement de Louviers.
3. 1442.
4. Aujourd'hui dans le département des Landes.

diem et locum, de suis diffidentes viribus, minime ausi sunt comparere. Non enim tunc in terris illis tantam manum militum tenebant, quæ ad opus tam arduum sufficiens esse posset. Unde obsessi deditionem absolutam, eo quod minime protecti fuissent, facere coacti sunt, et in deditionem Caroli transierunt cum nonnullis castellis aliis vicinis.

CAPITULUM XVII.

De expeditione magna quam prior dux Summerseti trajecit in Franciam.

Eo autem pæne tempore, quidam Anglorum princeps, dux Summerseti[1], unus ex majoribus regni Angliæ, homo animo ultra modum elatus et præsumptuosus, sed in opere et effectu vanus et efficax, duxit in Normanniam magnum et potentem exercitum ex ordinatione procerum regni Angliæ; quibus magna quædam et miranda se facturum in Francia spoponderat, si sibi ducatus militiæ Anglicanæ crederetur et comitteretur. Unde, cum suis promissionibus ab Anglis fides et assensio præstaretur, obtinuit ut dux totius exercitus crearetur. Igitur, parata classe ultra trecentarum navium in littore Anglicano, et instructo armis, equis, cæterisque ad apparatum belli necessariis exercitu, cum sua classe transmisso freto, applicuit ad ultimos fines Normanniæ, ad oppidum seu castrum cui nomen est Cæsaris-Burgus[2]. Ubi cum exercitum

1. John Beaufort (non pas Henry comme il a été dit ci-dessus, p. 133), prince du sang de Lancastre. On l'appelle *prior* dans le titre pour le distinguer de son frère, duc de Somerset après lui.
2. Cherbourg. Le duc de Somerset y aborda en août 1443.

suum deposuisset universum, qui profecto erat non minus quam decem millium equitum, alios Anglorum principes ac duces contemnens, qui Rothomagi exsistebant, regimini totius provinciæ incumbentes, ad arcana quædam exsequenda, quæ sciret solus nec cuiquam mortalium, donec absolverentur, duceret revelanda seu communicanda, animum intendit. Cum enim vel a ducibus vel a militibus, quibus erat imperator datus, sæpe de eo quod agere intenderet seu proponeret interrogaretur, magno cum animi tumore et supercilio gravi, nihil aliud in responsis dabat, ut vulgo hinc ferebatur, nisi quod, si sciret lineam camisiam, quam ad carnem vestiebat, suæ intentionis et propositi fore consciam, eam protinus combustioni contraderet : tam elatum atque secretum esse cupiebat arduum illud et eximium opus, quod se adimpleturum sibi ipse promiserat! Quod ejus utique propositum, de occultando quæ agere animo gestiret, ipsum non prorsus nec omnino fefellerit. Adeo enim secretum permansit, ut nondum quid exsequi gestiret, nec a se, nec ab alio satis ad liquidum comperiri potuerit : tam parvi momenti et nullius efficaciæ fuerunt illa quæ gerere est aggressus !

Spretis igitur omnium mortalium consiliis, solius sui fidens et suæ innixus prudentiæ, associatis sibi multis ex veteranis ducibus et militibus Anglorum, qui diu in Francia militarant, ad fines Britanniæ Armoricæ exercitum admovit, ubi quodam castro nullius pæne momenti, vulgo appellato Laguiersæ[1], recepto,

---

1. Lisez *La Guerche*. C'est la Guerche de Bretagne (Ille-et-Vilaine), qui appartenait alors au duc d'Alençon.

ad aliud non procul, dictum *Poensé*[1], obsidionem et castra locavit. Adduxerat ex Anglia in sua classe portatiles pontes ex lignis, restibus et animalium tergoribus per partes constructos, cum aliis ad expugnandas urbes atque arces plurimis petrariis et variis bellorum instrumentis, cum quibus et latissimos transire fluvios, et firmissimas quascumque urbes vel arces expugnare absque magno negotio potuisset. Sed tam in irritum atque ludibrium omnes ejus conatus processerunt, licet tum in terris in quibus agebat parva esset et satis tenuis Francorum militia (eo quod, ut paulo ante diximus, Francorum rex totius pæne regni copias secum in Aquitaniam traxerat), quod illud castrum *Poensé*, non multum insigne, sed parvi satis momenti, quod ipse diu obsederat, nec expugnare, nec ad deditionem urgere potuerit; sed post duos circiter menses quos in eo opere vano atque inutili detriverat, obsidione soluta, inefficax cum pæne sua tota quam duxerat gente, per Baiocismum[2] remenso mari, in Angliam cum ingenti dedecore et confusione permaxima redierit.

Cum autem ipse cum tanta reversus esset infamia, et ab Anglorum principibus, quibus ingentia se facturus promiserat, exprobrando admoneretur ut tropæa et manubias ostenderet, quas de Gallia invexisset in Angliam, plurimaque hujusmodi, modo coram, modo in occulto ad ipsius ignominiam vulgo per Angliam jactarentur, tantam proinde animi mœstitiam accepit, non valente ipsius petulantia atque superbia

1. Pouancé (Maine-et-Loire), à sept lieues de la Guerche.
2. C'est-à-dire, le long des côtes du Bessin.

probra quæcumque vel injurias ferre patienter, infra paucos dies morbo inde contracto, ex hac instabili luce est subtractus[1]. Qui profecto, si se adjungere curavisset illis Anglorum ducibus atque militiæ veteranorum, qui circa fines Rothomagenses et in ea urbe tum aderant, eorumque uti consilio, aliqua pro Anglorum dominio valde utilia gerere potuisset.

CAPITULUM XVIII.

De obsidione oppidi Diepæ, et quomodo castra Anglorum a Francis expugnata atque incensa fuerunt.

Ea enim tempestate ipsi Anglici, auctore comite Cherosberiensi, domino de *Talbot*, contra oppidum Diepæ maritimum castra posuerant, et ex opposito oppido trans amnem, qui, decurrens juxta mœnia oppidi, portum navibus facit, supra montis [2] cacumen bastiliam munitissimam struxerant[3]. Ferebatur quippe non facilius quam ipsum oppidum expugnabilis esse: tam munita vallo, aggere, propugnaculis et belli machinis circumquaque erat. Et certe si de quo locuti sumus dux Summerseti, cum illo quem advexerat exercitu, vires tantas aliis Anglorum copiis aggregasset, verisimiliter et illud oppidum Diepæ et nonnulla alia recuperare potuissent. Sed proprio abundans sensu, illa vana atque frivola quæ retulimus tantummodo effecit; quod damnosum valde rebus Anglicanis exstitit. Nam cum Franci prospicerent bastiliam illam,

1. En 1444.
2. Le Pollet.
3. Les chroniques rapportent à l'an 1442 la construction de cette bastille. Talbot était venu devant Dieppe vers la Toussaint.

quæ oppidum Diepæ obsidione jam satis longa premebat et munitissima foret, a pauco tamen atque exiguo Anglorum numero custodiri (non enim erant in eadem mille bellatores), ex contemptu paucitatis animos attollentes, ad eam expugnandam se admoverunt. Et hujus quidem rei Carolus rex, ut eum in rebus bellicis exercitatiorem efficeret, filium suum Ludovicum, de quo supra meminimus, conductorem esse voluit, dato tamen sibi directore Johanne, comite Dunensi.

Qui ex finibus Belvacensium et Ambianorum adventantes cum satis parva manu equitum ac peditum (nam patria illa deserta numerum nisi parvum alere minime potuisset), ad expugnanda castra seu bastiliam prædictam Anglorum se dederunt. Cui negotio cum totis incumberent viribus, irruentes audacter et animose in vallum, ex omni parte insultum fecerunt. Cum autem Anglici in irritum suarum bombardellarum et sagittarum jactus expendissent, et hostium jaculis atque telis graviter et multum diu pressi essent, violentia armisque Francorum lassi et fatigati, cesserunt. Conscenso itaque valli munimine, ingredientes Franci, quos illic Anglicos invenire potuerunt, omnes fere trucidaverunt. Cæsi etiam fuerunt nonnulli mercatores, qui illo, ad portandam ministrandamque annonam et res exercitui necessarias, advenerant, aliis in captivitatem abductis [1].

Huic autem expugnationi magnum cives obsessi oppidi contulerunt adjumentum. Cum enim sit maritimum oppidum, plerique ex civibus tum merces ad alias terras trajiciendo, tum piscationi vacando, na-

---

1. Août 1443.

valis exercitii et piraticæ satis periti et docti esse consueverunt ; unde, ut se incommodis diutinæ, quam passi fuerant, obsidionis atque periculis liberarent, strenuissime in insultu illo atque expugnatione se habuisse ferebantur, illi maxime qui nauticis laboribus anteriore tempore indulsissent. Et hoc quidem initium satis faustum fuit rerum a præfato Ludovico bello gestarum in hostes; nam de prima quam adversus patrem guerra molitus erat, supra suo ordine et loco retulimus. Laus tamen totius hujus facti principaliter illi nobili comiti Dunensi reddenda est, cujus sapientia, consilio et strenuitate, sicut alia plurima magnifice, ita hoc patratum et consummatum fuit.

CAPITULUM XIX.

Mittitur legatus ab Anglia in Galliam, ad petendam uxorem regi Anglorum Henrico, dux Suffolciæ.

Cum itaque res Anglorum in Normannia et Francia delaberentur, et Francorum pedetentim et, velut quadam alluvione, fines atque imperium incrementum acciperent, et ad annos usque plenæ pubertatis Henricus Anglorum rex adolevisset, cogitarunt proceres Angliæ, ne regnum ipsum legitima successione careret, ut conjugem de domo aliqua illustri sibi quærerent; et non invenientes illustriorem domum quam regnum Franciæ, de eadem domo eam perquirendam decreverunt. Per quod matrimonium spes etiam ineundæ et reconciliandæ pacis inter reges et regna concipi et accipi posset; diutius enim inimicitiis atque bellis utriusque regni vires multum attritæ diminutæque erant. Longe tamen et pæne incomparabiliter magis Francorum regnum, quam Anglorum, contritum exhaustumque erat. Imo tunc maxime divitiis et opibus, tum de spoliis Franciæ immensæ æstimationis in Angliam invectis, tum et variarum et locupletum usu ac frequentia negotiationum, ipsa Anglia florere cernebatur. Quæ intestina prorsus nulla bella tunc habebat; in terris autem Galliarum diu bella gesserat satis feliciter, unde opes pæne innumeras contraxerat. Verumtamen, ut diximus, quoad res bellicas quas gerebant in Gallia, longe tunc audacia et viribus inferiores erant, quam priscis fuissent temporibus. Corrupti enim his vitiis, quæ ex rebus secundis provenire solent, avaritia et luxuria, simulque variis jam Galliarum deliciis assueti, illam barbaram feritatem seu animositatem, quam initio bellorum in Galliam invexerant, nimium remiserant, a voluptatibus, propter quas sese ignaviæ atque socordiæ dederant, procul dubio victi et superati.

Cum igitur uxorem regi suo in Francia petendam decrevissent, missus est ob eam rem legatus dux Suffolciæ in Galliam, et cum eo episcopus Cichestrensis[1], custos privati sigilli regis Angliæ, cum multis nobilibus viris Angliæ. Qui cum in comitatu nobili et magnifico apparatu se Turonis contulissent, quo loco vel in quibusdam propinquis castris frequentius ea tempestate rex Carolus se et curiam suam tenebat, causam sui adventus atque missionis regi Carolo aperuerunt. Et ex ipsius quidem filiabus (plures enim habebat) alteram libenter habuissent; sed jam a longo tempore

1. Suffolk, ayant encore le titre de comte qu'il changea peu après pour celui de marquis, non pas de duc; et l'évêque de Chichester, Adam Moleyns.

tritum communi sermone velut proverbium per Galliam erat, infelices nuptias et infaustos hymenæos apud regnum Angliæ filias Franciæ pæne semper fuisse expertas, exindeque regno Franciæ magnas provenisse calamitates, cum, hujuscemodi conjugiorum prætextu, ad imperium Galliarum Francorumque regnum jus se habere reges Angliæ prætenderint, et adhuc de hoc cum Francis contendant. Cognoscentes vero Renatum, Siciliæ regem, sororium Caroli Francorum regis (ipsius enim sororem idem Carolus habebat uxorem), habere filiam specie et forma præstantem, quæ tum « matura viro foret et plenis nubilis annis », ad requirendam eam animum intenderunt.

CAPITULUM XX.

Qualiter Margareta, filia Renati, Siciliæ regis, desponsata fuit Anglorum regi, et cum hoc treugæ factæ inter reges Franciæ et Angliæ.

Super quo tractantibus longo tempore cum patre puellæ, rege Siciliæ, Andegavorum, Lotharingiæ atque Barrensium duce et comite Provinciæ, simul etiam cum ipso rege Francorum Carolo, habitis, ipsi Anglorum legati de ineundis treugis, sub spe pacis conciliandæ, etiam sermonem aperuerunt. Videbant enim Anglici, ut diximus, suas partes debiliores dietenus fieri in Francia, simulque illic imperium vergere in ruinam totalemque defectionem, nisi sibi de pacis vel treugæ remedio providerent. Hac quippe via æstimaverunt ruentis adversum se fortunæ impetum sistere, et adhuc quæ in Normannia vel Aquitania possidebant, servare posse.

Hæc autem apertura treugæ atque pacis etiam ipsi

LIBER TERTIUS.

Francorum regi suisque non invisa nec ingrata fuit. Quemadmodum enim, ut tragicus inquit, pacem reduci velle victo necesse est, sic et victori expedit [1]. Erat utique valde expediens et regi et toto regno Francorum, miserabiliter ubique desolato et attrito, ut alicujus treugæ vel pacis consolatione respiraret. Cum itaque supra treugis atque nuptiarum fœdere multi conventus sermonesque habiti satis diu fuissent, tandem [tractatus] de utroque ambarum partium consensu firmatus fuit; fueruntque treugæ initæ et juratæ inter reges et regna, fœderatis utriusque in eis comprehensis. Quæ treugæ primo quidem ad triennium vel circiter [2], sub spe pacis interim tractandæ, factæ fuerunt, postmodum vero per varias vices prorogatæ, ut ad quinquennium usque, vel paulo amplius, processerint. Quantam autem utilitatem Francis attulerint, in consequentibus, si Deus donaverit, ostendemus.

Fuerunt etiam cum Margareta, filia præfati regis Siciliæ, per Henrici regis Anglorum procuratores, sufficienti ad hoc potestate suffultos, sponsalia nuptiæque contractæ [3]; atque ipsis duci Suffolciæ et Anglorum proceribus tradita fuit ipsa puella a parentibus, ad maritum suum deducenda in Angliam cum ornamentis et paranymphis, tantam et tanto nuptam principi condecentibus. Non tamen statim in Angliam ducta fuit cum primum treugæ factæ fuerunt, sed postquam in Angliam reversus dictus dux Suffolciæ, iterum et

1. Vers retourné de l'*Hercule Furieux* de Sénèque.
2. La trève ne fut conclue que pour vingt-deux mois, du 1er juillet 1444 au 1er avril 1446. L'acte est dans Monstrelet, l. II, ch. cclxxv.
3. Le mariage ne fut contracté qu'au mois d'avril de l'année suivante (1445) à Nanci.

secundo ad regem Franciæ est reversus, deferens secum ratihabitionis litteras regis et procerum Angliæ. Hac enim vice secunda ex Gallia in Angliam repedans, Margaretam prædictam, suo desponsatam regi, per Normanniam ad Hareflutum usque, maritimum castellum, adduxit. Unde tam ipsi quam cæteri Anglorum proceres, conscensis navibus et oceano emenso, ipsam Margaretam trans fretum secum advehentes, in domum mariti eam collocarunt. Ubi cum ingenti festivitate et lætitia totius regni, cunctis regio luxu et fastu apparatis atque dispositis, quæ ad id necessaria seu opportuna putabantur, nuptiarum solemnia consummata fuerunt, fuitque ipsa in reginam Angliæ inuncta solemniter et benedicta. Cui profecto si ea felicitas et benevolentia, quæ in his initiis sibi ostensa fuit, in finem usque perdurasset, satis felix fuisse dici potuisset. Sed heus! ut tragicus cecinit, profecto

> Nulla sors longa est : dolor et voluptas
> Invicem cedunt; brevior voluptas.

Et item,

> Rarum est, felix idemque senex,

inquit. Quod enim in lubrico et fragili posita sit felicitas, quæ in claris et illustribus domibus ab insipiente vulgo esse putatur, quamque multis amaritudinibus humanæ felicitatis dulcedo respersa sit, ut in multis et pæne innumeris illustrium personarum calamitosis ac ærumnosis casibus, sic in hac regina Margareta et ejus marito Henrico luculentissime enituit. Quæ tanto copulata et tam potenti marito, tantis cum honore et gloria totiusque regni applausu in reginale sublimata fastigium, et ex eodem viro filium enixa, in quo tota regalis successionis et propagationis generis reposita spes erat, vidit, infra paucos post annos decursos, se et maritum miserabiliter regno pulsos et in exsilium trusos; et, postquam illic diu extabuissent, et maritus longo carcere maceratus fuisset, fortunæ blanditiis ac ludibrio in regnum ad momentum restitutos; sed paulo post, et eodem pæne momento, se, maritum et filium jam puberem, cum in solido firmasse vestigia se crederent, in extremam iterum miseriam revolutos. Vidit filium cum magno exercitu in bello victum et exstinctum cum suis, maritum denuo in carcerem retrusum et iterum ex rege captivum, paucisque post interpositis diebus, suffocatum; se ipsam vero, ad victoris devolutam manum, miseram ad victoris arbitrium trahere vitam. Talia igitur et similia, quæ toties et per omnes terræ plagas contigisse veteres annales et historiæ referunt canuntque tragœdiæ, legentes agnoscant verum esse quod sapienter Seneca cecinit :

> Nemo tam divos habuit faventes
> Crastinum ut possit sibi polliceri :
> Res Deus nostras celeri citatas
>   Turbine versat;

discantque mortales non in fastigio temporalium dignitatum, non in potentia, honoribus vel divitiis, seu miseris atque insipientibus voluptatibus, aut quibuscumque temporalibus istis et transitoriis rebus, quærendam vel constituendam esse felicitatem, sed in solo illo vero et perfecto bono, atque æterno : quod qui semel fuerit consecutus, omnium bonorum abundantia fruetur satiabiturque, timore malorum et ipsum ullo unquam ævo amittendi periculo sublatis.

Ut igitur ad nostræ narrationis seriem, postquam hujus reginæ Margaretæ et secundas et adversas fortunas breviter perstrinximus, revertamur, treugæ, ut diximus, inter reges et regna firmatæ primum fuerunt, anno currente dominicæ incarnationis MCCCCXLIII., mense junio [1]; et e diverso Franci cum Anglis viginti octo annis dimicarant, et guerras duxerant atque protraxerant. In quo articulo convenienter hic hujus historiæ nostræ liber tertius modum accipiet.

---

1. Erreur de date qui est cause de l'interversion des faits qu'on remarquera dans les chapitres suivants. L'acte des trêves est du 28 mai 1444.

EXPLICIT LIBER TERTIUS.

LIBER QUARTUS.

CAPITULUM PRIMUM.

Quanta lætitia, treugis factis, omnes Galliarum populos perfuderit.

Factis igitur et confirmatis treugis inter reges et regna utriusque partis, comprehensis fœderatis, populos Galliarum immensa et, quæ vix referri possit, lætitia perfudit. Cum enim sub magnis ubique terroribus et periculis infra urbium atque oppidorum seu munitionum suarum mœnia diutissime clausi, velut in carcerem damnati, absque ullo pæne solatio delituissent, miram eisdem afferebat lætitiam, quod veluti e longo et tetro carcere in libertatem se adductos atque restitutos ex durissima servitute arbitrabantur. Videbantur per turmas cives utriusque sexus, tanquam e sævissimis tempestatibus salvati et protecti, ex civitatibus atque oppidis exire, ut templa summi Dei, vel in honorem gloriosæ Dei Genitricis vel Sanctorum dedicata, et devotionis oratoria, per diversas provincias et loca, visitatum pergerent, et quæ Deo in suis voverant angustiis atque necessitatibus, fideliter persolverent. Quod nedum a civibus et inermi multitudine, verum etiam a viris militaribus, tam Francis quam Anglicis, similiter fiebat. Juvabat evasisse tot pericula atque metus sub quibus plerique a pueritia ad canos usque senectutemque pervenerant.

Juvabat et silvas videre, et agros, licet ubique pæne squalentes et desertos, virentia prata, fontesque atque amnes, et aquarum rivulos intueri; de quibus quidem a multis, qui urbium claustra nunquam exierant, fama dumtaxat, experimento vero nulla notitia habebatur.

Unum vero valde admirandum et quod divinum opus fore ambigendum minime erat, poterat tum videri. Nam cum, ante treugas, inter utriusque partis armatos atque populos tanta odiorum acerbitas et sævitiæ atrocitas fuissent diutissimeque durassent, ut nulli sine[1] vitæ suæ periculo, sive militi, sive plebeio, nec etiam sub quovis salvo conductu quoquam transire licuisset, statim publicatis treugis, unicuique quocumque se vellet conferre, sive in eadem, sive in diversa obedientia, transire atque peregrinari securum et liberum fuit. In his siquidem treugæ exordiis, adeo cunctorum animos, etiam qui proximis ante treugæ diebus promulgationem in efferata humani cruoris effusione dumtaxat gaudere videbantur, quædam dulcedinis pacis delibatio delectabat, ut, suæ feritatis atque crudelitatis obliti, cum hostibus passim æque cruentis, dies festos, convivia et choros cum ingenti lætitia ducerent atque celebrarent. Et quidem pæne per annum hac atque illac omnia in hunc modum quieverunt.

1. Dans le manuscrit *ut nulli sub vitæ*, etc.

CAPITULUM II.

Quomodo, secundo anno treugarum, rex Francorum cum tota militia regni in Lotharingiam est profectus.

Sed profecto in longum rerum humanarum inconstans semper varietas quietem tantam sufferre non potuit. Nam anno prope decurso ex quo treugæ initiatæ fuerant, Carolus rex, collecta maxima ducum suorum et armatorum multitudine, in quibus ante treugam et effervescente guerrarum tempestate numerus atque ordo et disciplina militaris, aut rari, aut pæne nulli servati fuerant, fines Metensium et Lotharingiæ adire constituit [1]. Suadebat hoc sibi Renatus, rex Siciliæ, Andegavorum, Barrensium et Lotharingiæ dux, cujus in matrimonio, ut supra diximus, habebat sororem, ut Metensium illam insignem atque liberam urbem, auxilio ejusdem Caroli, suæ facere posset ditionis; aut, si ad hoc minime pervenire daretur, saltem cautionem quamdam magnæ pecuniarum summæ, quam, ab eis accepto mutuo, ipse fecerat, dum a manibus ducis Burgundionum, a quo detinebatur, se redimit atque liberavit, ab eisdem civibus viribus vacuam reciperet et recuperaret. Semper enim invidere solent tyranni libertati, quieti et justitiæ populorum; quod illi optimi cives Metenses, ea tempestate, maximo suo incommodo experti fuerunt. Nam in eorum agris atque Lotharingiæ, qui tum prædivites et locupletes erant, omnium affluentes copia bonorum, cum effusa fuisset illa Francorum inordinata

---

1. En septembre 1444, trois mois seulement après la trêve.

atque indisciplinata militia, profecto omnia populabant atque vastabant. Cives autem quibus ad tuendam libertatem, qua per multa centenaria annorum potiti sunt, neque animi, neque opes deerant, cum ad stipendia sua circiter mille aut quingentos equites haberent, civitatem suam viriliter et potenter a Francis tuebantur. Et multos saepe ex Francis qui per agros et villas, sine ulla militiae dispositione vel ordine, vagabantur, captivos ducebant ad suam civitatem. Cujus quidem interdiu portas minime clausas tenuerunt, ut se et ad defensionem suae libertatis animosos, et illam sine ordine ex castris effusam per suos agros multitudinem parum aut nihil timere ostenderent.

Satis autem indicavit rex Carolus non fuisse propositi sui aut intentionis urbem illam vel obsidere vel expugnare, cum ad eam castra nulla admoverit seu collocarit. Nec, si hoc facere attentasset, facile tunc adimplesset. Cum enim civitas sit vallo, moenibus, turribus atque machinis belli munitissima, semperque etiam, paene pro biennio, annona ad bellum necessaria provisa et referta, haberetque tunc milites cum populo numero sufficienti pro custodia et munimine sui, non fuisset tunc facile regi aut alteri principi talem urbem ex libertate in suam redigere servitutem. Regis tamen Renati ad alterum eorum, quae diximus, propositum atque intentio ferebantur. Quid autem rex Carolus intenderet, exitus rei magnae atque difficilis quam illic gessit, satis e vestigio declaravit. Cum enim nimis magna et confusa atque sine ordine, ut saepe diximus, ferentium arma per totum Francorum regnum multitudo vagaretur, quorum pars major, absque stipendio armata incedens, non hostem propinquare vel ferire, non castra tenere vel in præsidiis oppidorum seu castrorum consistere assueverant, sed agros populare, prædas agere, rusticos pauperes atque inermes spoliare seu affligere (erat quippe talium pæne innumera multitudo per omnem Galliam hujuscemodi malignitatibus imbuta), illam multitudinem ipse rex undique convocari et adscisci imperavit, ut secum in Lotharingiam et Metensium fines proficisceretur. Lubenter autem jussibus obtemperantes, scientes agros illic esse locupletes atque suis assuetis prædandi exercitiis opportunos, omnes secuti sunt regem. Et pars quidem una cum Ludovico, regis filio, profecta est versus Basiliensium et Suitensium[1] fines; pars vero in Lotharingia, ubi rex diu stetit[2] in oppido dicto Nanceium, permansit, effundens se in Metensium et Lotharingiæ agros, invasiones etiam faciens aliquando usque pæne Trevirensium fines.

CAPITULUM III.

Qualiter rex Carolus, in Lotharingia exsistens, ordinem in sua equestri militia composuit et mille quingentas lanceas ordinarias retinuit.

Cum itaque sic extra regnum Francorum, exesum tunc et omni pauperie atque inopia repletum, illa multitudo in agros et terras illas fertiles Lotharingiæ et Alzatiæ educta fuisset, rex Carolus consilium accepit cum suis potioribus militiæ ducibus et primoribus consilii sui, de redigendo et disponendo suam militiam ad certum et determinatum numerum; quæ sub certis ducibus, qui in rebus bellicis magis industrios

1. Les Bâlois (alors Impériaux libres) et les Suisses.
2. Pendant cinq mois.

et animosos se probassent, partiretur atque distribueretur, darenturque eis stipendia ordinarie, ut semper cum armis et equis expediti essent ad imperia et mandata regis exsequenda[1]. Ex illa igitur tanta multitudine decretum est ut mille et quingentæ lanceæ deligerentur ex iis qui ætate, statura corporis et membrorum valetudine, equis atque armis præ cæteris instructi, valentiores et magis strenui putarentur; quodque lancea quælibet duos sagittarios et unum famulum equestres et armatos haberet, cum duobus mangonibus qui equos armatorum custodire et procurare haberent; et sic quælibet lancea haberet sex equos et non plures. Hujusmodi autem lanceæ mille et quingentæ sub quindecim capitaneis seu magistris militum commissæ sunt, quorum quisque sub ducatu suo centum haberet lanceas; et hic numerus, tam pro tutela regni, quam pro recuperandis terris quæ adhuc ab hostibus detinebantur, sufficere creditus est[2]. Imo procul dubio abundanter ad omnia hujuscemodi sufficiens erat, attenta maxime fiscalium diminutione mirabili, eo quod major pars totius regni, ut sæpe retulimus, populis exhausta et vacuata, squalens et inculta jacebat. Et quod ad prædictas utilitates sufficiens manus esset, satis liquido postea compertum

1. Sur les remontrances des États du royaume assemblés à Orléans en 1439, les bases de cette réforme avaient été posées dans une déclaration qui se trouve au tome XIII (p. 306) du *Recueil des Ordonnances*.

2. Le texte de cette importante ordonnance ne se retrouve plus; mais M. Vallet de Viriville a fait connaître divers règlements promulgués pour l'exécution, l'un entre autres daté de Louppy-le-Château (Meuse) le 26 mai 1445. *Bibliothèque de l'école des Chartes*, t. III (2ᵉ série), p. 124.

fuit, cum per eam, sic in debitum ordinem et ad militarem disciplinam redactam, fuerunt postmodum cuncta recuperata quæ ab Anglicis, tam in Normannia quam in Aquitania, possidebantur, ipsique inde prorsus et sine magno negotio pulsi et dejecti, prout suo ordine in consequentibus referemus.

Delecta autem in hunc modum militia, et descriptione per suos numeros facta, reliqua multitudo armatorum, quæ supra hujuscemodi numerum maxima erat, edicto regali jussa est ab armis discedere, et cuilibet præceptum datum ut ad domum suam aut alias, quo vellet, proficisceretur, vel ruri colendo operam daturus, vel arti alicui licite, si eam haberet, vacaturus, aut alicujus domini servitium petiturus. Quo edicto proposito, statim tota illa grandis multitudo ad diversa opera se contulit, et diversas regni provincias, unde quisque vel habebat originem, aut ubi modum vel practicam aliquam vivendi reperiret, se reduxit, absque hoc quod turbæ aliquæ seditiosorum et inquietorum hominum fierent, quemadmodum sæpe in similibus casibus constat fuisse præsumptum.

Redacta autem sic per numeros diffinitos et certis ducibus totius regni militia, per singulas provincias distributa est, ut quælibet regni portiuncula suam haberet quotam, in qua vel centum, vel pluribus paucioribusve lanceis[1], secundum capacitatem facultatesque locorum, præberentur hospitia cum supellectili necessaria. Porro cum, initio quo hujusmodi ordo et numeri militum statuti sunt, tanta esset exiguitas,

1. Dans le manuscrit « in quam vel centum vel plures paucioresve lanceæ. »

pauperies atque inopia populorum, quod fiscalia et tributa regia in nihilum prope, in quamplurimis Galliarum provinciis, defluxissent, necessarium fuit in illis exordiis magna ex parte stipendia militibus non in numerata pecunia, sed in quantitate certæ annonæ et victualium necessariorum, tam pro personis quam equis taxari; ita quod una parochia vel plures, si valde tenues, uni lanceæ providerent de annona taxata, alia alii, vel pluribus, secundum latitudinem facultatemque parochiarum. Pedetentim vero, cum inchoarent parochiæ ad fortunas increscere pinguiores, ex regiis vectigalibus, quæ pro solutione hujusmodi lancearum constituta sunt, stipendia solvi militibus constitutum fuit, et annonæ illæ militares in pecuniarum quantitatem mutatæ sunt, atque, quolibet mense, pro lancea cum suis duobus sagittariis, viginti scuta auri taxata [1].

CAPITULUM IV.

Quomodo propter equestrem militiam pedestris Francorum sagittariorum militia instituta fuit.

Ultra hanc autem mille et quingentarum lancearum militiam, alia militia pedestris per totum regnum instituta est sagittariorum, qui franci sagittarii [2] appellati sunt; ita quod per omnes civitates oppidaque atque rura, ex quibusque quinquaginta domibus, unus vir deligeretur, qui statura, robore atque habitudine corporis aptus pro hujusmodi militia videretur;

---

[1]. Passage imprimé dans les *Notices et extraits des manuscrits*, t. I, p. 427.

[2]. En français, *francs archers*.

qui sumptibus quinquaginta domorum armari vestirique militari vestimento deberet, eidemque arma, quoties opus foret, arcus et pharetra renovari et restaurari haberent. Hi siquidem nullum stipendium acciperent, nisi cum e parochiis suis pro aliqua expeditione regia educerentur; sed arma semper habentes parata, in suis ædibus morarentur, vel agrorum culturæ, vel alicujus artis operi atque officio insistentes et vacantes. Ne autem, absque ullo honorario seu utilitate, onere militiæ plus reliquis gravati manerent, immunitas eis a collectis et talliis regiis est præstita[1]. Cujus contemplatione, eo quod talliæ graves atque onerosæ essent, facile inveniebantur plures qui ad eam se militiam obligarent ultroneosque offerrent; imo et sæpe unus adversus alterum, ob hujusmodi immunitatis prærogativam pro militia hujusmodi consequendam, decertarent. Tantus animis pæne omnium libertatis amor innatus est, ut pro ea se mortis discrimini quicumque generosi animi non dubitent exponere; quanquam haud temere diffinire velimus, utra harum servitutum gravior aut molestior viro sapienti exsistat, tributorum scilicet aut hujuscemodi pedestris militiæ.

Talis igitur in militia Gallica, anno circiter decurso ex quo cum Anglis treugæ pactæ fuerant[2], ordo est positus: initio quidem non modo utilis, sed et per-

[1]. Voir l'ordonnance qui institue cette milice; elle est datée du 28 avril 1448. *Ordonnances des Rois de France*, t. XIV, p. 1.

[2]. Cette approximation, qui est juste pour ce qui concerne la gendarmerie, aurait dû faire apercevoir à l'auteur qu'il s'était trompé en plaçant la conclusion de la trêve à l'an 1443, comme il a fait ci-dessus, p. 160.

necessarius, cum nullius sit efficaciæ, quantumvis numerosa, sine ordine et disciplina militia, sed latrociniorum potius atque omnium criminum ac totius dissolutionis materia exsistat.

CAPITULUM V.

Quam gravia et perniciosa onera hæc equestris conductitia militia continuata attulerit, sitque, quamdiu duraverit, jugiter allatura.

Postea vero, pulsis de Normannia atque Aquitania hostibus, et regno sub potestate Francorum Caroli regis reintegrato ac restituto, quam gravis, quam onerosa quamque perniciosa exstiterit dicta militia equestris sitque aliquando futura regno, nisi divina propitiatio avertat, etsi plerique hebetiores mente non advertant, viro tamen sapienti (qui non nisi bonus, si sapiens est, potest exsistere) facile est perpendere et judicare. Cum enim hactenus ex quo semel initiata fuit, urgente tunc necessitate, ea etiam nulla imminente, si ad puram veritatem nos conformare volumus, hucusque perdurarit, verisimile non est hujuscemodi conductitiam militiam de ætate eorum qui supersunt desituram. Est enim pergrata tyrannis. Eo enim quod semper potentiam consectantur et appetunt, neglecta justitia, nec de subditorum quiete, justitia et utilitate ulla eis cura exstitit, imo potius, ne reluctandi et repugnandi suæ tyrannidi atque pravitatibus vires animumque assumant, eos dura servitute tributorum atque metus student semper opprimere, res eis pernecessaria judicatur et maxime jucunda ad potiundum miseris, quibus serviunt, cupiditatibus, semper ad stipendia sua paratam habere magnam militum manum, qua reipublicæ et toti regno terrori sint atque formidini. Ex eo autem quantæ utilitates subditis proveniant, qui tali infelicitati subjiciuntur, compertum est. Necesse enim habent utrumque, tributum atque militiam, sustinere, et, velint, nolint, tolerare quod Romanis olim fuisse onerosissimum atque infelicissimum Crispus ait. Cum enim, agente hominum malitia, qua præcipue tyranni repleti sunt, prætextu necessitatis ad res voluptuosas et superfluas facilis sit prolapsus, cum pro stipendiis talis militiæ tyranni imponere subditis tributa atque nova onera vectigalium necessarium ducant, non ea quantitate contenti sunt, quæ ad hoc ipsum posset sufficere; sed ad explendas suas libidines respectum habentes, immensis et intolerabilibus tributis, sub hujus fictæ et simulatæ falso necessitatis utilitatisque reipublicæ colore, miseros subditos premunt. Quibus cum nulla sit reluctandi, metu premente, facultas, in hanc servitutem devolvuntur ut, veluti vilia mancipia, nihil habeant quod suum possint audeantve asserere, sintque a tyrannis, pro eorum solo nutu et voluntate, talliabiles, nullo ab ipsis consensu requisito. Et nedum in bonis subditorum (quod forsan utcumque tolerabile esset), sed et vitæ necisque eorum parem ac consimilem per omnia sibi assumunt exercentque potestatem; quibus etiam, ut idem Crispus ait, boni quam mali suspectiores sunt, semperque eis aliena virtus formidolosa est.

Et in hanc quidem miseriam tributorum atque exactionum extremam servitutem regnum Franciæ, nobile quondam ac liberum, sub prætextu necessitatis hujus militiæ stipendiariæ retinendæ, devolutum est, ut omnes regni incolæ ad nutum regis a quæstoribus, quos generales financiarum appellant, et eorum commissis ac satellitibus, talliabiles publice prædicentur, de factoque immanissime tallientur, nemine in contrarium audente mutire vel etiam supplicare. Periculosius enim circa hoc errare, quam si totum symbolum fidei abnegaretur, a satellitibus tyrannidis duceretur; et veluti crimen læsæ majestatis admisisset, qui contra quocumque modo aliquid loqueretur, illico puniretur. Quin autem servitus hujuscemodi tamdiu duratura sit, quamdiu manus illa stipendiaria ad tantum numerum retineatur, nullus ambigere debet. Est enim ipsa hujuscemodi servitutis conservatrix : a qua, procul dubio, quamdiu duraverit, regnum hujuscemodi jugum excutere non poterit, sed sub eadem servitute miserrime atque infelicissime languebit.

Atque utinam ei dumtaxat servituti tributorum adjecti infelices regnicolæ, hoc medio miseram vitam tutam atque quietam trahere possent! esset enim utcumque tolerabile malum. Atqui profecto, quod longe gravius atque molestius est tributis, etiam militiæ illius conductitiæ insolentias, injurias, rapinas et molestias, quas nulla eloquentiæ vis sufficienter enarrare posset, jugiter et continuo perferre necesse habent, hi præsertim qui rura incolunt; nec ab eis tamen evadunt immunes, qui civitates et oppida et minuta loca inhabitant, apud quos ordinariæ hujusmodi conductitiæ stipendiariæ militiæ certus numerus pro statione solet collocari. Cum hoc enim quod tales secum habere hospites, velint, nolint, coguntur cives locorum, eisque de omni necessaria et non modo necessaria, verum etiam voluptuosa interdum supellectile providere, nullum injuriæ genus est quod ex ipsis plurimi eorumve famuli seu ministri suis hospitibus, pro gratia sibi præbitæ hospitalitatis, referre prætermittant; ita ut plerumque non ita moleste in publico essent carcere, sicut in propriis laribus degere cum talibus tamque humanis hospitibus compelluntur. Non refero injuriarum species singulas, tam verborum seu contumeliarum quam reales, quas tum in propria tum in conjunctis et domesticis personis, ab eis perferre oportet, in uxore, in filiabus, in ancillis et domestica familia, in rebus etiam et bonis, ad quæ possunt apponere manus : neque enim aut explicari aut recenseri facile possunt, nisi ab iis qui talium hospitum contubernium habuerunt. Et si forte nonnulli inveniantur, qui paulo cæteris humanitate ac benignitate præcellant (quod posse fieri non abnuerimus), famulos tamen communiter eos habere contingit tam insolentes, ut nulla molestia major esse possit quam talium cohabitationem et conversationem sustinere : tam incompositi moribus et omni genere vitiorum repleti communiter esse consueverunt[1] !

Fateor quidem in republica omnino militiam in-

---

1. Robert Blondel, autre historien normand, qui écrivait une dizaine d'années après l'institution de la gendarmerie permanente, vante au contraire cette mesure, et fait ressortir l'avantage qu'elle a eu d'établir la sécurité publique : « Tum publica itinera, absque rerum et corporum discrimine, frequentare videres ; tum omne hominum genus, potissime negociatores, crumenas auro refertas, quod paulo ante in secretis naturæ visceribus, prædonum metu, recondebant, tutissimum palam deferre et de una in alteram patriam proficisci lætantur. » *Assertio Normanniæ*, lib. I, c. xiv, Ms. lat. Bibl. imp., n° 6198, fol. 20.

terdum esse necessariam, quanquam aliquæ sint respublicæ quæ nullam habere, nisi dum necessitas impulerit, curent; qua etiam imminente, non aliam quam de propriis civibus, a quibus semper arma in domo in promptu habentur, habere volunt. Et si forte tanta ingruerit necessitas ut etiam conductitium militem sibi adsciscere necessarium ducant, id quidem faciunt pro modo mensuraque suarum facultatum; sublata vero necessitate, hujuscemodi militiam, satisfacto eis pro tempore quo servierunt de stipendio convento, ad propria remittunt.

CAPITULUM VI.

Quod naturalis regis militia, absque stipendiariæ tantæ continuatione, ad regni tuitionem sufficere possit.

Sed cum Francorum regnum ab antiquis temporibus perpetuam ordinariamque foveat copiosissime militiam, nobilitatem videlicet regni, quam ubi rex in exercitu de toto regno cogere vellet, ultra quadraginta millia equitum numerum ascenderet, præter pedestrem militiam quam innumeram pæne, si vellet, ingruente necessitate, posset contrahere, nulla certe reipublicæ utilitas exposcere videtur, ultra ordinariam militiam, cui per omnes regni provincias populi prædiorum census et servitia debita dependunt, aliam conductitiam superinducere, et ad stipendia ordinaria, æque in pace et nullo imminente bello, quemadmodum præsente et instante, fovere atque tenere.

Atqui dicet quispiam causam continuo perpetuoque subesse, seu propter metum Anglorum, antiquissimorum sævissimorumque hostium regni, seu propter turbas intestinosque ac domesticos motus et seditiones, quæ facile aboriri possent. Non negaverimus quidem talia contingere posse, contigisseque interdum. Sed ubi tanta naturalis militia regi regnoque in promptu semper adest, et adhuc facile, absque magno regni onere, paratior atque expeditior effici possit nec in aliquo minus quam conductitia militia, si semel aut bis, vel etiam pluries quolibet anno, per ballivias et senescalcias, in armis et equis sese ostendere coram certis commissariis cogerentur, non potest recte et juridice defendi quin tanta militia facile ad omnia cavenda pericula, sive de foris et ab exteris, sive ab intraneis emergant, merito sufficere possit et debeat.

Aliquando, fateor, nonnulla necessitas fuit, cum magna nobilitatis ac naturalis regni militiæ portio in bellis cecidisset, et hostes magnam partem occuparent regni, ut miles conductitius ad lapsas res restituendas et instaurandas haberetur, cum et nobilitas debilitata et depauperata plurimum esset, nec æquum videretur ipsam ad continuam castrensem expeditionem assidue vocari atque retineri. Sed cum jam diu, donante gratia Dei, ejecti sint hostes, et totum quod in regno tenuerant ab ipsis recuperatum et receptum, uno solo dempto oppido Calesii (quod, comparatione virium regni, pro nihilo prope ducendum est), causa cessante ob quam ille tunc conductitius miles necessarius fuit aut utilis, quid nunc opus est tantum ac tam numerosum hujuscemodi conductitiæ militiæ numerum retineri, quantus erat urgente necessitate constitutus, dum scilicet hostes adhuc magnas et latissimas in regno provincias retinerent? Objectum enim dubiorum incertorumque periculorum, quorum casus forte vel nunquam vel vix in multis sæculis semel continget, certa se ac perenni miseria atque infelicitate velle demere, magnæ est stultitiæ. Hoc non faciunt nec regnum Angliæ, vel alii quos Francorum rex sibi reputat hostes, qui, propter metum Francorum, non se subditosque suos hac calamitate condemnant, ut ad tolerandum et sustinendum tantam conductitiam militiam, simul cum tributis (quæ necessaria sequela et inseparabilis ad dictam militiam exsistunt) sese suosque adducere velint.

Sed de hac quidem materia sentiet quisque prout volet; nostra vero sententia est, quam diximus. Cujus cum contrarium admodum tyrannis gratum sit et cupitum, taleque consilium ab iis qui ex hac publica calamitate compendia accipiunt (qui magno nimis numero sunt), jugiter eorum auribus instilletur, ut diximus, non speramus, de vita eorum qui supersunt, videre regnum hac publica miseria atque infelicitate exemptum; sed malum ipsum diuturnitate temporis excrescere potius et augeri, semperque, si etiam deficere videantur, nova bella novosque motus propter quos hujuscemodi militia et tributa eidem annexa [sint] continuanda, vel suscitari vel confingi. Nec solum Francorum regnum calamitas hæc et infelicitas tenebit; sed contagione etiam sua in vicinas aliquas nationes serpet, easque pari, nisi Deus propitius avertat, calamitate complebit atque conficiet, prout jam in quibusdam dominiis inchoatum esse videmus de novo, quæ longis retro temporibus a tali servitute atque miseria libera exstiterant.

Nec mihi afferat quis, ad suadendum hujus tantæ militiæ necessitatem, tam belli quam pacis temporibus, quod Romani, temporibus illis quibus Romanum maxime florebat imperium, semper militum habebant expeditas legiones, tam in Italia quam in provinciis quæ eidem parebant imperio ; similiter quod et Assyriorum quondam, Persarum, Medorum, Ægyptiorum aliarumque gentium reges semper paratos militum tenuerunt ac foverunt exercitus. Fateor quidem : sed hoc, quia provinciæ hujusmodi naturalem nobilitatis patriæ militiam non habebant, vel ita exiguam et raram, quod ad tutelam imperii minime sufficeret. Erant enim hujusmodi imperia violenta et armorum potentia conquisita, quæ populos regionum, sua naturali libertate privatos, in suam redigerent servitutem : unde necesse erat quod, si perseverarent, eisdem instrumentis conservarentur, quibus initio parta fuissent. Sed cum, ut pulchre Cicero inquit, « nulla vis imperii tanta sit, quæ, premente metu, possit esse diuturna, » satis apparet hujusmodi imperia, nec naturalia, nec amabilia subditis exstitisse, cum ubique, quoties allatam opportunitatem inspexerunt, excutientes jugum tyrannicæ dominationis, in priscam sese reparaverunt libertatem : unde hujuscemodi imperia pæne omnia exstincta jam ab olim fuerunt.

Sed et sicubi terrarum talia sunt (neque enim omnem terrarum orbem hujuscemodi carere nequitia putandum est), violenta sunt, tyrannica et injusta, subditis invisa atque exosa. Quis enim, animum generosum et ingenuum habens, æque animo ferat in tantam se redactum iri servitutem, ut omnis prorsus rem aliquam habendi, quæ ad nutum tyranni non exsistat, sibi adimatur facultas, et vitæ suæ necisque potestatem in tyranni arbitrio constitutam suspiciat, non quidem ad supplicia legitime, secundum legum instituta, subeunda, sed pro solo nutu, velut pecus occisionis, pro insolentissima iniquorum voluntate, trucidandum, vel patria, bonis, statu atque honore privandum et spoliandum? Amant enim omnes naturaliter libertatem, innataque est nostris animis appetitio ejus : ita ut, Cicerone teste, « nemini parere animus bene informatus a natura velit, nisi præcipienti aut docenti, aut utilitatis causa juste et legitime imperanti. » Nimium quippe tumidus est ac superbus, qui juste ac legitime utilitatis causa imperanti subjici recusat, cum tali, et divinis et humanis legibus, ac rectæ dictamini rationis subjectio et obedientia debeantur. Et vero, cui non publicæ utilitatis causa, sed ad solas explendas libidines exsaturandasque ambitionem et avaritiam, omnes in servitutem redigere, vi atque metu serviliter opprimere, substantias rapere, patria exsortes facere, pro solo metu, absque legum ordine gestit, nemo lubenter ac gratulanter parebit, nisi qui insipientissimus est et tam depressi servilisque animi, ut nihil a vilissimo distet mancipio. Præclare itaque Cicero inquit quia « malus est » in imperiis « custos diuturnitatis metus, contraque benevolentia fidelis [vel] ad perpetuitatem »; quæ, procul dubio, nulla nobis ad eos esse potest, qui nos vi, metu et calumniis opprimentes, omnem nobis adimunt libertatem, quæ nobis non minus chara, si viri boni, si sapientes sumus, quam ipsa vita debet exsistere. Etsi enim divina nobis imperet auctoritas ut principibus, non tantum bonis ac modestis, sed etiam dyscolis subditi simus seu subjecti, non tamen ut servi, cum Apostolus præcipiat : « Nolite effici servi hominum, » et item, cum admoneret ut unusquisque in ea maneret vacatione qua vocatus est, et dixisset : « Servus vocatus es, non sit tibi curæ, » statim subjicit : « sed, si potes, inquit, fieri liber, magis utere. »

Liberi igitur, libenter et gratulanter utilitatis causa juste et legitime imperanti pareamus, subditi et subjecti simus. Nec juste vero neque legitime, neque utilitatis communis causa, sed ad eversionem totius reipublicæ ob suas dumtaxat privatas, iniquas et injustas affectiones imperanti, et omnes in miseram servitutem redigere volenti, multo justius non paremus, si potestas adsit reluctandi, quam si per patientiam invitam suas iniquissimas et deordinatissimas libidines et cupiditates, velut approbando, foveremus.

Hæc autem, quodam modo extra susceptæ officium historiæ, a nobis hoc loco inserta sunt, cum ordinationem in militia Gallicana positam, dum Carolus rex Lotharingiæ fines adivisset, descripsimus, ut ostenderemus, non modo utiliter, sed prænecessarie tunc ita fuisse factum, et eam militiam debuisse ad stipendia retineri quoad hostes regni ex Normannia atque Aquitania penitus fuerunt ejecti; eam vero facere perpetuam, desistente et nulla cogente necessitate, tantam, quanta et necessaria et sufficiens fuit ad recuperandam ab hostibus Normanniam atque Aquitaniam, et retinere ad tam magna stipendia in pace et otio, quantam in bellicis expeditionibus habituri forent, nihil aliud esse quam regnum perpetuæ subjicere servituti tam tributorum quam innumerabilium malorum atque incommodorum, quorum ex multis pauca dumtaxat supra retulimus. Nec enim ulla justitia, ullave pax vera et solida, ulla libertas erit in regno; sed semper illic sub bellis, vel sub bellorum continuo metu innumerisque injuriis ac molestiis degetur, quamdiu illa tam numerosa militia conductitia retinebitur, mille videlicet quingentarum, aut supra, lancearum. Nam, omni semota dubitatione, quamdiu tanta retinebitur ad plena stipendia, necesse erit populos et provincias regni hæc duo maxima et molestissima onera, tributa scilicet ad solam unius voluntatem imponenda et taxanda, simul cum militia, tolerare.

Tali servitute haud scio an alicui regioni miseria vel calamitas major obvenire possit. Atque utinam hæc nostra falleret æstimatio! Libenter enim in hoc falli sustineremus, et videremus tantam ad stipendia militiam retineri, vel etiam majorem, quæ oneribus illis et molestiis, quas perstrinximus, minime esset regni accolas gravatura. Priscis temporibus regnum Francorum aliquando multum floruit, cum nullam aut exiguam foveret ordinariam stipendiariam militiam; et antequam Henricus Lancastriæ, Anglorum rex, regnum Francorum per fines Normanniæ acquirere sibi aggressus est (nondum effluxerunt septuaginta anni[1]), nulla talis stipendiaria militum manus in regno Franciæ tenebatur, licet Anglorum reges Burdegalam et magnam Vasconiæ partem sub sua ditione tenerent. Erant contenti Francorum reges in terris limitrophis aliquorum stipendiariorum numerum modicum, in præsidiis munitiorum locorum, retinere : propter quos

---

1. Réflexion d'où il résulte que l'auteur écrivait ceci à une époque assez rapprochée de l'an 1475, puisque la conquête de la Normandie commença en 1415 par la prise d'Harfleur.

fovendos, aliasque publicas regni necessitates, in quarta parte vectigalium et tributorum regnum non gravabatur illius quantitatis, quæ iis infelicibus temporibus, sub prætextu servandarum atque retinendarum mille et quingentarum lancearum, imponitur et levatur. Et erat tamen tunc regnum, quam nunc, pæne incomparabiliter et populosius et majoribus divitiis refertum.

Sed de hoc satis; jam ad nostræ narrationis ordinem, a qua occasione ordinis in Gallicana militia tunc insecuti, digressi paululum sumus, revertamur.

CAPITULUM VII.

Qualiter Ludovicus delphinus Suitenses prope Basileam prostravit.

Igitur, dum Carolus rex in Lotharingia cum magna militiæ manu esset, Ludovicus delphinus, ejus filius, tunc circiter viginti annorum natus, a duce Austriæ[1] evocatur in auxilium contra Suitensium populos, qui castrum quoddam[2] tunc obsidebant, non procul a Basilea. Qui ad terras illas cum duodecim aut quatuordecim millibus armatorum statim profectus est. Quem cum Suitenses appropinquare Basileam intellexissent, eis tunc fœderatam et colligatam, ad ejus tutelam et defensionem circiter duo millia de suo exercitu illo tendere imperarunt. Cum autem prope urbem essent, multitudo armatorum Francorum intercepit eorum iter; erant enim omnes pedites. In eos itaque cum

1. Le duc d'Autriche, Sigismond.
2. Matthieu de Coussy dit avec plus de raison « une bonne ville », c'était Zurich. *Non procul a Basilea* n'est pas plus juste.

equitum Francorum cohortes irruerunt, suæ saluti non aliter posse consulere existimantes, hortum Leprosariæ Basileensis, exiguis circumdatum muris, ingressi sunt, ut vallo hujuscemodi contra equitum impetus tutarentur; sed ea res ad modicum momentum suffugio eis fuit. Diruto etenim muro, validæ turmæ equitum atque peditum eosdem aggressi, pæne omnes trucidarunt. Cujus spectaculi se Basilea, mœnia sua tenens, otiosam præbuit spectatricem, licet, ut fertur, pro ea adversus Francos munienda venirent. Volebat plebis Basileensis multitudo, illam prospectans calamitatem, ut ferunt, in eorum auxilium occurrere; sed a nonnullis oculatius pericula imminentia, si hoc attentassent, considerantibus, retenta fuit et repressa illius populi animositas : quæ revera non aliud verisimiliter obtinuisset popularis manus inermis et pedestris, quantavis multitudo, contra tantam armatorum equitum ac peditum manum, in rebus bellicis exercitatam atque assuetam, quam interemptorum acervos cumulare et adaugere, tanquam pecus occisionis. Itaque salubri quoad hoc consilio eos obtemperasse existimamus.

Suscepta autem hujusmodi clade, Suitenses cæteri, ex suorum nece deterriti, ad propria sese receperunt; Francorum vero multitudo, se per terras illas Alzatiæ usque in fines Argentinensium [1] effundens, omnia populabat. Qui etiam, cum jussu ducis Austriæ in plura oppida et castella intromissi fuissent ex consensu civium locorum, accolis illius patriæ, qualiter se in Francia agere quibusque exercitiis ludere assuevis-

1. « Jusque dans l'évêché de Strasbourg. »

sent, illico ostenderunt. Quorum insolentias exsecrati plurium castellorum cives, cum reluctandi tantis injuriis vires minime suppeterent, castella domosque vacuantes, eisdem cesserunt, et profugi vel in alia castella vel in agros et silvas abierunt. Tantus vero odii furor animos illorum populorum adversum Francos tunc armavit ac tenuit, ut quoscumque ex ipsis Francis intercipere possent, absque ullo delectu dignitatis, sexus aut ætatis, illico perimerent. Quod de eis ipsi Franci secus fecissent libenter, pecunias magis quam eorum neces optantes; sed quia in terris illis inter se condixerant pro nullo a Francis capto pecuniam aliudve pro redemptione dari, plures eorum, dum ab eis capti essent, pari reddita vicissitudine, enecabantur.

Rediit autem idem Ludovicus de dicta expeditione ante hiemem[1] ad patrem suum, cum majore militum suorum multitudine, quorum plures et militiæ numero et ducum officio, in illo ordine quem rex instituerat, adscripti sunt. Plures tamen ex illo comitatu, quem duxerat, tam ex Francis quam ex Anglicis, qui, ex Normannia allecti prædandi causa atque spe, illo cum Francis profecti erant, in montibus et silvis, per insidias ab regionis accolis positas, perierunt. Reliquit etiam idem Delphinus nonnullos in præsidiis aliquorum oppidorum et castellorum Alzatiæ; quibus cum post hiemem victualia deficerent, quæ absque ordine direpta ab eis et consumpta fuerant, paterenturque rerum omnium penuriam, hominibus et elementis regionis sibi penitus adversis et inimicis,

---

1. De l'an 1444.

relinquere quas occupabant arces et in Franciam redire compulsi sunt.

Instituta igitur, ut prædiximus, et ordinata sua militia, Carolus rex cum suis, relictis Lotharingiæ et Metensium agris, in Franciam reversus est. Ipsi autem Metenses magnam auri quantitatem Francorum regi et regi Renato Siciliæ, suum, de quo supra locuti sumus, chirographum, pro redimendis vexationum incommodis, ut vulgo ferebatur, tradiderunt.

CAPITULUM VIII.

De cædibus, rapinis atque variis insolentiis præsumptis, currentibus treugis, ab utraque partium, primum tamen ab Anglicis.

Porro currebant treugæ cum Anglicis acceptæ, satis tranquillæ et pacificæ circiter per annos duos. Sed cum pedetentim Anglici ab ordine debito justitiam observandi deficerent, nec suæ militiæ stipendia debita exsolverent, assuescere primum in terris, quæ suæ ditionis erant, prædas agere, et cum larvatis faciebus[1] publica itinera obsidere cœperunt; deinde etiam publice, per magnas cohortes et turmas, totam Normanniam percursare, ab uno extremo usque ad aliud cum magnis agminibus transeuntes, villas, burgos, monasteria et cætera loca minus munita, unde aliquid consequi possent, exactionare, et ad redemptiones perurgere. Quod cum uno tempore aliquis capitaneus de facto præsumpsisset, surgebat statim alius, prioris

---

1. C'est cette circonstance qui les fit appeler *les faulx visaiges*. Voy. *Jean Chartier*, dans Godefroy et Jacques Duclercq, *Mémoires*, l. I, ch. vi.

exemplo provocatus, qui similes violentias atque injurias patriæ toti inferre properabat.

Erat enim tunc, sub ditione Anglorum, regimen pessimum et deordinatio magna in tota Normannia. Venalis enim facta fuit per eos, qui Anglicanos regebant, administratio et gubernatio Normanniæ; ita quod illi seu illis committeretur, qui in licitatione alios superassent. Quæ res animos accolarum patriæ, parum antea ad Anglorum affectos imperium, prorsus tum ab eo distraxerunt atque abalienarunt, dum viderent eos de quiete et justitia communi regionis nullam curam gerere, neque suorum militum injurias arcere, quas populo terræ assidue inferebant. Non enim, ut aliquando observarant, statuta stipendia dabant suæ militiæ; sed ducum et capitaneorum rapacitas omnia absorbebat, et erant apud Anglos, provinciæ regimen, militum ducatus, capitaneatus, cæteraque omnia officia venalia; ita ut de salute patriæ et reipublicæ nullam prorsus curam gererent, sed eam veluti neglectam habere viderentur. Quia vero scelera longa impunitate et licentia accipere incrementum et latius sese extendere consueverant, non contenti Anglici tales rapinas atque injurias plebibus suæ ditionis atque obedientiæ inferre, etiam in limitaneis Francorum terris similia paulatim præsumendi ausum acceperunt, et, cum opportunitas daretur, non solum prædas agere, verum etiam et armatos aut nobiles militiæ Francorum, si intercipere eos possent, trucidare et jugulare.

Sed profecto non diu talia impune agere permissi sunt a Francis; quin imo etiam cum usuris, non multis effluxis mensibus, fecerunt eis retributionem. Adequitantes enim illi Francorum milites infra limites ditionis Anglorum, plurimique brigandi seu latrunculi insidias tendentes Anglicis, si quos ex ipsis per villas et agros obvios habuissent, sine ulla miseratione victimabant. Querelæ deponebantur, tam ex una quam altera partibus, coram conservatoribus ultro citroque ad tutelam et conservationem treugarum deputatis. Qui licet interdum in locum unum convenirent, nulla tamen ferme unquam pro hujusmodi attentatis reparatio habebatur.

CAPITULUM IX.

De variis legationibus et conventibus pro pace habitis; et quomodo Francorum rex obsidione civitatem Cenomannensem obtinuit.

Currebant tamen treugæ et durabant statutis temporibus. Et ipsis quidem currentibus, habiti sunt per legatos, modo in Angliam a Francorum rege, modo in Franciam ab Anglorum destinatos rege, plures conventus tractatusque de pace; sed ambabus partibus suas extremitates pertinaciter retinentibus, ad medium pacis perveniri non potuit. Ex parte Caroli, Francorum regis, in Angliam missi fuerunt semel archiepiscopus Remensis et episcopus Nannetensis, illustris Johannes, comes Dunensis, et dominus de *Pressigni*[1], qui, veteranus miles, tum unus ex primoribus in palatio seu aula regis habebatur[2]. Et hi quidem emenso mari in

1. Bertrand de Beauvau, alors bailli de Touraine.
2. L'auteur confond le personnel de plusieurs ambassades qui eurent lieu pour le même objet. Dunois fut envoyé deux fois en Angleterre : d'abord au mois de janvier 1444, avec le comte de Vendôme, l'archevêque de Vienne, Bertrand de Beauvau, Pierre de Brézé, Guillaume et Jacques Jouvenel des Ursins, celui-ci ar-

Angliam trajecti, diu Londiniis, implentes commissæ sibi legationis officium, permanserunt. Similiter etiam apud Carolum fuit aliquando dux Suffolciæ, apud quem ea tempestate totius Anglicani imperii moderatio residere videbatur. Fuit etiam interdum cum ipso, et eo aliquando absente, episcopus Cicestrensis[1] cum domino de *Dudeley*[2] et nonnullis aliis consiliariis regis Anglorum, quorum nomina non retinemus.

Cum autem nullo pacto in pacis fœdera animi, utrinque in suis desideriis et opinionibus obfirmati, deflecti possent, per plures tamen vices treuga prorogationem accepit[3]. Sed postremo, cum Carolus, Francorum rex, toties prorogationis factæ pertæsus, ulterius guerram ac arma reassumere minime differre vellet (habebat enim militiam suam, ut præmisimus, valde paratam atque expeditam), non alias in prorogationem treugæ assensum præstare voluit, nisi Cenomannis civitas, quam occupabant Anglici, sibi restitue-

---

chidiacre de Paris, Adam de Cambrai, Étienne Bernard et Dreux Budé (Rymer, t. XI, p. 49); et une seconde fois en juillet 1447, ayant en sa compagnie Bertrand de Beauvau, Guillaume Cousinot, Jean Havart et Jean Jouget (Rymer, *ibid.*, p. 182). L'archevêque de Reims et l'évêque de Nantes n'accompagnèrent donc pas le comte de Dunois en Angleterre; mais l'archevêque de Reims, qui était Jacques Jouvenel des Ursins l'aîné, fut d'une autre ambassade, envoyée en juillet 1445, dont le comte de Vendôme était le chef, et où figurait encore Bertrand de Beauvau. Nous possédons la relation manuscrite de cette dernière ambassade (Ms. Baluze, n° 8448-2, fol. 171, à la Bibl. imp.).

1. Adam Moleyns, évêque de Chichester, *garde du sceau privé*, dont il a été déjà question ci-dessus, p. 155.

2. *Ubdeley* dans le Ms. Il s'agit de John Dudley, conseiller du roi d'Angleterre.

3. Elle fut renouvelée le 1ᵉʳ avril 1446 et le 1ᵉʳ avril 1447. *Jean Chartier*, dans Godefroy, p. 128.

retur[1]. Pertinebat enim comitatus Cenomanniæ, ex paterna successione, domino Carolo Andegaviæ, fratri regis Siciliæ Renati, de quo supra fecimus mentionem. Is autem Carolus inter omnes aulicos regi charior atque proximior habebatur.

Quæ conditio etsi perdura gravisque plurimum ab Anglicis duceretur, eam tamen, ut præsentis atque imminentis periculi, si ad guerram rediretur, damna effugerent vel differrent, amplexati sunt, et civitatem prædictam in manus regis reponere infra limitatum certumque diem promiserunt. Cujus promissionis cum implementum minime subsecutum fuisset, et reluctarentur milites Angli et capitaneus, qui pro custodia ejusdem illic fuerant collocati, ad ipsam vi et armis recuperandam Francorum rex, effluxo statuto tempore quo reddi juxta promissam fidem debuerat, suum admovit exercitum, eamque valida obsidione vallavit[2]. Cum autem viderent Angli, viribus valde tunc impares, obsessis auxilium minime se posse præstare, eam, inviti licet, sed et coacti, reddere consenserunt[3], treugæ nihilominus factæ prorogatione durante.

1. « Le roy d'Angleterre, par le traicué de son mariage fait entre luy et la fille du roy de Secille, avoit promis, incontinent après ledit mariage, rendre la ville du Mans et les autres places qu'il tenoit en la comté du Maine. » *Chronique de Berry*, dans Godefroy, p. 430.

2. Le roi ne conduisit pas le siége en personne, mais il le dirigea de Lavardin, où il se tenait pendant les opérations. *Chronique de Berry*, dans Godefroy, p. 430.

3. Au commencement de l'année 1448.

CAPITULUM X.

Quomodo, occasione treugarum et deditionis civitatis Cenomannensis, seditiones inter Anglos sunt subortæ; et de exstinctione ducis Glocestriæ et episcopi Cichestrensis.

Facta itaque est ipsius civitatis deditio. Quæ res, simul et treugæ cum Francis habitæ, maximam in Angliam turbarum ac seditionum occasionem invexerunt. Ferebant displicuisse semper duci Glocestriæ treugas ipsas cum Francis captas, qui regis Angliæ patruus erat et ejus impuberis tutelam totiusque rei administrationem multo tempore habuerat. Existimabat forte ipse, qui prudens vir et in litteris satis competenter institutus erat, easque plurimum amabat, infirmis animis Anglorum, et quos ad seditiones proclives deditosque esse agnosceret, metum Francorum cum quibus bella gererent, tanquam pupillis tutorem, pernecessarium atque utilem fore, veluti qui eos, quamdiu hujuscemodi externis occupati tenerentur, ab intestinis et civilibus cohiberet atque refrenaret. Sic enim olim ille sapiens Scipio Nasica metum stantis Carthaginis infirmis Romanorum animis necessarium esse censebat; et propterea minime eam delendam esse, cujus stantis metus Romanorum animos, ne civiles in discordias laberentur, utiliter prohibebat. Unde prudenter animadvertebat idem dux Glocestriæ eamdem civilium inter se discordiarum calamitatem, quæ, Carthagine deleta, olim Romanis contigerat, si cum Francis bella externa non gererent, verisimiliter perventuram.

Quæ certe ipsius existimatio eumdem minime fefellit. Nam, postquam bella in Francia gerere cessaverunt, tanti civilium atque domesticarum discordiarum, seditionum atque turbarum, inter ipsos Anglos et in patria sua, motus oborti sunt, ut ex illis totius pæne regni nobilitas cum innumera populorum multitudine exstincta sit. Primum quidem ipse Glocestriæ dux, cum, auctore duce Suffolciæ, qui eum sibi inimicum suisque obsistentem conatibus autumabat, sub regali auctoritate ad quamdam villam[1], ubi parlementum regale celebrari deberet, evocatus, illo adventasset, nihil suspicatus insidiarum, a satellitibus ipsius ducis Suffolciæ in proprio suo hospitio suffocatus est[2]. Fertur enim intra duas culcitras fuisse exstinctum, cum jam senex et satis grandævus esset; fuitque, ad scelus obtegendum, illico publicatum quod ipse, morbo correptus, naturaliter in fatum contulisset.

Episcopus autem Cichestriæ, de quo superius fecimus mentionem, apud maritimam villam dictam *Portsumye*[3], dum pro naulo navium quibus, in Franciam legatus, advectus et inde in Angliam revectus fuerat, cum nautis contenderet, nec eis pro voto satisfacere vellet, ab eisdem, commota seditione, trucidatus est[4].

1. Saint-Edmund's-bury.
2. 28 février 1447. Voir le récit de Matthieu de Coussy, ch. xix.
3. Portsmouth.
4. M. de La Porte du Theil a remarqué, sur ce passage, qu'aucun historien anglais n'avait parlé du meurtre de l'évêque de Chichester. Ce qui était vrai du temps de M. du Theil l'est encore aujourd'hui. M. Lingard n'en a rien dit, quoiqu'il soit mentionné au xliie chapitre de la Chronique de Matthieu de Coussy, mais comme un meurtre juridique qui aurait été précédé d'un simulacre de procès devant le Parlement. M. de La Porte du Theil a de plus fixé au commencement de l'année 1450 l'époque de cet événement, se fondant sur deux pièces du recueil de Rymer : l'une du

Erat enim multis popularium exosus ex ea causa, quod pro treugis cum Francis ineundis prorogandisque multoties laborasset, et sæpe propterea in Franciam trajecisset.

Aliorum autem principum Angliæ cædes, quæ in civilibus suis dissensionibus factæ fuerunt, postea a nobis suo ordine atque loco perstringentur. Post deditionem autem, non sponte, sed coacte ab Anglicis factam Cenomannorum civitatis, in dies, quamvis adhuc treugæ per multos menses desponsatæ essent ultro citroque duraturæ, increscebant tamen odia, et particulares dietim cædes in limitaneis finibus tam Francorum quam Anglorum, quæ vel insidiose, vel etiam in patulo patrabantur.

CAPITULUM XI.

Quomodo dux Summerseti assecutus est regimen Normanniæ.

Venerat autem dux Summerseti[1] in Normanniam, missus ex Anglia ad regendam provinciam; pro cujus regentia diu multumque inter eum et ducem Eboraci fuerat antea concertatum. Habebat quisque in consilio regis Anglorum quamplures suarum partium studiosos, et vehementer uterque eorum ad assequendum provinciæ regimen adspirabat. Unde evenit ut per fautores

---

9 décembre 1449, qui est une dispense de tout service obligatoire accordée à l'évêque à cause de son grand âge; l'autre du 30 mai 1450, où Reginald, évêque d'Aspaw, est mentionné comme transféré depuis peu à l'évêché de Chichester. *Notices et extraits des manuscrits*, t. I, p. 427.

1. Edmond Beaufort, duc de Somerset.

partium in Anglicano consilio, uni hodie provincia regenda, alteri vero in crastino committi alternando decreta obtineretur, et uno die publicata in Rothomago (quæ est metropolis provinciæ) commissione pro uno, altero die alterius æque commissio, priore abrogata, præconia voce publicaretur. In hujusmodi certamine superior tamen mansit tandem dux Summerseti, et cum magno apparatu multisque opibus, transmisso freto, in provinciam venit sibi decretam. Erat enim auri et argenti locupletissimus, ut pote cui successio bonorum jure proximitatis obvenisset cardinalis Vintoniensis[1], qui omnium fere orbis totius christianorum, tempore suo locupletissimus habebatur.

Appulit autem ad littora Normanniæ inferioris, in territorio Constantiensi, et inde provinciam perlustrans, per Cadomum et Lexovias venit Rothomagum, principalem totius provinciæ urbem, in qua sedem et mansionem sibi constituit. Erat ipse specie decorus, ætatis prope tum quinquaginta annorum, satis civilis et benignus atque humanus, communi patriæ justitiæ satis affectus et intentus; sed profecto cum « avaritia » ut Crispus ait, « semper sit infinita, semper insatiabilis et neque copia, neque inopia minuatur, » vitium hoc nimium in ejus animo dominatum habens (esto, ut diximus, opum esset ditissimus), cæteras omnes gratias et virtutes, quæ utcumque in eo eminere videbantur, labefactavit, ipsumque ad extremam pæne dejecit miseriam. Nam cum his, quibus affluentissime abundabat, opibus minime contentus, cupiditati habendi modum ponere atque statuere nes-

1. Le cardinal de Winchester, mort le 11 avril 1447.

ciisset, a qua nimium serviliter premebatur, inhians ad opes alienas, cum his quas jam habebat, cumulandas et coacervandas, hujusmodi concupiscentiæ igne obcæcatus, juxta vocem prophetæ canentis : « Supercecidit ignis, et non viderunt solem, » dum aliena nequiter rapere attentavit, se suis honore atque opibus ante quæsitis et habitis, procul dubio, omnino spoliavit.

CAPITULUM XII.

Qualiter et quo colore ab Anglicis oppidum Fulgeriis Britanniæ captum et direptum fuit.

Qualiter autem et quomodo id ita contigerit, paulo altius repetemus.

Erat Armoricæ Britanniæ tum dux et dominus Franciscus [1], filius primogenitus ducis Johannis, principis suo ævo prudentissimi reputati. Toto enim tempore quo bellis, primum civilibus, deinde externis et hostilibus, ab Anglis diu atque infelicissime attritum fuit et afflictum Francorum regnum (quemadmodum in præcedentibus a nobis relatum est), prudentia et sapientia sua servavit patriam suam integram, pacificam atque tranquillam. Nam utrique partium complacere studens, nec eorum contentionibus se immiscens, ab utrisque verebatur, ne ab una offensus partium et injuria lacessitus, ipse parti alii adhæreret, qui militia atque opibus satis potens pollensque habebatur [2]. Prop-

1. François, premier du nom en Bretagne.
2. Robert Blondel parle moins favorablement de ce prince, qu'il accuse d'avoir énervé son peuple : « Johannes Britonum dux, pace longa armis dissuetus, magis opportunus pati quam injuriam inferre, invasis auxilio non fuit; nec martia virtute,

terea in pace potiri eum dominio suo utraque partium permittebat. Et cum patria sua tam Francis quam Anglis sola in regno communis et tuta permaneret, confluentibus ad eam secure atque tuto utriusque obedientiæ negotiatoribus, et eo merces suas deferentibus, quas ad partes diversæ obedientiæ deferre nullo modo licebat, Britannia, sævientibus ubique toto regno bellis, veluti totius Galliæ magnum et nobile negotiationum emporium, magnisque propterea opibus ditata est et multitudine populorum referta.

Confugerant illo, intolerabilibus calamitatibus afflicti, plures ex Normannia artis lanificii, quæ potissime semper et excellenter in Normannia exerceri solita est; qui cum incolis Britanniæ eamdem suam artem communicarent, eam Britones ab ipsis didicerunt. Ex quo effectum est ut, cum per ante in ipsa Britannia pauci admodum, et ii rusticani et hispidi, tantummodo panni fierent de lana, postmodum ipsa regio copiose atque abundanter etiam nobiles pannos facere assueverit. Ex quibus tota patria illa et oppida ipsius plurimum adaucta et locupletata sunt.

Est autem in ipsa Armorica, prope fines Norman-

---

cæterum inermi belli abstinentia, et plus in adversis fortunam quam justitiam secutus, tandem falso pacis simulacro a prædonicis hostium incursionibus Britanniam salvam fecit. Et dum universum regnum atrociter impugnaretur, et bellorum asperitas a Normannis et Gallis mollitiem corporis et animi inertiam abdicaret, atque diurnum rei militaris exercitium, induta ferri duritia, egregios pugnatores decuserat, infida securitas armis soluta Britonibus voluptatis licentioris et rebus prosperis laute fovendi fiduciam concessit, ac otium iners robur corporis et animi virtutem in desidiam cordis muliebrem adduxit. » *Assertio Normanniæ*, l. I, c. v, Ms. Bibl. imp., n° 6198, f. 8.

niæ, oppidum Fulgeriis[1] nuncupatum, quod tunc et populorum frequentia et opulentia rerum satis insigne atque famosum habebatur. Quod cum opportunum prædæ ab aliquibus ducibus militiæ Anglorum esse putaretur, animum intenderunt ut ipsum furtim, nihil prorsus de periculo civibus loci cogitantibus, caperent, et divitiis spoliatum atque nudatum, ad uberiores prædas in Britannia faciendas, servarent atque retinerent. Erat enim ad id satis accommodum, cum firmissimum oppidum esset, et prope limites Normanniæ consisteret, unde et solatia victualium, et subventionem atque auxilia militum facile semper habere possent. Obtendebant enim ut id juste et rationabiliter facere viderentur, hujuscemodi colorem: nam cum dux Johannes, hujus Francisci pater, ut ferebant, homagium regi Anglorum præstitisset, tanquam ejus vassallus ad causam ducatus Normanniæ, idem Franciscus, requisitus hujusmodi homagium facere regi Anglorum, recusarat, ipsumque homagium Carolo regi Francorum fecerat; propter quod terras suas ad manum regiam, veluti confiscatas ob crimen læsæ majestatis, juste capi debere asserebant.

Ad quod solerter exsequendum delegit inter cæteros dux Summerseti præfatus, tanquam maxime ad hoc idoneum, quemdam militem Franciscum[2], natione Arragonensem seu Celtiberum, custodem et capitaneum Vernolii. Erat enim in rebus bellicis, et maxime ad intercipiendum et furtim ingrediendum civitates et oppida per nocturnos inscalatores, callidus et astutus

1. Fougères.
2. Les chroniqueurs français l'appellent François Surienne.

valde, habens semper multitudinem satellitum in hujuscemodi nefandis artibus atque exercitiis exsecrandis assuetam. Sed cum idem Franciscus, ut hujus sæculi nequam filius., multis filiis lucis in hac mortalium generatione sua astutior seu prudentior esset, hujus patrandi sceleris non ante ausum in se voluit assumere, quam aliorum principum Angliæ, qui tum in præcipua auctoritate erga regem Anglorum erant, assensum haberet et præceptum. Verebatur enim, quemadmodum compertum est, ne ex hoc totalis ruptura treugarum contingeret; cujus mali onus culpamque sibi soli adscribi rationabiliter formidabat. Cum vero omnes Anglorum proceres consilium laudavissent, et pro ea re eidem militi suas litteras dedissent [1], ad perficiendum opus hujusmodi vigilanter incubuit.

Accepta itaque satellitum sufficienti ad hoc manu, cum neque Britanniæ dux, neque terrarum suarum accolæ tale aliquid futurum ullatenus suspicarentur (nam treugæ generales currebant, factæ et firmatæ inter reges et regna Franciæ et Angliæ, eorumque uni-

---

1. « Nec funestus iste prædo absque jussu suorum majorum hanc perditam rapinam exercuit : quod fraude et dolo absconsum nostros principes latebat. Verum postea hic deditus, objectum prædæ privatæ crimen diluens, publicis documentis detexit. » (Robert Blondel, *Assertio Normanniæ*, l. I, c. 1). La connivence du gouvernement anglais est encore mieux établie par une enquête que Guillaume Jouvenel des Ursins fut chargé de faire à Rouen à la fin de la même année 1449. On y entendit douze témoins, parmi lesquels l'archevêque de Rouen, Raoul Roussel; le trésorier de la cathédrale, Philippe de la Rose; Richard aux Espoules, écuyer, etc. L'original signé de deux notaires apostoliques existe dans le volume n° 772 de Du Puy, à la Bibl. Impériale.

versos subditos ac fœderatos, in quibus nominatim erat dux ipse Britanniæ ex utraque regum parte comprehensus), adventavit noctu ex finibus Normanniæ ad hujusmodi oppidum, et per suos inscalatores clam et furtim, civibus somno sopitis, arcem atque oppidum ipsum introivit et occupavit. Quod cum animadvertissent loci cives, pavidi et mente consternati, domibus opibusque relictis, præter id quod properanter rapere secumque deferre valuerunt, plures per mœnia dilapsi, aufugerunt, aliis, quibus vel vires vel animus deerant, in prædonum potestatem traditis et relictis. Igitur hujuscemodi oppidum, tunc opulentum et magnis divitiis refertum, eo modo captum, ab Anglicis direptum est atque penitus in prædam versum, currente anno Domini MCCCCXLVIII[1].

CAPITULUM XIII.

Quomodo captio dicti oppidi Francorum regi et suis vehementer displicuit, et de captione Pontis-Archæ.

Quæ captio et præda, licet initio non parvam eis attulisset utilitatem atque jucunditatem[2], infaustum tamen atque infelicem exitum eis importavit, quemadmodum in sequentibus apparebit. Mœstus profecto pro hujusmodi impræmeditato atque insperato infortunio fuit Britanniæ dux, et Carolus rex atque omnes Franci, qui hoc non aliter quam sui causa in suique

---

1. Le 24 mars 1448, v. st., c'est-à-dire 1449.
2. « Nonnulli hanc prædam tanti valoris fuisse asserunt, erepta Fulgeris spolia viginti centum millia, vera æstimatione, posse appretiari. » Robert Blondel, *Assertio Normanniæ*, lib. I, c. 1.

contemptum patratum fuisse reputabant, asserentes Anglos fidefragos ex hoc manifeste comprobari, justeque a Francis, quibus fidem pactarum treugarum minime servavissent, quin eas potius perfide et nequiter violassent, posse eis bellum inferri. Et quidem illico ita fieri debere plures ex Francorum ducibus Carolo regi suadebant. Ipse vero, qui gravis et prudens erat, quique justitiam et fidem honoremque suum omnibus temporalibus commodis anteponeret, charioresque haberet, tantam rem properanter et concite aggrediendam non censuit, volens, nedum a malo, verum etiam ab omni specie mali, juxta apostolicum præceptum, cavere et abstinere. Si enim, repente illo patrato opere, Anglis bellum inferre properasset, potuissent forsan hostes de eo dicere, quod vafre et dolose tale malignitatis commentum ipse Carolus cum illo Francisco, milite Celtibero, machinatus fuisset, ut, sub illo prætextu, treugas cum ipsis initas juratasque abrumperet, et eis earum rupturam calumniose imputaret.

Quod probrum atque ignominiam evitare volens, nolensque talem in gloria sua poni maculam, prudenter ac sapienter idem rex Carolus occurrit. Legatos enim plures et variis vicibus, non modo ad ducem Summerseti præfatum, verum etiam et in Angliam ad regem Anglorum misit, qui de attentatis tam in captura prædicti oppidi, quam etiam in multis aliis speciebus treugarumque ruptura dolose et perfide præsumpta, quererentur, requirerentque damnorum atque injuriarum debitas fieri restitutiones et reparationes, protestati, si minime id fieret, fractis sua iniquitate treugis, se ad recidiva bella sibi inferenda compelli[1]. Cum autem justas hujusmodi querelas requisitionesque Angli parum aut nihil curarent, et, quod gestum fuerat contra Britonum ducem, se juste fecisse, non contra Francorum regem, sed in vassallum regis Anglorum, sibi inobedientem ac rebellem, assererent, fuissetque in talibus legationibus et summationibus exactum circiter sex mensium spatium[2], cogitarunt Franci non ultra verbis contendere; sed potius cum simili ludo vicem hostibus reddere statuerunt.

Erant tum in oppido dicto Locusveris[3] nonnulli quadrigarii seu aurigæ, qui, durante treuga, in suis curribus vectare vina ad urbem Rothomagensem assueverant, et inde ad idem oppidum vicinasque terras merces eis necessarias revectare. Hi custodibus arcis et pontis loci qui vulgo Pons-Archæ[4] appellatur, multum erant noti, eo quod, qualibet pæne hebdomada, semel aut bis cum suis curribus flumen Sequanæ per illum pontem transire soliti erant; eisdemque custodibus, quoties transibant, nummos aliquos seu encenia[5] liberaliter erogabant, propter quod aperturam pontis transitumque facilem, absque remoratione,

---

1. Voir Rymer, t. XI, p. 223 et suiv.

2. « Post varias ambassiatorum impensas, inani labore sæpius repetito, consumptas, rex Karolus justissimus, ut accepit qua simultate, quibus dolis, in treugarum prosecutione, erga rem publicam inimici utebantur, in duorum præsentia notariorum, suum magnum Consilium accersiri jussit; cui mentis secretum, fere post quatrimestrem lapsum a misera Fulgeris direptione, aperuit. » Robert Blondel, l. I, c. xii.

3. Louviers, qui était alors au pouvoir des Français. Voy ci-dessus, p. 134.

4. Pont-de-l'Arche.

5. Le pour-boire, qu'on appelait alors *le vin*.

obtinebant. Cum autem uno die, mense maio, ut ex more assueverant, circa ortum solis per pontem cum suis curribus transituri venissent[1], clamassentque custodi pontis quatenus eis transitum et portam aperiret, ille, spe suum solitum honorarium consequendi, e stratu suo alacriter consurgens, suis aurigis sibi notissimis statim pontem aperuit et januam, nihil insidiarum dolive suspicatus. Erat ille armiger Anglicus, vir generosus et corpore valde robustus. Cum autem alter ex aurigis sub colobio rusticano[2] arma atque pugionem tegeret, et usque supra levaticum pontem currum suum advexisset, ictu pugionis ipsum Anglicum custodem portæ confodit, et ex alto in flumen præcipitavit. Erat enim ipse auriga vir militiæ assuetus, multum etiam robustus. Cum autem ita actitatum esset, statim auriga ipse clamorem validum emisit, signumque, juxta adstantibus et in insidiis in quadam ædicula propinqua latentibus, Francis dedit. Qui, clamore audito, sine mora ad portam in qua stabant aurigæ accurrerunt, et portam munientes, dato signo aliis in multo majore numero commilitonibus suis, qui paulo distantius in latebris quibusdam se occuluerant, eos clangore tubæ accersierunt; qui similiter ut priores propero cursu adventantes, equites simul et pe-

---

1. Robert Blondel nomme celui qui conduisait le convoi, et ajoute qu'il avait prévenu à l'avance le portier : « quidam mercator Guillermus *Hoel*, Locoveris oriundus, vir ingentis audaciæ et miræ astutiæ, ex rebus quas Rothomagum ducere solitus erat, quadrigam onerat et per Pontis-Arcam transmeans, castri janitorem attentius orat ut cras, summo mane, alias mercaturas Locoveris quæsitum reparaturo portam aperiat. » *Assertio Normanniæ*, l. I, c. vii.

2. Sorte de limousine que portaient les paysans.

dites arcem munitissimam, quæ in extremo pontis, ad ipsius custodiam sita, circumquaque cingitur Sequana flumine, magna celeritate occuparunt. Cui cum expugnandæ pars incumberet, alii nihilominus per pontem ad oppidum, ad alteram fluminis ripam situm, magno cum impetu accurrerunt.

Erat tum in ipso oppido comes de *Falkenberg*[1], dux certæ militiæ Anglicanæ, qui ad clamorem et tumultum, qui ad portam oppidi et in arcis pontis expugnatione fiebant, concitus ad ipsam oppidi portam muniendam defendendamque advenit; sed, licet aliquandiu nonnullam fecisset resistentiam, brevi tamen porta expugnata, in hostium potestatem pervenit. Et captus quidem idem comes fuit a quodam sagittario, plebeio viro, cui, cum fidem dare, eo quod ignobilis esset, diutius detrectaret, pæne mortis incurrit periculum. Quod cum alias effugere minime posset, vitæ suæ consulens, eidem se captivum dedit. Arce itaque pontis, atque oppido et ponte ipsius loci, qui a Rothomago quatuor leucis gallicanis distat, hoc modo Franci potiti sunt initio mensis maii[2], anno MCCCCXLIX.

CAPITULUM XIV.

Quid egerit dux Summerseti, exsistens Rothomagi, audita et percepta captione Pontis-Archæ a Francis.

Cujus perditionis cum ab his qui inde Rothomagum aufugiebant, illico nuntiatio ad ducem Summerseti, rectorem provinciæ, pervenisset (nam ante duarum

---

1. William Nevill, lord Falconbridge, plus tard comte de Kent.
2. Le 15 mai.

horarum spatium, plures ad eum hujus rei nuntii venerunt), ex mœstitia pæne versus est in amentiam. Erat adhuc satis mane, puto hora quasi septima ante meridiem. Unde veluti ex parte furiosus aut insanus, ad suos excitandos, qui nondum e suis stratis surrexerant, per castrum Rothomagense discurrens, clamabat unumquemque compellans[1]. Mittebat et per civitatem ad diversa loca, ad Anglos militares cogendos et ad quasdam naviculas, quæ in portu jacebant, armandas atque muniendas, sperans adhuc remedium aliquod defensionis, quo hostes oppido vel arce pellerentur, posse apponi. Nam referebant nonnulli ex iis qui inde aufugerant, tempore sui discessus, vidisse adhuc quosdam ex Anglicis aliquas turres tenere, atque adversum hostes defendere. Sed cum postmodum, brevi morula transacta, ad certum nuntiatum esset totam loci munitionem ab hostibus occupatam fore,

---

1. Robert Blondel ajoute au tableau de la colère du mari celui du désespoir de sa femme : « Calor incredibilis et mœror inauditus, tantæ rei novitate, ducissam et universam familiam oppressit. Hæc tori ducis consors adhuc lecto accubans, velut frenesi arrepta et matronalis pudoris oblita, nuda in camisia, absque secreta tunica, a cubili prosiliit, et anxio dolore commota, exclamat : « Hujus ducatus omnia possessa hæc ærumnosa villæ « captio in miserandam perditionem, cuncta, non exspectata, « trahet! » At quanquam adversa sorte, non mediocriter Gallis infesta, cruciaretur, tamen erga magistrum Johannem *Tyffeigne*, medicum Gallum, tunc hanc in thalamo visitantem, egregiam retinuit pietatem. Hæc maritum cognoscens adversis insanum, si usquam huic forte occurreret, medicum crudeliter necaturum, quamobrem inter cortinas tori latitare, ut saluti consuleret, et abscondi jussit, donec furibundus conjux aliorsum a conclavi evaserit. Anglia enim impios viros et malefidos, fœminas vero pietate insignes et bene fidas parit. » *Assertio Normanniæ*, l. I, c. viii.

magnamque illic Francorum confluisse multitudinem, ab illo navium armorumque apparatu cessatum est; eo quod protunc, totius loci munitione in hostium potestatem redacta, serum fuisset et supervacaneum retinendæ possessionis apponere remedium, de [qua] recuperanda potius, si facultas permitteretur (quod quidem non parum habiturum erat difficultatis), cogitandum fuerat.

Adventarant circiter illam horam ad ipsum ducem Summerseti, episcopus Baiocensis cum Abrincensi et Lexoviensi [1], gratia concilii celebrandi, juxta id quod eis priore die fuerat intimatum. Qui cum ipsum principem adeo mente consternatum conspicerent, opportune sibi affuerunt, ut suæ ingenti mœstitiæ aliquod delinimentum solamenque bonæ spei, velut medicinam utilem, apponerent. Quorum sermonibus et dulcibus exhortationibus sanior mentis effectus, ipse sibi pollicebatur hujusmodi arcem perditam infra dies paucos recuperaturum. Sed profecto non tam facile erat hujuscemodi implementum pollicitationis, quantum sibi prima facie videbatur : nam nec usque in hunc diem rei exhibitio consecuta est.

Misit autem idem dux statim duos heraldos ad illum oppidum Pontis-Archæ, qui duces Francorum qui illic aderant, quorum præcipui fuere dominus Petrus de *Bresé*, qui postea fuit magnus senescallus Normanniæ, Floquetus, Jacobus de Claro-Monte et Guillelmus de *Bigar* [2], summarent, requirerentque

1. L'évêque de Bayeux était alors un Italien nommé Zanone da Castiglione; celui d'Avranches s'appelait Martin Pinard, et enfin celui de Lisieux était l'auteur même de ce récit, Thomas Basin.

2. Il y a plusieurs inexactitudes dans les noms des personnages

quatenus declararent si mandato regis Francorum, vel ipsius nomine, hæc egissent, quod hujusmodi oppidum treugas violando ita occupassent. Qui duces, cum super hoc per heraldos [essent] requisiti, quodam velut stratagemate usi, responderunt se nec mandato regis Francorum, nec ejus nomine id fecisse, sed se vassallos ac stipendiarios ducis Britanniæ, ipsius nomine et ad ejus utilitatem, id fecisse in injuriarum atque damnorum recompensam ex parte, quæ eidem domino duci Britanniæ suisque subditis in captione et direptione oppidi de Fulgeriis intulissent, seque, si facultas eis daretur, militaturos eidem duci ad majora.

Hæc autem responsa cum iidem heraldi eis facta fuisse retulissent duci Summerseti, majore animi indignatione urebatur, comminans se brevi eosdem ex occupato prædicto oppido depellere. Verum quidem erat quod, in sacris litteris quas pro soliditate treugæ factæ Anglorum rex tradiderat regi Francorum, nominabatur dux Britanniæ tanquam vel subditus vel fœderatus eidem Anglorum regi; sed non aliter etiam, in litteris datis per Francorum regem Anglorum regi, erat idem Britanniæ dux nominatim et expresse insertus. Unde merito, cum ex utraque partium esset

---

mentionnés ici par Thomas Basin. Tous les chroniqueurs français nomment, au lieu de Pierre de Brézé, Jean de Brézé son frère. Robert Blondel, d'accord avec eux sur ce point, corrige encore notre auteur relativement au seigneur de Bigars. Voici, selon lui, quels étaient les capitaines français : « Robertus de *Floques*, vulgariter Floquetus dictus, vir acer, in armis perdoctus, ac dominus de Malo-Nido (Mauny), ambo de Normannia creti; necnon Johannes de Bressiaco, miles strenuus de Andegavia, Jacobus de Bello Monte, de Dalphinatu ortus, bellis instructus. » *Assertio Normanniæ*, lib. I, c. vii.

nominatim comprehensus, neutra pars in eum aliquid hostile attentans, a ruptura et violatione treugarum se rationabiliter excusare potuisset.

Hæc igitur fuit represalia seu pignoratio prima, pro captura oppidi prædicti de Fulgeriis, Anglicis reddita. Et si quidem adhuc ipsi Anglici, errorem suum cognoscentes, satisfactionem justam pro suo injuste attentato realiter obtulissent, ferebatur Francorum regem ex parte sua satisfactionem Anglicis offerre, treugasque usque ad ultimum eorum terminum voluisse servare.

CAPITULUM XV.

Qualiter Conchis et Vernolium per Francos recepta fuerunt.

Sed cum Anglorum superbia atque avaritia ad id minime flecti possent, non eo usque dumtaxat Francorum quievere conatus. Floquetus, qui alter ex Francorum militiæ ducibus ad custodiam civitatis Ebroicensis capitaneus[1] erat, centum habens lanceas sub se strenuissimorum militum[2], oppidulum Conchis[3] per industriosas occupavit insidias. Deinde etiam, non multis subinde decursis diebus, factione unius multorum[4] qui, juxta portam Vernolii, in quodam molen-

1. Il faut traduire *bailli*.
2. Il était devenu l'un des capitaines des compagnies régulières dont l'institution a été rapportée ci-dessus.
3. Conches, aujourd'hui dans le département de l'Eure.
4. « Vernolium, infra Normanniæ terminos, in præsidiis Franciæ constructum, circuitu murorum amplissimum, ædificiis tenue repletum, satis forte castrum et munitissimam turrim continet. In fossas diversorum fontium rivuli jocoso murmure labuntur; deinde aqua profluens per muri fenestram, infra Vernolii clausuram stagnum arte confectum implet, et extra, juxta mœnia,

dino suum ministerium exhibebant, idem Floquetus, cum suis, clam et furtim Vernolium introivit atque recepit[1]. Cujus cum ingressum Anglici, qui illic pro præsidio locati erant, persensissent, plures ex eis ad quamdam munitissimam, quæ illic est, turrim[2] con-

duo construuntur molendina. Ac unus istorum molendinarius.... ad ballivum Ebroicensum, Robertum de *Floques*, se profecturum conclusit. Cui consilio aperto, liberalius obtulit, infra Vernolium ipsum Robertum facilius interducturum.... Tum ballivus hujus rei occultam seriem Dunensi comiti ore tenus reserat, senescalcoque Pictaviensi mandat propere ad ipsum venturum, ut exsecutioni tam difficilis hujus felicis negotii fidum armorum gerat juvamen. Ambo simul juncti, ut otiosi et ab armis penitus remissi viderentur, ingentem venationis apparatum construunt, et in Concharum silva, ut, velamen fugandi cervos absque suspicione hoste animadvertente, maxima in multitudine Conchis accedere possent.... illuc ab Ebroicensi urbe conjuges senescalci et ballivi, sorores germanæ, hujus arcani penitus ignaræ, ut venationi ferarum intersint, jocose veniunt.... Latibulis vero silvæ trina vice ingressis, delectabilem venationis mollitiem dominabus teneris cedunt et ferri asperitatem induunt.... Tum molendinarius atque ejus socius.... decima nona julii, ideo quod luce sequenti celebris Dominicæ solemnitas sua molendina fore præcepit otiosa, diruptione aquarum facta, e fossis profluentem faciunt elabi.... Atque relucente aurora, cæteri in excubiis pernoctantes, arguti molendinarii persuasionibus devicti, mane ocius quam vigilum consuetudo erat, a propugnaculis murorum descendunt, ut missam in solis ortu celebrandam audirent... Senescalcus Pictavorum, pedestrium director, late ocreatus, in alveum molendinorum lutosum, duobus sagittariis antecedentibus, primus infert; tanto luti pondere onere retrahere ab alveo ocreas non potuit; quas in cœno dimittens, evulsos pedes nudus mœnia ascendit.... Insidiantes vero scalas dirigunt, ac illi directas muro adaptant, nemine partis adversæ intelligente. Galli subtus armati, tunicis talaribus superinduti, Vernolium subintrant per magnum vicum, sine strepitu.... Fores seris fractis aperiunt; equestres Galli, equitatu celeri, e latebris affluunt. » Robert Blondel, lib. I, cap. xvi.

1 Le 19 juillet 1449.

2. C'est ce qu'on appelait *le Château* ou *la grosse tour* de Verneuil.

fugerunt, et eam tenuerunt ; a Francis vero, qui illuc multi ex diversis oppidis et castris accurrerunt, illico eadem turris obsessa est.

Quod cum duci Summerseti, rectori, ut diximus, provinciæ pro Anglorum rege, innotuisset, statim ut obsessis ferret auxilium, illuc cum exercitu dominum de *Talbot*, comitem Cherosberiensem, præcipuum tunc totius militaris Anglorum manus ducem, ire præcepit. Qui collecto, ut potuit, milite, circiter ad numerum mille quingentorum equitum, de Rothomago trajecit Bernayum ; inde vero cum Vernolium versus profectus, cognovisset in villa quæ *Breteuil*[1] vulgo appellatur, copias magnas Francorum militum cum multis famosis ducibus ad eum locum confluxisse, minime abusus fuit ultra procedere ; sed propero cursu, breviore quo potuit itinere, Rothomagum sibi revertendum constituit. Quem cum Francorum duces, qui eum fixo vestigio apud Vernolium exspectabant, sic redire intellexissent, conscensis statim equis, eum cum magnis agminibus a tergo sunt insecuti. Et talem quidem diligentiam adequitando fecerunt, ut eum cum sua comitiva in quibusdam magnis campestribus[2] invenientes, eidem appropinquarent ; quos ut vidit idem dominus de *Talbot*, parvum aut nullum reputans sibi in fuga præsidium superesse, cum equi et milites sui ex longo itinere et sitis tolerantia multum lassi fatigatique essent, posita a tergo quadam sæpe, rubis dumetisque satis densa, descendens pedes cum suis, illic suas acies ordinavit. Quod Franci provi-

---

1. C'est le Breteuil qui est dans le département de l'Eure.
2. En vue d'Harcourt. Cf. *Chartier*, dans Godefroy, p. 144.

dentes, nec sibi tunc cum eo congredi tutum existimantes, cum properaret vespera, alio diverterunt, et Anglos abire Rothomagum permiserunt.

Cum vero obsessis jam succursum habendi spes deficeret, et tormentis atque petrariis, rerumque necessariarum penuria urgerentur, arcis in qua obsidebantur deditionem fecerunt[1], sicque a Francis totum Vernolium receptum est. Obsessis etiam iis qui oppidum Fulgeriis, de quo retulimus, in Britannia, furtim introierant, cum defendendi vires spemve succursus habendi a suis minime haberent, similiter etiam ipsi deditionem fecerunt[2].

Et jam palam et manifeste, sine aliquo velaminis integumento, Francorum rex, prius matura deliberatione habita super hoc cum multis principibus regni sui ac peritis divini et humani juris, in hostes suos, tanquam violatores treugarum, totis viribus bellum gerere decrevit.

CAPITULUM XVI.

Qualiter Franci Pontem-Audomari expugnarunt.

Talibus itaque tanquam præludiis quibusdam præhabitis, nullis jam prohibentibus treugis, quæ, modo quem retulimus, finem acceperant[3], denuo ad certamen inter Francos atque Anglicos perventum est. Non

1. Le 23 août 1449.
2. Ce recouvrement n'eut lieu qu'à la fin de l'année 1449, par la diligence du duc de Bretagne, qui tint la place assiégée pendant deux mois.
3. D'après le dernier accord passé entre les deux gouvernements, la trève devait expirer le 1ᵉʳ juin 1449. *Chartier*, dans Godefroy, p. 128.

igitur multo post tempore, totius suæ equestris militiæ majorem portionem jussit rex armis aggredi terras Normanniæ, quas Anglici occupabant. Accersivit autem pariter et comitem Sancti-Pauli[1], qui, collecta militari manu, una cum comite de Augo[2], circiter ad tria millia equitum, equis et armis optime instructorum, se una cum altera regis militia aggregantes, circa festum beati Laurentii[3] ad suburbana oppidi Pontis-Odomari[4] castra posuerunt. Convenerant autem illic quidam Anglorum duces, videlicet Falco Ectonis et Osburnus de Monteforti[5], circiter cum quingentis Anglicis, uno vel duobus diebus ante adventum Francorum, fortasse de aggressura illius oppidi aliquid suspicati vel etiam certiores effecti; quos tamen ibi esse Francorum duces primitus nesciebant.

Cum vero diebus duobus aut tribus illic Franci remorati fuissent, non utique propositum habentes ipsum oppidum obsidendi, cum nullas belli machinas ad id requisitas advexissent, sed equos dumtaxat haberent et arma, paucis exceptis munitis bombardellis, sed existimantes se locum absque militum præsidio improvisum occupare et præripere, turpe et indecorum reputarunt si ab eo loco, absque aliquid prætentando, discederent. Porro, non exspectato ducum imperio, forte contigit ut quidam sagittarius cum arcu telum seu sagittam igniferam ad tectum cu-

1. Louis de Luxembourg, comte de Saint-Pol.
2. Charles d'Artois, comte d'Eu.
3. Le départ de cette armée eut lieu le 8 août.
4. Pont-Audemer.
5. Foulques Hetton et Osburn de Montfort, trésorier de Normandie.

jusdam propugnaculi straminibus cooperti, emitteret[1], in quo cum immissus ignis hæreret, cœpit absque dilatione et ædificium illud adurere, et in ædes vicinas latius propagari. Cum autem hoc videret Francorum militaris exercitus, alacris illico ad transcendendum vallum palosque arborum, quibus, vice muri, locus clausus cinctusque erat, sese dedit. Sed cum hi, qui intus erant, viderunt incendium de domo in domum transvolare seque durius ac periculosius ab ignis elemento, quam ab hoste, bellum perpeti, et ipsi a fumo et favillis quas adversus eos ventus valde impellebat, graviter premerentur, locum ipsum ab hostibus tutari minime potuerunt; sed armorum violentiæ incendioque cedentes, Francis ingressum permiserunt. Et cives quidem, ut melius potuerant, pro salvanda vita diversa latibula vel orationum domos petierunt; Anglici vero majore ex parte in quamdam satis miseram arcem, quæ illic est, se receperunt. In qua cum præ multitudine valde compressi essent, nec ulla rerum necessariarum vel pro victu, vel pro defensione loci, haberent solatia, sub certis pactis Francis se dediderunt. Et ita, quodammodo ultra spem suam, oppidulo illo Pontis-Odomari, satis misere et exiliter tunc munito, Franci potiti sunt.

1. Robert Blondel explique que c'était une fusée d'artifice : « Ecce quidam adolescens ex comitis S. Pauli familia, dum sive ludere, ut insolentia juvenes agit, seu, more ingenii humani, difficilia faciendi avidus, quid græcus ignis potest, experiri vellet, fusum sulfure ignitum, ducibus bellorum inconsultis, ad quamdam domum Pontulimaris, stipula et stramine coopertam, maximo impetu traxit. Iterum alium et alium transjecit. Acriori incendio ædes accensæ concremantur. Ingens clamor ac ubique subitus pavor exoritur : ad arma ! ad ignem ! simul conclamant; et villa igne sulfureo ardet. » *Assertio Normanniæ*, l. II, c. v.

CAPITULUM XVII.

Quomodo civitas Lexovium sese Francorum regi dedit.

Quo rerum ulterius gerendarum, veluti auspicio quodam felici amplius animati, et ad lucra prædasque uberiores allecti (nam dictum oppidum totum eis in prædam cesserat), consilium acceperunt civitatem Lexovium adire, ab hujusce Pontis-Odomari [oppido] septem dumtaxat leucis parvis remotam. Sciebant enim civitatem ipsam nec vallo, nec mœnibus, nec turribus, nisi exiliter, munitam, nec Anglorum præsidia habere alicujus æstimationis. Erat tum ejusdem civitatis et diœcesis pontifex, Thomas, ex diœcesi Rothomagensi oriundus, vir in divinis et humanis litteris non mediocriter institutus, sed, quod est præstantius, consilio, prudentia et in Deum ac proximum sincera charitate satis conspicuus, atque unus inter cæteros Galliarum episcopos illius temporis multum famosus. Is cum prudenter atque sapienter animadverteret quales ad defendendum vires contra tantam militiam, quanta contra suam veniebat civitatem, cives sui cum præsidio circiter centum Anglorum, qui illic pro custodia aderant, habere possent; metiens etiam atque ponderans æquo libramine civitatis suæ pericula ex infortunio et calamitate, quæ vicinis suis suæque pastoralis curæ creditis et subditis in Ponte-Odomari proximis diebus contigerant, ubi fuerant magna militiæ Anglicanæ præsidia; volens civium omniumque in sua exsistentium diœcesi saluti consulere, provide et consultissime statuit imminentibus atque præsentibus tantis obviare periculis. Et de hoc quidem rogabatur clam a pluribus, non modo suis civibus, sed etiam ab ipsis Anglicis, qui non in armorum defensione, sed in solius Dei misericordia et dicti pontificis providentia suæ salutis ac vitæ spem repositam esse sciebant. Porro tanta sub servitute metus cives et omnes regionis accolæ detenti fuerant sub Anglorum dominatione, quod nullus ex omnibus, licet imminentissimum cernerent periculum, de deditione seu pactione aliqua cum Francis ausus fuisset verbum aperire, nisi illic optimus ille episcopus opportune adfuisset. Et ipse quidem, periculorum suorum non ignarus, quæ sibi ex omni parte in sua manenti civitate impendebant, facile eadem, si [voluisset], potuisset pericula declinare. Habebat enim ad duas leucas a civitate sua munitissimum castrum[1], in quo suis tantum comitatus capellanis, si se illo recipere voluisset, expugnari posse a toto Francorum exercitu minime formidasset. Sed non minus suis omnibusque ovibus quam suæ saluti volens consulere, tantis caput suum maluit, pro communi omnium salute, objectare periculis, quam, eisdem luporum et belluarum rapacitati ac voracitati expositis, sui solius salutem in tuto collocare.

Cum igitur adventasset cingeretque ex omni parte civitatem suam exercitus Francorum, qui ad decem millia equitum, præter pedestres copias, poterant rationabiliter æstimari, petiit cum præcipuis ducibus habere cum securitate colloquium. Quod cum sibi satis liberaliter libenterque consensissent, exivit portam civitatis cum aliquibus suis sacerdotibus, ut cum eisdem loqueretur. Tentavit autem imprimis, referens

1. Le château de Courtonne-la-Meudrac.

qualiter civitas sua patrimonium Christi et beati Petri apostoli erat, nullam eisdem vel Francorum regi factura guerram, ut ipsos ad alias civitates et oppida faceret, si posset, declinare, sua civitate relicta. Atqui cum nullo modo talibus legationibus obaudirent, sed nisi illico obedientia deditioque fierent, se per vim ingressuros direpturosque omnia minarentur, petiit, ad super hoc consilium capiendum, inducias duarum vel trium horarum; quas cum non sine magna obtinuisset difficultate, convocato universo clero populoque civitatis, eorum desuper expetivit consilium. Qui cum deditionem cum æquis pactionibus et melioribus quæ obtineri possent, ferme omnes, præsentia pericula inspicientes, faciendam ex necessitate censerent, rogaverunt eum ut ad hoc perficiendum suas vellet operas salubriter impendere. Quas ad hoc libenter, pro communi omnium salute, impartiens, conceptis capitulis opportunis, quæ et omnes et singulos status concernerent tam cleri quam populi et totius nobilitatis diœcesis, et eisdem sub fide regia pollicitis et concessis ab eis qui vices Francorum regis gerebant, sufficienti et valida ad hoc potestate suffultis, deditionem civitatis ex communi omnium voluntate fecit. In qua nec exsortes ipsi Anglici etiam beneficii relicti sunt; quin imo eisdem pactis et conditionibus, quibus et cæteri patriotæ, per omnia potiti sunt; data etiam eis et relicta optione, ut, si sub Francorum regis ditione remanere et fidelitatis juramentum præstare vellent, suis mobilibus atque immobilibus gauderent plenarie, quemadmodum ante faciebant; sin vero ad suos contribulos Anglos et eorum obedientiam transire vellent, id quidem possent libere, et illo advehere sua bona, aut, si mallent, ea vendere infra certum limitatum diem. Si quid etiam eis a civibus patriæ legitime deberetur, eis reposcendi facultas præbita est, et summarie, absque dilationibus, super hoc jus redditum; et pari vice etiam, si a quovis illorum quicquam alicui civium debebatur, ultro citroque jus redditum, et juris exsecutio perfecta infra tres aut quatuor dies administrata[1].

Datus est etiam abire volentibus conductus sufficiens et fidus usque ad suæ, quam profitebantur, obedientiæ limina deducendis; ita quod potius velut peregrinorum seu hospitum discessio, vel inquilinorum demigratio, quam bellica exsecutio fieri putaretur, tam mitis et humana fuit hujusce civitatis deditio, interventu dicti pontificis, adspirante Dei clementia, facta! In quem profecto a populari militarium turba Francorum, propter hoc, multa maledicta jactata sunt, eo quod sibi civitatis ipsius, satis mediocriter, pro temporum conditionibus, bonis refertæ, veluti e manibus prædam abstulisse videretur; nam ad potiundum ea eamque expugnandam, non gravius sibi quam mediæ horæ negotium incumbere constantissime asserebant : et profecto sic erat. Nam Anglorum circiter centum peditum præsidium, quod ibi erat, non alia se usurum defensione confidebat, quam in alteram turrim confugere, quam annona circiter ad triduum munierant. Ex civibus vero, eo quod in agris et villis indigenæ patriæ, ex edicto regali, minime a militibus Francorum captivi abducebantur, aut suis spoliabantur bonis, magna pars noctu per mœnia se dimiserat, et ad

---

[1]. Le texte du traité est dans le *Recueil des ordonnances de rois de France*, t. XIV, p. 59. Il est daté du 16 août 1449.

villas vel silvas hac atque illac confugerat, sese effuderat. Qui etsi omnes ad defendendam civitatem animos applicassent, tam tenuis tamen erat loci munitio, et tam validus et potens, qui aderat ad eam expugnandam, exercitus, quod, procul dubio, nulla ad obsistendum et reluctandum, non modo facultas, sed nec apparentia aliqua erat, qua id fieri posse ullatenus sperari debuisset [1].

CAPITULUM XVIII.

Consilium quod Franci in civitate Lexoviensi acceperunt super ulterius agendis.

Facta autem civitatis deditione, eodem prope die, per diversa loca diœcesis, ubi aliqua castella vel munitiones Anglorum erant, adventantibus Francorum agminibus, omnes hujuscemodi munitiones una cum civitate receptæ sunt, se expugnari minime exspectantes. Tria autem dumtaxat loca de tota illa diœcesi in

---

[1]. Rapprocher de ce récit celui que fait, dans une lettre datée du 25 septembre 1449, Guillaume Cousinot, qui accompagnait l'armée française (*Thesaurus anecdotorum*, t. I, col. 1817), et surtout la narration de Robert Blondel, insérée parmi les pièces de notre troisième volume. M. de La Porte du Theil a fait sur ce chapitre une réflexion qui mérite d'être rapportée : « Notre historien (qui était pour lui Amelgard), comme les autres, parlant de la reddition de Lisieux, en fait honneur à la sagesse et à la prudence de l'évêque, Thomas Basin. Sans vouloir diminuer la réputation qu'a laissée ce prélat, je dis qu'Amelgard eût pu ajouter que cette négociation ne fut pas infructueuse pour l'augmentation des droits épiscopaux, comme on peut s'en convaincre en lisant l'article qui concerne cet évêque dans le *Gallia Christiana*. » *Notices et Extraits des manuscrits*, t. I, p. 429.

manu Anglorum remanserunt, oppidulum videlicet de Honneflutu¹, munitissimus et fortissimus locus, castrum de Tolca² et castrum de Cambresiis³; quæ etiam postmodum obsidione coarctata, in deditionem recepta fuerunt.

Cum autem omnes Francorum duces civitatem ingressi fuissent, videlicet illustris Johannes comes Dunensis, comes de Augo, comes Sancti-Pauli, dominus de *Gaucourt*⁴, Potonus de *Saintreillez*, mareschallus Franciæ⁵, et alter mareschallus dominus de *Jaillongne*⁶, dominus Petrus de *Bresey*, magnus seneschallus Normanniæ⁷, dominus de Torciaco⁸, dominus præpositus Parisiensis⁹, frater ejus, item Floquetus et alii plures militiæ duces, quorum nomina non tenemus, et jam dicti antistitis providentiam spectatam compertamque haberent, ipsius consilium super ulteriore prosecutione

---

1. Honfleur.
2. Le château de Touques.
3. Le château de Chambrois.
4. Raoul de Gaucourt.
5. Poton de Xaintrailles n'était encore que grand écuyer du roi et bailli de Berri. C'est Gilbert de La Fayette qui était premier maréchal en 1449.
6. Philippe de Culant, seigneur de Jalognes.
7. Pierre de Brézé était sénéchal de Poitou. Il ne le fut de Normandie qu'après la soumission de Rouen.
8. Jean d'Estouteville, grand-maître des arbalétriers de France, dont Robert Blondel fait l'éloge en ces termes : « Potens et consultus propositique tenax, heros *Destouteville*, generosis et materna sorte locupletissimis duobus ejus liberis illustratus, exercitatissimos bello, neminem supra, commilitones, qui tot labores, tot, per mare et terras, pericula, pro sacratissimæ rupis Sancti Michaelis conservatione, tulerunt, cum Britonum exercitu adjunxit. » *Assertio Normanniæ*, l. III, c. I.
9. Robert d'Estouteville, prévôt de Paris.

cæptarum feliciter adversum Anglicos rerum exquirere amplectique decreverunt. Ad ipsos autem ex diversis Normanniæ oppiisp clam nuntii plures adventabant, pollicentes, ex eorum a quibus mittebantur nominibus, absque dilatione fieri locorum deditiones (ut Cadomi et Falesiæ, nonnullorumque aliorum), si ad eosdem exercitus ille regius adventaret. Verissimum enim illud esse Ciceronianum tum luculentissime constabat, quod « nulla vis tanta est imperii quæ, premente metu, possit esse diuturna. » Unde, cum ea qua conquisierant vi Angli Normanniæ imperium, metu etiam gravissimo provincialium animos premente, tenuissent, statim ubi apertum iter, quo illam duram metus atque violentiæ servitutem abrumpere possent, inspexerunt, alacres veluti naturali quodam motu acti, naturale et vetustissimum terræ, Francorum scilicet, imperium, non modo recipere, sed advocare et adsciscere conabantur, seseque ad illud, tanquam ad naturalis quietis locum, transferre properabant. Adaugebat in eis id efficiendi desiderium existimatio, quam pæne apud omnes publica disseminaverat fama, quod Francorum rex sibi subditos in bona justitia et libertate conservaret, suosque milites a rapinis atque injuriis provincialium severissime coerceret. Quod utinam reipsa ita compertum exhibitumque fuisset, quanta de hoc vulgabatur opinio, pollicitatioque fiebat ab iis qui vices regias præferebant!

Cum igitur dicti antistitis super hoc a præfatis ducibus expeteretur consilium, an, vocantibus eosdem de prædictis oppidis inferioris Normanniæ acquiescentes, illo exercitum admoverent, idem episcopus, licet prima facie profuturum magis civitati suæ id ipsum nonnullis videretur, magnopere dissuasit, nec pro tempore id opportunum fore ostendit. Nam, si id facerent, cum in illis locis arces munitissimæ atque firmissimæ exsistant, quæ tum erant Anglorum dumtaxat custoditæ præsidiis, essentque in inferiori Normannia majores Anglorum copiæ collocatæ, verisimiliter, si illo tenderent, etiamsi indigenæ terræ eos intra oppida aliqua reciperent, tamen arces illas, nisi per longas et difficiles obsidiones, minime obtinerent; ad quas tenendas, cum hostilibus undique oppidis et castris conclusi essent, necesse esset eos statim annonæ rerumque necessariarum penuriam pati, et ita inedia compulsos hostibus cedere, et conatibus suis frustratos retro abire, oppidis quæ sese dedissent in perditionem derelictis. Consultum igitur fore idem pontifex ostendit, cum a tergo, versus Ebroicas et Parisios, multas civitates atque oppida et castella dimisissent, quæ ab Anglicis adhuc tenebantur, et potissime urbem Rothomagensem, Meduntam[1], Gisortium[2], Vernonem et Gornayum, Novum-Castrum[3] et Caletibeccum[4], castrum de Arcquis[5], Hareflutum, cum aliis pluribus castellis, ad eas per ordinem acquirendas, inchoando a Medunta, procederent; et ex Medunta Rothomagum versus, tam juxta fluminis Sequanæ ripas quam in agris et terris finitimis, omnia complanarent. Facile enim per flumen ex Parisiis et superioribus terris annonam et machinas belli, exercitui necessarias, advehi face-

1. Mantes.
2. Gisors.
3. Neufchâtel.
4. Caudebec.
5. Le château d'Arques.

rent, absque hostium ulla formidine seu impedimento; et ita, nihil hostile post se a tergo relinquentes, sed semper in anteriora sese extendentes, ex una tantum facie obvios hostes haberent, ex altera, quæ retro ad fines suos respiceret, semper auxilia et rerum necessariarum solatia habituri; ita et civitati suæ atque diœcesi multo melius consultum iri, cum a tergo, Parisios versus et Francorum terras, patria tuta et hostibus vacuata redderetur, quam si ad oppida Cadomi et Falesiæ recipienda intendissent. In qua re verisimiliter tales obices invenissent, quod jam parta et quæsita, ipsis suo conatu frustratis, extremis periculis exposuissent; ita enim, tum in multis, tum in perditione et miserabili vastatione patriæ Caletensis, contigisse ad memoriam referebat; quæ cum tota pæne per patriæ incolas regi Francorum acquisita fuisset, eo quod urbs Rothomagum cum paucis castellis illius patriæ in Anglorum ditione relicta fuit, et intermissum opus quod satis feliciter cæptum fuerat, modicum post tempus in exterminium totale concessit; et ea quæ parta fuerant oppida ab Anglicis postmodum recuperata fuerunt cum totius patriæ miserabili vastitate : de quo in superioribus pleniorem fecimus narrationem [1].

Laudantes igitur militiæ duces, qui tum aderant, et tanquam fidele ac perutile ejusdem præsulis consilium amplectentes, illico ad illud innotescendum regi, cum his quæ feliciter eisdem provenissent, destinarunt ad ipsum præfatos dominos de *Gaucourt* et de *Culan*[2],

---

1. Voyez ci-dessus, p. 111 et suiv.
2. *Culens* dans le manuscrit. Voyez ci-dessus, p. 216.

simul etiam ad eumdem admonendum, quatenus quantocius cum cæteris, quas cogere poterat, copiis fines Normanniæ peteret, accederetque Vernolium; nam ostium magnum, ad conquestam Normanniæ expellendumque de ea penitus Anglos, ei apertum foret, ex his quæ, secunda arridente fortuna, jam ab eis exorsa essent votiveque processissent.

CAPITULUM XIX.

Quomodo Francorum rex intravit Normanniam, et de Vernolio venit Ebroicas, et inde ad Locumveris et Pontem-Archæ.

Cum autem eos rex audiisset, et consilium ei quod ipsi insinuabant placuisset, multum properavit, collectis undique copiis, per Carnotum[1] Vernolium accedere, mandans ducibus suis quod, sine dilatione, cum his quas habebant copiis, Meduntam Vernonemque oppida petentes, ea obsiderent. Ad quæ loca cum admovissent castra et exercitum, cives locorum, longius atque diutius guerrarum calamitatibus attriti et affecti, non reluctantibus Anglis, qui se ad oppidorum defensionem invalidos contra tam potentem exercitum reputabant, pactionibus consimilibus civitati Lexoviensi, deditionem fecerunt.

Videns vero rex ad omnia sibi secundare fortunam, et jam ad acquirendam urbem Rothomagensem (quæ totius Anglicani dominii sedes præcipua et veluti regia quædam erat in Normannia) magna jacta esse fundamenta, ut ad eam vel expugnandam vel obsidione coarctandam[1] efficacius posset incumbere, ex Vernolio

1. Il vint à Chartres le 22 août. Robert Blondel, l. II, ch. ix.

Ebroïcas se contulit, ubi paucis consumptis diebus, inde ad Locumveris [1], ab urbe Rothomago septem parvis leucis non amplius remotum, se contulit. Porro cum illic esset, quidam Anglicus miles, qui Gisortii et Rupis-Guidonis [2] custodiam ab Anglorum rege commissam habebat, rebus suis consulens, promissa sibi per regem certæ quantitatis pecuniæ annua pensione, cum custodia castri Sancti-Germani ad Layam prope Parisios, pro suæ personæ suique status securitate, Gisortii et arcis præfatæ, quæ dicitur Rupes-Guidonis, deditionem fecit [3].

Restabant trans flumen Sequanæ, versus inferiorem Normanniam, castrum Haricuriæ et castrum de Cambresiis et Oximum [4], quæ, dum rex esset apud Locumveris, levibus obsidionibus, nullo pæne negotio aut certe modico, constricta, in deditionem recepit.

Mandaverat autem ipse rex Francisco, duci Britanniæ, qui sibi valde benevolus et obsequentissimus erat, quatenus terras inferioris Normanniæ cum suis et eis, quas sibi dederat rex, copiis aggrederetur.

1. Louviers.
2. La Roche-Guyon.
3. L'auteur confond ici deux capitaines anglais qui firent à peu près la même chose, Richard de Marbury, capitaine de Gisors, et John Howel, capitaine de La Roche-Guyon. Tous deux se firent sujets de Charles VII : le premier, pour ravoir ses enfants qui avaient été faits prisonniers ; le second, parce qu'ayant promis d'abord de se rendre dans le terme de quinze jours, s'il ne recevait pas de renfort, le duc de Somerset, instruit de cette convention, envoya des gens pour l'assassiner. C'est à Richard de Marbury que fut donnée la capitainerie de Saint-Germain en Laye. Voyez *J. Chartier*, dans Godefroy, p. 160 et 168.
4. Les châteaux de Harcourt et de Chambrois, ainsi que la ville d'Exmes.

Quod strenue et alacriter exsequens, et Normanniam inferiorem ingressus, absque ulla resistentia civitatem Constantiensem, castrum Viriæ¹, oppidum Sancti-Laudi, Carentonium et Valonias², Milleyum³, castrum episcopi Baiocensis, multaque alia castella in Constantiensi territorio, regis nomine, in deditionem accepit⁴. Quæ res Anglicos plurimum exterruit atque eorum animos dejecit, cum ex omni parte tam magnis copiis et exercitibus viderent se aggressos; ita ut cui parti tutandæ potius incumberent, nec deliberandi quidem eis spatium præberetur.

Ad regem autem, qui, ut diximus, apud Locumveris consistebat, nonnulli ex civibus Rothomagensibus, qui furtim ex civitate ad locum ipsum venerant, clanculo accesserunt. Qui factionem magnæ civium parti nuntiabant, quorum mens erat, ut, si prope mœnia urbis rex suum admoveret exercitum, et expugnandi veluti quamdam similitudinem facere aggrederetur, quod regis milites ultro intromitterent et, quasi defendere mœnia simulantes sua, eos intra reciperent, eisque pervium iter facerent; rogabantque regem ut ita facere atque expedire vellet, pollicentes se fideliter, id quod nuntiabant, impleturos. Rex vero, licet non multum fidei eorum promissis daret, sed dolos semper atque insidias, quæ in hujuscemodi factionibus frequentius tendi solent, sus-

1. La cité de Coutances et le château de Vire.
2. Saint-Lô, Carentan et Valognes.
3. Milly.
4. Toutes ces conquêtes sont du commencement de l'année 1450; postérieures par conséquent à la reddition de Rouen racontée dans le chapitre qui suit.

picaretur, considerans prudenter atque intendens Anglorum præcipuos duces illic adesse cum magnis militaribus copiis, simul etiam eosdem illic arces plures firmissimas et munitissimas occupare, tamen ex sententia et deliberatione ducum suorum, ne in antea cives illius loci causari possent, non sua culpa, sed potius regis, et suorum negligentia et ignavia stetisse quod sub ejus ditionem non venissent, tentare et experiri decrevit si illa via posset sibi urbem illam potentissimam acquirere.

Admoto itaque exercitu juxta mœnia urbis, ad partem illam ubi existimabant auctores conspirationis pro murorum custodia adstare, alacriter insilientes milites in vallum et ad pedem muri incurrentes, alii per scalas conscendere, alii manibus conspiratorum attrahi et introduci cœpere[1]. Sed cum circum mœnia ab intra adequitarent Anglorum duces cum cohortibus militum, et inter cæteros præcipuus comes Cherosbe-

---

[1]. « Acerrime Senescalci et Ballivi cohortes murorum aggerem occupant, præcipites altis fossis illabuntur, erigunt scalas, irrepentes ferro onusti, ascendunt mœnia, binas arces nanciscuntur, animosi populosam intrant urbem, magnanimique cives, ipsius ingressus auctores, armati cum Gallis junguntur. Audacia immani nostri muros acriter scandunt, immani vecordia hos partos insulse conservant. Nempe, ut fastigium super adstarent, nonnulli nostrorum mox e vestigio, sive prava cupiditate cæci, uti vulgo avaritiæ arguuntur, seu ausu temerario, communi Gallorum morbo, elati, relicta murorum tuitione, stricto ferro, huc illuc vagantur. Tumultus inde ingens ad cœlum vectus, barbaros (Anglicos) ad arma excitat. Vulgus inconsultum et hujus rei ignarum, Gallos introductos urbem diripere et civium opulentium bona prædari arbitrantur; ac seductum sententia cum Anglorum ferocitate ad Gallos expellendos truculenta ministrat arma. » Robert Blondel, *Assertio Normanniæ*, l. III, c. XIII.

riensis dominus de *Talbot*, dolum ipse persentiens, ad restringendum periculum advolavit. Qui cum a tergo conspiratoribus imminens, nonnullos ex ipsis interemisset, alios relicto muro ad domus suas aufugere, alios metu imminentis gladii e turribus et muro sese in vallum præcipitare adegit. Quod inspicientes Franci et conatu se frustratos cognoscentes, insidias suspicati, retro pedem referre coacti sunt et abire[1]; e portis autem exeuntibus Anglicis, quos ex civibus, qui se præcipitio dederant, invenerunt, qui ex lapsu debilitati membris per fugam evasisse non potuerant, variis confossos vulneribus dilaceraverunt et occiderunt. Intrarant autem ex Francis nonnulli, pauci tamen numero, quorum aliqui apud cives sese occuluerunt, quos sibi bene affectos cognoverant; cæteri ab Anglicis capti asservabantur.

Et illo modo, pro illa vice, frustrato civium Francorumque conatu, rex cum suo exercitu ad castrum Pontis-Archæ et villas adjacentes se reduxit[2]. Ubi cum, post hoc duobus decursis diebus, constitisset, habitusque interim conventus fuisset apud villam, quæ vulgo Portus-Sancti-Audoeni[3] appellatur, inter regios commissarios et deputatos Anglorum atque civium ejusdem urbis[4], in quo nihil diffinitum fuerat,

---

1. Cette entreprise eut lieu le 16 octobre 1449. « In hoc truculentissimo conflictu sexaginta egregii e Gallis armati et cives occubuerunt. » Robert Blondel, l. c.

2. Il s'était avancé jusqu'à Darnetal, selon Jean Chartier, dans Godefroy, p. 172.

3. Port-Saint-Ouen, sur la Seine, entre Pont-de-l'Arche et Rouen.

4. « Gravissimi viri archipræsulis persuasa assentit (dux Summerseti) quod vir elegans Officialis (Jean Dubosc) et civis qui-

contigit dominica die proxime sequenti, modo quodam mirabili et penitus insperato, hoc modo ejusdem urbis deditionem fieri regi Francorum.

CAPITULUM XX.

De commotione populi Rothomagensis contra Anglos, et urbis deditione.

Cum enim esset populus, hora qua missarum solemnia fieri consueverunt, per ecclesias urbis effusus et dispersus[1], eorum plures, factæ a se conjurationis conscii, metu ac pavore incredibili tenebantur. Nullus enim addubitare debet quod si, rege sese et exercitum

dam cognomine Rufi (Le Roux) apud supremam Karoli majestatem celeres gressus maturent. » Robert Blondel, l. III, c. xiv. Cette ambassade, qui n'avait rien de sérieux, fut une manœuvre du duc pour se soustraire à une émeute survenue le lendemain de l'entreprise des Français : « Deinceps postera luce, vulgus maxima in copia, inflammato corde ruens, velut perterritum urgentissimo clamore ducem de *Sombresset*, infra amœnam urbis domum constructam, non longe a muris stantem, aggreditur, patefacto Gallos armatos non ad spolia urbis rapienda, verum ad hostium dejectionem intrasse.... Ac dux, ut princeps modestia temperatus ac in vulgi commotione prudens, animos populi ira et tremore concitos mulcere et placare arbitrans, dictis blandissimis tumultuantem plebem alloquitur.... Sed cum populum inexorabilem videret, concitum eorum furorem evitare et ad heroem de *Talebot* infra castrum suam personam, ab impendenti periculo ereptam, conferre volens, equum ascendit. Extemplo quidam civis lanifex gradarii lora apprehendit et equum sistit ambulantem. Dux vero infensus exclamat : « Vide quid attentas, in principem sacrilegas manus mittens! » At inquit : « In tua persona nullam læsionem patieris ; sed retentus manebis, donec, quæ petimus, nobis concesseris. Nec nostræ urbis eversionem, nec nostrorum liberorum exitium volumus exspectare. » Id., *ibid*.

1. Le dimanche 19 octobre 1449.

suum elongante, Anglis de faciendo inquisitionem super conjuratione spatium indultum fuisset, quin multos ex civibus, qui vel auctores vel complices fuerant conjurationis ac proditionis, severissime punivissent. Cujus rei non ignari ipsi cives, metu vehementi continuo angebantur. Cum igitur, ut præmisimus, esset populus totius urbis per ecclesias effusus, repente clamor quidam per civitatem obortus, eodem pæne momento in quibusque ecclesiis populorum aures implevit, quod videlicet Angli cives ubique perimerent. Quod audiens quidam, cæteris ad succurrendum tantoque periculo obsistendum paratior, concito cursu ad turrim Horologii civitatis accurrit, in qua in excelso appensa est campana, cujus sonitu, vel in hostium vel incendiorum aut hujusce [modi] periculis, populum convocari atque in unum congregari solitum est. Qui pulsans ipsam campanam, illico totam civitatem ad arma commovit. Statim quippe, inundantis torrentis instar, non exspectatis missarum et sacrorum complementis, universi exsilientes, ad domos suas et arma corripienda concurrerunt; atque alter alterum magno animo adhortantes et adjuvantes, per omnes stratas et plateas civitatis repagula et munitiones illico exstruxerunt. Trahentes enim ex ædibus suis dolia, scamna, tabulas, cistas et quæcumque lignea seu ferramenta, vel quævis alia ad hoc opportuna invenerunt, pæne in momento, per omnes plateas et stratas civitatis, tot et tanta munimenta et impedimenta posuerunt, quod non modo eques, sed nec pedes aliquis per ullam plateam civitatis transiisse potuisset.

Quo subitaneo tumultu et, veluti furentis auræ fragore, metu vehementi atque terrore Anglici deterriti, non aliud quam internecionem imminere arbitrantes, licet ad tria millia et amplius in civitate essent, nihil sibi tum, ad effugiendum mortis periculum, præsentius, quam ad arces civitatis, præcipue Palatium, Castrum et Pontem[1], confugere putaverunt. Unde, magna ex parte suis relictis bonis, ex omni civitatis regione concito gradu easdem arces petere properarunt. Qui cum ubique repagula atque obstacula offenderent, quæ plerumque alterum ab altero jactu lapidis non distabant, viderentque ubique armatos cives, qui etiam, effossis parietibus domorum ad intra, de loco ad locum, quorsum eis liberet, ambulabant, supplices valde ac tremebundi, transeundi licentiam postulabant. Et eam quidem omnibus pæne civium humanitas indulsit, quibus satisfieri videbatur, si eis absque alicujus crudelitatis denotatione civitate pulsis, ad regis Francorum naturale terræ imperium sese reducere ac civitatem suam possent; nempe non amplius quam tres aut quatuor Anglici in toto illo tumultu referebantur exstincti, et hi quidem, quod, infelici sorte atque infausta, in quorumdam ex civibus devenissent manus, quorum aliqui proximi sanguinis, tertio aut quarto die ante, intra mœnia et vallum civitatis (quemadmodum supra retulimus) perempti fuerant ab Anglicis.

1. Le *Palais* (plus tard le Vieux Palais), citadelle bâtie par les Anglais sur le bord de la Seine, à l'extrémité et en aval de la ville; le *Château*, bâti par Philippe Auguste sur l'enceinte des murs, du côté du Nord; la fortification du pont ou *Barbacane*, placée contre la rive gauche de la Seine. Voir l'ancien plan de Rouen dressé pour l'*Histoire de Rouen pendant l'époque communale*, par M. Chéruel.

Plures etiam ex portis civitatis cives, absque aliqua mora, occupaverunt; per quas cursores emittentes ac varios nuntios ad Carolum regem et suos, rerum præsentium statum celerrime innotuerunt. Ad quos cum toto exercitu, qui non procul aberat, ex castro Pontis-Archæ properantissime accurrens (metuebat enim ne magna Anglorum, quæ illic erat, manus vel quæ ex aliis oppidis et castellis, quæ suæ adhuc erant ditionis, velociter adventare potuisset, detrimentum civitati inferret), cum Anglicos intra arces reclusos, et civium multitudinem prævalere in civitate intellexisset, in monasterio autem Sanctæ Catharinæ, quod in montis vertice situm est, qui prominet civitati, loco quidem satis munito, sed qui ab Anglicis, cum tumultum illum in civitate regisque adventum cum exercitu viderent, fuerat derelictus, se recepit. Noluit autem quod ea hora suus exercitus civitatem intraret (jam enim prope vesperum erat), quia, ne forsan, si totus introiisset tunc exercitus, sese milites ad prædam dedissent (ex quo periculosius inter eos et cives tumultus exoriri potuisset), non irrationabiliter verebatur. Sed primum ingressi sunt episcopus Lexoviensis [1], de quo in superioribus mentionem habuimus, et dominus de Torciaco [2] cum centum lanceis, quæ quadringentorum virorum armatorum numerum faciebant. Postmodum vero, cum jam nox esset, etiam introivit civitatem comes *Dorval* [3] cum

1. Thomas Basin.
2. Jean Chartier nomme Pierre de Brézé comme le premier qui entra dans la ville. Robert Blondel (l. III, c. xv), rend le même témoignage; mais celui de Thomas Basin est ici plus considérable.
3. Amanieu d'Albret, seigneur d'Orval.

aliis centum lanceis. Ingressi autem prænominati disposuerunt cum civibus de validis munitionibus sine mora adversus Palatium et Castrum exstruendis muniendisque machinis et bombardis, quo civitas permaneret. Et tota nocte, in plateis vicinis tam Palatio quam Castro, nocturnas armati vigilias fecerunt; et ita nox illa eo modo absque alio pertransiit.

CAPITULUM XXI.

Quibus pactionibus dux Summerseti et cæteri Anglici dimissi sunt exire et abire de Palatio et Castro urbis Rothomagi; et de Francorum regis ingressu in eamdem urbem.

In crastino autem requisierunt dux Summerseti et alii, qui secum in arces confugerant, ut, juxta pacta quæ se cum regiis commissariis fecisse in villa quæ dicitur Portus Sancti-Audoeni, asserebant, eis rebus et bonis tuto ad sua abire liceret : super quo coram rege, qui in monasterio præfatæ Sanctæ Catharinæ hospitatus erat, per dies plurimos disceptatum fuit. Sed cum nullis pactis cum eis factis regem aut suos legatos seu commissos fore obstrictos liquido compertum fuisset, quod petebant minime, prout justum erat, fuerunt consecuti. In dicto enim Sancti-Audoeni Portu, bene, inter loquendum, fuerat oblatum Anglicis, quod, si civitatis et arcium ejusdem spontaneam deditionem facere vellent, quod rex eos libere cum bonis suis ad sua oppida abire permitteret : quam oblationem ipsi minime admittere voluerunt ; unde, cum non per ipsos, sed per cives potius, eis valde invitis, deditio facta fuisset, conditione defecta, ad nihil eis gratiæ rex ex hujusmodi oblatione tenebatur.

Propter quod finaliter, spreta eorum rogatione tanquam injusta, non arbitratu suo, sed pro regia potius voluntate, abeundi cum bonis ex ipsis arcibus facultatem acceperunt ; quæ ita tamen eis permissa fuit, quod, intra certum et præfinitum diem, certorum castrorum atque oppidorum possessionem in regis Francorum manus vel suorum traderent, et ea sibi redderentur : inter quæ erat castrum de Honneflutu. Dati sunt autem, pro hujusce promissorum implemento, in obsides dominus de *Talebot*, comes Cherosberiensis, dominus *Dosmont*[1] cum quibusdam aliis nobilibus Angliæ; qui, licet cætera adimpleta fuissent, quia tamen ii qui in Honneflutu pro custodia erant, deditionem minime facere voluerunt, omnes, ob non impletas ad perfectum promissiones, in captivitate fuerunt retenti.

Eo igitur, quo prædiximus modo, urbs insignis Rothomagum, totius Normanniæ metropolis et caput, ex Anglorum ditione, qui eam circiter per annos triginta tres tenuerant, ad regis Francorum imperium reversa est, civium procul dubio potius voluntate et factione, quam viribus atque potentia armorum, anno domini MCCCCXLIX., tertia aut quarta die ante kalendas novembris[2].

Licet autem civibus per regem suosque fuisset pollicitum quod non permitterentur Anglici abire, quos intra arces veluti captivos concluserant, nisi satisfac-

---

1. Jean Chartier dit : « Le fils du comte d'Osmont, d'Irlande ». Dans Godefroy, p. 179.
2. Les Anglais se retirèrent le 4 novembre ; le roi fit son entrée dans la ville le 10 du même mois, après que l'ordre eut été complétement rétabli.

tio eis primitus de pecuniis creditis, in quibus usque ad summam pæne centum mille librarum eisdem per partes tenebantur, vel saltem idonea de hoc eisdem præstita cautione, nihil tamen in effectu adimpletum fuit; sed Francorum nonnullis ducibus per Anglorum principes pecunia muneribusque corruptis, fraudatis civibus, abire dimissi sunt.

Postquam autem, vacuas arces relinquentes, ad sua illa tota Anglica manus abcesserat, tunc primum Francorum rex, rege Renato Siciliæ, Andegavorum duce, multisque aliis principibus comitatus, magna militum satellitumque caterva stipatus, urbem ingressus est, a provinciæ prælatis, qui illic ejus adventum operiebantur, nobilibusque plurimis patriæ atque loci ipsius civibus, cum maximis lætitia et alacritate, honorificentissime exceptus.

CAPITULUM XXII.

De obsidionibus Harefluti et Honnefluti et ipsorum recuperatione supra Anglicos, et similiter castri de Essayo.

Ubi ad componendum res civitatis atque patriæ complures transegissent dies, instantissime ab omnibus provincialibus rogatus est rex ut, ad pellendum Anglicos de Hareflutu et Honneflutu, qui ostia Sequanæ ad littus maris observant, animum viresque contraheret; nam illis sub Anglorum potestate manentibus, terra marique quodammodo obsessi manerent, et innumera subirent incommoda, quæ et in maximum ipsius regis et totius regni dispendium vergere possent. Hæc autem rex ipse prudenter animadvertens, et quod opportunum tempus ad hoc adforet potius quam si ad venturam æstatem differretur (quo tempore, resumptis animis, hostes forte parata classe, exactis hibernis mensibus, cum magnis copiis adventare possent), licet aspera tum hiems esset, Hareflutum primum, deinde Honneflutum, firmissima atque munitissima oppida, obsidionibus validis constrinxit. Gelabat tunc rigidissime, ita ut glacies cursus etiam retineret fluminum, erantque agri ubique nivibus adoperti; sed, non eo minus, rex et sui milites, in specubus humo defossis, virili robore ingentique fortitudine constanter in obsidione manebant, donec bombardis atque petrariis mœnibus turribusque dirutis et dejectis, tantum metus periculique hostibus injecerunt, ut eos ad deditionem perurgerent.

Unde pari necessitate atque violentia, ambobus illis oppidis successive in maximo hiemis rigore coarctatis, quæ contra totius regni potentiam se posse defendere Anglici jactabant, eadem rex infra spatium circiter duorum mensium suæ ditionis effecit [1]. Admoverant enim ad ea expugnanda mirabiles petrarias et magno valde numero, quæ procul dubio, cum per duos dies muros densissimos turresque hujusce oppidorum percussissent, ita hostes, qui magno numero intus erant, propugnaculis munimentisque suis ita destituerant atque nudaverant, ut eos, absque magno negotio seu difficultate, per insultum rex capere atque expugnare potuisset. Sed ipse, qui semper humanitatem atque mansuetudinem crudelitati præferebat, licet ita deterritos et de salute quodammodo desperantes, hostes

---

1. La reddition d'Harfleur eut lieu le 1ᵉʳ janvier 1450 et celle d'Honfleur le 18 février.

semper æquis legibus ad deditionem recepit : Ciceronis cæterorumque philosophorum humanissimum præceptum secutus, qui dixerunt atque voluerunt, etiam si aries murum percusserit, hostes tamen requirentes in fidem esse recipiendos.

Expurgato itaque rex ab Anglis flumine Sequanæ et ad usum navigationis evehendarumque mercium libero reddito, duces suos cum copiis versus inferiorem Normanniam destinavit, ubi ad castrum Essayum[1], quod spectabat duci Alenconii (sed adhuc ipsum Anglici detinebant), castra metati sunt. Solum enim illud castrum cum castro Dompni-Frontis[2], infra terras ejusdem ducis, Anglici tunc tenebant; nam ante urbis Rothomagensis recuperationem, cives Alenconii et Argentonii, et Bellismenses, in comitatu Pertici[3], sese dederant, cum ad eos nonnulli ducum Francorum cum militaribus copiis adventassent. Itaque, obsidione non longa nec multum difficili, hujusce castrum Essayum receptum est[4].

1. Essai, aujourd'hui dans l'arrondissement d'Alençon (Orne).
2. Domfront.
3. Alençon, Argentan et Bellême, dans le comté de Perche.
4. Selon Robert Blondel, il n'y eut pas même de siége. Les gens d'armes du duc d'Alençon s'y introduisirent par surprise pendant que la garnison presque tout entière était sortie de la ville pour aller prendre du poisson à un étang qu'on venait de vider. *Assertio Normanniæ*, l. II, c. xiii.

CAPITULUM XXIII.

De classe armata Anglorum missa ad defensionem Normanniæ.

Cum autem tempus veris esset et jam maritimis navigationibus accommodum, sperantes Angli, non modo quæ adhuc retinebant in Normannia servare, sed etiam amissa posse recuperare, instructa classe, cum sex vel septem millibus armatorum transmisso freto, ad Cæsaris-Burgum applicuerunt. Quo cum appulissent, statim castrum Valloniarum, et plura alia castella exsistentia in clauso Constantinensi[1], nulla prope eis facta resistentia[2], receperunt; ita quod totum illud Constantini clausum, locuples quidem tunc et opulentum, sub sua ditione tenebant. Cum autem in eodem clauso sese diebus multis refocillassent, auctique essent non parvo numero ex veteranis, qui de Baiocis et Cadomo ad eos accesserant, iter aggressi sunt ut Baiocas tenderent, et illic, cæteris Anglorum copiis, quæ in dictis oppidis atque in Falesia erant, sese conjungerent, æstimantes, si se in agmen atque exercitum unum cogere possent, satis virium habituros ad expugnandum ac debellandum totam militiam regis Francorum. Et quidem, si id efficere potuissent, non dubium quin tribus illis locis, scilicet Cadomo, Falesia et Baiocis, sufficienter manentibus munitis, educere in campum ultra duodecim millia bellatorum

---

1. La presqu'île du Cotentin.
2. On lit cependant dans Chartier qu'Abel Rouault tint le château de Valognes pendant trois semaines, avec une très-faible garnison.

potuissent, cum optimis machinis et bellorum instrumentis (quorum eisdem ingens satis copia erat); qui numerus non minor, sed prope æqualis erat illi cum quo olim regnum Francorum aggressi, ipsum magna ex parte conquisierant. Unde et constat quod dux Summerseti, qui, in castro Cadomi consistens, cum magnis copiis adventum eorum operiebatur, qui noviter ex Anglia adventarant, jam fecerat bombardas et petrarias cæterasque machinas belli curribus et vehiculis superponi, ut, statim junctis in unum utrisque copiis, exercitum universum in campum educeret. Quæ res, si, uti sperabat, processisset, procul dubio magnum Francis periculum et toti regioni maximas calamitates intulisset[1]. Sed divinitas ex alto cuncta perspiciens ac moderans, rebus humanis illique miserandæ patriæ, quæ tamdiu guerrarum ærumnis afflicta fuerat, et sub incertis bellorum procellis, per annos ultra triginta tres, continuo fuerat agitata, melius consultum atque salubrius iri voluit. Prævidentes enim Franci quod imperio suo et terris noviter recuperatis impendebant exitia, si utrasque Anglorum copias veteranorum novorumque aggregari permisissent, ad obviandum tantis periculis, exercitum in confinio Constantini et Baiocismi admoverunt, quo, si possent, novis Anglicis intersecarent iter, ne se circa

---

1. Robert Blondel rapporte ce trait de la confiance de Somerset lorsqu'il apprit le débarquement de la nouvelle armée anglaise : « Quorum appulsu comperto, dux de *Sombresset*, tunc Cadomum tenens, gaudio non mediocri exsultans, fertur dixisse, ut a fide digno relatum habui : « O Karole, Karole! vos venas nostras « acri venatu constrinxistis; sed nunc vestras acerbiori constrin- « gam ». *Assertio Normanniæ*, l. IV, c. 1.

Baiocenses fines veteranorum copiis possent conjungere. Erat autem in eo Francorum exercitu dux præcipuus Claromontensis comes[1], filius primogenitus ducis Borbonii, gener Caroli Francorum regis, habens in suo comitatu duces famosos dominum Petrum de *Brezi*, Floquetum et plures alios, qui instructorum militum equestrium copias validissimas habebant, non tamen æquabant numero Anglorum exercitum, qui circiter ad septem millia bellatorum æstimabatur.

CAPITULUM XXIV.

Conflictus inter Francos et Anglicos apud villam dictam *Formigny* in Normannia, et de obsidione Baiocensi.

Cum igitur contenderent totis conatibus Anglici Baiocas pertingere vadaque jam transivissent, quæ Constantinum et Baiocismum dividunt[2], in villa quæ vulgo Forminiacum appellatur, tribus aut quatuor leucis distante a civitate Baiocis, Francorum illic eos remorari coegit exercitus. Qui sese contra castra Anglorum admoventes, suis ordinatis utrinque aciebus, per magnam diei partem mutuo sese eminus conspiciebant. Sed cum a quibusdam bombardellis, quas serpentinas vocant, Franci castra Anglorum plurimum damnificarent, eruperunt e castris Anglorum cum impetu valido circiter quingenti sagittarii; qui locum, unde eos dictæ serpentinæ infestabant, celerrime petentes, easdem Francis abstulerunt, cæsis fugatis-

---

1. Jean, comte de Clermont, depuis duc de Bourbon.
2. Le gué Saint-Clément, qu'on passe à marée basse sur la Vire.

que qui prope, ad eas tutandas, adstabant. Quod cum alæ Francorum equitum prospexissent, velocissimo cursu advolantes, omnes ipsos Anglicos prostraverunt et jugulaverunt. Quo exterriti vehementer cæteri, qui in castris manserant, et hujusmodi Francorum equitum metuentes impetum (erant enim ipsi Anglici majori ex parte pedestres), sese de castris prioribus ad quemdam proximum locum, quem sibi tutiorem putabant, ad vitandum impetum Francorum equitum, se retraxerunt. Quod Franci inspicientes, et ex prima victoria sequentis auspicia felicia assumentes, non passi eosdem animos viresque resumere, sine mora eos aggressi sunt. Porro cum defendendi resistendique Francis ipsi Angli signa nonnullamque apparentiam paululum darent, repente tamen post aggressuram, eorum vim atque impetum minime ferre valentes, terga hostibus dederunt[1].

Sed et in procinctu belli valde exterruit Anglos, eisque animos prorsus abstulit, ita ut non nisi in fuga spem sibi relictam arbitrarentur, adventus Arturi, comitis Richemundiæ, constabularii Franciæ; qui post mortem amborum fratrum sine liberis, Francisci scilicet et Petri, et ipse postmodum dux Britonum fuit. Supervenit enim dum jam prœlium inchoatum et magna ex parte confectum esset, ex partibus Sancti-Laudi, circiter cum trecentis lanceis. Cujus adventum intuentes Anglici, omnino consternati sunt animoque defecti. Unde ex ipsis, qui fuga elabi potuerunt, ut Matthæus *Go*[2], capitaneus tunc Baiocis, et dominus

---

1. 15 avril 1450.
2. Appelé dans les titres anglais Mathe Goghe.

Robertus *Ver*[1], qui cum multis equitibus veteranorum ad novos, si facultas fuisset, jungere se venerant; sibi enim pedibus timor addidit alas. Eo modo, scilicet veloci fuga ac pernicibus alis, sibi vitam servarunt. Alii autem pæne omnes, qui noviter ex Anglia transfretarant, cæsi aut capti fuerunt. Cæsi in eo prœlio referebantur supra tria millia et quingentos, et totidem pæne captivi, qui ad Francorum civitates et oppida abducti, vilissimo pretio, veluti vilia mancipia, distrahebantur.

Et quoniam secundæ res animos efferunt, et e diverso frangunt ejiciuntque adversæ, ex hujusmodi sinistro eventu, tota fere spes Anglorum concidit; e contra vero Franci ad quæcumque adversus Anglos audenda aggrediendaque, ex hujusmodi victoria, animus vehementer accrevit. Unde paulo post per illustrem comitem Dunensem mandavit rex urbem Baiocas obsideri, accersitis cum sua equestri militia ex diversis Galliarum provinciis magnis pedestrium copiis, quos francos sagittarios appellant. Jam enim, post prœlium habitum apud dictam villam Forminiacum, defecerant ab Anglis omnia castella quæ in clauso Constantinensi recuperarant. Castra igitur contra Baiocas dictus comes metatus, licet magno illic numero Anglici essent et prope mille et quingenti, tamen, intra

---

[1]. « Quorum magister Ver, comitis Oxenfordiæ germanus, ex Cadomi, Matthæus Goth, ex Baiocarum, et Henricus Northbery, ex Viriæ præsidiis assumptorum, duces erant: non iste vocatus magister Ver alicujus præclaræ artis professor exstitit. Ut accepi, mos Anglorum inolevit, ex præclaro et potenti genere post natos, nominare magistros; namque forsan aliorum, ex sanguine minori procreatorum, in bello magistri et ductores efficiuntur. » Robert Blondel, lib. IV, c. 11.

spatium circiter unius mensis, civitatem, et qui in ea erant, ad deditionem coegit[1].

CAPITULUM XXV.

Obsidio Cadomi et ipsius deditio Francorum regi.

Qua obsidione perfecta, nolens rex torpere aut quieti se dare, donec Anglos penitus Normannia expulisset et cæptam victoriam feliciterque prosecutam ad complementum usque et consummationem perduceret, ad obsidendum Cadomum, post urbem Rothomagensem totius Normanniæ insigniorem locum, animum convertit. Accitis itaque de toto regno tam equitum quam peditum militaribus copiis, oppidum ipsum, in quo erat dux Summerseti, cum pluribus Anglicanæ militiæ ducibus et Anglis supra tria millia, præter incolas et cives loci, obsidione grandi cinxit et valida. Fuit in ea obsidione rex ipse Carolus præsens cum Renato, rege Siciliæ, et pluribus aliis principibus sanguinis sui, fuitque ipse hospitatus in monasterio religiosarum Sanctæ Trinitatis, aliquando etiam in monasterio de Ardenna[2]. In burgo autem de Vaucellis[3] castra posuerat ante regis adventum illustris comes Dunensis; qui etiam, expugnata munitione quadam, quam ante portam, quæ Mileti dicitur[4], Angli exstruxerant, ipsam vi receptam, fugatis inde hostibus, incendio cremavit in favillamque dedit et

1. 16 mai 1450.
2. Les abbayes de la Trinité de Caen et d'Ardaine.
3. Le faubourg de Vaucelles, sur la route de Paris.
4. La porte Millet.

cineres. In monasterio vero Sancti Stephani[1] et burgo adjacenti (licet domos omnium pæne suburbanorum, quæ amplissimæ et magnificæ fuerant, præter monasteria et ecclesias, exussissent Angli dum sibi viderent obsidionem imminere), castra locaverat jam dictus comes Richemundiæ, constabularius, habens ex Britonibus et francis sagittariis magnam et validam militiam.

Ita oppidum ex omni parte obsidione vallatum. Mirum vero erat et horrendum inspicere bombardas seu petrarias ingentis magnitudinis, cum aliis minoribus bombardellis pæne innumeris, quibus ad oppidi expugnationem ex omni ferme parte ipsum oppidum cinctum erat; nam de majoribus viginti quatuor fuisse referuntur, in quarum nonnullarum foraminibus homo sedens facile, cervice erecta, stare potuisset. Quæ licet omnes sitæ et paratæ ad jaciendas petras fuissent, unius tamen solius jactus ita obsessos exterruit, metientes ex modico quale periculum eis impendebat, si pariter mœnia et turres ex omnibus percussæ fuissent, ut statim inducias peterent ad habendum de deditione colloquium et tractatum. Et ille quidem bombardæ jactus, præter ducum dispositionem, a magistro bombardæ factus fuerat. Erat bombarda sita prope vallum, ex inferiore parte suburbani monasterii Sanctæ Trinitatis, ad directum sive prospectum cujusdam turris, in mœnibus oppidi. Pro munimento in ea turri erant quatuor aut quinque Anglici cum nonnullis fatuis juvenibus de oppido, qui convitiis et probris jugiter Rothomagenses, qui ad custodiam illic

---

1. L'abbaye de Saint-Étienne, alors hors des murs de Caen.

locati erant, simul et ministros ipsius bombardæ lacessebant, et nedum verbis, sed etiam crebris jactibus bombardellarum et aliis missilibus, ex ipsis nonnullos interdum vel interficiebant vel vulnerabant. Quibus eorum injuriis et inquietationibus gravi ira atque indignatione permotus ipsius bombardæ magister, stimulantibus etiam Rothomagensibus qui illic aderant, ignem ad machinam præparatum admovit; qui jactu suo turrim illam, in qua stabant illi eorum inquietatores, percutiens, illam ad terram atque contumeliatores ad inferos dejecit. Nec vero illa petra quiescens, sed per oppidum remotius volans, multa ædium tecta dejecit, multos parietes perfodit.

Illo itaque exterriti monstro, qui intus erant Anglorum duces, prudenter animadvertentes quam facile oppidum, licet sane satis industrie ac magnifice vallo, mœnibus, turribus et propugnaculis communitum, expugnari potuisset, si a cæteris machinis pariter muri et turres conquassati fuissent, periculo obviam euntes, inducias, ut diximus, requisierunt. Urgebantur etenim etiam aliunde; nam ex parte monasterii Sancti Stephani, qui castra ibi locaverant Britones et franci sagittarii, ita per fossos cuniculos et specus subintraneas mœnia suffoderant, ut jam nihil pæne restaret impedimento quominus ad intrinseca oppidi penetrarent. Erant enim ipsi intra muri densitatem in fundamentis hospitati, ita ut jam cum intraneis, cum primum factæ fuerunt induciæ, loquerentur, motioneque unius lapidis foramine facto, ab his qui intus erant potus iisdem præberetur. Igitur duces Anglorum, induciis acceptis, de deditione tractarunt: quam Francorum rex accepit, concessa duci Summerseti et suis omnibus facultate et securitate ad sua abeundi cum bonis quæ haberent, exceptis bombardis et machinis certæ magnitudinis, quas eis deportare non licuit [1].

Itaque ipsi, accepto itinere per Normanniam et Picardiam, ad oppidum Calesii profecti sunt, Normannia derelicta. Cum eis profecti sunt aliqui nationis Gallicanæ, sed numero pauci, qui pertinacius Anglorum querelæ fautores exstiterant. Duxerunt etiam ex ipsis nonnulli uxores quas in Gallia acceperant; alii vero scientes se anteriora habere conjugia in Anglia, superductas, non absque plurimo luctu et ejulatu, reliquerunt. Erant autem, qui exierunt, tam virorum quam mulierum circa quatuor millia.

CAPITULUM XXVI.

De recuperatione Falesiæ, Dompni-Frontis et Cæsaris-Burgi, et, per hæc, complemento recuperationis totius Normanniæ.

Oppido igitur Cadomensi eo modo vacuato Anglicanaque expurgato natione, atque in Francorum ditionem restituto, restabant in Normannia adhuc duo oppida, cæteris fere totius provinciæ munitiora, Falesia scilicet et Cæsaris-Burgus, cum castro Dompni-Frontis. Ne igitur, derelicta scintillula aliqua, fomenta inveniens, in recidivum incendium forsan posset erumpere, et novissimus error priore deterior resurgere, ad ea etiam expugnanda prudens rex attendit. Cum autem, ad tantos sumptus gravissimasque impensas, solita regnicolis imponi ingentia tributorum onera minime sufficerent, pecuniæque regalis fisci deficerent, prope fuit rex in magno discrimine, ne interrrupta

---

1. 1ᵉʳ juillet 1450.

operis consummatio sineretur, et ad annum sequentem differretur. Quod si ita fuisset factitatum, verisimiliter non modo Normanniæ, sed etiam vicinis regionibus maximo obvenisset detrimento. Sed ex Dei providentia opportune tantæ necessitati subventum est.

Erat tum in ministerio regiæ domus vir quidam valde industrius et providus, Jacobus Cordis nominatus, civis Bituricensis, ex plebeio genere, sed profecto grandi et acri ingenio, plurimaque hujus sæculi prudentia callens. Argentarius regius is erat et maximis, quas diu exercuerat exercebatque continuo, negotiationibus multum per omnia opibus ditatus et illustratus. Primus enim omnium Francorum sui ævi galleas[1] instruxit et armavit, quæ exportantes pannos laneos et alia artificiata ex regno per Africæ et Orientis littora, usque ad Alexandriam Ægypti navigarent, et inde varios pannos de serico, et de omni etiam aromatum genere, intra Rhodanum reveherent; quæ non modo per Galliam, sed per Cataloniam et provincias vicinas postea funderentur, earum usibus profuturæ. Nam per ante, cum id longo ævo fieri fuisset insolitum, non nisi aliarum gentium ministerio, ut Venetorum, seu Januensium aut Barcinonensium, res hujusmodi in Gallia habebantur. Hac itaque navalis negotiationis industria, maximis opibus idem Jacobus auctus fuerat et insignitus. Cui rei magnifica illa domus, quam in sua civitate breviter construxit, luculentissime adstipulatur[2]; quæ profecto tam magnifica et tantis or-

---

1. Des galères (*gallées* en vieux français).
2. Aujourd'hui palais de justice et hôtel de ville de Bourges.

namentis decorata exsistit, ut vix in tota Gallia, non modo secundi gradus nobilitatis, sed nec regis, pro sua magnitudine et capacitate, domus ornatior ac magnificentior facile posset inveniri.

Cum igitur tantis abundaret opibus et divitiis, essetque regii honoris ac totius regni et reipublicæ utilitatis zelantissimus, in tanta reipublicæ necessitate non defuit ; sed, pluribus ex magnatibus, qui largitione regia opibus erant refertissimi, inopiam simulantibus, et falsas ac frivolas excusationes afferentibus, magnum auri pondus ultro regi mutuaturum se obtulit, exhibuitque pecuniam, quæ ad summam circa centum millia scutorum auri ascendere ferebatur, in tam sanctum pernecessariumque opus convertendam. Cujus subventionis auxilio, prædicta oppida Falesia, deinde castrum Dompni-Frontis et novissime Burgi-Cæsaris obsessa fuerunt. In quibus licet (in Falesia præsertim) essent magna Anglorum præsidia, cum eis tamen spes solatia atque succursus ab Anglia consequendi omnino deerat [1], validis militaribus copiis horrendisque bombardis ac machinis coarctatis, ad deditionem infra spatium circiter duorum mensium coacta sunt, et a Francorum rege recepta.

Mirum autem valde fuit, et multis retro sæculis inauditum, quod, cum ad expugnandum Cæsaris-Burgum, bombardæ non nisi in arena, quæ est in littore maris, commode situari possent, quam fluxus marinus bis quolibet die naturaliter ascendit ad altitudinem plurium cubitorum, ibi nihilominus locatæ situatæque fuerunt, arte inventa qua, operimentis ex

---

1. Dans le manuscrit, *consequendi omnia validis*, etc.

animalium tergoribus consutæ ipsæ bombardæ, ab undis marinis ita protegerentur siccæque servarentur, quod non minus usui forent quam si in arida et solida terra fuissent collocatæ[1]. Itaque tormentorum et jactuum assiduitate castrum ipsum, quod per ante inexpugnabile jactabatur fore, ad deditionem faciendam, recisiore quam unius mensis spatio, constrictum fuit.

In quo completa fuit recuperatio totius Normanniæ, currente anno Domini MCCCCL., qui jubilæus et gratiis plenus erat apostolorum limina apud urbem Romam cunctis visitare volentibus. Quæ totius Normanniæ recuperatio infra unius anni decursum cæpta consummataque exstitit. Facta enim fuit deditio Cæsaris-Burgi ipso die quo, anno superiore, Pons-Odomari a regio exercitu expugnatus direptusque fuerat: in quo armis et castris initium eadem conquesta seu recuperatio sumpsit. Licet enim, ut supra retulimus, aliqua per ante, post perfide ab Anglis factam captionem et direptionem oppidi de Fulgeriis in Britannia, per insidias et vaframenta recepta fuissent a Francis, non tamen adhuc palam treugarum ruptura declarata exstiterat, nec oppida aliqua seu civitates exercitu et castris

---

1. « Cum nostri ab utraque parte tormentis et insultu Cæsaris-Burgum expugnare vellent, diu et multum ante in animi secreto consiliis excogitatis, quibus opportune machinas adaptare possent, ante Cesaris-Burgi vultum, in arenæ campo, qui de die bina vice fluctibus maris operitur, solidam solo adæquatam silicem reperiunt; supra quam, egregia et invisa astutia, magister Gyraudus, ad fulminandos villæ muros, latere pelagi tenue munitos (quod Cæsar non animadvertit), quamdam bombardam apte et forma sagaci collocat, et ad se cooperiendum, propter hostilium telorum jactum, ex doliis in unum catenatis, mantellum construit. » Robert Blondel, l. IV, c. xxviii.

2. 12 août 1450.

circumdari et expugnari fuerat attentatum, priusquam hoc apud Pontem-Odomari fuisset inchoatum. Unde hujus gratiæ et beneficii Dei exhibitorum in dicta recuperatione Normanniæ, non tam ipsi regi quam toti regno, volens rex Carolus debitas quotannis Deo persolvi solemnes gratiarum actiones, factique tam memorabilis memoriam ad posteros transferre, constituit et ordinavit, cum consensu prælatorum regni, ut, duodecima die mensis Augusti, per omnes ecclesias cathedrales, per singulos annos, fiat solemnis processio, in qua Divinitati laudes et gratiæ pro tanto beneficio referantur offeranturque devotæ supplicationes et sacrificia Deo, pro salute regis et regni tam spirituali quam temporali. Quod hucusque exinde constat fuisse observatum.

Et quia plurima adhuc restant de rebus bello et pace per hunc regem, et sub ejus imperio, gestis, hoc loco modum huic libro ponentes, ne nimia ejus prolixitas legentibus fastidiosa sit, ex alterius initio quæ restant, Domino vires subministrante, referemus.

HIC FINIS QUARTI LIBRI.

LIBER QUINTUS.

CAPITULUM PRIMUM.

De prima expeditione Aquitaniæ, et qualiter ex tota Aquitania depulsi sunt Anglici.

Consummata recuperatione Normanniæ, de qua, quemadmodum libro superiore relatum est a nobis, Anglici pulsi ejectique fuere, tantus Anglorum gentem armorum nominisque Gallici terror invasit, ut profecto, si ad expugnandum oppidum Calesii sine remoratione ac dilatione Francorum rex, non obsistente Burgundionum duce, suas copias admovisset, absque magno et difficili negotio id tum feliciter perficere potuisset. Adauxerant hunc metum non modicum duces ac milites Normannia pulsi, qui tam ad dictum Calesii oppidum, quam in Angliam, victi tristesque migraverant; qui, ut etiam ignominiam suam honestæ causationis velamento obtegerent, non modo quæ erant regis Francorum suique exercitus vires ac fortitudo, quæ sapientia et providentia, industria et magnanimitas, referebant, sed maximis etiam præconiis et admirationibus attollendo, ea pluris quam essent facile faciebant. Quibus exterriti nuntiationibus, hi qui locupletiores erant in dicto Calesii oppido, tam negotiatores, quam absentium institores, merces suas et suorum dominorum, quas illic negotiandi causa advexerant, properanter et concite, valde de oppido et ejus defensione diffidentes, si, utique putabant, Francorum illo adventasset exercitus, in Angliam revexerunt. Sed quoniam ipsi Francorum regi suspectus Burgundionum dux semper habebatur, eam rem aggredi minime attentavit. Habebat quidem cum eo pacem, de qua in superioribus retulimus, quam, superstes in humanis quamdiu fuit, aperta manifestaque ruptura nunquam violavit; sed qualis animorum concordia nexusque foret, multis sane satis constare potuit argumentis.

Igitur, intermissa interim dicti oppidi expugnatione, quod tota Anglica natio, præ cæteris omnibus, charissimum semper et magnis defensum munimentis præsidiisque fultum militaribus studiosissime asservat, hibernis mensibus exactis, Francorum rex Burdegalam et Vasconiæ terras, quas Anglorum reges inveterata jam possessione tenuerant, et supra annorum ducentorum et quadraginta spatium, armis aggredi et ab ipsis auferre Anglicis constituit. Et quia per semetipsum magna ex parte præsentem Normannica adversus eosdem expeditio directa feliciterque consummata fuerat (ministerio tamen plurimum illustris comitis Dunensis, qui exsecutor pæne ubique idoneus, consilio sagax ac providus, atque in interventu strenuus semper fuerat comprobatus), volens etiam partam et recuperatam ipsam Normanniam per se tutari ac defendere, si hostes (uti vulgo futurum jactabatur) ipsam iterum ingredi seu infestare satagerent, expeditionem Aquitanicam contra Anglos et Vascones, eisdem Anglicis atque eorum imperio singulari affectione cohærentes, comiti Clarimontis, filio ducis Borbonii, genero suo, et eidem illustri comiti Dunensi commisit. Quibus et copiarum suarum majorem partem tradidit, alia earumdem portione ad tutandos Normanniæ fines relicta et per omnem maritimam oram ejusdem collocata.

Aggredientes itaque præfati comites Claromontensis et Dunensis, cum multis militiæ tam equestris quam etiam pedestris ducibus, ducatum dictæ expeditionis, Anglos et Vascones multum terruerunt; imo jam ex fama rerum in Normannia gestarum velut pavidos atque attonitos facile et absque magno negotio subegerunt. Sunt inter cætera oppida, quæ in eis terris Angli occupabant, duo præcipua ad ripam Girundæ fluminis sita, inter urbem Burdegalam et mare, videlicet *Bourch*[1] et *Blaye*, quæ veluti fluminis ostium, cum illic ingressus ex mari vel inde fit egressus ad mare, asservare et munire videntur; quibus habitis, facile est per flumen e terris vel ad terras ipsas navigationem et, per hoc, commercia inhiberi. Ad hæc igitur obtinenda, velut claves quasdam aperiendæ Burdegalæ, præfati principes castra successive posuerunt. Quibus duris obsidionibus machinarumque ac petrariarum tunsionibus, simul et necessariarum rerum inopia brevi tempore constrictis, ad deditionem faciendam obsessos[2] coegerunt[3].

Putarunt aliquando Anglici et Vascones quosdam ex Francorum militibus, qui duce comite *Dorval*, acri et strenuo duce, fines Burdegalæ incursabant, intercipere et debellare, exieruntque de Burdegala duo vel tria millia armatorum super eos. Sed cum

1. Bourg-sur-Mer.
2. *Obsessis* dans le manuscrit.
3. La capitulation de Blaye est du 24 mai 1451 et celle de Bourg-sur-Mer du 29.

idem comes id agnovisset, qui admodum magnanimus erat, audacter eosdem aggressus in fugam vertit [1], eosque ad mœnia usque et portas urbis persecutus, ex eis plurimos vel occidit, vel captivos abduxit. Post quod factum, nec ultra de prœlio faciendo, nec de exeundo contra Francos extra munitiones suas cogitarunt. Comperierunt enim se et armis et viribus Francorum ad dimicandum nimium impares, ubi in patentibus campis congrediendum foret. Unde, illa clade suscepta, posthac minime cum ipsis prœlium inire ausi fuerunt. Cum autem oppida prædicta, ut diximus, sese dedere coacta fuissent, quæ cæteris civitatibus et castellis vel oppidis, quæ ditionis Anglorum erant, munitiora putabantur, facile veniente exercitu ad alias civitates et oppida, pariter etiam singulæ, non exspectantes damna atque molestias obsidionum, sese dediderunt, antiqua terræ libertate eis concessa et promissa, in qua sub Anglorum regibus longo ævo ipsi vixerant.

Hoc idem et Burdegala, totius patriæ caput et metropolis, licet minus voluntarie, fecit. Sed perspiciens Francorum potentiam et vires sibi graviter imminere, e diverso vero in Anglia seditionibus et turbis, civilibusque et plusquam civilibus dissensionibus inter principes et proceres regni, omnia confundi, sperare non potuit subventionis atque succursus solatia a regno Angliæ tunc consequi posse. Igitur occurrens periculis, potioribus quam potuit legibus acceptis, in jus ditionemque Francorum concessit [2].

---

1. Cette action eut lieu le 1ᵉʳ novembre 1450.
2. 12 juin 1451.

Et quoniam per longa retro sæcula sub Anglorum potestate terra illa a talliis et collectis, gabellis salis, cæterisque impositis et vectigalibus, quibus regnum Francorum mirum in modum angariatur, libera perstiterat et immunis, ut etiam simili libertate sub Francorum imperio potiretur, accolis illius patriæ concessum et promissum fuit. Qua libertatis pollicitatione pellecti, cæteri facile, ut Baionenses, et si qui adhuc nondum deditionem fecerant, Burdegalenses insecuti fuerunt [1]; ita quod, paucis mensibus decursis, tota illa Aquitaniæ plaga, quæ tamdiu sub Anglorum manserat potestate, a rege Francorum recepta est per manus illius illustris comitis Dunensis et aliorum ducum sibi adjunctorum.

CAPITULUM II.

De civilibus dissensionibus et turbis in Anglia habitis, postquam de Aquitania Angli pulsi fuerunt.

Quales autem quantique civiles et domestici tumultus atque motus, postquam Normannia primum, deinde Aquitania pulsi fuerunt, inter Anglos in suo regno oborti sint, non abs re fuerit neque impertinens, si hoc loco aliquid de rebus hujuscemodi retulerimus. Non longe profecto habuerunt exitus absimiles Anglorum res ea tempestate, quales Græcorum habuere duces, postquam, Troja eversa, ad propria remearunt. Cum enim in Angliam ex Normannia dux Summerseti, satis inglorius, transmisso freto per Calesiorum fines, remeasset, excusatam facere studens

---

1. Les Français entrèrent à Bayonne le 20 août 1451.

Normanniæ, quæ sub ducatu suo contigerat, perditionem, de proditionis crimine primum ducem Suffolciæ, cujus opera treugæ cum Francis initæ fuerant, graviter insimulavit, invidiam apud Angliæ populos adversus eum atrocissime conflans, quod ipsius opera et proditione, sub prætextu dictarum treugarum, Normanniam perdidissent.

Cum autem idem Suffolciæ dux adversariorum factiones pertimesceret valde, et ob id præcipue ducem Glocestriæ, regis patruum, ut supra retulimus, enecasset, suis conatibus obsistentem renitentemque ne treugæ præfatæ inirentur, saluti suæ non alias quam per fugam consultum iri posse reputans, ingressus navem cum satis opulento, quod secum ferre decreverat, peculio, per altum vela fecit. Sed cum quidam Anglicus pirata, navem habens validissimam, armis virisque piraticæ assuetis refertissimam, hoc agnovisset, lucri allectus et tractus cupidine, eumdem ducem insequi properanter curavit. Quem cum in mari minime valentem resistere apprehendisset, ut thesauro potiretur, eidem, velut proditionis reo, caput amputavit, et sic navi atque thesauro maximo potitus est. Talem itaque Suffolciæ dux in hoc sæculo finem invenit [1], cujus arbitrio et rex Angliæ et totum regnum paulo antea regebantur.

Sed et turbæ maximæ populorum de Kancia [2] et finibus illis suscitatæ sunt, qui usque ad suburbana

---

1. Le 2 mai 1450. Il faut noter que les historiens anglais ne confirment pas le dire de Thomas Basin sur la qualité du meurtrier de Suffolk. Suivant Wyrcester, c'était un capitaine de la marine du roi, commandant le vaisseau appellé *Nicolas de la Tour.*

2. Le comté de Kent.

pontis Londoniarum venientes, ibi conflictum cum civibus satis acerbum habuerunt[1], in quo peremptus fuit Matthæus *Go*, qui civitatis Baiocensis in Normannia et plurium armatorum capitaneus exstiterat, quemadmodum in præcedentibus a nobis dictum fuit. Tandem vero populis illis a civibus Londoniarum ingressu in urbem pacifice permisso, quosdam qui primores in regis palatio fuerant, quasi proditionis reos, etiam ipsi publice capite truncarunt. Quo sic peracto, quasi sufficienter in proditionis auctores pro ea vice ulti fuissent, abierunt unusquisque ad propria.

CAPITULUM III.

Qualiter per ducem Eboraci interfectus fuit dux Summerseti.

Nec vero propter hoc inter principes dissensiones et simultates exstinctæ sunt, sed in die magis ac magis invalescebant, præcipue inter ducem Eboraci et ducem Summerseti, qui Normannia pulsus fuerat, et utriusque partium studiosos. Manebat enim duci Eboraci alta mente repostum, quod sibi ipse dux Summerseti regentiam Normanniæ præripuisset, et velut quodammodo e manibus excussisset, cum ad eam regendam fuisset ex decreto parlamenti Anglicani destinatus. Sed et altius aliquid et longe majus ipsius ducis Eboraci animo infixum erat. Nam ad coronam et diadema regni anhelabat, quod suo progenitori Richardo suisque et sibi inique sublatum fuisse putabat per Henricum, ducem Lencastriæ, qui dictum Richardum regem exstinxerat atque peremerat. Pa-

2. 6 juillet 1450.

trem etiam suum, comitem *Derby*, Henricus Lencastriæ, qui Normanniam conquisierat atque in Francia guerras a nobis superius relatas duxerat, morte punierat, cum e littore Anglicano classem solvere et, Normanniam aggressurus, pelagus intrare vellet. Quæ res a dicti ducis Eboraci memoria, qui et ipse Richardus vocabatur, minime procul dubio exciderant, prout actitata luculentissime postmodum indicarunt.

Contigit autem ea tempestate, ut rex Angliæ Henricus proceres et status regni sui, ad parlamentum celebrandum ex more, ad villam quamdam convocaret. Ad quem locum, statuto die, cum adventasset dux Summerseti, nec de insidiis ducis Eboraci quidquam tunc suspicaretur, ad eumdem locum, eadem prope hora, contigit et ducem Eboraci cum multis satellitibus applicare. Qui statim ut ab equo descenderat cum suis in platea publica, et eis nuntiatum esset ducem Summerseti paululum ante descendisse et quoddam introiisse hospitium, suos illuc mittens satellites, ipsum, prope caminam in scamno sedentem, interfici fecit [1]. Cujus rei ad Henricum regem rumore subito perlato, cum ipse suum hospitium cum nonnullis exiisset, sagitta in collo trajectus, quæ super ipsum fortuito advolarat, vulnus, non tamen lethale, accepit; et ita, soluto parlamento, Londonias rex ipse, quasi quodammodo sub manu et tutela ipsius ducis Eboraci positus, reversus est.

---

[1]. Le duc de Somerset fut tué à Saint-Alban, le 22 mai 1455, et, suivant les historiens anglais, dans des circonstances toutes différentes de celles que rapporte Thomas Basin; car il aurait péri en défendant la ville contre les Yorkistes.

Descenderat autem idem dux Summerseti, qui, ut prædiximus, fuit exstinctus, de genere et domo Lencastriæ; quos Eboraci dux, ad regnum aspirans, velut hostes animo gerebat, et ideo ut ambitionis suæ fructu aliquando potiri posset, qui de illa familia erant, perditum iri satagebat, ut per hujuscemodi velut præambula ac præparatoria, auxiliis et columnis suis destitutam, regiam postea domum invaderet. Sed non in longum abiit quod Henricus rex, quem dux Eboraci, velut gubernator ac moderator totius regni, Londonias adduxerat, et cum [quo in] magno triumpho Londonias intraverat, manibus ejusdem ducis elapsus, in pristinam sese vindicavit libertatem. Quæ res eidem duci Eboraci, male sibi conscio pro interfectione præfati ducis Summerseti, et aliis multis quæ satis inconsulte egerat, non parum periculi timorisque invexit; quibus superandis atque evincendis studens, iterum quantam potuit militum atque satellitum manum aggregavit. E diverso etiam Henricus rex, obviam ei profecturus, exercitum validum undique collegit; cum quo exercitu ipsum ducem prosecutus, cum manus regis posse effugere desperaret, interventu atque patrocinio quorumdam procerum atque prælatorum, ad gratiam ejusdem regis redire quæsivit. Rex autem Henricus, cum natura benignus atque clementissimus esset, postulatam a se misericordiam non negavit, sed eidem duci benignissime indulsit, fidelitatisque in antea melius observandæ ab eo iterum sacramentum accepit. Duxit autem rex ipsum Londonias, quemadmodum et per ante regem, ut diximus, ipse adduxerat. Quem etiam se, nudo capite, inter duos seu prælatos seu proceres medium adequitantem, voluit præcedere, ut civibus et inspicientibus, pro culpis et offensionibus quas commiserat, ostensui esset. Quod eidem duci verecundum valde atque ignominiosum fuisse ferebatur. Unde, licet tunc eam ignominiam ferre ipsum necessitas adigeret, non dubium tamen quin magnanimus ipsius animus ultum iri aliquando, si daretur opportunitas, intenderet, quemadmodum, emensis postmodum aliquot annis, cunctis palam effecit; de quo suo loco in sequentibus aliquid perstringemus.

Unde, intermissis parumper his Anglicanis seditionibus et turbis, ad res Francorum prosequendas revertamur.

CAPITULUM IV.

Quibus hortamentis quæstores regii aggressi sunt Vascouiam, ut militiam simul et tributum pro tutela patriæ suæ tolerarent; et de ipsorum defensione in contrarium.

Postquam igitur pulsi fuerunt Anglici ex Aquitania, et ipsa tota in regis Francorum ditionem redacta, anno Domini MCCCCLI., initio quidem satis benigne atque humaniter populi illarum terrarum tractati fuerunt, et, quemadmodum eis promissum exstiterat, a talliis et collectis cæterisque angariis primo anno abstentum, quæ in aliis regni partibus cursum jam per annos plurimos, proh dolor! habuerant et callos quodammodo obduxerant. Sed invidentes et spoliatores et exactores regni tantæ eorum felicitati ac libertati, callide eos ad similem aliorum servitutem adducere conabantur; et colorem exquirentes, sub quo eos vectigalium et collectarum jugo subjicere possent, tallias eis imponere cum certis impositionibus inchoarunt: asserentes non pro sua utilitate aut fisci sui augmento, sed pro eorum dumtaxat salute regem hoc consulto facere velle, ut, de hujuscemodi pecuniis, super se et patria sua levandis, stipendium certo militiæ numero solveretur, quæ pro tutela et defensione patriæ, ne ab infestissimis hostibus detrimenta paterentur, illic fuisset collocata; regem eos, uti suos, tutari velle, et in pace ac securitate bona custodire; nec ipsum hoc grave aut molestum eis debere videri, cum non forent hujusmodi opes et pecuniæ suæ ad terras alienas deportandæ, sed apud eos, qui eas dependerent, per eosdem milites expendendæ, et quodammodo in bursas eorum, a quibus levarentur, refundendæ; regem non irrationabiliter hostium, sub quorum ditione per longa retro tempora constitissent, dolos, machinamenta atque insidias formidare; nam cum illis commoditatibus, quas de terris illis et in ipsis captare erant soliti, privatos se atque destitutos experimento agnoscerent, annisum omnemque conatum verisimiliter facturos esse, ut vel astu, vel fraude, seu armorum potentia amissum, si qua possent via, recuperarent imperium; inde solitos ipsos et regnum Angliæ (quod vineis caret) abundantiam habere vinorum; illic pannos suos aliasque merces, quibus abundant, deferre consuevisse, et inde per Hispanias cæterasque adjacentes regiones distribuere et effundere; unde non exigua eis lucra, atque etiam ipsis Burdegalensibus et provincialibus proveniebant et commoda; quod si se perditum iri, et tantis se itinerum committere periculis ultro appeterent, regem id minime pati pro eorum utilitate debere.

Hujuscemodi et his similibus sermonibus, quibus

quæstores regii, per miserandas regni Francorum provincias, populos pascere sunt soliti, et volentes nolentesve obmutescere cogunt, ut ne unus sit qui in contrarium gannire audeat, ipsos Burdegalenses et Vascones aggressi, eisdem ut imposita onera sponte subirent suadere conabantur. Quorum molitionibus et impietatibus prudenter et constanter renitentes, supplicabant regi per solemnes quos, hujus rei gratia, ad eum legatos destinarant, ut libertate atque immunitate eis pollicitis ac promissis, dum deditionem civitatum suarum atque terrarum facerent, eos quiete potiri permittere vellet; habebant enim de hujusmodi promissionibus et pactis libertatibus litteras, magno ejusdem regis sigillo sigillatas; se fidelitatis sacramenta regiæ majestati fecisse : unde de ipsis minime hæsitare deberet, quin ei fideles ac devoti permanerent; ad tutelam vero patriæ et civitatum atque oppidorum suorum se satis sufficere adversum hostes, eaque longe melius atque fidelius, quam per militum inibi locatas custodias, servaturos atque defensuros; præteritis se idem fecisse temporibus, nec talibus præsidiis militum atque eisdem connexis vectigalium seu talliarum angariis fuisse gravatos, licet viciniores tunc hostes paterentur, qui, nullo interjacente freto, conterminas civitates atque oppida possidebant; nunc vero, cum hostes nullos in vicinis regionibus, sed omnes amicos regis vel fœderatos haberent, Anglicos vero magno atque lato interjacente æquore divisos, non adeo se formidare debere, quin satis sibi ad tutandum se adversus eos virium suppetere arbitrentur; nec saluti eorum expedire ut, propter metum eorum incertaque nec unquam fortassis eventura pericula, certæ ac indubitatæ et mansuræ addicantur miseræ servituti; quæ non minus gravis atque molesta quam periculum quod ab hostibus incurrere possent, imo gravior certe atque molestior esse verisimiliter possit : unde talibus sibi remediis minime opus esse, quæ ipsis, quæ formidantur, periculis deteriora essent, et durius eos opprimerent.

Talibus se Burdegalenses et Vasconum legati allegationibus apud regem Francorum, pro pollicitis eisdem immunitatibus, constantissime defendebant, supplices semper in eorum primitus factam postulationem recurrentes, quatenus regiæ majestati placeret, quæ eis promiserat, fideliter facere observari, quemadmodum et ipsi fidelitatem sibi juratam inviolabiliter et interate servare vellent. Sed his non obstantibus, per exactores pecuniarum, capitaneos ac duces militum persuasus rex, eorum preces minime exaudire curavit; sed ad tolerandum, pro custodia patriæ, militiam simul cum tributis et exactionibus eos adjudicavit, taliterque expeditos ad propria remisit.

CAPITULUM V.

Ex responsione facta legatis Vasconum, non multo post ipsi Anglicis se dederunt.

Cum autem ipsi ex urbe Biturica in qua expediti, ut diximus, fuerant, in patriam ad suos contribulos revertissent, atque ea quæ per eos gesta fuerant retulissent et qualiter in suis postulationibus minime fuissent exauditi, miro modo omnes incolæ illarum terrarum hujuscemodi datam suæ supplicationi repulsam ægre tulerunt, conjectantes ex hoc se non dissimili atque dispari tandem addici servituti, quam cæteri provinciales in regno Francorum sustinebant; in quo spoliatores regni palam prædicant jus istud regem in cunctos regnicolas acquisivisse, quod pro solo nutu suo et, quoties velit, talliabiles exsistunt : quod in effectu nihil est aliud dicere, nisi quod nullus ibi quidquam habet, quod suum dicere posset, cum pro solo principis arbitrio quoties libet ab eo juste tolli posset : quæ proprie est servorum conditio, quibus, etsi domini permittant habere peculia, ipsa tamen sicut eorum corpora a dominis servorum, pro solo arbitrio, tanquam propria accipi possunt[1].

Unde ipsi Vascones et populi potissime Burdegalenses valde conturbati, faventibus pluribus nobilibus patriæ, de remedio etiam, quaque via in priscam libertatem se vindicare possent, clam cogitare atque tractare cœperunt. Et cum adhuc eis recens esset notitia atque amicitia cum Angliæ principibus, sub quibus in libertate magna longo ævo permanserant, in Angliam aliquos ex suis transmiserunt, nuntiaturos et fidem pro ipsis præstituros, quod, si cum classe et valida militum manu littora sua repetere vellent, eos intra urbes et oppida patriæ, quæ in potestate haberent, eosdem reciperent atque intromitterent.

Angli autem ex hujusmodi nuntio læti et alacres effecti (illam enim patriam propter causas, quas supra tetigimus, charam plurimum habebant), libenter votis eorum, imo et non minus suis, acquieverunt, et se quod desiderabant brevi facturos spoponderunt. Tantæ itaque propositæ sibi utilitati vigilanter incumben-

---

1. La traduction libre du chapitre iv° en entier et du v° jusqu'ici, est dans les *Notices et Extraits des manuscrits*, t. I, p. 432.

tes, statim classem et militum validam expeditionem paraverunt. Cujus ducatum, tanquam optimo atque probatissimo duci, domino de *Talebot*, comiti Cherosberiensi, duxerunt committendum. Licet enim, ut supra memoravimus, obses datus regi Francorum, propter defectum redditionis Honnefluti et cæterorum aliorum castrorum, quasi per anni spatium a rege servatus fuisset, fuerat tamen postmodum, quasi evoluto anno, libere absque aliqua redemptione pecuniaria dimissus, et suæ priscæ redditus libertati. Lubenter igitur hujusce onus expeditionis assumens, transmisso freto cum instructa classe, Burdegalam applicuit. Quo cum appulisset, sine mora a civibus cunctis cum magno applausu et alacritate in urbem exceptus est. Et nobilis vir cognomento Cotivi[1], qui pro custodia civitatis cum certo militum numero illic locatus fuerat, captus ab Anglis cum nonnullis aliis, in Angliam exstitit ductus.

Quæ cum ita in Burdegala gesta fuissent, pariter etiam et aliæ quamplures civitates et oppida, quæ præsidiis militaribus Francorum minime munitæ erant, factum Burdegalensium libenter amplexabantur, atque voluntarie se denuo Anglorum regi tradiderunt. Retenta sunt tamen a Francis *Bourc* et *Blaye* oppida, cum nonnullis oppidis et castellis, in quibus, pro tutela patriæ, custodiæ militum validiores fuerant collocatæ : nondum enim incolarum patriæ ita fidem Franci insequebantur, quod sub ea totius patriæ tutelam relinquendam duxissent.

Cum autem hujusmodi revolutionis et novitatis

---

[1]. Olivier de Coëtivy, sénéchal de Guyenne.

rumor ad Caroli, regis Francorum, notitiam delatus fuisset, non est proinde consternatus animo; sed magnanimiter casum adversum ferens, statim de remedio apponendo cogitavit. Et cum jam caput instantis hiemis esset, circa videlicet festum omnium sanctorum anno Domini MCCCCLII., misit quidem rex militaria præsidia per singulas civitates et oppida, ne longius evagarentur incendia, ac ne ad hostes deficiendi, exemplo Burdegalæ, civitatibus cæteris atque oppidis par facultas permitteretur. Sed in æstatem sequentem, transacta hieme, bellum in illis regionibus Anglicis inferendum differre constituit.

CAPITULUM VI.

Secunda expeditio Aquitanica, qua rex Carolus secundo Anglos de Burdegala et Aquitania penitus expulit.

Igitur hieme præterita et jam æstivis restitutis temporibus, decrevit rex, prudenter negotii arduitatem pensitans, per semetipsum illo expeditionem ducere. Ipse quippe, eo quod alias ad terras illas expeditionem contra eosdem Anglos duxisset, cum oppidum de *Tartas* fuisset a suis obsessum (quemadmodum supra retulimus), totius illius terræ notitiam optime habebat. Contractis itaque magnis equitum ac peditum copiis, illo cum exercitu rex profectus est, relicto ad custodiam Normanniæ illustri comite Dunensi, quem cognatum singulariter appellare solitus erat. Qui cum cæteris ducibus et militaribus copiis defensioni Normanniæ solerter ac fideliter interim incubuit, ita ut Angli, licet multa comminarentur et jactanter plurima vanissime enuntiarent, nihil tamen ausi sunt in Normanniam attentare.

Adventans itaque rex cum exercitu ad terras illas, simul et cum multis machinis et apparatu belli, nonnullas civitates et castella, quæ minus valide munita erant, absque magno negotio recepit. Quod cum fecisset, oppidum quoddam Castellionis, vulgo *Castillon*[1] nuncupatum, tanquam sibi ad ulteriora perficienda necessarium, obsideri fecit, et contra ipsum castra metari. Cum autem esset in Burdegala prædictus dominus de *Talebot* cum multis Anglicis et nobilibus ac populis Vasconiæ, tam equitibus quam peditibus, quem secum congressurum fore Franci satis verisimiliter suspicabantur, et quod castrum illud Castellionis obsessum, ut præsumi poterat, perdi non sineret indefensum, castra sua potentissime munierunt. Fossa enim alta et aggere eadem munientes, etiam magnarum robore arborum per circuitum ea cinxerunt, machinis belli, quas serpentinas et colubrinas appellant, densissimum per totum castrorum ambitum apponentes.

Erat tunc in ministerio regis Francorum, generaliter super omnes machinas et bellicos apparatus præpositus, magister Johannes *Bureau*, civis parisiensis, vir quidam plebeius[2] et statura corporis parvus, verum audax et animo magnus, qui in usu et exer-

---

1. Castillon-de-Périgord, aujourd'hui dans le département de la Gironde, arrondissement de Libourne.
2. C'était l'opinion de tout le monde de son temps. Aussi la reconnaissance de noblesse qu'il aurait fait faire par Charles VII en 1447, et dont Godefroy a donné le texte (*Hist. de Charles VII*, p. 876), est-elle fort suspecte.

citio hujusmodi machinarum, atque in eis convenienter ordinandis, valde industrius et peritus erat, ut pote qui jam per annos plurimos, etiam sub Anglorum servitio et ditione, tali officio incubuerat. Hujus igitur industria viri, castra Francorum munita admodum exstiterunt, et eisdem qui in castris erant militibus plurimum animi fiduciæque additum, quod ab hostibus expugnari castra nullatenus possent.

Sed eam Francorum industriam atque fiduciam nihil aut parum animadvertens dictus dominus de *Talebot*, qui propter sui terrorem nominis, quod multa sibi fauste atque feliciter provenissent in variis bellis, plus in hostium ignavia atque fuga, quam de propriis confidebat viribus, non satis discusso atque examinato Francorum munimine, eosdem in suis aggredi castris temere nimium atque inconsulte decrevit. Exiens igitur Burdegala cum multis equitum atque peditum tam Anglorum quam Vasconum millibus, versum dictum Castellionis castrum obsessum concito gradu iter suum direxit. Quo cum tempestive satis, pro sui fervoris atque temeritatis impetu, perventurum se minime crederet, cum equitibus suis pedestres suas copias et machinas suas atque apparatus bellicos præcedebat. Cumque, in loco castris Francorum satis vicino, francorum sagittariorum circiter quadringentos offendisset, sine castris et militari disciplina evagantes, eos protinus absque negotio superatos, omnes exstinxit.

Quo cæpto velut futuræ victoriæ elatus auspicio, cum paulo post a longe prospexisset ingentem pulverem veluti nebulam elevatum (erat enim tempus plurimum calidum et siccum), arbitratus est fugam esse exercitus Francorum, qui terrore sui adventus permoti, relictis castris suis, aufugerent, non audentes ejus exspectasse congressum. Festinans itaque et suos tanquam ad prædam et fugitivos persequendum cohortans, usque ad castra obsidionemque Francorum pervenit, relictis procul a tergo suis pedestribus copiis; ad quæ perveniens castra, comperit quidem de fuga non eos quicquam cogitasse, sed potius de ipsum audacter et animose exspectando. Quos autem pulveres a longe viderat, excitarant Francorum equi, quos ipsi cum famulis et mangonibus e castris dimiserant, ad loca deducendos in quibus necessaria eis pabula inveniri possent; non enim de fuga, sed de permanentia cogitarant, qui sic equos suos emiserant, per quos eis spes præsidiumque in fuga, si de ea cogitassent, esse potuissent.

CAPITULUM VII.

Prœlium apud Castellionem, in quo dominus de *Talebot* cum suis Anglicis cæsi fuerunt, et post Burdegala cum aliis omnibus oppidis recepta.

Igitur cum ad castra Francorum adventasset cum suis equitibus præcipitanter nimis, non exspectatis suis pedestribus copiis et bellicis instrumentis (quæ copiæ ad numerum supra decem millia fuisse ferebantur), castra expugnare decrevit. A qua temeritate cum quidam nobilis vir, primipilarius seu signifer, cui nomen erat Thomas *Evringham*, eum dimovere vellet, periculum cui se et suos objiciebat ostendens, prudentissime indicabat quod verisimiliter sibi suisque foret exitio, si tam munita castra Francorum temere aggredi destinaret. Exspectandos esse suos pedites suasque machinas suadebat, quibus in unum secum coactis, vel consulto, non praerupte, hostes aggrederetur expugnare, vel in quo minus futurum esset periculi castra prope metando, eos, famis inedia et rerum necessariarum penuria arctatos, aut se dedere, aut eos congredi et e castris suis erumpere, vel fugam accipere compellerent; non esse sibi metuendam annonae defectionem, cum patria tota ipsis faveret, exesos vero velut saevos hostes haberet Francos, quos propterea, decursis diebus paucissimis, cum nulla annona ad eos deferri posset, necesse foret fame et penuria laborare, et per hoc aut fugam capere aut, relicta munitione castrorum, in eos insilire.

Talibus praefatus Thomas, signifer, prudenter et sapienter dicti domini de *Talebot* temeritatem conabatur avertere. Verum idem *Talebot*, qui audacia et inconsulta temeritate, potius quam fortitudine, paene semper in hostes irruere et fundere eos atque in fugam agere consueverat, existimans etiam tunc Francos, sui nominis praesentia deterritos, potius de fuga quam de defensione cogitare, eidem Thomae imperavit quod signa, quae ferebat, ad vallum usque hostilium castrorum importaret, eidem improperans cur tum, praeter solitum, meticulosus atque pavidus esse videretur. Praecepto autem ducis non segniter parens, quod imperatur, sine mora est exsecutus; quod et caeteri milites non dissimiliter fecerunt. Venientes igitur ad ipsum vallum, in palos et castrorum munimenta impetum facientes, enitebantur eos transilire et cominus pugnam cum hoste conserere. E contra vero Franci impavidi petras, plumbatas et omne telorum atque missilium genus in hostes jacientes, plurimos ex ipsis Anglicis, tum serpentinarum tum colubrinarum balistarumque jactibus, contis etiam et hastis, prosternebant, viriliterque hostium violentiam propellebant.

Inter hæc autem, dum ille insultus ita ultro citroque ageretur, pluresque ex Anglicis, et jam inter eos Thomas ille signifer, cecidissent, contigit, non fato quidem, sed divina ita disponente providentia, ut jactu serpentinæ seu colubrinæ, Anglorum dux præfatus dominus de *Talebot* in crure seu tibia feriretur. Cum vero ita ictus esset, et hi, qui ad expugnanda castra se admoverant, repulsi a Francis et paulatim cæsi fuissent, qui supererant, erga ducem suum præfatum, quem saucium audiebant, velut attoniti et in stuporem acti, sese collegerunt. Quod intuentes Franci, et sine ordine et dispositione ipsos Anglicos velut exterritos, licet ignorarent cui ex ipsis Anglorum ducibus eventus sinister provenisset, cum magno et valido impetu e castris eruperunt, et ad locum illum propero cursu advolantes, in quo ipse dux stabat vulneratus, ipsum atque unum ejus filium [1] cum pluribus aliis nobilibus occiderunt. Poscebat idem dominus de *Talebot* vitam sibi salvam dimitti, offerens magnum auri pondus aliaque plurima, si vita sibi servaretur. Sed cum ipse in manus peditum sagittariorum incidisset, ob crudelitatem quam pridem in socios suos fecerat, multis eum laceratum vulneribus confoderunt absque

---

1. Il portait le titre de lord Lisle.

misericordia¹; et sic, juxta sententiam beati Jacobi apostoli, judicium ei sine misericordia redditum est, qui aliis misericordiam non fecerat, et qui gladio multos percusserat, gladio et ipse, juxta Salvatoris vocem, periit. Fuerat enim sævus admodum et crudelis in Francos, unde ad ultimum parem sibi etiam vicem retulerunt.

Talis igitur finis fuit domino de *Talebot*. Quo cæso fusoque exercitu suo, reliquiæ, quæ superesse potuerant, intra oppidum Castellionis obsessum majore ex parte se receperunt, tali refugio districtos in suam necem gladios evadentes. Pedestris autem qui subsequebatur exercitus, audita hujusmodi clade, suique ducis et majoris partis equestris militiæ ac nobilitatis peremptione exterriti, pedem retro referentes, ad propria refugerunt. Postmodum vero, infra biduum, obsessi spe solatii subventionisque consequendæ destituti, victorum arbitrio oppidi deditionem facere coacti sunt².

In eo prœlio Franci, constanter et strenue exspectatis, ut diximus, hostibus, dimicarunt. Præcipue vero commendabantur milites ex Britannia Armorica, quos

---

1. Selon une relation écrite le surlendemain de la bataille, « fut ledit Thalebot mis à mort par un archier, lequel lui bailla d'une espée par mi le fondement, tellement qu'elle vuida par mi la gorge. » (*Biblioth. de l'École des chartes*, t. III, 2ᵉ série, p. 246). La version de J. Chartier complète ces divers témoignages : « fut atteinte d'ung coup de coulevrine la hacquenée d'iceluy Talebot, tellement qu'elle cheut incontinent toute morte par terre ; et en mesmes temps Talebot, son maistre, fut renversé dessous ; lequel fut incontinent tué par quelques archiers. »

2. La bataille de Castillon eut lieu le 17 juillet. La place fut rendue aux Français le lendemain 18.

Britonum dux ad servitium regis transmiserat usque ad trecentas circiter lanceas[1].

Confecto autem prœlio, spes animique Burdegalensium ceciderunt, cum antea in audacia atque industria ducis maxime confiderent. Unde eo sic, ut præmisimus, exstincto, sine magno negotio rex et Burdegalam, et alia castella quæ Anglicos susceperant, ad deditionem coegit. Et utique duriores verisimiliter conditiones Burdegala invenisset, nisi pestis, quæ tum in patria illa atque etiam in exercitu regis sæviebat, rem maturius expediri suasisset. Cum itaque fecisset Burdegala deditionem[2], agitabatur inter Francorum duces, si propter incolarum perfidiam, quod fide rupta Anglicos advocassent et recepissent, mœnia pro vindicta dirui deberent. Quod ita fieri debere ad terrorem aliorum plurimi decernebant atque consulebant. Sed in benigniorem et clementiorem rex inflexus sententiam, hoc censuit minime faciendum. Verum, ut frenum aliquod suæ imponeretur levitati, in ea civitate duas ædificandas, civium impensis, muniendasque arces constituit, ut, si aliquando infensi loci accolæ de invitandis denuo suscipiendisque hostibus cogitarent, tale sibi ex hujusmodi arcibus immineret jugum, a quo cervices suas, quemadmodum vellent, minime possent excutere. Quæ arces usque

---

1. Ce fait est confirmé par l'auteur d'une petite chronique manuscrite de la bibliothèque de Sainte-Geneviève (n° 1155) : « Et y eurent les seigneurs de Hunaudaye et Montauban, et ceulx de leur compaignie, très grant honneur et plus que nulz autres des trois batailles. Et y gaigna messire Olivier Giffart la bannière de Talebot; et en général les Bretons y gaignièrent cinq bannières qu'ilz emportèrent en Bretaigne. »

2. Le 17 octobre 1453.

in hunc diem firmæ atque munitæ in eadem urbe perseverant [1].

Sic itaque hæc expeditio Aquitanica Caroli regis solertia atque providentia suorumque ducum et militum robore atque strenuitate, decursu circiter trium mensium, felicem exitum et consummationem accepit, et secundo Vasconia atque Burdegala, armis Francorum domitæ, e manibus Anglorum extractæ sunt et ad antiquum regum Francorum imperium restitutæ. Baiona tamen, post primam deditionem ejus, semper in fide permansit, nec quemadmodum Burdegala ad Anglicos defecit; pro cujus fidei retentione, majore digna commendatione censenda est.

CAPITULUM VIII.

Bellum in Flandria inter Philippum, ducem Burgundiæ, et Gandenses.

Eadem autem tempestate qua Burdegala tali calamitate concussa est, in alia etiam regni Francorum extremitate, insigne illud oppidum Gandavum, tunc procul dubio inter omnes Galliarum urbes opulentissimum atque populosissimum, in magnas ærumnas atque angustias devolutum fuit. Cum enim, ex abundantia opum et longævæ pacis otio, cives loci in nimiam efferrentur superbiam, ita ut pæne omnes mortales sui comparatione parvi facerent atque contemnerent, adversus etiam principem suum Philippum, ducem Burgundionum, comitem Flandriæ pluriumque aliarum terrarum nobilium dominum potentissimum, cervices

1. Le fort du Hâ et le château Tropeyte ou Trompette détruits au commencement de ce siècle.

erigere atque rebellare ausi sunt. Quæ res eosdem certe in magnas miserias atque calamitates, ex illo temporalis suæ felicitatis fastigio, detrusit ac demersit.

Quæ autem causa seu occasio eis rebellandi materiam attulerit, a diversis quidem diversæ fuisse ferebantur.

Aiebant nempe ipsi Gandenses et qui eorum favebant partibus, quod, cum præfatus princeps suus Philippus gabellam salis in Flandria de novo imponere voluisset, aliis oppidis ac membris patriæ minime audentibus denegare, ipsi soli, pro patriæ libertate tuenda, ausi fuerant obsistere illi novitati; pro qua causa infensus idem princeps, certa quæ prætendebant habere privilegia propria, vel reformare in melius, vel tanquam rationi atque utilitati publicæ contraria infringere inchoavit. Cui resistere molientes, cum legationibus eumdem principem inflectere ad suam voluntatem minime possent, in manifestam apertamque rebellionem venerunt.

Alii vero e diverso negabant prorsus quod idem princeps novum illud vectigal seu gabellam salis, vel a Flandrensibus petierit, vel illis imponi ullo modo cogitaverit; sed solummodo quia abusus, quos plurimos sub privilegiorum prætextu iidem Gandenses, contra aliorum membrorum Flandriæ et publicam totius patriæ utilitatem, exercebant, boni principis fungens officio, in melius corrigere ac reformare studeret, in illam rebellionem temere prorupisse, eidemque principi guerram ac toti Flandriæ et adjacentibus terris hostiliter intulisse.

Utra vero istarum causarum incendium belli, vel an alia quædam, attulerit, aliorum duximus judicio relinquendum. Quod tamen novi impositio vectigalis seu gabellæ salis causam hujusmodi dissidii minime præstiterit, ex duobus probabilis afferri potest conjectura : uno, quod ipse Philippus, confecto hujusmodi bello, victoria plenaria potitus, ita ut etiam Gandavum exstinxisse facile potuisset, si ei collibuisset, nec ipsis Gandensibus, neque aliis Flandriæ populis dictum vectigal imposuisse invenitur; altero, quia, si pro communi totius Flandriæ tuenda libertate hujusmodi suscepissent bellum, verisimile est quod aliorum oppidorum et populorum favores atque auxilia habuissent, et quod, pro contribulibus et vicinis militando seseque extremo exponentes pro ipsis periculo, ab eis deserti et soli relicti non fuissent, quemadmodum revera ipsos solos relictos et aliorum oppidorum auxiliis destitutos fuisse constat [1].

Utravis tamen causa exstiterit, constat atrocissimum acerbissimumque bellum obortum fuisse inter ipsos et præfatum principem suum. Nam ipsi intra suum advocantes oppidum quot poterant bello idoneos et vegetos corpore ex vicinis agris et villis, cum magnis agminibus peditum (equites enim habebant paucos), patriam hac et illac pervagantes, et rapinas atque prædas agentes, suammet ipsi patriam cædibus atque incendiis devastabant : ita quod, paucis decursis mensibus, ad quinque et sex milliaria vel amplius, tam in

[1]. Ces raisons spécieuses tombent devant les documents. Nous avons le discours prononcé par le duc de Bourgogne lui-même à l'assemblée de la *Collace* pour amener les Gantois à se soumettre à la gabelle. Voir le *Dagboek der Gentsche collatie*, publié par M. Schayes, et le récit de M. Kervyn de Lettenhove, *Histoire de Flandres*, l. XVI.

agris Flandriæ quam Hannoniæ, nullus ruri colendo intenderet, nullaque pæne villa non cremata maneret: tanta rabies, furorque feralis illorum populorum animos obsederat et tenebat! Miseranda profecto rerum facies et fœdus ubique per agros prospectus erat; ubi enim, paulo ante, terra ipsa fuerat populorum abundantia confertissima, ager cultissimus et omnium bonorum ubertate amœnissimus, ubi villæ densissimæ ac populosissimæ, non nisi desertum solitudoque et maceries, destructæ favillæ et cineres, seu semiustæ trabes ac tigna videbantur. Si quid vero ipsi vel propius consistens suo oppido, vel civibus attinens, seu etiam alibi intactum reliquissent, veniebant milites principis, quos præsidii causa in oppidis et castris vicinis locaverat, qui, omnia collustrantes et percursantes, exterminii consummationem faciebant, nihil penitus integrum relinquentes, ad quod manus mittere potuissent.

CAPITULUM IX.

<small>Qualiter Gandenses obsederunt oppidum de *Oudenaerde*, ubi cæsi fugatique turpiter fuerunt.</small>

Cum vero ipsi Gandenses ex oppidis vicinis, militaribus copiis refertis, graviter urgerentur, et potissime ex oppido Oldenardæ [1], quod eis, ne per flumen [2] ex Tornaco et adjacentibus terris solatia annonæ cæterarumque rerum sibi necessariarum consequerentur, valde obstabat, ausi sunt ipsum oppidum profecto temere nimium obsidere. Ante quod cum

1. Audenarde.
2. L'Escaut.

in magno numero aliquot mansissent diebus, veniens comes de Stampis¹, unus præcipuus inter cæteros militiæ duces quos tunc idem dux Philippus habebat, cum satis parva militum manu, Gandenses qui oppidum obsidebant expugnavit, multisque eorum militibus vel cæsis vel in aquarum gurgitibus suffocatis, reliquos in fugam coegit².

Et hoc primum prælium fuit in quo infeliciter dimicantes succubuere Gandenses : triste profecto futurarum calamitatum suarum auspicium, et quod satis, si sanum aliquid sapuissent, eos ut a temere cæptis desisterent et pacem perquirerent, commonere debuisset! Sed miro in sui exitium concitati furore, nec sic imminentem eis exterminii cladem advertere potuerunt, et quod, nimis impares et viribus et armis, contra tam potentem strenuumque principem bellum temere exorsi essent. Unde adhuc in campos patentes, extra oppidum suum, iterum atque iterum exire præsumpserunt, ante ultimum prælium [apud] castrum *Gavre*³ habitum, quod eos usque prope ad totalem internecionem prostravit ac delevit. Semel quidem prope castrum Rupelmondæ, cum multa eorum millia exiissent, congressione militiæ ducis contra eos facta, etiam infeliciter valde oppressi sunt⁴,

1. Jean, comte d'Étampes, de la maison de Nevers, qui était une branche de celle de Bourgogne.
2. 24 avril 1452.
3. Le château de Gavre, à trois lieues de Gand. Les Gantois avaient commencé les hostilités par la prise de cette place. C'est devant ses murs qu'eut lieu leur dernière défaite.
4. Le 16 juin 1452. Cette action néanmoins coûta cher au duc de Bourgogne ; les Gantois lui tuèrent son bâtard bien-aimé, le prince Corneille.

et multa eorumdem millia cæsa, cæteris qui poterant fuga elapsis, in qua principalis profecto ipsorum armatura spesque reposita videbatur. Nam, quamvis alter alterum provocantes atque cohortantes ad certamen, tanquam strenue dimicaturi esse putarentur, audacter exirent, et usque ad locum ubi obvios haberent hostes audacter procederent, tamen, ubi ad conflictum dimicandumque veniebatur, apprime terga vertentes, et alter super alterum acervatim ruentes seseque ita suffocantes, de nulla defensione, sola excepta fuga, cogitare videbantur [1]. Unde et pari modo, tertia vice, cæsis eorum militibus multis, fusi fugatique fuerunt [2].

Sed nihilominus nec sic cessabant, ad quascumque villas furtive clamque pervenire potuissent, prædis bonorumque direptionibus atque incendiis omnia defœdare et vastare; donec, adveniente æstate secunda post dicti inchoationem belli, volens illustrissimus ille Philippus, eorum dominus, insanis ausibus eorumque amentiæ metam imponere, contractis undique copiis validoque collecto exercitu, ad eos expugnandos propius accedere decrevit [3]. Tenebant autem ipsi Gandenses extra suum oppidum tria castra, quorum unum *Poucques*, alterum *Skendelbeke*, ter-

1. Cela ne s'accorde pas avec ce que dit Jacques du Clercq : « Les Gantois hayoient tant le duc et estoient tant obstinés à le nuire et faire la guerre, que, quant ilz estoient prins, ilz aimoient mieulx qu'on les pendist que de prier mercy : quoy faisans on leur respiteroit leurs vies; ains respondoient qu'ilz mouroient à bonne querelle et comme martyrs. » *Mémoires*, l. II, chap. xx.
2. A Hulst, 29 juin 1452.
3. Il partit de Lille le 18 juin 1453.

tium vero *Gavre*[1] vocabatur; ex quibus castris, qui ibi pro custodia a Gandensibus fuerant collocati, plurima damna terris finitimis, rapinasque ac prædas multas fecerant. Adventans igitur præfatus princeps cum exercitu bellique machinis atque instrumentis ad expugnationem urbium arciumque opportunis, primo ad dictum castrum de *Poucques* obsidionem posuit, machinasque ac petrarias validissimas admovit; quibus cum, intra paucissimos dies, turres et propugnacula dejecisset, obsessos ad faciendum deditionem ad ejusdem voluntatem invitos adegit. Qua sic facta, omnes patibulis suffixos laqueisque strangulatos, vitam impietatibus multis maculatam finire adjudicavit et fecit.

Quod postquam eo modo factitatum esset, ad alterum castrum de *Skendelbeke*[2] similiter exercitum et belli machinas admovit; quo brevissimi temporis mora etiam expedito, pari quoque supplicio, qui [in] illo deprehensi fuerant, affecti fuere.

Exterriti hi, qui ad custodiam alterius castri, nominati *Gavre*, locati erant, ac nimio affecti pavore, cum non dissimilem exitum se sperarent habituros, si obsidionem etiam ipsi exspectarent, et tum de fide ac promissis Gandensium non auderent confidere, qui alios in duobus prioribus locis perditos iri reliquissent absque ulla defensione, contra fidem pollicitationum suarum, nuntiarunt Gandensibus se minime exspectaturos obsidionem, sed locum potius ipsum vacuum relicturos. Quod cum intellexisset

---

1. Les châteaux de Poucke, de Schendelbeke et de Gavre.
2. Les opérations commencèrent au contraire par la prise de Schendelbeke; Poucke fut attaqué en second lieu.

Communitas oppidi, ut eorum animos bona spe confirmarent fidei suæ atque succursus polliciti, velut obsides, duos ex decanis [1] suis ad castrum miserunt, affirmantes, si ad eos dux Burgundiæ castrum obsessurus exercitum admoveret, se omnes prius morituros, quam eosdem relinquerent indefensos. Hoc itaque, velut fidei datæ accepto idoneo pignore, confirmati, obsidionem decreverunt exspectare.

CAPITULUM X.

Quomodo dux Burgundiæ obsedit castrum de *Gavre* et Gandenses prostravit, obsessis succursum præstare conatos.

Quo statim secundo castro, ut diximus, expedito, constricti et ipsi, paucissimis decursis diebus, deditionem ad nutum et voluntatem principis facere compulsi sunt. Qui ut laqueo et ipsi vitam suspensi finirent, quemadmodum priores fecerant, eis declaratum fuit. Cum autem exsecutio fieret, suppliciumque de ipsis sumeretur, ecce adventare Gandenses cum maxima multitudine principi suoque exercitui nuntiatur. Adhuc enim putabant obsessos vivos et incolumes invenire. Quod cum ita illustrissimus princeps intellexisset, accelerato deditorum supplicio (inter quos et illi decani Gandensium pœnas dederunt), lætus animo atque alacer, veluti festivo alicui celebrique convivio esset adfuturus, acies suas tam equitum quam peditum ordine convenienti disponere

1. « Deux des doyens des métiers. » On appelait ainsi, à Gand, les chefs des corporations industrielles, qui faisaient partie du corps politique de la ville depuis le temps de Jacques Arteveld, et qui n'en furent plus après la bataille de Gavre.

procuravit. Hoc enim animo semper gestierat atque quæsierat, ut seditiosos illos atque tumultuosos oppidanos e vallo tectisque suis ac munimentis posset aliquando in planum patulumque campum educere, et cum eis inire certamen.

Cum autem, ut prima facie æstimari potuisset, ipsi Gandenses, multas secum machinas trahentes, ordines servare viderentur, aciesque suas pedestres rationabiliter instruxisse (paucos enim valde equites habebant), tamen, cum propius ad dimicandum sese admoverunt, nullam vel minimam hostibus resistentiam dederunt. Pressi enim sagittis atque missilibus Picardorum sagittariorum, turbatis inde confusisque ordinibus, et apprime cum in eos equites ducis irruerent, suo solito more terga vertentes, qui potuerunt ad fugam se dederunt; quos a tergo insequentes, eisque graviter imminentes equites ac sagittarii pedestres, maximam de ipsis stragem fecerunt[1]. Plurimi autem ex ipsis, enatando ad aliam fluminis ripam[2], sese subducere imminenti mortis periculo cupientes, aquis suffocati fuerunt; quorum cadavera fluminis ipsius cursus in conspectu eorum, qui in oppido remanserant, paulo post advexit. Ex fugientibus autem, cum cuneus ex ipsis ad mille circiter et quingentos viros, quoddam pratum introiisset juxta fluminis ripam, quod sæpibus dumetisque utcumque vallatum protectumque videbatur, aliquantisper hostibus restiterunt[3];

1. 23 juillet 1453.
2. L'Escaut.
3. Olivier de La Marche, qui était à la bataille, parle moins dédaigneusement de la résistance qui fut faite sur ce point : « Certes un Gandois vilain et de petit estat, et sans nom pour

sed cum, impedimentis quibusdam sublatis, ingrediendi ad ipsos via patuisset, equitum peditumque multitudine statim oppressi exstinctique fuerunt, pluribus etiam in flumine suffocatis. Exiisse de oppido ad prælium ferebantur quadraginta millia virorum; cæsa vero in eo prælio supra viginti millia ferebantur, adnumeratis iis quos gurges fluminis absorpsit. Inter cæsorum vero cadavera inventi sunt religiosi et sacerdotes, ut ferebatur, supra ducentos.

Talis fuit quæ Gandensibus obvenit extrema calamitas; quæ cum paucis senibus plurimum atque invalidis, qui in oppido remanserant, tum a fugientibus, tum a cadaveribus quæ secum fluminis cursus densissima per oppidum volvebat, nuntiata fuisset, non posset facile dici quales quantique fletus, ejulatus et lamenta oppidum totum impleverunt, cum nulla domus pæne esset quæ pro amisso patre, vel filio, vel marito, vel proxima necessitudine juncto, plurimæ vero pro multis, domestici luctus materiam non haberet. Profecto « luctus ubique, pavor et plurima mortis imago, » totius oppidi domos, plateas atque ædes sacras repleverant [adeo] quod, si ipse princeps, statim postquam tali victoria potitus fuerat, exterminare ipsum oppidum voluisset, suumque exercitum ad ejus expugnationem admovisset, nullam tum prorsus resistentiam invenisset.

estre recongneu, fist ce jour tant d'armes et tant de vaillance, que si telle aventure estoit advenue à ung homme de bien, où que je le sceusse nommer, je m'acquiteroye de porter honneur à son hardement. » *Mémoires*, l. I, ch. 28.

CAPITULUM XI.

De clementia magna ducis Burgundionum ad Gandenses prorsus victos et dejectos.

Sed prudenter atque sapienter nolens tam insigne, tam magnificum totoque orbe christiano famosum, oppidum exstinguere, unde sibi et suis magni hactenus atque uberes provenerant et non minores in antea fructus obventuri sperabantur, iram temperavit clementia, nec castra sua a priore loco movit, sed in eisdem, diebus aliquibus, constitit. Ad quem supplices et, quamvis sero nimium, de rebus temere attentatis pœnitudinem gerentes, qui vivi supererant, miserunt legatos veniam precaturi, ejusdemque sui principis misericordiam, gratiam ac benevolentiam, ut super eos eam reducere dignaretur, postulaturi. Quam gratiam misericordiamque eis clementer elargitus est[1], data criminibus indulgentia, quæ nec levia, nec pauca, sed gravissima et perplura in incendiis, cædibus et rapinis, seditionibus, rebellionibus atque aliis variis commiserant modis. Pro nonnulla vero damnorum impensarumque a se in ea expeditione factarum recompensa, trecentorum mille leonum[2] summa oppidum mulctavit, abstulitque eis vel pro suo nutu decurtavit privilegia olim ab eis prætensa, et aliquando vi potius vel metu a suis retro principibus, comitibus Flandriæ, extorta, quam libero consensu ac rationabiliter indulta ; quorum sub obtentu,

1. Par le traité de Gavre (31 juillet 1453) dont Matthieu de Coussy rapporte le texte, dans Godefroy, p. 657 et suiv.
2. Monnaie d'or à l'effigie du lion de Flandre.

tam inter semetipsos quam in vicinos et compatriotas, multa sæpe iniqua et nefanda perpetrarant. Unde non sine ratione potest æstimari, in hoc eis potius utiliter consuluisse, quam suum ab eis aliquid abstulisse, si talia ea privilegia, quæ eis noxia atque vicinis et contribulibus suis, potius quam publicæ utilitati profutura viderentur, quemadmodum de nonnullis ex hujuscemodi a prudentibus viris esse ferebatur.

Talem castigationem superbia Gandavi divinitus correctionemque accepit, quæ, ex rebus secundis in tantum tamque insolentem atque temerarium humorem arrogantiæ, ut diximus, excreverat, ut neminem pæne mortalium nec tam potentem principem suum vereri seu revereri videretur. Ad dependendam vero hujusmodi, qua mulctati fuerant, pecuniam, facile a dicto suo principe impetrata super communitate sua [1], omnibus emere volentibus census annuos hereditarios, vel ad unius pluriumve vitam, vendiderunt. Unde in minore spatio quam unius mensis, summam impositam collegerunt, majoremque facile invenissent, si ampliores adhuc census vendere voluissent; pro quibus annis singulis emptoribus persolvendis, gabellas, dacias atque vectigalia non parva imposuerunt in suo oppido : in quo etiam, post dictam stragem, ferebantur inventæ mulieres maritis viduatæ peremptis, ad decem et octo millia.

Sed et huic cladi alia etiam non parva calamitas accessit ex peste inguinaria, quam epidemiam vocant; ex qua multa eorum, qui gladio exempti remanserant, millia absumpta, et magna oppidi vastatio et depo-

---

[1]. Corrigez, *impetrata super hoc immunitate sua.*

pulatio consecutæ sunt. Et ita, eodem pæne tempore, in duabus regni Francorum Galliæque extremitatibus, duæ præclaræ urbes Burdegala, versus Hispanias, et Gandavum, in Flandria versus Germanias, armis et variis calamitatibus afflictæ domitæque fuerunt.

Implorasseque in sua calamitate Gandenses Caroli, Francorum regis, contra principem suum præfatum, auxilium justitiamque suam, tanquam supremi domini, expetiisse ac requisisse ferebantur, plurima se offerentes facturos. Sed rex, dum, ut diximus, adversus Anglos in Aquitania occupatus esset, eos minime exaudivit, nec de eorum simultate contra suum principem se ullo pacto intromittere curavit[1]. Non enim querelas hujusmodi contra suos principes, etsi forte aliquando subditi non injuste aggrediuntur, gratas fore regibus aut tyrannis multoties compertum est

CAPITULUM XII.

Quomodo Carolus rex ad delphinum, filium suum, castigandum Lugdunum perrexit; et de ejusdem delphini moribus.

Carolus autem rex, cum, finita, quemadmodum prædiximus, sua Aquitanica expeditione, in Franciam revertisset, ad castigandum filium suum primogenitum Ludovicum se convertit. Erat enim in suo del-

[1]. Cela n'est pas exact, puisque le roi envoya à Gand, en 1452, un chevalier et un maître des requêtes avec le procureur général du parlement, et que par l'entremise de ces ambassadeurs un accord, qui dura près d'un an, fut négocié entre les Gantois et le duc. Voy. Matthieu de Coussy et Jacques du Clercq, *Mémoires*, l. II, ch. xvii.

phinatu, ubi prope quinquennium jam remoratus¹, ad patrem, licet eum pluries ad se ut reverteretur commonuisset, minime curavit accedere. In quo temporum decursu, multa satis certe impia et nefaria perpetrarat. Defuncta nempe sua priore uxore, quæ sibi adhuc adolescenti nupta fuerat, Scotorum regis filia², absque scitu et consensu patris in dicto delphinatu exsistens, filiam ducis Sabaudiæ in matrimonium assumpsit³, nihil de paterno imperio, vel ei debita reverentia ac obedientia, aut minime curare se indicans. Quam cum accepisset, non longe postea qualem amicitiam apud se idem dux Sabaudiæ pro tali affinitate invenisset, sibi ostendit. Conficta enim querela quadam vana ac frivola⁴, cujus obtentu ipse et satellites sui, ad quos alendos minime poterat sufficere delphinatus, prædas agere possent, suo socero guerram intulit, in qua villas quasdam et oppidula Sabaudiæ prædæ et direptioni satellitibus suis exposuit. Pro qua sedanda et, in eum⁵ ne deteriora attentaret, submovenda, idem socer etiam magna pecuniæ quantitate sese redimere, ut ferebatur, consultius æstimavit.

Sed et in terris vicinis Romanæ ecclesiæ, circa Avenionem, magna detrimenta fecisse dicebatur⁶ : nec

1. Il y était depuis le commencement de l'année 1447.
2. Marguerite d'Écosse, morte en 1445.
3. Charlotte de Savoie. Il l'épousa le 10 mars 1451.
4. Il s'agissait de la possession du Faucigny, qui resta définitivement au dauphin. Cette affaire se passa en 1454.
5. Dans le manuscrit, *sedanda et eam ne deteriora*.
6. Le pape Eugène IV, par bulle du 26 mai 1445, l'avait constitué protecteur du comtat Venaissin. Il portait depuis 1444 le titre de Gonfalonnier de l'Église.

profecto mirum id videri debet, cum multo majora et deteriora omni statui hominum sui delphinatus, tam ecclesiarum prælatis quam nobilibus patriæ et plebeiis, damna intulerit. Prælatos enim, quondam civitatum et terrarum suarum dominos, et qui in eisdem et magnis territoriis omnimodam jurisdictionem habebant, suis dominiis et jurisdictionibus vel in toto vel in parte privavit, sibi fieri illos subditos et vassallos compellens, quorum sui prædecessores subditi et vassalli esse consueverant, et jure ipse debuisset. Nobiles patriæ in armis et equis, quamvis nulla id exposceret necessitas utilitasve urgeret, sæpe velut ad expeditionem bellicam convocans, tam frequenter fatigabat, ut nedum annuos suos proventus ac reditus consumere, verum etiam interdum patrimonia sua, vel portionem suam aliquam, in hujusmodi servitiis absumere et distrahere cogerentur. Quid vero de plebibus dicam, quas, cum ante sua tempora a talliis et collectis cæterisque immanibus servitutibus, quibus regnum Francorum (heus proh dolor!) serviliter in immensum opprimitur, liberæ esse consuevissent, ita ut patria ipsa olim sic libera et opulenta, velut hortus quidam deliciarum omnibus per eam peregrinantibus, plurium aliarum comparatione, esse putaretur, in tantam redegit servitutem, ut jam non absimilem calamitatem talliarum cæterarumque exactionum subire habeant, quam miserrime patiuntur cæteri populi Galliarum, qui sub imperio ac ditione regis Francorum degunt.

Sed et ipse Ludovicus, qui, velut a natura pravum in parentem omnesque homines animum gerens, eumdem dissimulare non potuit, [sat]agebat in dies milites patris, qui ad ejus ordinaria stipendia militabant, ducesque, quacumque arte poterat, de servitio patris sui educere, et ad delphinatum suum attrahere. Unde quamplures, rerum novarum cupidos et, ut tales esse solent, parum constantes, promissionibus variisque machinamentis sibi adscivit, licet id patri suo vehementer displicere, eumque in malas de eo suspiciones propterea adducere non ignoraret; sed pietatem, quam naturali jure divino atque humano omnes parentibus debent, taliter non verebatur offendere.

Quibus rebus animadversis, et quo tenderent, si progressum habere sineret, non nescius pater, cogitavit, priusquam longius latiusque progrederetur periculum, sibi regnoque consulere. Quo ipse, absque ulla ambiguitate, libenter exsortem eum fecisset, si pares animo et ambitioni suæ vires colligere potuisset; non enim ab ejus memoria exciderat qualiter olim, tum pæne adolescens, eum regno deturbare ac depellere attentarat. Quocirca cautior effectus, studens obviam ire comminanti procellæ, cum etiam multorum de eodem suo filio querelis, de injuriis atque iniquitatibus quas in dies committebat, permotus sollicitatusque esset, cum exercitu versus Lugdunum atque Viennam contendit; ubi cum aliquantisper remoratus esset, credens ejusdem filii sui animum de suo exterreri adventu[1], ad paternamque obedientiam ac reverentiam vel sic debere emolliri, copias suas

[1]. Septembre 1456. L'auteur intervertit les faits. Le roi, avant de se mettre en route, avait envoyé Antoine de Chabannes avec l'ordre d'arrêter le dauphin. C'est là-dessus que celui-ci prit la fuite; il était parti, lorsque Charles VII arriva à Lyon.

equitum ac peditum multasque belli machinas illo contraxit.

CAPITULUM XIII.

Qualiter idem Delphinus ad ducem Burgundiæ confugit, a quo honorifice est exceptus.

Sed animus ille ferox et indomitus nec sic ad parentis reverentiam inflexus est, qui utique non eum perdere, sed melioribus moribus ac humanioribus, abjectis illis barbaris et efferatis, instituere et disciplinare paterna affectione quærebat. Porro videns vires sibi longe impares exercitui et militiæ patris esse, quovis potius exsulare eligens aut peregrinari, quam, patri debitis honoribus et obedientia servatis, in ejusdem domo et comitatu omnibus, quas desiderare potuisset, deliciis opibusque abundare, consilium accepit ad Philippum, Burgundionum ducem, confugere. Quod ut tuto perficere posset (ubique enim tendi insidias mens sibi male conscia metuebat) ad marescallum Burgundiæ misit [1], rogans ut eum ad præfatum Philippum, dominum suum, deducere vellet; qui libens, ut ejus voluntatem agnovit, collecta satellitum manu, quæ ad hoc sufficeret, eum sine procrastinatione benigne et comiter excepit et in Brabantiam usque perduxit.

Erat idem Philippus cum valido exercitu profectus in Trajectensium [2] et Frisônum fines, eo quod quemdam naturalem filium suum, quem summus Pontifex

---

1. Thibaud de Neufchâtel, seigneur de Blamont.
2. Utrecht.

de ecclesia Morinensi ad Trajectensem promoverat [1], nollent Trajectenses recipere, ut eos ad parendum apostolicis decretis, vel suis potius desideriis, si cum pace nollent, invitos et coercitos adduceret. Electus nempe unus fuerat præpositus ejusdem ecclesiæ, ex antiqua prosapia dominorum illius terræ, cognomento *Brerode* [2], cui Trajectenses et Frisones multum videbantur benevolentiæ ac favoris impendere. Cum autem de adventu ipsius Delphini idem Burgundionum dux in Frisia, ubi agebat, certior fuisset factus, mandavit eum omni cum honore atque humanitate recipi per suos et tractari, et ut ejus reditum de Frisia apud Bruxellam operiretur, interimque sibi quæcumque non modo necessitati, sed voluptati esse possent, amplissime ministrari.

Postmodum vero reversus idem dux de Frisia, rebus pro quibus illo fuerat profectus compositis et peractis, cum tantorum exhibitione bonorum eumdem dominum Delphinum excepit et reveritus est, ut non facile mortali alicui principi ampliora quis exhibere posset. Erat enim natura magnificus et honestatis, tum ad omnes tum maxime ad magnos et illustres, observantissimus; unde nunquam ad eumdem dominum Delphinum (eo quod primogenitus domini sui Francorum regis erat, et qui, servato communi ordine naturæ, ejusdem hæres et, per hoc, dominus suus futurus sperabatur) accessit vel locutus est, nisi, cum genuflexione prævia, caput etiam nudatum haberet. Existimabat enim, juxta sententiam philoso-

---

1. David, évêque d'Utrecht, ami particulier de Thomas Basin.
2. Gilbert de Brederode.

phorum, honorem etiam in eo esse, qui eum merenti exhiberet. Nec, cum simul quocumque adequitarent seu ambularent, nisi ad dexterum latus eum stare permisit, ita etiam ut, ipsius posteriora adservans et vestigia sequens, nunquam caput ejus, cui insidebat equi, permitteret caudam illius, cui insideret Delphinus, pertransire.

Sed et cum idem Delphinus, statim ut abcesserat, patre occupante totius sui delphinatus possessionem, et fructibus pensionibusque universis, quas a patre per antea percipere consueverat, fuisset nudatus, nihilque omnino proprii juris reliquum sibi esset, talem subventionem ab eodem Burgundionum duce tamque honorabilem ac magnificam assecutus est, quæ profecto ad sumptus magni cujusdam regis merito sufficere potuisset. Menstrua enim tria millia equitum vel leonum [1] percipiebat, quæ in anno triginta sex mille summam conficiebant. Unde idem Delphinus, cum tanta se benevolentia exceptum procuratumque conspiceret, suam etiam conjugem illo ad se adscivit et attraxit; ex qua inibi nonnullas proles suscepit.

Carolus vero rex, qui vix nunquam veræ amicitiæ alicujus ad præfatum Burgundionum ducem indicium ostendit, sed eum sibi invisum suspectumque potius semper exsistere, talem filio suo, a se profugo, inobedienti et contumaci, benevolentiam ac beneficentiam exhibitas ægerrime tulit. Nam cum ejusdem filii sui sævum erga se et intractabilem animum agnosceret, quem ad novas res moliendas proclivem esse satis

---

1. « Trois mille ridders (cavaliers), ou lions de Flandre, » monnaies d'or de ce temps-là.

compertum habebat, duplici angebatur metu, existimans quod etiam eumdem in injuriam suam ipse Burgundionum dux callide attraxisset. Quemadmodum enim in superioribus tetigimus, etsi in Atrebato jam olim inter Carolum regem et eumdem Burgundionum ducem pax fuisset solidata et jurata, nunquam tamen propterea concordia seu vera charitas inter eosdem fuisse conspecta est, licet sæpe ipse Burgundionum dux eam se maxime captare ostenderit.

CAPITULUM XIV.

Qualiter Philippus, dux Burgundiæ, amicitiam Caroli regis se desiderasse ostenderit, atque de eo se optime confidere.

Quod utcumque et non levi dumtaxat conjectura approbemus, referemus casum unum ex quo unicuique facile constare possit ipsum Philippum regis benevolentiam desiderasse, quodque de eo nullam gereret diffidentiam, sed plene quod ejus fidem sequi vellet, indicasse.

Capta fuit, proh dolor! ab imperatore Turcarum illa famosa urbs Constantinopolis, orientalis quondam imperii sedes et caput, circa annum MCCCCLIII.[1], diu antequam ulla apparentia aut suspicio haberetur quod præfatus Delphinus deberet ad Burgundionum ducem confugere, aut genitoris sui indignationem incurrere. Quam christianitatis calamitatem cum dictus dux Burgundionum anxio mœstoque animo valde percepisset, zelo christianæ fidei et divinæ religionis permotus, votum fecit et emisit in propria, cum totis

1. Le 29 mai 1453.

terrarum suarum viribus, persona se profecturum ad eamdem urbem recuperandam, expugnandumque, quoad sibi facultas divina pietate donaretur, illum maximum sævissimumque christiani nominis et divinæ religionis inimicum, Turcarum imperatorem : et hoc, si interim terras suas ac dominia in tuto statuere posset. Non enim tam obtuso et hebeti sensu erat ut regis erga se animum ignoraret, qui multis sæpe manifestis indiciis agnitus sibi spectatusque fuerat. Igitur cupiens divinitati oblatum a se pium exsecutioni dare votum, cum aptiorem alium modum, dominia sua et unicum, quem habebat, vixdum puberem filium[1] in et sub tutela convenienti relinquendi, existimaret difficile adinvenire posse, ad regem Carolum per solemnes suos oratores votum ac desiderium insinuari curavit, eum obnixe rogitans atque obsecrans, quatenus terrarum et dominiorum suorum gubernationem atque administrationem et dicti filii sui unigeniti tutelam seu curam assumere dignaretur; rogans item quod ad tam sanctum opus aggrediendum aliquem de suis militiæ ducibus mittere vellet, qui vexillum et militaria regis signa præferret; offerens sub eodem duce atque vexillo etiam, tanquam regio destinatum nomine, propriis sumptibus militare. Magna hæc quippe et satis efficacia argumenta quod de sacra regia majestate diffidentiam minime haberet, sed ejus omni via cuperet benevolentiam adipisci. Sed non eo minus nec ejus preces, nec oblationes tantæ attentæ; sed agentibus impiis et nequam hominibus, qui dissidium et diffidentiam inter regiam domum et ducem Bur-

---

1. Charles, comte de Charolais, né le 10 novembre 1433.

gundiæ, sui desiderii potiundi causa et ad pravos suos perveniendi fines, fovere et jugiter nutrire satagebant, tanquam suspectæ, spretæ fuerunt et contemptæ : suggerentibus ipsis ficte et malitiose omnia hæc per ducem Burgundionum simulari, præsumique potius debere, sub hujuscemodi verbis veluti pacificis, in dolo exercitum magnum velle colligere et regem cicumvenire, ut improvisum eum et imparatum aggredi posset, quam quod illa quæ jactabat de expugnatione Turcarum vellet perficere vel attentare.

Repulsam itaque consecutus, cum nullo pacto securitati terrarum suarum pervideret se posse consulere, si tam arduam, tam longam atque difficilem peregrinationem obiret, quiescendum potius et ad tuendos sui imperii subditos atque fines invigilandum consultius duxit. Nec tamen postea omisit, cum felicis recordationis papa Pius[1] principes christianos ad hujusmodi infidelium expugnationem cohortatus fuisset, seque præsentem, cum quibus quantisque posset copiis, adfuturum obtulisset, et comparata classe adjunctisque militibus etiam usque Anconam ex Urbe venisset (ubi morte præreptus est[2]), quin, ad hujusmodi expeditionem et fidei et Ecclesiæ Dei subsidium, magnam et validam armatam transmitteret cum classe optime navibus et armis instructa. Cujus ducatum domino Antonio, naturali suo filio[3], famoso et strenuo militum duci et capitaneo, commiserat. Antonius autem, intellecta Pontificis morte, et quod adorsa et cæpta expe-

1. Pie II.
2. Le 15 août 1464.
3. Antoine, appelé ordinairement le Grand-Bâtard de Bourgogne.

ditio dissoluta et defecta erat, cum classe et militia sua majore ex parte ad propria remeavit[1].

CAPITULUM XV.

Qualem affectionem Carolus rex ad Burgundionum ducem se habere ostenderet.

Contigit etiam interea, prope dum præfatus Delphinus suum relinqueret delphinatum, quod Lancelotus seu Ladislaus, rex Hungariæ et Bohemiæ, magnus Austriæ dux[2], Marchio Moraviæ pluriumque aliarum terrarum dominus potentissimus (qui filius erat unicus Alberti, regis Hungariæ et Bohemiæ et magni ducis Austriæ, Romanorum regis electi, et filiæ Sigismundi imperatoris), cum adolescens esset, consilio procerum suorum et eorum qui ejus gerebant curam, filiam Francorum regis Caroli, dictam Magdalenam, fœdusque et amicitiam cum eodem Francorum rege habere desideraret. Erat autem idem Hungariæ rex, propter ducatum Luxemburgensem, quem sui juris fore prætendebat, inimicus Burgundionum ducis; eumque, ex dicta et nonnullis causis aliis, valde exosum habere ferebatur. Cum igitur super dictis conjugio ac fœdere jungendis, per internuntios satis opportuna jacta fuissent fundamenta, ad rem absolvendam atque consummandam, misit idem rex Hungariæ ad Carolum, Francorum regem, maximam solemnissimamque legationem. Erant enim in eadem et prælati et principes, comites et militares quamplurium

1. Cf. Chastellain, IIIe partie, ch. xx et suiv., et Jacques Duclercq, l. V, ch. xix.
2. Archiduc d'Autriche.

variarum etiam gentium et linguarum quæ ejusdem regis parebant imperio. Venerunt autem Turonis[1], ubi tunc Francorum regis, et in quibusdam adjacentibus castellis, frequens agebat comitatus; a quo magnifice, ut par erat, suscepti, res pro quibus erant destinati, tam super matrimonio quam super fœdere et ligantia inter ambos reges, pro voto suo adimplerunt. Quæ profecto contra se agi Burgundionum dux minime ignorabat.

Sed ecce repente Providentia illa, quæ, ex alto cuncta prospectans, omnia regit, omnia moderatur et gubernat, regum consilia in irritum et nihilum deduxit. Cum enim dicti Hungariæ legati (quorum comitatus ultra nongentorum equitum numerum, præter currus et quadrigas plurimos, esse ferebatur), læti et alacres quod suo potirentur desiderio, plures cum ingenti lætitia dies noctesque Turonis transegissent[2], nec restare jam aliud videretur, nisi sponsam ad maritum deducendam recipere, ecce insperato ad eosdem lugubre et infaustum valde de obitu regis sui nuntium defertur, factione cujusdam Bohemi militis[3], ad ipsum Bohemiæ regnum per hujusmodi nefas pervenire ambientis: prout de facto pervenit. Fuit quippe rex Lancelotus veneno exstinctus: magnum profecto toti Christianitati vulnus inflictum! Nam cum idem juvenis omnium regum christianorum potentissimus

1. Décembre 1457.
2. Cf. Jean Chartier, p. 296, et la relation en allemand, publiée par l'académie de Vienne dans les *Fontes rerum Austriacarum*, d'après le *Copey buch der gemeinen Stat Wien*, t. VII, 1853, in-8°.
3. George Pogiebrad.

et, ut ipsius indoles portendebat, magna et ardua foret verisimiliter subiturus, si in virilem excrevisset ætatem, spes non modica de eo concipi poterat quod ipse, cum auxilio aliorum principum christianorum, potissime Francorum sibi adjunctis viribus, illam cruentam bestiam, Turcarum imperatorem, de Græciæ et totius Europæ finibus ejecisset. Sed secus, heus! divinitati placuit, volenti adhuc (hominum exigentibus peccatis) christianorum terras per tales infideles tyrannos flagellari et atteri, pro sacræ potissime religionis neglectu; quæ, cum olim in summa reverentia atque observantia, secundum Domini Salvatoris nostri evangelicam et apostolicam doctrinam atque traditionem, coleretur passim, nunc, proh dolor! a quibusque absque ullo delectu irridetur, oppugnatur et calcatur, et ab illis potissime (quod sceleratius et divinitati displicibilius exsistit), qui eam religiosius excolere, tutari et defendere obligabantur.

Eventus tamen hujusmodi non infaustus Burgundionum duci fuit, qui eum acerbissimo et potentissimo hoste liberavit; cujus satis conspicuum erat Carolum, regem Francorum, charius fœdus expetere et amplecti, ut, auxiliatore tali, ulcisci se pro voto suo de eodem Burgundionum duce potuisset. Sed et cum in ea parte idem Francorum rex, quod cupiebat, minime invenisset, non destitit tamen, ubicumque sibi opitulaturum æstimare posset et undecumque, fœdera ad eam intentionem expetere. Nam et fœdera cum Dacorum rege[1] et cum pluribus sacri imperii electoribus atque

---

1. Christiern Ier. Le traité avec ce roi est du 27 mai 1456. Dumont, *Corps diplomatique*, t. III, p. 239.

principibus, iniit, tam ecclesiasticis quam sæcularibus, et cum [eis] præsertim, quibus magis invisum vel exosum fore eumdem ducem Burgundionum agnosceret[1]. Unde et cum Leodiensibus, tunc potentibus populis, quod eos acerbissimo ac sævissimo odio insectare Burgundiones ab antiquo sciret, fœdera copulavit[2]. Ut enim qui vetustissimæ arboris molem truncique robur ingens, altis et extensis longe radicibus hærens solo, conatur evellere, procul primum per totius ambitum arboris fossam ingentem effodit, ut ipsam postea sic circumfossam et jam vix ullis affixam suis radicibus, admotis aliquibus hominibus seu paribus boum, cum funibus possit prosternere et excidere, non aliter, ad excidendum domum Burgundiæ humiliandumque (quæ tum maxime præ cæteris Galliarum vel Germaniæ florere et rebus secundis affluere videbatur), Carolus, Francorum rex, quasi circumfodiens et radices a longe succidens vel denudans, quaquaversum poterat, seu cum principibus seu cum populis fœdera exquirebat. Habebat enim fœdus cum duce Sabaudiæ, quem Lugdunum, dum illic esset, hujusce rei causa accersierat. Sed et similiter cum Suitensium populis fœdus copularat[3], qui inter cæteros populos, qui nullius pressi imperio in libera communitate degunt, viribus atque armis potentes strenuique feruntur.

1. Traités avec Frédéric, électeur de Saxe, du 26 avril 1448, et avec Guillaume, duc de Saxe, en 1458. Tenzel, *Hist. Goth. suppl. Rel.*, p. 676, et Ludewig, *Reliquiæ*, t. IX, p. 720.
2. En 1460. Zantfliet, dans l'*Ampl. collectio*, t. V, col. 104.
3. Le 5 avril 1453. Dumont, t. III, p. 193.

CAPITULUM XVI.

Qualiter Carolus, Francorum rex, cum Henrico, Anglorum rege, nepote suo, fœdera habere inchoavit; et quæ eumdem Henricum propterea calamitas sit secuta.

Nec vero, tot ligantiis undique conquisitis (præsertim cum illam maximam et validissimam cum rege Hungarorum habitam, pæne ut cæpta erat, exstinctam fuisse conspiceret) suo reputans desiderio satisfactum, etiam cum Anglorum rege Henrico, sororis suæ filio (qui Henricus etiam matrimonio duxerat suæ conjugis neptem, filiam Renati, regis Siciliæ, Francorum reginæ fratris), amicitiam quæsivit; et licet in treuga diu cum Burgundionum duce idem Henricus vixisset, fœdus tamen cum eo ipse Carolus quoddam habere inchoavit, et, ut eum ab amicitia ducis Burgundionum abstraheret, ad amicitiam secum coeundam pellexit.

Erat tum status ipsius Henrici regis, propter factiones quorumdam procerum regni sui, præsertim ducis Eboraci et comitis de *Warvich*[1], suarumque partium fautorum, quodammodo mutabundus et vacillans : propter quod auxilio egere se alieno præsentiens, ad amicitiam Caroli, Francorum regis, non modo recipiendam oblatam, sed etiam captandam, proclivior effectus erat. Quæ cum jam fundamentum nonnullum accepisset, et, de ad perfectam usque et solidam pacem ea perducenda, spes magna habe-

---

1. Richard Nevill, comte de Warwick, par suite de son mariage avec l'héritière des Beauchamp. C'est celui que les Anglais ont surnommé *Kings maker*, le faiseur de rois.

retur, fecit idem Carolus, Francorum rex, edictis publicis per oppida maritima et civitates Normanniæ proclamari, quatenus omnes sibi subditi benigne reciperent et tractarent ex Anglia advenientes, qui benevolentiam et gratiam sui regis Henrici se habere ostenderent, eisque et rebus, quascumque adveherent, liber ingressus atque transitus per portus, civitates atque oppida Franciæ præberetur. In quo cum non parum favoris et solatii ipsi regi Henrico præstare se arbitraretur, quantum tamen præjudicii atque jacturæ id ei importarit, quantumque a se favorem Anglicani populi abalienarit, profecto quæ e vestigio adversus eum seditio in Anglia concitata est, luculenter ostendit. Sumentes enim inde præfati dux Eboraci, comes de *Warvich* et suarum partium studiosi occasionem seducendæ plebis, suggerebant et, ubicumque poterant, disseminabant, Henricum regem jura Anglicanæ coronæ in his juribus, quæ prætendunt in regno Franciæ et ducatibus Normanniæ et Aquitaniæ, velle alienare; et de facto, promissionibus factis de cedendo et renuntiando eisdem, jam cum Francorum rege amicitias copulasse; et, per hoc, regni proditorem potius quam legitimum se regem exhibere. Quibus suggestionibus populi Anglicani impletis auribus, præfati dux et comes magnas turbas per totum regnum Angliæ adversus Henricum regem seditionesque periculosissimas concitarunt.

Ipse vero Henricus et ejus conjux, filia Renati, Siculorum regis, mulier prudens et animosa, cum pluribus regni principibus periculosum rerum suarum statum atque ancipitem inspicientes, ex adverso contractis undique viribus et præcipue nobilitatis regni, quæ longe majore ex parte Henrico regi favebat, exercitum validum coegerunt; cum quo adversarios prosequentes, prima vice in mense januario[1], secunda vice in mense februario[2], contra ipsos seditiosos dimicarunt; in quibus duobus præliis Henricus et sui potiti sunt victoria, fusis hostibus et multis millibus ex ipsis interemptis. Ceciderunt in hujusmodi duobus præliis præfatus Eboraci dux et comes de *Warvich* senior[3], seu capti in conflictu statimque post capite plexi sunt[4].

Quibus cum Londonienses cum populis Cantiæ fautores exstitissent, talibus cladibus susceptis, ipsi tentarunt ad regis et reginæ gratiam redire; et de erratis supplices veniam postulantes, obedientiam et fidem in antea pollicebantur [se] fideliter servaturos. Sed cum regina dandi indulgentiam, quam rogabant, non nihil difficultatis et retardationis faceret, ejus iidem populi magnanimitatem atque sævitiam metuentes, de cogendo iterum majore exercitu, et extrema omnia pertentando consilium acceperunt. Fuerat enim eadem regina, in ipsa Londoniarum urbe, per juniorem comitem de *Warvich* et suos asseclas, probris et contumeliis atrocissimis lacessita, et talibus, quæ animos nobilium fœminarum maxime injuriare solent. Publicatum enim et passim de ea disseminatum

---

1. Bataille de Wakefield, 30 décembre 1460.
2. Bataille de Saint-Alban, 17 février 1461.
3. L'auteur veut parler de Richard Nevill le vieux, père du comte de Warwick, mais qui, lui, ne portait pas le nom de Warwick. Il était comte de Salisbury.
4. Le duc d'York et le comte de Salisbury périrent tous deux à la suite de la bataille de Wakefield; mais il y eut également des exécutions après celle de Saint-Alban.

ac decantatum fuerat, quod Edoardum, filium suum impuberem, non ex marito suo Henrico, sed ex adulterio suscepisset[1]. Quæ contumelia, alta mente reposta, in odium acerbissimum ad eumdem comitem de *Warvich* et suarum fautores partium eamdem reginam inflammaverat. Contractis igitur undique copiis per dictum juniorem comitem de *Warvich*, qui callidus admodum et factiosus erat, auxilio Londoniensium maximus et validissimus exercitus ex popularibus potissime collectus est. Suggestionibus quippe et suasionibus suis maximum idem comes apud eos creditum habebat. Eo igitur auctore, Londonienses eisque fœderati Edoardum, primogenitum filium ducis Eboraci, quem cæsum fuisse memoravimus, accersientes, in regem suum Angliæ eum sublimarunt. Quo facto, audacter et animose ad debellandum regem Henricum, qui cum regina et suo exercitu circa Eboracum se contulerat, profecti sunt; cum quo certamen ineuntes, absente tamen Henrico, qui intra mœnia civitatis Eboracensis sese continebat, cum utrinque magna vi et atrociter pugnatum esset, partibus dicti Edoardi noviter in regnum evecti victoria cessit, cæsis fusisque Henricianis[2]. Inter plurimos autem qui eo prælio ceciderunt, cecidit miles strenuissimus et fortissimus Andreas *Trolop*[3], qui diu in guerris Franciæ pro rege suo Henrico militarat; cujus maxime industria, consilio ac viribus, duobus prioribus præliis Henricus rex victor evaserat.

1. « Margriete,... que ce comte (Warwick) avoit fait prescher ribaulde, mauvaise lisse, et son fils avoulche et non fils de roy. » Chastellain, IIIe partie, ch. ccvi.

2. Bataille de Towton, 29 mars 1461.

3. Sir Andrew Trollop.

CAPITULUM XVII.

Qualiter Henricus rex, victus in tertio prælio, fugit in Scotiam, et Edoardus in Anglorum regem est sublimatus.

Ex tribus igitur cruentissimis præliis, quibus inter se Angli dimicarunt, commissis, primo januario, secundo februario, et tertio martio mensibus proxime sequentibus, in duobus prioribus Henricus et regina prosperos satis successus invenerunt, in tertio autem penitus eorum res viresque collapsæ sunt. Nam cum ipsi Henrico calamitas nuntiata fuisset, quodque superstitum ex suis magna pars victoribus se dedisset, et jam in regno nusquam foret sibi tutum consistere, dimisso Eboraco, in Scotiam aufugere compulsus est, ubi per annos aliquos exsul et profugus delituit. Edoardus autem, noviter in regem assumptus, postquam victoria potitus est, cum magno triumpho exceptus a civibus Londoniarum et populis regni, in regem Angliæ solemniter est inunctus; et e domo Lencastriæ, de qua Henricus originem habebat, diadema regni et principalis potestas ad genus et familiam Richardi[1] revolutæ atque restitutæ. Nam a Richardo, rege quondam Angliæ, quem Henricus primus Lencastriæ regno simul et vita privaverat, per lineam rectam dux Eboraci præfatus et iste filius ejus, Edoardus, descendisse ferebantur.

Ad jus itaque avitum et veternum, post tot annos, iste Edoardus, per talem procellosissimam populorum Angliæ commotionem et principum quorumdam fac-

[1]. Richard II.

tionem, reintegratus et restitutus fuit, favente quidem et gratulante Philippo, Burgundionum duce, cui Henrici ejectio et Edoardi erectio non parum suis rebus stabilimenti contulit. Nam si, permittente Deo, æque ut duobus prioribus præliis, etiam in tertio, Henrico et suis fautoribus fortuna secundasset, suisque exstinctis hostibus, regni integris viribus potitus fuisset, non dubium quin Burgundiæ domus in discrimen maximum periculosissimumque deducta fuisset, duorum potentissimorum regnorum Franciæ et Angliæ, suorumque tot fœderatorum atque auxiliatorum aggredienda armis, ac viribus totis expugnanda. Nam utriusque regis animus, adversus ipsam domum implacabili pæne odio animatus et concitatus, ad eam opprimendam subruendamque non dubium quin totis viribus incubuisset. Itaque simultates inter principes Galliarum diu servatæ et nutritæ etiam Britannias agitarunt. In quibus cum intestinæ seditiones præluderent, de eventu vel conservandæ vel evertendæ domus Burgundiæ in effectu certabatur, civiliumque Gallicarum discordiarum fragmentis, quæ in suum regnum invexerant, Angli miro et lacrimabili exitio collisi sunt.

Erat jam tum apud Burgundionum ducem Delphinus, de quo supra memoravimus; qui qualem in suum genitorem, Henrici, ut diximus, partibus faventem, gereret charitatem, in illis tumultibus Anglicanis indicare non omisit. Nam in tertio illo prælio quemdam armigerum suum, vexillum ferentem, habuisse fertur, cum aliqua satellitum manu, quam illo Burgundionum dux destinarat ad auxilium Edoardi. Fuerat nempe Edoardus cum uno aut duobus fratribus suis, a patre, dum adhuc viveret, ad terras Flandriæ, propter ancipites dubiosque bellorum eventus, transmissus alendus, et a Burgundionum duce cum honore exceptus fideliterque servatus, priusquam, patre mortuo, per comitem de *Warvich* accersiretur ad regnum : ubi cum præfato etiam Delphino amicitias copularat. Quin etiam, posteaquam idem Edoardus, pulso Henrico, in Anglorum regem exstitit sublimatus quodammodoque stabilitus, cum eodem idem Delphinus non modo amicitias, sed arcta etiam fœdera dicitur iniisse, non nescius Carolum, patrem suum, eum velut hostem reputantem, ad restituendum Henricum magna cura et studio intendere. Et ea quidem amicitia, quoad Carolus, suus pater, superstes fuit, durasse potuit. Qualem vero, patre rebus humanis exempto, soliditatem servaverit, loco suo (si Deus donaverit) in sequentibus referemus.

Quantæ autem hominum strages cædesque, pulso ejectoque Henrico, quot rapinæ direptionesque bonorum et domorum expilationes passim per omnes regni Angliæ terminos factæ fuerint, eorum potissimum qui partium suarum studiosi fuisse notarentur, vix ulla narratione seu elocutione æquari posset. Tanta enim sæviendi licentia toto regno permissa videbatur, ut nusquam pæne aliquis, quanquam insons, præsertim si facultates aliquas habere putaretur, intactus maneret. Unde et plurimi, feralem illam rabiem effugere non alias posse quam per fugam existimantes, ad alienas terras sese transtulerunt, se felicius multo ubilibet exsulare reputantes, quam, in propriis laribus, tantis se objectare seu permittere furoribus.

CAPITULUM XVIII.

Quod dejectio Henrici et provectio Edoardi, quantum grata fuit duci Burgundiæ, tantum Carolo, regi Francorum, luctuosa.

Quin autem plurimum gaudii lætitiæque et gratulationis ea Henrici dejectio duci Burgundionum, cui valde fausta contigit, afferre potuerit (qui eorum quæ contra se apparabantur ignarus minime exsistebat), nemini profecto ambiguum esse debet; sed non minus luctus atque mœstitiæ Carolo, Francorum regi, ea Henrici, nepotis sui, et conjugis suæ, neptis itidem suæ, calamitas ac dejectio ingerebant. Cui etiam Carolo regi adversus eumdem ducem Burgundionum amplius ex hoc inardescebat odium, quod ipsius auxilio et favore erectus esset Edoardus, pulsusque regno et dejectus Henricus, nepos suus; et quod Delphinum, ejus filium, contra suum placitum suscepisset et confoveret. Ejus nempe, ut jam diximus, pium animum erga se cognitum jam olim compertumque habebat. Unde idem Carolus rex, cognito quod idem filius in domo Burgundiæ cum tanto honore exceptus et tam magnifice honoratus foret, in finitimis terrarum suarum civitatibus et oppidis, ubique juxta fines et limites terrarum Burgundiæ ducis, munitiones militumque suorum præsidia collocavit, ostendens qualem de prædicto filio suo atque Burgundionibus confidentiam gereret.

Sed e diverso ipse Burgundionum dux Philippus, vir prudens et magnanimus, licet a multis, ut idem faceret in suis civitatibus et oppidis, daretur sibi consilium, id facere minime curavit; sapienter utique prævidens quod, si ita pergeret facere, necesse haberent subditi sui, quos in tranquilla libertate regere et conservare solitus erat, et facere cupiebat, simul duo illa pessimæ servitutis onera, tributum scilicet et militiam tolerare; attendens etiam profecto, quod, si prope militiam regis suam in præsidiis collocaret, difficile esset quin utrinque cædes atque incursiones fierent: quibus irritamentis bellum, quod vitare cupiebat, verisimiliter posset oboriri. Unde, licet sæpe in curia regis Caroli, Francorum regis, et per totum regnum, et potissime quolibet anno circa initium veris, magnus excitaretur rumor quod guerra contra Burgundiones inchoanda esset, nihilo tamen inde permotus Burgundionum dux, parcens subditis et terris suis, nunquam exercitum congregavit vel conductitium militem ad stipendia tenere voluit: contentus tantummodo edictum per terras suas proponere, quod omnes vassalli sui, et qui armis, quando opus esset, servire consueverant, se præparatos in armis et equis facerent ac tenerent. Quod ubi per ipsum semel in anno fieri consuevisset, quasi eo frendente dentibus in hostes, excitatos de inferendo sibi bello rumores silentio supprimi et oblitterari atque obmutescere faciebat.

Fertur autem a plurimis quod si hospitis sui Delphini obaudire desideriis voluisset, quod non modo regi bellum intulisset, verum etiam Edoardum et Anglos ad idem concitasset; sed nec id facere, nec tali juvenili Delphini desiderio obtemperandum esse putavit, non immemor fœderis quod Atrebati cum eodem rege percussisset, nec quantas suis terris regnique accolis calamitates et afflictiones priorum bellorum tempestas intulisset. Subsistere igitur et subditorum tam regis quam suorum maluit tranquillitati consulere, quam rursus bellorum faces accendere, quæ utcumque exstinctæ vel sopitæ saltem esse videbantur.

CAPITULUM XIX.

Carolus, Francorum rex, increpat ducem Burgundiæ pro filii sui retentione et treugis quas cum Anglicis servabat.

Egit autem legationibus multis Carolus rex, quas vicibus variis ad ipsum ducem in oppido Bruxellensi (ubi frequentius cum sua curia morabatur) destinavit, quatenus filium suum ad se remittere vel e patria sua pellere, nec ipsum in terris suis fovere vellet : increpans etiam et graviter eum insimulans, quod ipse, cum subditus et vassallus suus esset, cum suis vetustissimis et regni sui hostibus treugas inire et servare præsumeret. Sed de filio quidem pellendo domo sua, ad quam, patris timens inimicitias, se nullatenus sollicitante, procurante vel desiderante, confugerat, Philippus Burgundio cum honestate regis desiderium adimplere minime posse defendebat, ut eum, vel invitum patri traderet, vel terris suis expelleret; nam apud quoscumque honorabiles seu alios justos rerum æstimatores, magnæ propter hoc infamiæ, uti aiebat, et dedecoris perpetuam labem incurreret, eumque sibi infensum perpetuis temporibus jure redderet, quoniam, secundum solitum naturæ cursum, futurum sibi eum regem ac dominum exspectare deberet; contra jus gentium etiam fore, si eum, qui confisus de sua humanitate atque benignitate ad se confugisset, eumque hospitalitatis officio tractandum procurandumque suscepisset, postea perdere vellet, eum reddens ei, cujus ob metum ad se sub fiducia humanitatis confugiendum duxisset; quod si id vel tenui conjectura suspicaretur, forsan ad hostes patris quoscumque citius transfugeret; quem vero sibi deferret honorem, non tam sibi quam patri, cujus ad honorem id faceret regiæque Francorum domus (unde et ipse duceret originem), regem debere existimare, nec vereri quovismodo ut ipse sibi contra patrem, vel ejus regnum quidquam moliri aut agere permittat; suasurum libenter sibi ut in patrem obedientiam ac reverentiam omnimodam debitas observet, de ejusque clementia et pietate ut nullatenus diffidendum putet; et ad id conatum omnem se impendere spondebat. De treugis etiam, quas cum Anglis inierat et habebat, se defendens, plurimas rationes afferebat, propter quas prætenderet jure id sibi facere licuisse, ad idque multis necessariis et urgentibus causis fuisse compulsum, quas, quod prolixum et legentibus forsan fastidiosum effici posset, hic minime inserere voluimus.

Sed cum Philippus responsionibus minime regis animo satisfaceret, et asserentis, ob sui honorem sive reverentiam fieri, quod filio suo contumaci et rebelli exhiberetur, æstimare non posse, crebras et iteratas pro eadem causa legationes repetivit : non omittens tamen apparamenta facere ad subveniendum Henrico, nepoti suo, Anglorum regi, ut in regnum suum, quo, ut narravimus, pulsus fuerat, eumdem restitui faceret, et Edoardum regnantem deturbaret regno. Quæ contra se moliri cum ducem Burgundionum minime lateret, velut quoddam pacis suæ pignus et securitatis de rege, dictum regis filium non ingrate fovebat et servabat, non facile reputans regem, quamdiu tali pignore foret munitus, bellum contra se inchoare audere, metuentem (non abs re) ne, ubi hoc attentaret, magna pars ducum et militum suorum ad filium deficeret.

Ut autem armatam validam rex ad auxilium Henrici ejusdem mittere posset, ex Hispania octo jam vel decem naves onerarias maximas in ostium Sequanæ adduci fecerat, classem undecumque aggregare in dies satagens, ut (quod ipse maxime efficere cupiebat) eidem suo nepoti auxiliaria solatia impartiret.

CAPITULUM XX.

Defectio Januensium, et quomodo Franci infeliciter cum eisdem pugnaverunt.

Porro et eisdem temporibus regium Caroli regis animum occupatum utcumque detinebat defectio Januensium. Nam cum unius partis civium factione sese regi, per aliquot ante annos, subdidissent[1] et ejus paruissent imperio, contigit ut idem rex, qui illic ob tutelam civitatis atque dominii sui certum militum numerum locaverat, vectigal quoddam seu tributum ad stipendia ipsis facienda militibus in civitate et adjacente patria colligendum a civibus exposceret. Quod cum ægre cives ferrent, illico ut per regios commissarios, qui ad audiendam regis voluntatem civitatis populum convocarant, de hujusmodi vectigali seu tributo imponendo perorari orsum est, frementes

---

1. Par la faction des Fregosi, au mois de mai 1458.

et quodammodo furientibus similes effecti, servitutem gallicanam horrescentes, communi impetu ad arma unanimes concurrerunt. Quod non sine timore ac terrore iidem regii commissarii cum factum viderent, soluto conventu, celeri fuga sibi consulentes, ad arcem civitatis, quam militare præsidium a rege illic positum asservabat, gressu propero confugerunt. Statim autem tota commota civitate et libertatem acclamante, etiam arcem ipsam obsidione concluserunt [1].

Quæ res cum regi exstitisset nuntiata, ipsius animum non parum anxium reddebat, cum militibus suis etiam, præter illius dominii amissionem, grave periculum imminere cerneret. Cogitans itaque tali obviare jacturæ, simul et militiam suam ab imminente eis exitio protegere ac defensare, expeditionem illo militarem navalem ac terrestrem destinare curavit. Navali autem præfuit Renatus, rex Siciliæ, de quo superius frequenter meminimus; qui ex littore Provinciæ, quæ sibi parebat, collectis nonnullis galleis, armis et militibus instructis, per mare ad solatium obsessis præstandum, una cum terrestri expeditione deberet concurrere. Parebat autem adhuc tum regi Savona, civitas maritima, vicina Januæ; ex cujus portu, cum copiæ equitum atque peditum per terram paratæ adforent, classe soluta, ad portum Januæ idem Renatus appulit. Cum autem ex adverso ipsi Januenses copias nonnullas equitum a duce Mediolani, magnas quoque peditum, et de civitate et adjacentibus montibus atque terris aggregassent, in Francorum terrestrem exercitum, vix, pedites vel equites, per aspera illorum montium gra-

---

1. Le 9 mars 1461.

diri valentem, irruerunt[1]. Quos per montium anfractus et scopulorum abditaque et Francis ignota diverticula, sibi vero non incognita neque insueta, invadentes ac persequentes, partim cæsos, partim fusos fugatosque facile et absque magno negotio superarunt. Cum autem fugientes ad littus, ubi videbant galleas repausare, salvari se posse existimarent, et galleas conscendere, vitandæ necis causa, satagerent, ab his qui in galleis erant prohibebantur, verentibus ne nimia multitudo eis naufragium vel perditionis causa exsisteret. Unde et nonnullis, repere intra galleas ipsas enitentibus, manus et brachia fuisse abscissa ferebantur. Quod procul dubio miserabile erat intueri, cum pauperes fugitivi, imminentem a tergo hostem vitare gestientes, socios, ad quos confugerant, sæviores hostibus communibus utrisque experirentur.

Porro tali clade et miserabili contritione terrestris exercitus prospecta, ipse rex Renatus, minime suo milite in terram exposito, vela faciens, unde adventarat rediit inglorius. Vox quippe communis vulgataque de ipso apud omnes fama fuit, quod, etsi bonus et in interventu strenuus miles exsisteret, in bellicis tamen expeditionibus, quarum ducatum gessit, infaustum semper infelicemque exitum sortitus esset. Nam et præter cladem, quam incurrisse eum supra meminimus, cum in Lotharingia, contra Burgundiones infausto marte dimicans, victus captusque fuerat, etiam postmodum de regno Neapolitano seu Siciliæ, quod citra Pharum integrum possidebat, per Alphonsum, regem Aragonum, cum satis parva manu

1. Le 17 juillet 1461.

pulsus dejectusque fuit, expugnata et capta supra se Neapoli : unde pulsus, etiam totius regni fines excedere atque in Galliam fugitivum se recipere compulsus est.

Facto itaque apud Januam hujuscemodi infelici certamine, in quo Francorum supra tria millia cæsa ferebantur, totidem vero pæne in captivitatem abducta, cum obsessis spes consequendi succursus solatia nulla maneret, et fame atque omni pæne rerum necessariarum penuria premerentur, arcis deditionem civibus fecerunt, melioribus, quas habere potuerunt, conditionibus acceptis. Quibus rebus intellectis, Carolus rex, non inde parum mœstus animo, quod talibus injuria damnoque affectus foret, quæ in gloria, quam ante in rebus a se bello gestis fuerat consecutus, non parvam maculam ingerebant, majores copias contrahens, ultum iri animo proponebat atque magna intentione apparebat.

CAPITULUM XXI.

Obitus Caroli septimi, Francorum regis.

Sed cum hoc se facturum proponeret, simul etiam et eo, quo retulimus, modo ad se ulciscendum de duce Burgundionum, et de punienda filii sui in se inobedientia atque contumacia, magna fundamenta jaceret, divina illa summa Providentia aliter decernens (quæ regum et principum consilia sæpe in irritum deduxit), suarum cogitationum et cupiditatum vanitati terminum imponens, ipsum, postquam annos triginta novem post patris sui obitum regnasset, ad se ex hoc sæculo nequam evocavit; et cum Burgundionum ducem per ante duobus potentissimis adversariis atque hostibus, Lanceloto primum, Hungarorum rege, secundo Henrico, Anglorum rege, pæne extra spem hominum liberasset, tertio etiam et Caroli regis potentissimi minis ac terroribus absolvit et exemit. In quibus profecto casibus videri aliquibus potest Deum ejusdem ducis specialiter protectorem atque propugnatorem, et in sua tribulatione in opportunitate adjutorem fuisse.

Obiit autem ætatis suæ anno sexagesimo primo, in castro cui nomen Modinum[1], ab urbe Bituricensi distante quatuor leucis, cum, ut prædiximus, regnasset annos triginta novem. Obiit autem currente anno dominicæ incarnationis MCCCCLXI., in die beatæ Mariæ Magdalenæ[2], mense julio. Nec sine veneni suspicione mors ipsa contigit : quod ipse adhuc æger decumbens, sæpissime quæstus fuisse dicitur. Sed et hanc suspicionem non modicum adauxit, quod nullum aut minimum de ejus obitu dictus Delphinus, ejus primogenitus, luctum duxit, sed ei, qui primo ad se de hoc nuntium attulit, tanquam sibi jucundissima portasset nova, donaria dedit non contemnenda. Pro quo etiam, cum statim ad oppidum Hannoniæ, cui nomen est *Avennes* Comitis[3], uno die missas exsequiarum more mediocri et parva cum solemnitate fieri fecisset, ipso die post meridiem, se tunica brevissima ex rubeo et albo panno partita vestiens, et caput similibus partito coloribus pileo cooperiens, venatum perrexit, suis omnibus simili amictu ornatis. Sed et

1. Meun-sur-Yèvre.
2. 22 juillet.
3. Avesnes, autrefois Avesnes-le-Comte (département du Nord.

medicum patris, quem ob hujuscemodi doli suspicionem pater in carcere detinebat in arce civitatis Bituricensis[1], cui nomen erat Adam *Fumée*, statim post patris obitum, non modo liberavit, sed et honoribus adauxit; quod et similiter de quodam patris chirurgo fecit, qui, patre vivente, sese male suspectum sentiens, paulo ante ejus obitum, Valencenas[2] aufugerat. Cum autem de domo patris et regno plures, lugubres deferentes vestes ob defuncti regis honorem simul et amorem, ad eum undecumque confluerent, eos a suo conspectu penitus inhibuit, donec, aliis amicti vestibus, hujusmodi habitus luctus et mœroris exuerent[3].

CAPITULUM XXII.

De moribus et conditionibus Caroli regis [4].

Fuit autem ipse Carolus rex statura mediocri et bona facie, satis venusta, æquis humeris, sed cruribus ac tibiis justo exilior atque subtilior. Cum togatus esset, satis eleganti specie apparebat; sed cum curta veste indueretur, quod faciebat frequentius, panno viridis utens coloris, eum exilitas cruris et tibiarum, cum utriusque poplitis tumore et versus se invicem quadam velut inflexione, deformem utcumque ostentabant. Cibi ac potus satis temperans fuit, quod eidem ad valetudinis bonæ conservationem plurimum conferebat. Raro quippe infirmatus est, eo

1. « Dans la grosse tour de Bourges. »
2. Valenciennes.
3. Passage connu par les *Notices des manuscrits*, t. I, p. 437.
4. Chapitre imprimé récemment par M. Vallet de Viriville. Voy. *Bibliothèque de l'École des chartes*, t. II (3ᵉ série), p. 301.

quod dietam sibi communem a medicis indictam satis studiose observaret.

Lasciviis non modo in prima ætate, verum etiam jam senex, satis et supra quam fas honestumque fuisset, deditus fuit : in hujusmodi ministrantibus sibi, qui circa se aderant, assentatoribus, ut tali ministerio ejus sibi gratiam ac favores ampliores conciliarent. Unde, tempore treugarum quæ inter ipsum et Anglicos cucurrerunt [1], habuit in deliciis unam præcipuam satis formosam mulierculam, quam vulgo « pulchram Agnetem » appellabant : nec eam quippe solam, nec ipsa eum solum, sed cum ipsa etiam satis copiosum gregem muliercularum omni vanitatis generi deditarum. Qui pellicum grex, proh dolor! sumptuosus nimis atque onerosus regno tunc pauperi exsistebat. Nam quoquo ipse rex pergeret, illo etiam cum apparatu luxuque regali gregem illum advehi oportebat, ad quarum vanitates pascendas infinita quodammodo pecunia expendebatur, et longe amplior quam status reginæ consumeret. Quæ, licet nihilominus tantum studii, gratiæ ac favoris eisdem impartiri non ignoraret, easdemque frequentius simul cum ea in eodem castro seu palatio sciret hospitari, tamen patientiam præstare sibi opus erat, ita ut nec mutire propterea ausum haberet. Nec vero sibi dumtaxat inde querelas facere periculum erat; sed et cum alicui bono et honesto homini aliquis canum palati-

1. 1444. Cela joint à ce que l'auteur dit plus loin de la mort d'Agnès, arrivée *in flore juventutis*, rend très-suspectes les dates de 1434 et 1436, qu'on assigne, sans documents à l'appui, aux naissances de ses deux premières filles. Voy. Vallet de Viriville, l. c. p. 477.

norum invidiam conflare vellet, atque in eum regiam indignationem excitare, illud sibi pro crimine velut capitali impingebatur, quod de pulchra Agnete locutus fuisset. Ipsa autem, cum filiam unam aut duas a rege, ut fama erat, peperisset [1], et in flore juventutis esset, dysenterico morbo, prope monasterium Gemeticense, in villa abbatis ejusdem monasterii, quæ Mesnillum [2] appellatur, vitam finivit [3]. Fuit autem in eodem monasterio sepulta, magnifico desuper, sumptu regali, exstructo monumento; cui etiam monasterio idem rex dedit, pro fundatione perpetui obitus pro eadem, villam quæ Annevilla vocatur [4], ex opposito monasterii ad aliam ripam Sequanæ, cum pertinentiis ejusdem terræ.

CAPITULUM XXIII.

Qualiter Jacobus Cordis, argentarius regis dictus, captus et per regem condemnatus fuerit.

Et quoniam quod veneno exstincta fuisset suspectus, æmulis procurantibus, Jacobus Cordis, argentarius regis, habitus est (licet revera de hoc a pluribus crederetur immunis), consummata recuperatione Normanniæ, ad quam consilia atque opes ejusdem argentarii, quemadmodum supra retulimus, plurimum valuerant, ob dicti veneficii suspicionem reus

1. On en connaît quatre, dont la dernière mourut peu de temps après la mère.
2. Le Mesnil, à côté de Jumiéges.
3. Le 12 février 1450.
4. Anneville, en face de Duclair. L'acte de fondation, ou plutôt l'aveu qu'en font les religieux de Jumiéges, en date du 22 mars 1449 (vieux style), a été imprimé par M. Vallet de Viriville, l. c., p. 317.

postulatus, in carcerem missus est [1] ac diu detentus ac servatus in castro de *Lusignen* Pictaviæ [2]. Ad quem locum, pro ipsius processu et condemnatione, rex magnum consistorium [3] convocavit (quod nonnulli solium seu lectum, vel torum justitiæ vulgo dici volunt), in quo, submissis delatoribus, qui eumdem argentarium accusarent quod in suis galleis arma et merces prohibitas ad infideles detulisset, simul etiam repetundarum reus postulabatur, et quod nonnullas pecunias in patria Occitana [4], ubi administrationem largam habuerat, illicite ac furtim a provincialibus extorsisset. Ob quæ et nonnulla alia, quæ conficta ab æmulis potius quam vera a plurimis credebantur, tacito veneficio prædicto, condemnatoriam sententiam reportavit.

Cum autem diu in dicto castro fuisset asservatus, tandem, corrupta custodia, fuga evasit, et diversas in diversis regni partibus ecclesias ingressus, consequendæ immunitatis causa, tandem cujusdam conventus Fratrum Minorum in Bello-Quadro, supra ripas Rhodani [5], satis diu accola fuit, et inibi, vinctus ferreis compedibus, custoditus. Sed cum quemdam sibi fidelissimum servitorem habuisset, et ipsum Bituricensem, Guillelmum *Varie* nominatum [6], idem ser-

1. Après son arrestation à Taillebourg, le 31 juillet 1451.
2. Le château de Lusignan, en Poitou.
3. En mai 1453.
4. Dans le pays de Languedoc.
5. Beaucaire sur le Rhône.
6. L'auteur confond ici deux personnages qui s'employèrent à la délivrance de Jacques Cœur, Guillaume de Varye et Jean de Village. C'est Jean de Village qui était natif de Bourges et qui alla prendre Jacques Cœur aux Cordeliers de Beaucaire. Voir la

vitor noctu adventans cum una aut cum duabus mioparonibus (quas galleas subtiles seu cursorias vulgo appellant), eumdem Jacobum Cordis, suis adjutus satellitibus, de conventu dictorum Fratrum extraxit, et in mioparonem deportatum vinclis absolvit, et suæ restituit libertati. Qui postea a summo pontifice Nicolao [1] quibusdam galleis præpositus, quas contra infideles armaverat, cum strenuum se aliquanto tempore in hujusmodi navali præbuisset exercitio, mors inde contracta eum ad feliciorem vitam ex hac instabili luce evocavit [2] : virum quippe sine litteris valde ingenio callentem, et in mundanis actibus oculatum valde et industrium.

Quis autem aliquando æstimare potuisset ut Carolus rex, cui tam fideliter ac sedulo ministrarat, et ad cujus tantam familiaritatem atque, ut a cunctis æstimabatur, amicitiam accesserat, in eum postea tam durus et severus esse potuisset? Sed procul dubio, quidquid in eum obtenderetur criminis unde, conficto colore justitiæ, ejus damnatio peteretur, solum tamen illud in eum regis acerbitatem accenderat, quod a nequissimis delatoribus dictam pulchram Agnetem toxico appetiisse suggestum regiis auribus afflictumque fuerat. De quo inde et omnibus aliis sibi objectis criminibus, cum ad vitæ hujus corporalis extremum devenisset, se coram multis sacramento magno expurgasse ferebatur, et regi atque delatoribus suis veniam dedisse, et a summo Deo imprecatus ut omnia in se

---

dissertation de Bonamy, dans le tome XX des *Mémoires de l'Académie des Inscriptions et Belles-Lettres.*

1. Nicolas V.
2. Dans l'île de Chio.

nequiter admissa condonare vellet. Talem exitum sæpe invenisse, qui regum ac principum familiaritates acquirere studuerunt, et se, dum talia essent assecuti, felices existimabant, in omni fere regno et gente frequentissime compertum est; taliumque exemplorum [plenæ sunt] et veteres annales et recentiores historiæ.

CAPITULUM XXIV.

Qualiter Carolus rex erga Dei Ecclesiam se habuit.

Ecclesiam Dei et decorem domus ejus atque honorem idem Carolus multum dilexit; unde, cum schisma inter Eugenium pontificem [1] et Concilium Generale, quod ipse apud Basileam urbem Germaniæ congregarat, obortum fuisset (eo quod ipsum concilium, eodem Eugenio pontifice deposito, Amedeum, Sabaudiæ ducem, qui per aliquot ante annos vitam duxerat heremiticam, in summum Pontificem sublimarat et Felicem nominarat), ex quo periculoso schismate magnum discrimen Ecclesiæ Dei imminere posse verisimiliter timebatur, ad illud exstinguendum, tanquam catholicus et christianissimus princeps plurimum laborabat. Et tandem, post crebras et multas legationes quas ob hujusmodi causam variis miserat vicibus, optato potitus, ad cedendum præfato pontificio eumdem Amedeum seu Felicem inflexit: ex quo ipsum perniciosum schisma [to]taliter sopitum exstinctumque fuit [2], Nicolao V, post Eugenium Romæ subrogato, unico et indubitato pontifice Ecclesiæ Romanæ remanente.

1. Eugène IV.
2. 9 avril 1449.

Sed et præcipue Ecclesiæ regni sui et Delphinatus libertatibus atque honoribus, secundum antiqua Patrum decreta et canones in voluminibus canonici seu pontificii juris insertos, tuendis et servandis afficiebatur. Quos cum celeberrima concilia Ecclesiæ catholicæ Constantiense primum, deinde Basileense, innovassent atque observanda per Ecclesiam universam decrevissent, eadem etiam in suo regno observanda sancivit. Congregavit enim prælatos et clerum totius regni et Delphinatus in urbe Biturica[1], ubi cum, præsente etiam legato Romani pontificis, de acceptandis et recipiendis hujusmodi decretis diu disceptatum fuisset, pluresque, humana ambitione et cupiditate permoti, reservationibus curiæ Romanæ tam generalibus quam particularibus passim pro solius Romani pontificis nutu, spretis sacris canonibus et patrum traditionibus, parendum decreverunt (illecti, ut verisimiliter creditur, provisionibus et commendis, vel jam a Romano pontifice contra sacrorum canonum viam acceptis, vel percipi speratis atque eis a legato promissis), alii zelare potius constanter elegerunt pro traditionibus et decretis sanctorum Patrum ac totius Ecclesiæ salute, honestate ac decore, quam, quæ sua forent, attendere et quærere ullatenus curarent. Quorum sententiam et fidem rex christianissimus secutus, cupiens Ecclesiam Gallicanam ad suas antiquas libertates et jura restitui, prædicta Patrum decreta, a sanctis olim Romanis pontificibus et catholicæ Ecclesiæ plenariis conciliis ac synodis saluberrimis sæpius constituta et edita, innovata vero per

---

1. En 1438.

sacras synodos Constantiensem et Basileensem, observanda in regno suo et Delphinatu, cum consilio majoris ac sanioris partis prælatorum et cleri totius regni sui, et assensu principum sanguinis sui ac procerum ejusdem regni, sub sanctione pragmatica recepit atque decrevit : sola reservatione de beneficiatis cedentibus vel decedentibus apud apostolicam sedem, Romano pontifici reservata (in cæteris enim, electoribus, confirmatoribus, collatoribus et patronis ecclesiasticis, secundum formam juris et antiquorum canonum, jus suum integrum, ut ratio dictat, servabatur); et ex hoc regia lex, imo verius ecclesiastica, sæcularis potestatis adjutorio suffulta ac roborata, vulgo « Pragmatica sanctio » appellata[1].

Ad eam vero abolendam et restituendas Ecclesiæ Romanæ reservationes, jus Ordinariorum quadam velut tyrannica potestate ac vi majore tollentes et occupantes, non paucis referri possit quoties legatos ad dictum regem Romanus pontifex destinavit, nunc cardinales, nunc inferiores prælatos; quot conventus Ecclesiæ et cleri Gallicani idem rex ob hanc causam in variis ac diversis temporibus celebrari fecerit Rothomagi, Carnoti et iterum Bituricis[2], et in aliis nonnullis locis. Sed quanto magis in eamdem Pragmaticam Romana curia ejusque fautores impingere conarentur, tanto firmior atque solidior resultabat ipsa, justitiæ, æquitatis, honestatis ac manifestissimæ publicæ utili-

---

1. Le texte est dans le *Recueil des Ord.*, t. XIII, p. 267.
2. Assemblée du clergé, à Rouen, en janvier 1430 (*Thesaurus anecdot.*, I, 1818); à Chartres, en mai 1450 (*Gallia Christ.*, VIII, 1184); à Bourges, pour la seconde fois, en septembre 1440 (*Recueil des Ord.*, XIII, 267).

tatis ratione subnixa. Quæ rex idem per nonnullos prælatos et clericos regni fidelissimos intelligens, quibus omnis temporalis honoris fastigio atque opibus quantiscumque charior atque primior erat veritas, fides et justitia, aliorum, qui cupiditati atque ambitioni inserviebant, spretis opinionibus, libentissime ipsa sacratissima atque saluberrima decreta observari semper mandabat et faciebat quamdiu viveret. Quia vero eadem decreta non recusant, vacantibus ecclesiis, per reges et principes fieri electoribus preces pro dignis et idoneis personis absque ulla impressione, quoties rogatus ab aliquibus pro aliquo rex ipse rescriberet seu rogaret, ita suas epistolas verborum mansuetudine ac moderamine temperabat, ut non alias eum, pro quo scribebat, velle eligi exprimeret, nisi quatenus electores ipsum idoneum atque utilem Ecclesiæ Dei, secundum conscientias suas, futurum esse agnoscerent. Magna profecto moderatio, et majestate digna regnantis atque omni laude et imitatione!

Cum vero, [circa] tempus quo ad Anglos expellendos de Normannia arma ipse rex assumpserat, vectigalia, propter magnam adhuc regni devastationem et paupertatem, ad tantas impensas, quas talis expeditio exposcebat, minime sufficere posse invenirentur, ab uno prælato regni suggestum sibi tunc fuisse cognovimus, ut subventionem ab ecclesiasticis et clero regni sui exigeret, ad supplendum quod, ad tantæ rei molem perficiendam, fisco publico deficeret. Sed ipse rex, pius et ecclesiasticæ libertatis amator, apprime hujuscemodi verbum a pontifice ecclesiastico prolatum repressit ac refellit, dicens sibi tali subsidio minime opus esse, cum tunc maxime divino auxilio ac piis et devotis Ecclesiæ supplicationibus indigeret : unde nec feliciter nec fauste sibi rem processuram existimaret, si sacras ecclesiarum pecunias (quæ usibus sacris et servorum Dei ac pauperum alimoniæ deputatæ fuissent) in profanos usus guerrarum suarum converteret; nec expedire sibi quod tales pecuniæ suis permiscerentur. Unde, licet tum ad guerras suas perficiendas magna necessitate pecuniarum constrictus fuerit (ita ut ad mutuas exquirendas, præsertim ab argentario suo Jacobo Cordis, de quo supra retulimus, fuerit sibi necessarium pervenire), tamen nec ecclesias regni sui, nec ecclesiasticas personas aliquo collationis vel exactionis munere oneravit. Sed et cum aliquando, postquam ab infidelibus urbs Constantinopolis, totius orientalis quondam imperii sedes et caput, proh dolor ! capta direptaque fuisset, Romanus pontifex ab ecclesiis et clero regni et Delphinatus decimam omnium proventuum ecclesiasticorum exposceret, ob eamque rem exsequendam Alanum [1], cardinalem Avenionensem vulgo appellatum, ad regnum destinasset, qui non secundum taxam vel secundum verum valorem beneficiorum eamdem levare et colligere conabatur (quod clerum regni sui multis magnisque molestiis et vexationibus involvisset), a prælatis et clero Normanniæ ad hoc advisatus et rogatus, non alias hujusmodi decimam in Normannia levari permisit, quam secundum taxam non veterem sed reductam. De qua re etiam, et quod aliter levari minime deberet, privilegia apostolica sibi exhi-

---

1. Alain de Coëtivy, évêque d'Avignon. La légation dont il est question ici eut lieu en 1456.

bita et ostensa fuerunt. Ita quod in omnibus, in quantum fas jusque permitterent, Ecclesiæ regni sui, in tuendis et conservandis antiquis ejus libertatibus et immunitatibus, adjutorem se atque protectorem devotum exhibebat; unde, procul dubio, a toto clero Gallicanæ Ecclesiæ sinceræ devotionis affectu et colebatur et amabatur.

CAPITULUM XXV.

Quomodo Carolus subditis pepercit, et qualis sibi juris et justitiæ cura fuit.

Nobilitati etiam ejusdem regni sui, quantum potuit, pepercit, præcavens eos ad expeditiones suas bellicas, nisi rarissime et cum magna perurgeret necessitas, convocare. Stipendiariam etiam suam militiam, postquam a Normannia et Aquitania Anglicos expulerat, humanissime et cum magnorum indulgentia favorum tenuit atque fovit, nunquam aut parcissime eos locis educens, in quibus pro statione locati fuissent. In quo tam provincialibus eisdem quam etiam militibus parcebat, a quibus soliti sunt provinciales, cum hac atque illac permutari vel adequitare coguntur, multas molestias et gravamina sustinere. Legem etiam sanxit atque quamdiu vixit observari fecit, quod, pro communibus delictis atque injuriis quæ armati solent facile in provinciales admittere, seu etiam in pecuniariis causis, tenerentur coram judicibus ordinariis locorum in jure respondere; eosque puniendi et coercendi, pro criminum seu delictorum qualitate, quæ in provinciales admisissent, ipsi ordinarii judices exercerent potestatem; de militaribus vero delictis seu criminibus, quæ in se invicem iidem milites committerent, per magistros ac duces militum punirentur.

Curias supremas regni sui, præcipue illam venerabilem curiam Parlamenti Parisiensis, et colebat et diligebat, studium adhibens ut idoneis personis, et de fidei integritate jurisque peritia et probitatis moribus commendatis, easdem impleret, et aliquibus deficientibus, hujuscemodi meritorum alios sufficeret atque subrogaret.

Curam etiam habuit leges et constitutiones edendi, vel editas olim in melius reformandi, quo brevior et compendiosior in eisdem curiis causarum expeditio fieri posset[1], cum de dispendiosa nimis et pæne immortali litium prorogatione, in ipsa curia Parlamenti introductarum, universa regio quereretur.

In reos etiam magnorum criminum mitis atque clementissimus fuit, et, plusquam publica forsan exposceret utilitas, sæpe criminum gratiam fecit. Duci Alenconii, convicto et in jure confesso quod nonnullos de majoribus proceribus ac principibus Anglorum sollicitasset de aggrediendo Normanniam, pollicitus eisdem quod in oppida et castra terrarum suarum eos admitteret et ea ipsis traderet, vitam donavit, cum tamen, in solemni parlamento propter hoc a se congregato apud Vindocinum oppidum[2], per pares Franciæ et cæteros illic in magno numero collectos velut læsæ majestatis reus condemnatus fuisset. Ferebatur enim in suam excusationem eumdem ducem

---

1. Voir l'ordonnance en 125 articles rendue pour la réforme de la justice, en avril 1454, et le règlement pour les grands jours de Poitiers et de Montferrand. *Recueil des Ord.*, t. XIV, p. 284 et 331.

2. Au mois d'août 1458.

proposuisse quod, suasu et in favorem Ludovici Delphini, degentis tunc apud Burgundionum ducem, dictam molitionem fecisset[1].

Quanquam autem in capitalibus pœnis exsequendis clementissimus esset, tamen ad pellendum de suis honoribus quos in domestica familiaritate sublimabat, et pro tempore velut cæteris primiores atque præcellentiores apud se habuerat, satis facilis erat. Multos enim, cum aliquanto tempore erga se maximo loco habiti fuissent, a suo abegit consortio et comitatu, sed ita mansuete nec severius quam quod, salvis bonis suis, proprios lares repeterent.

Fidei ac promissorum tenacissimus fuit, ita quod, si cui, infimæ sortis etiam homini, quidquam eum simplici verbo promisisse aliquis testaretur, statim velut a se promissum exsolvi atque impleri mandaret. Officiarios regni sui suis officiis moveri, nisi forte ut ad altiora proveherentur, rarissime atque parcissime sustinuit, et nisi propter evidentia crimina aut defectus, permissa eis etiam omnis defensionis copia, sine qua nunquam aliquem officio destituit. Unde miro modo ab officiariis regni charus habebatur.

CAPITULUM XXVI.

In quibus Carolus rex injuste subditos gravavit.

Quod vero juste negari non potest, in exigendis vectigalibus et tributis a plebeiis et popularibus regni sui, maxime postquam, e Normannia et Aquitania pulsis Anglicis, totum regnum pacifice et tranquille

---

[1]. Paragraphe intercalé dans les *Annales Flandriæ* de Meyer, l. XVI.

sua sub ditione tenebat, gravior justo atque onerosior fuit. Nam cum tunc rationabiliter plebes, quæ tot et tantas ac pæne innumerabiles clades pro fide ad se servanda [acceperant], finita jam guerra, sublevare collationum oneribus et variis, ob guerrarum necessitates superimpositis, vectigalibus atque tributis debuisset, et earum compati miseriis et calamitatibus infinitis, quas sui occasione pertulerant, id tamen minime effecit, sed exactionum onera vel continuavit, vel etiam adauxit. In quo in Deum et homines profecto ingratitudinis labem atque vitium minime excusare potuisset, quanquam ab assentatoribus, qui circa se magno semper numero et loco sublimi exsistebant, omnia quæ ageret seu juste seu injuste, pertinacissime excusarentur.

Publicas etiam administrationes atque officia judicaturæ passim unicuique petenti, et absque difficultate, venumdare permisit; quod, quam sit publicæ utilitati adversum, quantaque inde detrimenta proveniant, quantæ proinde concussionibus, rapinis, atque calumniis ac justitiæ corruptioni occasiones præstentur, non facile dici posset. Quæ incommoda prudenter advertentes Romanorum legum sacri conditores, providentissime inter capitula juramenti, quod præstare tenentur qui ad publicas administrationes adsciscuntur, illud inseruerunt, quod nihil, ut administrationem consequerentur, dedisse vel promisisse, per se vel interpositam personam, sacramento affirment.

In coercendis etiam rapinis atque injuriis suorum stipendiariorum negligentior fuit. Nam ubi pro statione locati erant, per agros et villas victitare, atque provinciales pro libito, ubi et quoties volebant, hospitales sibi facere, nihil de consumptis provincialium bonis exsolvere, quem voluissent, injuriis atque damnis afficere, passim unicuique impune licebat; nec provincialium bona accipere, quæ in usum alimenti cederent pro se, vel equis seu canibus suis, pro delicto seu crimine habebatur, modo nihil aliud quam victualia accepissent. Quibus malis fomentum præstabat avaritia nonnullorum magistrorum seu ducum militiæ, qui a militibus de numero suo et sibi commissis, in anno de stipendiis seu annonis sibi constitutis mensem unum aut duo exigebant, pro hujuscemodi gratia hanc vicem eis reddentes, quod per majorem anni partem passim eos pervagari et victitare in agris permittebant. Quam negligentiam assentatores, quibus aulæ regum copiose refertæ esse solent, excusare nitebantur : quod talia ipse rex prorsus ignoraret, quæ, si scivisset, nullatenus fuisset permissurus. Sed profecto verum est illud communi sermone tritum proverbium, quod « Non est deterior surdus, quam qui, quæ vera sunt, minime vult audire. » Sæpe enim talia et persæpe sibimet denuntiata sunt, cum legationes solemnes ex provincialibus ad curiam suam et ad ipsum mittebantur, quæ de hujusmodi injuriis frequentes querelas deposuerunt. Sed heus ! narrabant fabulam surdo; nam plus fidei uni ex palatinis canibus assentatori, quam solemnissimis quibusque legatis provinciarum præstabatur.

Habitationem urbium magnarum, præsertim illius regiæ Parisiensis, exosam habebat; nec in urbibus et locis, in quibus frequentia erat populorum, libenter habitabat, sed in quibusdam oppidulis vel castellis circa urbem Bituricensem vel Turonensem, ubi rarum esset et angustum, nisi pro se et satellitibus suis, hospitium. Quærebat enim solitudinem ad greges scortorum et exsoletorum, quos semper circumducebat, liberius et quietius retinendos, suisque deliciis uberius perfruendum, cavens ut non, nisi a paucissimis fieri posset, in eisdem interpellaretur. Unde plurima detrimenta totum regnum patiebatur; parcissime enim ad ejus præsentiam provincialibus et regnicolis præstabatur audientia vel accessus; sed corrodentibus omnia canibus illis palatinis, assentatoribus voluptatumque ministris, pro mediatoribus opus erat, quorum opera rara ad aures principis veritas perveniebat, et rarius pro publica utilitate consilia ab eis præstabantur.

Sed quamvis talia et plura alia essent, in quibus more humano rationabiliter culpæ regentium atque negligentiæ poterant reprehendi, tamen, quemadmodum de Romana republica Crispus quodam loco ait, cum tunc in regno universo ab armis quiesceretur, « respublica sua magnitudine magistratuum vitia tolerabat », coalescebatque pedetentim, et in meliorem aliquando statum ex vastatione et populatione extrema, quas bellorum feritates intulerant, utcumque resurgebat; et redibant ad culturam in plerisque locis agri, et fiebant novalia ubi, per annos triginta et amplius, squalentes, inculti et arboribus atque dumetis oppleti jacuerant. Sed profecto, si postquam, Dei miseratione pulsis hostibus, regio pacata fuit, populus a tributo et militia, seu alter[utr]o, vel in parte levatus fuisset, plus in viginti annis res totius regni mirum in modum laceræ ac desertæ convaluissent atque instauratæ fuissent, quam in centum convalescere poterunt, tributum et militiam tantas ac tam graves simul jugiter tolerando et sustinendo.

Et hæc de rebus a Carolo VII et suo tempore gestis retulisse suffecerit; quas singulas, omnesque particulares conflictus armatorum, atque civitatum seu locorum obsidiones, expugnationes et direptiones, referre minime suscepimus; nam hoc, procul dubio, plurima et magna volumina exposceret. Sed quæ graviora atque illustriora relatuque et memoria digniora reputavimus, huic nostræ historiæ inseruimus. Ex quibus satis liquido constat quam lubrica quamque fragilis et versatilis sit humanarum rerum conditio, et quantum a vero aberrent atque devient, qui felicitatem in bonorum temporalium quorumcumque adeptione ponant atque constituant, et potissime regnorum et imperiorum magnorum, quæ nunquam certum et quietum statum habent : prout tam in isto Carolo Francorum, quam in nepote suo, Anglorum regibus, luculenter ex his, quæ retulimus, innotuit. Et profecto in Carolo optime verificatum constat illud Virgilianum :

> Multa dies variusque labor mutabilis ævi
> Rettulit in melius, multos alterna revisens
> Læsit, et in solido rursus fortuna locavit;

si tamen solidum aliquo modo dici possit, quod in tanta fluxibilitate atque inconstantissima rerum mutabilitate situm atque locatum est.

HISTORIARUM DE REBUS A CAROLO SEPTIMO, FRANCORUM
REGE, ET SUO TEMPORE, IN GALLIA, GESTIS,
LIBER QUINTUS ET ULTIMUS
EXPLICIT FELICITER.

INDEX CAPITULORUM

IN QUÆ DIGERUNTUR HISTORIÆ CAROLI VII.

PRÆFATIO

                                                            PAGES

In libros historiarum de rebus gestis temporibus Caroli VII et Ludovici XI, Francorum regum.................................... 1

LIBER PRIMUS.

Capitulum primum. — Ex qua calamitate in prosperitatem res regni, hujus Caroli opera, versæ fuerint........................ 3

Capitulum II. — Quibus ex causis odium exarsit inter Joannem, ducem Burgundionum, et Aurelianensium ducem............. 5

Capitulum III. — Quæ callide Joannes, dux Burgundionum, præparata fecit priusquam peremptionem Aurelianensis ducis exsecutioni mandaret.. 7

Capitulum IV. — Quomodo fautores ducis Aurelianensis ejus necem ulcisci statuerunt... 9

Capitulum V. — Direptio et calamitas civitatis Suessionum, Burgundionum duci faventis.................................... 13

Capitulum VI. — Ob quas causas Henricus, rex Anglorum, regnum Francorum sit aggressus....................................... 16

Capitulum VII. — Qualiter Anglorum rex Hareflutum oppidum obsedit et obtinuit... 18

Capitulum VIII. — Quomodo rex Anglorum per Caletensium agros in Picardiam cum suo exercitu venit....................... 19

Capitulum IX. — Prælium apud *Agincort* inter Francos et Anglos. 22

Capitulum X. — Qualiter Anglorum rex, postquam prælium peractum fuit, Angliam petiit. Et quæ interim tam per eum, quam per Francos, gesta fuerint per biennium, quo in Anglia stetit....... 24

Capitulum XI. — De descensu secundo Henrici, Anglorum regis, in Normanniam apud Tolcam................................... 26

Capitulum XII. — Ingressus Burgundionum ducis in urbem Parisiensem, et quæ cædes et crudelitates illic subinde actæ sint..... 28

Capitulum XIII. — Qualiter urbs Rothomagum ab Anglorum rege obsessa et capta fuit.. 32

CAPITULUM XIV. — De pace facta inter Carolum VI Francorum, et Henricum Angliæ reges, et Caroli VII exhæredatione.......... 35

CAPITULUM XV. — Qualiter Joannes, Burgundionum dux, in castro Monsterolii fuit interemptus, et quomodo Philippus, filius ejus, necem ipsius ulcisci studuit............................. 37

CAPITULUM XVI. — Qualiter Anglorum rex obsidionibus acquisivit Meldos et Meldinum; et de exstinctione ducis Clarentiæ, atque obitu Henrici Anglorum, et Caroli VI Francorum, regum..... 40

LIBER SECUNDUS.

CAPITULUM PRIMUM. — Qualiter Carolus VII, patre mortuo, se regem Francorum titulavit; et de miserabili regni vastatione quæ suis contigit temporibus............................... 43

CAPITULUM II. — De causis tantæ vastationis regni Francorum.... 46

CAPITULUM III. — De bello apud Vernolium inter Francos et Anglos. 48

CAPITULUM IV. — Quod infelicitas hujusmodi prælii nonnihil commodi attulit regno Francorum........................... 52

CAPITULUM V. — Quomodo post cladem acceptam apud Vernolium Franci, opera comitis Dunensis, Anglicis resistentiam dederunt.. 53

CAPITULUM VI. — De prædis et rapinis miserabiliter actis per Gallias. 56

CAPITULUM VII. — Qualiter civitas Aurelianensis ab Anglicis obsessa fuit... 61

CAPITULUM VIII. — Prælium in campis Belciæ inter Francos et Anglos, annonam ad suos, obsidentes Aurelianensem civitatem, deferentes... 64

CAPITULUM IX. — De Joanna Puella, qualiter ad Francorum regem accessit... 66

CAPITULUM X. — Qualiter rex Puellam Joannam ad colloquium admisit, et eam armis atque equis instruxit................ 69

CAPITULUM XI. — Quomodo sub ducatu Joannæ Puellæ castra Anglorum circa Aurelianis fuerunt expugnata, et cæsi fugatique inde Angli... 70

CAPITULUM XII. — Quomodo a Francis sub ducatu Puellæ Anglici ex oppidis vicinis Aurelianensis urbis ejecti sunt et prælio victi in campestribus Belciæ................................... 73

CAPITULUM XIII. — Quomodo Carolus inunctus fuit in regem Fran-

INDEX CAPITULORUM.

corum in civitate Remensi; et de insultu ad urbem Parisiensem attentato............ 74

CAPITULUM XIV. — Quomodo plures civitates Galliarum ab Anglicis ad Carolum Francorum regem defecerunt, et quomodo Carnotum fuit captum............ 77

CAPITULUM XV. — Obsidetur Compendium ab Anglis et Burgundionibus, ubi Joanna Puella, de oppido irruens in hostes, ab uno Burgundione capitur et Anglicis venditur............ 79

CAPITULUM XVI. — Condemnatio Johannæ Puellæ, quæ igne cremata exstitit apud Rothomagum............ 83

CAPITULUM XVII. — Quomodo per Francos levata fuit obsidio ante Compendium, et post etiam obsidium ante Latiniacum............ 87

CAPITULUM XVIII. — Qualiter Henricus juvenis, Anglorum rex, fuit Parisiis in regem Francorum coronatus............ 90

CAPITULUM XIX. — Bellum in Lotharingia inter Renatum, ducem Lotharingiæ, et comitem Vallis-Montium............ 90

CAPITULUM XX. — Henricus, Anglorum rex, in Angliam revertitur; et qualiter post hæc guerræ procurrerunt............ 93

CAPITULUM XXI. — Qualiter et quomodo deventum est ad tractatum pacis factæ in Atrebato inter Carolum regem et ducem Burgundionum............ 95

LIBER TERTIUS.

CAPITULUM PRIMUM. — Quanquam pax facta et jurata fuit inter regem Carolum et Philippum, Burgundionum ducem, concordia tamen nulla nec amicitia, aut rara fuit............ 100

CAPITULUM II. — Qualiter agrorum cultores Normanniæ jussi sunt armari, et quomodo Angli de ipsis magnam stragem fecerunt.. 103

CAPITULUM III. — Rebelliones et turbæ popularium rusticorum in Baiocismo et in Valle Viriæ adversus Anglos............ 106

CAPITULUM IV. — De odio Anglorum et præsertim comitis Arundelli ad Caletensium populos, et qualiter idem comes a Francis captus paulo post obivit............ 109

CAPITULUM V. — Qualiter Caletenses adversus Anglos rebellarunt et ab eis miserabiliter oppressi sunt............ 111

CAPITULUM VI. — Præludia ex quibus Franci urbe Parisiensi Anglicos expulerunt............ 119

INDEX CAPITULORUM.

CAPITULUM VII. — Quales fortunas urbs Parisiorum invenit cum ad Francorum dominium revertisset, et de crudelitatibus Scorticatorum 123

CAPITULUM VIII. — De obsidione posita ad oppidum Calesii per ducem Burgundiæ cum suis Flamingis, et quomodo levata fuit.... 125

CAPITULUM IX. — Quomodo Flamingi de sua obsidione fugerunt... 128

CAPITULUM X. — De quatuor exercitibus ab Anglia eodem tempore ad diversas provincias missis 131

CAPITULUM XI. — Obsidio secunda Harefluti ab Anglis, et ipsius assecutio.. 132

CAPITULUM XII. — Insurrectio Ludovici, Delphini Viennensis, adversus regem Carolum, patrem suum....................... 135

CAPITULUM XIII. — Qualiter Carolus rex urbi Parisiensi subvenit expugnando Monsterolium, Meldis, Montem-Argi et Credulium. 138

CAPITULUM XIV. — Qualiter Pontisara a Carolo rege obsidetur.... 139

CAPITULUM XV. — Expugnatio Pontisaræ per Carolum, Francorum regem 144

CAPITULUM XVI. — Capitur a Francis civitas Ebroicis, et rex proficiscitur ad *Tartas* in Aquitania.............................. 147

CAPITULUM XVII. — De expeditione magna quam prior dux Summerseti trajecit in Franciam.................................. 149

CAPITULUM XVIII. — De obsidione oppidi Diepæ, et quomodo castra Anglorum a Francis expugnata atque incensa fuerunt......... 152

CAPITULUM XIX. — Mittitur legatus ab Anglia in Galliam, ad petendam uxorem regi Anglorum Henrico, dux Suffolciæ.......... 154

CAPITULUM XX. — Qualiter Margareta, filia Renati, Siciliæ regis, desponsata fuit Anglorum regi, et cum hoc treugæ factæ inter reges Franciæ et Angliæ..................................... 156

LIBER QUARTUS.

CAPITULUM PRIMUM. — Quanta lætitia, treugis factis, omnes Galliarum populos perfuderit....................................... 161

CAPITULUM II. — Quomodo, secundo anno treugarum, rex Francorum cum tota militia regni in Lotharingiam est profectus....... 163

CAPITULUM III. — Qualiter rex Carolus, in Lotharingia exsistens ordinem in sua equestri militia composuit et mille quingentas lanceas ordinarias retinuit.............. 165

CAPITULUM IV. — Quomodo propter equestrem militiam pedestris Francorum sagittariorum militia instituta fuit................ 168

CAPITULUM V. — Quam gravia et perniciosa onera hæc equestris conductitia militia continuata attulerit, sitque, quamdiu duraverit, jugiter allatura................................... 170

CAPITULUM VI. — Quod naturalis regis militia, absque stipendiariæ tantæ continuatione, ad regni tuitionem sufficere possit........ 174

CAPITULUM VII. — Qualiter Ludovicus delphinus Suitenses prope Basileam prostravit..................................... 181

CAPITULUM VIII. — De cædibus, rapinis atque variis insolentiis præsumptis, currentibus treugis, ab utraque partium, primum tamen ab Anglicis... 184

CAPITULUM IX. — De variis legationibus et conventibus pro pace habitis; et quomodo Francorum rex obsidione civitatem Cenomannensem obtinuit..................................... 186

CAPITULUM X. — Quomodo, occasione treugarum et deditionis civitatis Cenomannensis, seditiones inter Anglos sunt subortæ; et de exstinctione ducis Glocestriæ et episcopi Cichestrensis....... 189

CAPITULUM XI. — Quomodo dux Summerseti assecutus est regimen Normanniæ.. 191

CAPITULUM XII. — Qualiter et quo colore ab Anglicis oppidum Fulgeriis Britanniæ captum et direptum fuit.................... 193

CAPITULUM XIII. — Quomodo captio dicti oppidi Francorum regi et suis vehementer displicuit; et de captione Pontis-Archæ..... 197

CAPITULUM XIV. — Quid egerit dux Summerseti, exsistens Rothomagi, audita et percepta captione Pontis-Archæ a Francis...... 201

CAPITULUM XV. — Qualiter Conchis et Vernolium per Francos recepta fuerunt.. 205

CAPITULUM XVI. —Qualiter Franci Pontem-Audomari expugnarunt. 208

CAPITULUM XVII. — Quomodo civitas Lexovium sese Francorum regi dedit... 211

CAPITULUM XVIII. — Consilium quod Franci in civitate Lexoviensi acceperunt super ulterius agendis......................... 215

CAPITULUM XIX. — Quomodo Francorum rex intravit Normanniam

et de Vernolio venit Ebroicas, et inde ad Locumveris et Pontem-Archæ.. 220

Capitulum xx. — De commotione populi Rothomagensis contra Anglos, et urbis deditione................................. 225

Capitulum xxi. — Quibus pactionibus dux Summerseti et cæteri Anglici dimissi sunt exire et abire de Palatio et Castro urbis Rothomagi; et de Francorum regis ingressu in eamdem urbem.... 229

Capitulum xxii. — De obsidionibus Harefluti et Honnefluti et ipsorum recuperatione supra Anglicos, et similiter castri de Essavo... 231

Capitulum xxiii. — De classe armata Anglorum missa ad defensionem Normanniæ....................................... 234

Capitulum xxiv. — Conflictus inter Francos et Anglicos apud villam dictam *Formigny* in Normannia, et de obsidione Baiocensi. 236

Capitulum xxv. — Obsidio Cadomi et ipsius deditio Francorum regi... 239

Capitulum xxvi. — De recuperatione Falesiæ, Dompni-Frontis et Cæsaris-Burgi, et, per hæc, complemento recuperationis totius Normanniæ... 242

LIBER QUINTUS.

Capitulum primum. — De prima expeditione Aquitaniæ, et qualiter ex tota Aquitania depulsi sunt Anglici...................... 247

Capitulum ii. — De civilibus dissensionibus et turbis in Anglia habitis, postquam de Aquitania Angli pulsi fuerunt............. 251

Capitulum iii. — Qualiter per ducem Eboraci interfectus fuit dux Summerseti... 253

Capitulum iv. — Quibus hortamentis quæstores regii aggressi sunt Vasconiam, ut militiam simul et tributum pro tutela patriæ suæ tolerarent; et de ipsorum defensione in contrarium........... 256

Capitulum v. — Ex responsione facta legatis Vasconum, non multo post ipsi Anglicis se dederunt............................. 259

Capitulum vi. — Secunda expeditio Aquitanica, qua rex Carolus secundo Anglos de Burdegala et Aquitania penitus expulit...... 262

Capitulum vii. — Prælium apud Castellionem, in quo dominus

INDEX CAPITULORUM.

PAGES

de *Talebot* cum suis Anglicis cæsi fuerunt, et post Burdegala cum aliis omnibus oppidis recepta.......................... 265

CAPITULUM VIII. — Bellum in Flandria inter Philippum, ducem Burgundiæ, et Gandenses................................... 270

CAPITULUM IX. — Qualiter Gandenses obsederunt oppidum de *Oudenaerde*, ubi cæsi fugatique turpiter fuerunt................ 273

CAPITULUM X. — Quomodo dux Burgundiæ obsedit castrum de *Gavre* et Gandenses prostravit, obsessis succursum præstare conatos.. 277

CAPITULUM XI. — De clementia magna ducis Burgundionum ad Gandenses prorsus victos et dejectos...................... 280

CAPITULUM XII. — Quomodo Carolus rex ad Delphinum, filium suum, castigandum Lugdunum perrexit; et de ejusdem Delphini moribus... 282

CAPITULUM XIII. — Qualiter idem Delphinus ad ducem Burgundiæ confugit, a quo honorifice est exceptus..................... 296

CAPITULUM XIV. — Qualiter Philippus, dux Burgundiæ, amicitiam Caroli regis se desiderasse ostenderit, atque de eo se optime confidere... 289

CAPITULUM XV. — Qualem affectionem Carolus rex ad Burgundionum ducem se habere ostenderet........................... 292

CAPITULUM XVI. — Qualiter Carolus, Francorum rex, cum Henrico, Anglorum rege, nepote suo, fœdera habere inchoavit; et quæ eumdem Henricum propterea calamitas sit secuta............ 296

CAPITULUM XVII. — Qualiter Henricus rex, victus in tertio prælio, fugit in Scotiam, et Edoardus in Anglorum regem est sublimatus. 300

CAPITULUM XVIII. — Quod dejectio Henrici et provectio Edoardi, quantum grata fuit duci Burgundiæ, tantum Carolo, regi Francorum, luctuosa... 303

CAPITULUM XIX. — Carolus, Francorum rex, increpat ducem Burgundiæ pro filii sui retentione et treugis quas cum Anglicis servabat... 305

CAPITULUM XX. — Defectio Januensium, et quomodo Franci infeliciter cum eisdem pugnaverunt........................... 307

CAPITULUM XXI. — Obitus Caroli septimi, Francorum regis...... 310

CAPITULUM XXII. — De moribus et conditionibus Caroli regis..... 312

INDEX CAPITULORUM.

PAGES

CAPITULUM XXIII. — Qualiter Jacobus Cordis, argentarius regis dictus, captus et per regem condemnatus fuerit.................. 314

CAPITULUM XXIV. — Qualiter Carolus rex erga Dei Ecclesiam se habuit.. 317

CAPITULUM XXV. — Quomodo Carolus subditis pepercit, et qualis sibi juris et justitiæ cura fuit............................ 322

CAPITULUM XXVI. — In quibus Carolus rex injuste subditos gravavit. 324

FINIS INDICIS CAPITULORUM.

www.ingramcontent.com/pod-product-compliance
Lightning Source LLC
Chambersburg PA
CBHW050600230426
43670CB00009B/1200